Inhalt

Friedrich Weinreb

Kabbala im Traumleben
des Menschen

Einleitung und Textfassung
von Christian Schneider

Eugen Diederichs Verlag

Die Originalausgabe erschien 1980/81 in vier Bänden
unter dem Titel *Traumleben*
im Thauros Verlag, München

Der Originalausgabe und der vorliegenden, einbändigen
Ausgabe liegen Vorträge zugrunde, die Friedrich Weinreb
in den Jahren 1973/74 in Zürich (»Leben als Traum und
Wachsein«) und 1978/79 in Basel (»Traumdeutung«)
gehalten und die Christian Schneider schriftlich
ausgearbeitet hat. Seine Textfassung wurde vom Autor
zum Druck freigegeben.

Die Deutsche Bibliothek – CIP-Einheitsaufnahme
Weinreb, Friedrich:
Kabbala im Traumleben des Menschen / Friedrich Weinreb.
Mit einem Vorw. von Christian Schneider. – München:
Diederichs, 1994
(Diederichs Gelbe Reihe; 108)
ISBN 3-424-01161-4
NE: GT

Umschlaggestaltung: Zembsch' Werkstatt, München
Produktion: Tillmann Roeder, München
Satz: Uhl + Massopust, Aalen
Druck und Bindung: Pressedruck, Augsburg
Printed in Germany

ISBN 3-424-01161-4

Einleitung

Der Traum ist ein Leben, das, mit unserm übrigen zusammengesetzt, das wird, was wir menschliches Leben nennen. Die Träume verlieren sich in unser Wachen allmählich herein, man kann nicht sagen, wo das Wachen eines Menschen anfängt.

GEORG CHRISTOPH LICHTENBERG
(Schriften u. Briefe, Bd. 1, S. 565)

Eine Stimme, die spricht, lebt in den Ohren der Hörer. Und wenn sie gut aufgenommen wird, überlebt sie ihre akustische Flüchtigkeit, wird vielleicht sogar mitbestimmend im Leben des Hörers. Der innige Zusammenhang von Mund des Sprechenden und Ohr des Hörenden schafft den Raum für eine ganz unvergleichliche Freiheit und Beweglichkeit der Ausdrucksweise, der eine ebenso unvergleichliche Freiheit und Beweglichkeit des Verstehens entspricht.

Was Friedrich Weinreb vor einer kleinen Zuhörerschaft über das Träumen und Wachsein erzählte, ohne Manuskript oder sonstige schriftliche Gedächtnisstütze, also ganz Stimme – und ganz Ohr die Anwesenden –, liegt hier als eine »Übersetzung« in die Lesewelt vor, als Buch. Mitübersetzt hat sich die Hoffnung, daß hie und da ein schöpferischer Leser die Melodie der »Ursprache« vernimmt. Jedenfalls ging es beim Übersetzen auch immer darum, den Text als eine Art Partitur zu fassen. Beim Aufschreiben wurde ich wieder ganz Ohr, und so könnte es, glaube ich, auch dem Leser gehen.

Ein Kapitel im Buch entspricht im allgemeinen einer Vortragseinheit von zwei Dreiviertelstunden, zwischen denen es eine Pause von etwa zwanzig Minuten gab. In der Regel wöchentlich, einem Semester-Rhythmus folgend, traf man sich am Abend im Klassenzimmer einer Schule. Erst das Erzählen, sagte Weinreb oft, mache ihn richtig wach und frisch; es sei eben seine besondere Art der Erholung. Und: Was wäre er ohne das Schweigen, die Geduld, die Aufmerksamkeit, die Erwartung und das Miterleben seiner Zuhörer; ihr Anteil am Zustandekommen seines Erzählens könne gar nicht hoch genug eingeschätzt werden.

Nichts lag ferner als die Befürchtung, daß ihm vielleicht einmal der Stoff ausgehen könnte. Vielmehr war es der ständige Überfluß, der die Fassungskraft seiner Zuhörer sehr oft überstieg. Auch jetzt, wo man es schwarz auf weiß nach Hause tragen kann, hat sich daran nichts geändert. Zwischen den Sätzen ballt sich oft eine so überwältigende Lebensfülle, daß man manchmal über wenige Seiten am Tag nicht hinauskommt.

*

Im Ausdruck »mit traumwandlerischer Sicherheit« zeigt sich, daß Sicherheit und Gewißheit in der Sprache selbst dem Traum zugeschrieben werden. Wenn wir Sicherheitssysteme konstruieren, erweitern wir damit zugleich das Gebiet der Unsicherheiten, denn wir bewegen uns dann im rechnerischen Bereich.

Von der rechnerischen Seite her ist zum Beispiel $1 + 3 = 4$. Eindeutig und nützlich, darauf kann man bauen.

Von der Traum-Seite aus erlebt, ergibt sich für die Behauptung $1 + 3 = 10$ ein Widerspruch zur rechnerischen Seite; gleichzeitig eröffnet sie eine ganz neue Vielschichtigkeit der Zahlen. Denn worin erhält sich die 4, was macht sie zur 4, was baut sie auf? Muß nicht die 1 zur 2, die 2 zur 3 und die 3 zur 4 kommen, bis die 4 bestehen kann? Hinge die 4 nicht in der Luft, ohne die Basis ihrer Schichten? Die Geschichte der 4 zählt, er-zählt also: $1 + 2 + 3 + 4 = 10$.

Unmerklich fast ist aus dem Zählen hier ein Erzählen

geworden. Die Zahlen, die Worte, sind dieselben; aber jetzt sind sie durchgebrochen in eine Welt, wo sie zu sprechen beginnen, ihr Inneres öffnen, ihr Leben mitteilen. Die starre Maske der Außenseite ist abgenommen, das Gesicht, das sich zeigt, verspricht Einsicht.

Kabbala hat wenig mit Zahlen, sehr viel aber mit dem Erzählen zu tun. Im Erzählen werden wir durch immer neue Schichten des Lebens geführt. Überraschende Ausblicke eröffnen sich, wo eben noch alles auswegslos schien, in immer neue Tiefen und Weiten geht die Reise. Ein Ende ist nie in Sicht. Wenn der Erzähler abbricht, arbeitet sich die Geschichte im Hörer oder Leser weiter voran. In der Traumseite des Lebens sind Geben und Nehmen, Überliefern und Empfangen – und das ist die wörtliche Bedeutung von Kabbala –, zwei Seiten desselben.

Entscheidend aber ist, daß die Verbindung zur Traumseite unseres Lebens besteht, zumindest ersehnt wird.

Was führt die Unterbrechung herbei? Warum wissen wir uns keinen Rat mit unseren Träumen, jagen allen Arten von Deutungen nach?

Unsere leiblichen Augen haben sich weit geöffnet. Mit ungeahnter Schärfe nehmen wir das Äußere wahr, durchdringen mit dem Elektronenmikroskop die unsichtbaren Bausteine des Materiellen.

Das hat seinen Preis. Während der Wissenschaftler im Menschen wächst und wächst, schwindet der Weise. Die Einsicht geht verloren, die wahren Augen schließen sich im selben Maße, wie sich die Augen für das Äußere öffnen.

Das Sichtbare, das Meßbare zieht unwiderstehlich an. Das rechnende Denken mit seinem Ursache-Folge-Zwang nimmt uns gefangen. Und gerade der Scharfsinn führt in immer tiefere und drückendere Gefangenschaft. Der Prozeß, den wir uns damit zuziehen, führt zur Verhaftung. Es ist der Prozeß des Bewußtseins, der Alptraum fortwährender Reflexion. Zwischen Gerichtsboten, die wir aussenden, und Rechtsbeiständen, an die wir uns klammern, suchen wir uns als unnahbare Richter oder wendige Angeklagte, immer aber mit schlechtem Gewissen, zu behaupten, Momente der Selbstvergessenheit gierig und rücksichtslos auskostend. Schal wird das Leben, haftet es doch an der Hülle, der Schale, der Außenseite. Das Schale ist das Kernlose, alles nur äußerlich, alles veräußert.

Und dann suchen uns Träume heim.

Sind wir denn in der Fremde? Wir sitzen doch in schönen Wohnungen mit vielen Bequemlichkeiten, genießen, was sich uns bietet, daheim und auf Reisen: gutes Essen und Literatur, Musikfestwochen und Bergsteigen, Tennis und Philosophie, Esoterik, Golf, psychologische Workshops, Segeln...

Welches Heim meint der Traum, der uns sucht? Ist es das unserer Traumseite Fremde, was wir als unverzichtbares Recht auf Heimat betrachten?

Zwei Welten begegnen sich in uns, die sich nicht zu verstehen scheinen. »Träume sind Schäume«, heißt es dort, wo das Durchsetzungsvermögen gilt. »Ein Alptraum das Leben, das du führst«, so eine Stimmung des Innern, wenn sie denn hin und wieder durchzudringen vermag.

*

Die Inflation der Traumworte erinnert uns daran, was uns fehlt. Prospekte verheißen den Traumurlaub und die Traumreise, fordern dazu auf, sich endlich diesen oder jenen Traum zu erfüllen, und dabei geht es dann um Kücheneinrichtungen oder Autos. Was finden wir nicht alles traumhaft schön! Boxer schicken ihre Gegner ins Reich der Träume, und per Inserat werden Traumfrauen gesucht.

Traum – ein Lockvogelwort, auffällig schnell auf der Zunge. Im Traumwort verlassen wir das Gewöhnliche, Alltägliche, Beschwerliche, entziehen uns dem trägen oder hektischen Kreislauf in Raum und Zeit.

Die großen Traumkundigen sind die Künstler, Dichter

wie Dante, Shakespeare, Cervantes, während Freud und Jung eine Art Buchhaltung auf diesem Gebiet eingeführt haben, eine Verrechnungsmethode, mit deren Hilfe die Jakobsleiter aus dem Himmel gezogen und an besser einsehbare Punkte angelegt werden kann.

*

Kabbala ist nur von unserer Traumseite her zu erleben, ein Bereich, wo der Mensch rein empfängt: das Haus und den Schlüssel, die Welt und die Heilige Schrift. Das Wort öffnet, das Geschenk wird sichtbar. Alles kommt zu uns, wartet darauf, eingelassen und würdig empfangen zu werden. Auf unsere Offenständigkeit, auf unsere ständig offene Tür kommt es an. Dann werden wir erfüllt, bis zum Überfließen. Wir können dann gar nicht anders als geben, weitergeben. Das Empfangene gibt sich durch uns weiter. Es braucht uns. Ohne uns käme dieser Überfluß nicht zustande, denn da wäre kein Gefäß, worin sich alles versammeln könnte.

*

Statt uns über Träume zu belehren, erzählt Friedrich Weinreb aus seinem Traumleben. Da wird uns klar: Die Welt entfaltet sich aus unserem Innern. Was uns als festes Gegenüber erscheint, lebt eigentlich von unserer Beziehung oder erstarrt infolge unserer Beziehungslosigkeit.

In der Beziehung leben wir als Angezogene, nehmen Bezug auf den, der zieht. Der uns gegenüber steht, verliert das Ferne und Fremde, die Auseinandersetzung wendet sich zur Einswerdung.

Was uns als *Mensch* bewegt, ist das eigentliche Thema des Erzählens. Woher dem Erzähler die Einfälle kommen, dort ist auch die Erlebnisheimat des Hörers. Daher kommt es, daß im »Hören« solcher Bücher die vielleicht noch nie erlebten Schichten des eigenen Lebens staunend erfahren

13

werden können. Es ist dann, als spreche hier gar nicht ein fremder Autor, sondern lange verschüttetes eigenes Wissen. Diese Schichten – die Geschichte unseres Lebens in der Traumseite – sind während des beispiellosen Siegeszuges des naturwissenschaftlichen Denkens verdrängt worden und fast ganz in Vergessenheit geraten. Und jetzt, wo die Grenzen eines Weltbildes, von dem man sich unerschöpfliche Entwicklungsmöglichkeiten zum Besseren versprochen hatte, immer deutlicher hervortreten, könnte die Entdeckung unseres Traumlebens zur Befreiung werden. Dort, in Traumzeit und Traumraum, gelten ganz andere Maßstäbe als die beengenden, mehr und mehr Angst erzeugenden, wo die Welt dem Bewußtsein als beherrschbar vorgestellt wird.

Israels Auszug aus Ägypten, sein Durchschreiten der Wasser, ohne zu ertrinken, sein Zug durch die Wüste und sein Eintreten ins Gelobte Land verlieren dann das peinlich Beschränkte historischer und geographischer Betrachtungsweise. Das im Wort der Bibel zur Sprache kommende Geschehen könnte sich unvermittelt für die Weite und Tiefe zeitloser menschlicher Erfahrung öffnen, ohne dadurch seine Einzigartigkeit und buchstäbliche Wahrheit zu verlieren.

∗

Inmitten unseres Jahrhunderts der Spezialisten und Experten, während die Theorie- und Wissenschaftsgläubigkeit ihren Höhepunkt erreicht und kühler Intellektualismus die Kultur, die Kunst und die Theologie bestimmt, läßt sich nach vielen Jahren wechselnder Aufenthalte in Europa und Asien ein Chassid aus dem jüdischen Osten in der Bankenmetropole Zürich nieder und erzählt dort bis zu seinem Lebensende vom Ursprung des Menschen, seiner Gegenwart und Zukunft, dem Sinn seines Lebens, dem Wunder der Sprache und dem Wunder der Schöpfung.

Einer, der gegen den Strom schwimmt.

Kann er deshalb erzählen, wo sonst nur gedacht, gerechnet, konstruiert wird?

Dieser Professor Dr. Friedrich Weinreb hat eine bemerkenswerte Karriere hinter sich. Als Experte für die Anwendung der mathematischen Statistik in der Volkswirtschaft schrieb er eine Reihe vielbeachteter Bücher. Neben dem Mathematiker Norbert Wiener gehörte er zur Expertengruppe, die an der Ausarbeitung des ersten Fünfjahresplanes für Indien beteiligt war. Er lehrte als Gastdozent am Institut des Hautes Études International in Lausanne, verfaßte Berichte für verschiedene Gremien der Vereinten Nationen in Genf, amtierte als Rektor der Middle East Technical University in Ankara, abgesehen von seiner Tätigkeit als Forschungsleiter und Dozent am Niederländischen Ökonomischen Institut in Rotterdam und Ordinariaten an mehreren Universitäten Indonesiens.

Vielerfahren also in der Welt, in der die Wirtschaft bestimmend ist. Einer, der dem Kaiser gibt, was des Kaisers ist. Und gleichzeitig schwimmt er unbeirrt sein Leben lang gegen den Strom, bewahrt *den Menschen,* der von der Strömung mitgerissen zu werden und zu ertrinken droht.

Während der Besetzung Hollands führte er seinen großen Krieg gegen die Nazis, wohl einen der denkwürdigsten und listenreichsten dieses Jahrhunderts. Sein dreibändiger Bericht über das Drama von Verfolgern, Verfolgten und Zuschauern und über das menschliche Verhalten in der Grauzone von Kollaboration und Widerstand war ein Höhepunkt in der niederländischen Nachkriegsliteratur (»Collaboratie en verzet«, Amsterdam 1969/1970; deutsch: »Die langen Schatten des Krieges«, Weiler im Allgäu 1989). Für den ersten Band dieser Trilogie mit dem Titel »Het land der blinden« (Im Land der Blinden) wurde ihm 1969 der Literaturpreis der Stadt Amsterdam zugesprochen.

*

Als Friedrich Weinreb am 18. November 1910 in Lemberg geboren wurde, gehörte diese Stadt, Mittelpunkt Galiziens, zur österreichischen Donaumonarchie. Die Bevölkerung bestand aus Polen, Ukrainern, Armeniern, Deutschen und Juden. Seine Herkunft sowohl von der Vater- wie von der Mutterseite her ist im Chassidismus verwurzelt, geprägt von Großen in der Lehre, der Thora, die zugleich Gütige und Bewährte im Leben sind. Wer so lebt, ist ein Rebbe, ein Zaddik, und je bescheidener ein desto größerer. Gewaltig groß in diesem Sinne waren Mosche aus Kuty (Moische Kutiwer), Dow Bär von Mesritsch, genannt »der große Maggid« (= Erzähler), der Czortkower Rebbe, der Nadworner Maggid, Israel von Ruzin und die aus Brody und Wiznitz stammenden »Dynastien« von Rebbes.

Alle diese Namen finden sich in der Ahnentafel des Efraim Fischl Jehoschua, der in den amtlichen Registern als Friedrich Weinreb erscheint. »Dieser Faden aber existiert nur«, betont Weinreb in seiner Autobiographie, »wenn man in gleichem Sinne lebt.«

Den Entschluß, »so zu leben, wie es seit unzähligen Generationen überliefert war«, faßte der Zwölfjährige im holländischen Scheveningen, wo die durch den Ersten Weltkrieg ausgelöste Flucht vor den Russen nach einer Odyssee durch Ungarn und einem Zwischenaufenthalt in Wien im Juli 1916 endlich ihr Ende fand. Die Hinwendung zum orthodoxen Judentum war ein entschiedenes Schwimmen gegen den Strom, denn seine Eltern waren »begeisterte, gutgläubige Europäer«, denen »die deutsche Kultur als höchstes Ideal« galt und für die »Bildung, Fortschritt und Glück ein und dasselbe« war.

Daß der Faden der Herkunft dennoch wieder aufgenommen wurde, ist vor allem seinem Großvater, aber auch den vielen Erzählungen seiner Mutter mit zuzuschreiben. Gleichzeitig erfüllte der Sohn den Herzenswunsch seiner Eltern. Nach dem Besuch der höheren Schule begann er ein Universitätsstudium und wurde nicht nur »ein Herr Doktor«, wovon sie geträumt hatten, sondern auch ein angesehener Professor und Forscher. Tiefe Gläubigkeit, der jede Art von Beweisführung wesensfremd ist, und ein exzellentes wissenschaftliches Denkvermögen, sogar führend in seiner Zeit – wie können solche Extreme in glücklicher Ehe im Menschen leben, eins das andere fördernd, und so reiche und vielfältige Früchte bringen?

Sicher ist, daß der Wissenschaftler durch solche Zweiseitigkeit schöpferisch wird, weit offen für Einfälle, inspiriert. Und der im Glauben Lebende erfährt dadurch die Klarheit einer Verstandeskraft, wo sich komplexe, schwer zu durchdringende Zusammenhänge plötzlich wie von selbst ordnen und nie geahnte Einsichten eröffnen.

So publizierte Weinreb als »gläubiger Wissenschaftler« 1963 sein erstes Buch zur Bibel und zur jüdischen Überlieferung. Schon im Titel kündigte sich eine Revolution auf diesem Gebiet an: »De Bijbel als schepping« – Die Bibel als Schöpfung. Das alte Wissen des Judentums läßt ihn im hebräischen Urtext der Thora, der 5 Bücher Mose, das Wunder einer »buchstäblichen« Schöpfung im Wort entdecken. Im unerschöpflichen Beziehungsreichtum, der die Bibelsprache strukturiert wie die Naturgesetzlichkeit den Kosmos, könnte der Sinn der biblischen Mitteilungen für den Menschen klar erkennbar werden. Das heilige Wort erweist sich gerade auch in seiner »Wörtlichkeit« als Schlüssel zum Sinn des Lebens. Alle Einsichten und Zusammenhänge treten von selbst aus der in der Sprache verborgenen Struktur hervor, deren Kenntnis im alten Wissen der Überlieferung bewahrt und nun zum ersten Mal von Friedrich Weinreb in eine moderne Denkart und Ausdrucksweise »übersetzt« wird.

Außerhalb der Theologie, im Gegenüber zur wissenschaftlichen Exegese, entstand so das erste Grundlagenwerk zur Bibel, das diesen Namen wirklich verdient. Jetzt war der Einblick ins Fundament gegeben, das offenbare Geheimnis der Struktur des Ursprungs zugänglich für jeden, der sich nach Einsicht sehnt.

Mit diesem Buch ist allen theologischen, religionswissenschaftlichen und esoterischen Theorien und Spekulationen zum Pentateuch der Boden entzogen. Es markiert zweifellos einen Wendepunkt, der in seiner Bedeutung und Tragweite noch gar nicht abzuschätzen ist. Gleich nach Erscheinen wurde es einmal hellsichtig mit dem Ereignis der ersten Kernspaltung verglichen.

Auf dieser überlieferten Grundlage erscheinen alle Bereiche des Lebens in neuem Licht, denn es ist jetzt möglich, alles von seinen Wurzeln her zu verstehen, mit dem Ursprung zu verbinden. So ist die immense Themenvielfalt im Traumleben erquickend, man möchte immer mehr und weiterhören, weiterlesen. Soziologie oder Medizin, Psychologie oder Mathematik, Anthropologie oder Architektur, Philologie oder Physik – eigentlich alle Wissensgebiete, auch Kunst, Handwerk, Beruf und Alltagspraxis zeigen sich von ihren unbekannten Seiten. Keine neue Theorie wird den bestehenden Auffassungen hinzugefügt, sondern das längst Bekannte bekommt frischen Sinn, weil es endlich nah, das eigene Leben berührend erlebt werden kann. Von der Traumseite her kommt die Einsicht, die das angestrengte Denken nie erreicht.

Es ist am Leser, die Lektüre des Traumlebens zum Abenteuer werden zu lassen: Der Kontinent *des Menschen* harrt der Entdeckung. Weinreb entwirft eine Topographie des Nichtbewußten, und der Leser spürt die Orte in seinem Leben auf. Plötzlich leben abgebrochene, längst verloren geglaubte Beziehungen wieder auf. Von der Traumseite melden sich Impulse, die den Alltagsansichten und dem gewohnten Verhalten eine unerwartete Richtung geben. Und es mag sogar so weit kommen, daß man umkehrt und gegen den Strom zu schwimmen anfängt.

*

Aus welchen Quellen sprudelt Weinrebs Erzählen?

Sie müssen ständig fließen, bestand doch sein Leben aus einem fortwährenden Erzählen, wie es die mehreren tausend Tonkassetten in deutscher Sprache bezeugen, und fast noch einmal so viele in holländischer Sprache würde es geben, hätte man schon in den fünfziger und sechziger Jahren alle Vorträge mitgeschnitten. In jungen Jahren schon erlebte er, daß »es sich bei ihm zu erzählen« begann. Dem Andrang der Ein-fälle im Erzählen Form geben, aussprechen zu können, was aus dem Tiefinnern zur Sprache kommen, erinnert werden will, erfuhr er als schöpferische, beglückende Herausforderung. In seiner Autobiographie sucht er das Gefühl, das ihn als Einundzwanzigjährigen bewegte, als er vor einer Gruppe gesprochen hatte, in Worte zu fassen: »Was mich dabei überaus beglückte war, daß ich jetzt auf richtige und wahre Art für den Himmel sprechen konnte. Und zum ersten Mal in meinem Leben spürte ich, daß, während ich sprach, ich mir selber verblüfft zuhörte und wußte: Hier rede ich nur, was auf mir ganz unerklärbare Weise durch mich hindurchkommt und in meinem Munde Worte bildet, Laute, die Worte sind und die etwas ganz Frisches, Neues und Herrliches erzählen.«

Solches Erzählen schaltet eben nicht den Intellekt, das erworbene Wissen und die rationale Fundierung aus, sondern erweckt alles dies erst zu seiner eigentlichen Bestimmung, Glück zu schenken. Solange aber der Herrschaftsanspruch des Intellekts mit seinen denkerischen Finessen das Reden und Schreiben bestimmt, treten die Grenzen, das Beschränkende, unter Umständen auch das wirklich Beschränkte dieser einseitigen Lebenssicht von Mal zu Mal schärfer hervor. Das immer weiter Differenzierende, das jede zielgerichtete rationale Methode mit sich bringt, schafft auch immer neue Entfernungen, die sehr mühselig zu überwinden sind. Da erscheint dann das Leben, das doch jeder *unteilbar* lebt, auf der Projektionsfläche sezierender Verstandestätigkeit als in unzählige Spezialistentümer aufgesplitterles Schattenbild. Dem steht der Mensch in der Verborgenheit seiner Glücksgefühle und Verstimmungen, seiner Sehnsüchte und Erinnerungen, seiner Hoffnung und seiner Verzweiflung, unablässig pulsierend, wie endgültig abgeschnitten gegenüber.

Vielleicht sind es fast unerträgliche Schmerzen, die diese Gespaltenheit auslöst. Und vielleicht haben wir deshalb diese große Vielfalt an Betäubungs- und Zerstreuungsmitteln entwickelt, die uns vor der Einsicht in den Alptraum einer solchen Lebensweise schützen sollen.

Wenn Weinreb von der Traumseite des Lebens erzählt, zeigt sich mit dem Alptraum der Kluft auch die Brücke, die erlösende Wirklichkeit der Verbindung. Im biblischen Urbild ist es Josef, Archetypus jenes Traumdeuters *im* Menschen, der im Deuten der Träume »die Heilung der Krankheit« bewirkt. Gerade als »Hebräer«, als »Jenseitiger«, vermag Josef den Pharao und ganz Ägypten aus der Sackgasse eines zutiefst verstörenden, weil tödlichen Alptraums herauszuführen. Vom Integralen, dem umfassenden Ganzen des Traumlebens her werden Lösungen erfahrbar, die den »Weisen Ägyptens« – biblische Entsprechung zu den kühnsten Anstrengungen dialektischen Denkens, dem Dilemma zu entrinnen – verschlossen bleiben *müssen*.

Im Traumleben des Menschen herrscht die »Dimension der Überraschung«. Sie steht dem Wohlüberlegten, Abgesicherten und Konsequenten einer auf Leistung beruhenden Lebenseinstellung gegenüber. Und diese bekämpft alles Überraschende als Störung; gleichzeitig wünschen wir uns unbewußt nichts so sehr, wie überrascht zu werden. Wir ahnen darin etwas von großer Freude und wahrem Glück. Es ist das Unmögliche, vor dem unsere rechnende Seite erschrickt. Der Freiheit, die sich uns anbietet, fühlen wir uns gar nicht gewachsen. Wir gleichen Vögeln im Käfig, die zwar oft vom Fliegen, vom Sich-erheben und von der Weite des Himmels träumen, die geöffneten Käfigtüren aber ängstlich ignorieren.

*

Die Tiefenpsychologie hat im Traumleben des Menschen die Mythen und mythische Gestalten wie Narzissus oder Ödipus entdeckt und als ganze »Komplexe« zu lokalisieren versucht. Seither steht der Begriff »Komplex« auch für etwas Zwanghaftes und Einengendes. Dem hat Friedrich Weinreb nun etwas überraschend Neues hinzugefügt, eine wesentliche Erweiterung, die den wissenschaftlichen Vorstoß in die Innenwelt des Menschen grundlegend relativiert, und das heißt in diesem Fall: ihm seinen Ort in einem viel umfassenderen Beziehungsgefüge zuweist. Wenn Weinreb den Jakob/Esau-, den Josef-, den Rahel/Lea-, den Abraham- oder den Mose-Komplex erzählt, führt er die Offenbarung aus dem Exil der historisch-kritischen Exegese wieder in die Mitte *des Menschen* zurück.

Was ist das Kennzeichen dieser »Glücks«-Komplexe, die in der Verborgenheit jedes Menschen auf Entfaltung hoffen, die Verbindung zum Lebensweg in Fleisch und Blut suchen? Immer geht es da um den Durchbruch, eine »Geburt«, um unerwartete Abenteuer, die dem Lebensweg neue, weite und abwechslungsreiche Landschaften erschließen. Ob Begierde und Zwang oder Glück und Befreiendes das Träumen, auch das Tagträumen, beherrschen, bestimmt die Lebensweise des Menschen, ist seine Entscheidung. Jedem Traumleben aber liegt der biblische Glücks-Komplex zugrunde, der in wurzelhafter Verdichtung eine Kern-Kraft birgt, die die Schalen und das Schale der Enge, der Lebensangst jederzeit aufsprengen kann.

Die Lösungen sind uns viel näher, als wir denken. Sie warten auf uns. Träumen wir nicht von Erlösung? Und geht nicht die Befreiung aus jeder Gefangenschaft von unserem Traumleben aus, wie es der 126. Psalm andeutet?

Weiler im Allgäu, Dezember 1993   *Christian Schneider*

Vorwort

Einen Traum kann man nicht bauen, ein Traum baut sich. Er entzieht sich unserem Willen. Er kommt uns oder er kommt eben nicht. Der Traum hat sein eigenes Reich, und dieses Reich herrscht, wo die Möglichkeit einer Willensherrschaft ausgeschaltet ist. In der Nacht schläft das Wollen, und wenn es nicht schläft, schlafen auch wir nicht. Während des Tages kann man wegträumen, wenn das Wollen einschläft. Es schläft dann nicht ganz ein; es läßt sich auf den Wellen des Tagtraumes mittragen und freut sich, wieviel dann möglich ist. Unser bewußtes Wollen liefert sich einer strengen Kausalität aus. Es verlangt Opfer und läßt den Menschen unter dem stetigen Druck der unentrinnbaren Alternative leben. Es hat seine Aktivität in der Welt des Erscheinenden, im Materiellen.

Das Reich des Traumes gehört dem Unbewußten. Wir wollen immer gern das Unbewußte mit den Maßstäben des Bewußten messen. Um es, wie man dann sagt, zu verstehen. Kann man aber etwas, das sich nicht bauen läßt, mit dem Verstand, mit dem Denken verstehen? Man kann es erleben, sofern das Unbewußte noch nicht so weit verschüttet ist, daß es nicht mehr lebt. Man kann es nicht verstehen *wollen;* das wäre, als wolle man in jenem Bereich etwas bauen. Das Reich des Unbewußten ist sehr weit, Grenzen im Sinne des Meßbaren gibt es dort nicht. Dort lebt nicht nur die Erinnerung aus dem eigenen Leben, dort befindet sich das Erlebnis der Welt und der Welten in allen möglichen Zeiten und an allen möglichen Orten. Es ist der eigentliche Bereich des Menschlichen. Dort wirken Geist und Seele. Von dort her wird unser Leben gesteuert. Der Traum ist in diesem Reich zu Hause.

Man sagt im alten Wissen, dort sei die Realität, und alles, was wir im Bewußten, im Zeiträumlichen erleben, sei wie das Spiegelbild dieser Realität. Wir seien, sagt man dort, wie die Spiegelung eines Baumes im Wasser des Flusses. Sogar der Fluß, das Fließen der Zeit, ist realer als unsere Existenz hier. Man kann von hier aus dem Baum am Ufer des Flusses nichts anhaben.

Das Reich des Unbewußten gehört zum Menschen. Wie der Traum von dort her in die Erinnerung im Bewußten hineintritt, so kommt alles, was wir tun, unser ganzes Verhalten, von dort her. Das ganze Leben im Wachsein ist gelebter Traum. Ob wir uns an Träume erinnern oder nicht, im Leben des Alltags spiegelt sich unser Leben in Geist und Seele, unser ganzes Leben im Unbewußten. Dort können wir wie die Kinder sein. Nur dort sind wir frei von dem Zwang des Kausalen, des Entweder-Oder. Wir sind dort wie die Fische nach dem Fischfang. Denn die Fische im Wasser bewegen sich eigentlich im Spiegel, und die Realität ist doch außerhalb des Spiegels.

Der Spiegel, wie das Wasser, ist kühl. Es fehlt dort die Dimension des Nichtkonstruierbaren. Es fehlt dort die Dimension der Wärme, der Liebe. Und diese Liebe, dieses Bedürfnis, empfangen und schenken zu können, dieses Sichsehnen nach emotionalen Beziehungen, das ist das Gebiet, wo Unbewußtes im Bewußten sich manifestiert. Liebe gehört zum Träumen.

Die Sehnsucht nach Beziehungen kennt nicht die Grenzen des Kausalen. Sie durchbricht alle Grenzen, weil das Unbewußte, weil Geist und Seele grenzenlos sind. Liebe erlöst mit ihrer Wärme die Welt des Bewußten, des Meß- und Zählbaren. Sie bezieht sich auf alles. Das sonst kalte Rationale wird erwärmt, strahlt zurück, zeigt den verborgenen Funken des Göttlichen.

So entstehen Beziehungen zu allem in der Welt. Das sind die Bausteine, die herangetragen werden, den Tempel, die Wohnung Gottes, zu bauen. Im Hebräischen liest man das

Wort »mass«, übersetzt mit »Fron« oder »Tribut«, das in 1. Könige 5,27–32 im Zusammenhang mit den Vorbereitungen zum Tempelbau steht, auch als »ein Ziehen«. So hat zum Beispiel das Ziehen durch die Wüste aus der Knechtschaft zur Freude der Freiheit, hebräisch »massa«, als Stamm das gleiche Wort »mass«. Aus dem Ziehen der Sehnsucht kommen die Bausteine. Die Bausteine für jedes Leben, für alles Erlebte und Begegnete. Man kann sie nicht behauen, man kann sie nur aus der Sehnsucht herbeibringen. Dann kommt das große Geheimnis: Diese Bausteine fügen sich selbst zusammen, und auf diese Weise, *nur* auf diese Weise entsteht die Wohnung Gottes. Kein Laut von Hammer, Meißel oder eines anderen Werkzeuges wurde gehört, als »das Haus sich baute« (1. Könige 6,7). Das alte Wissen erzählt von traumhaften Wundern, die mitwirkten, um das himmlische Haus im irdischen Leben zu errichten.

Bringt unser Leben diese Bausteine herbei? Wenn man sich sehnt, wenn man tagträumt, wenn man alles aus dem Leben der Welt, auch aus fernsten Zeiten und Ländern, herbeibringt – das wären diese Bausteine. Das wäre ein Ziehen, eine Sehnsucht nach dem Gelobten Land, nach dem Paradies, wovon wir wissen, daß nur das der Sinn des Lebens sein könnte, wenn es überhaupt einen Sinn gibt. Nur durch die lebendige Beziehung zu allem, durch die menschliche Wärme kommt das Material herbei. Nicht durch intellektuelle Kühle.

Wenn das Material da ist, baut sich schon das Haus. Das gilt für alles, wo sich Bewußtes mit Unbewußtem trifft. Man träumt, was die Bausteine aus dem Ziehen, aus den Beziehungen, herbeigebracht haben. Die Fron, das ist das Leben im Zeiträumlichen, im Alltag. Wie Lastträger bringen wir das Material, das im Unbewußten unsere Träume baut, das aber dort auch alles andere für das Leben des Menschen zubereitet. Salomo, der »vom Frieden«, der »Vollkommene«, steht da, und durch ihn kommt die Wohnung Gottes, auch im Menschen, zustande. Es ist der Sohn Davids, der den Tribut aus dem Leben des Alltags empfängt und über das Wunder des Sich-selber-Bauens der Wohnung Gottes herrscht.

Wie der Traum sich baut, so baut sich auch das Leben. Man kann weder Traum noch Leben mit dem kühlen Verstand analysieren und dann verstehen. Ohne die Beziehung zu allem in der Welt, ohne die Sehnsucht, die alles zu einer überwältigenden Einheit erfahren möchte, kann man nicht verstehen. Das Reich dieser Welt kommt durch das Reich des Himmels. Das Bewußte hat nur einen Sinn, wenn es aus dem Unbewußten zustande kommt. Sonst hängt es in der Luft, dreht sich im Kreise, verliert sich in Sackgassen, stirbt in Langeweile.

Ich mag das Bewußte, bewundere den genialen Verstand, liebe die gescheite Einsicht. Aber nur, wenn sie aus der Wärme des Menschen, aus seiner Sehnsucht kommen, wenn sie wie geträumt, märchenhaft, herbeieilen. Nur dann hat das Bewußte Bestand, nur dann ist Wissenschaft zuverlässig, sinnvoll. Und es braucht Wissenschaft, es braucht Gescheites, Geniales. Welcher Baum aber gibt die Früchte? Ist es der Baum des Wissens von Gut und Böse, der Baum mit der verbotenen Frucht, oder ist es der Baum des Lebens? An den Früchten erkennt man den Baum.

Meine Bücher entstanden aus den Bausteinen, die mein Leben herbeigebracht hat. Meine Sehnsucht rief sie heran, die Fron im Zeiträumlichen trug sie herbei. Die Sehnsucht machte mir die Fron zur Freude. Ob ich die Zeitung lese oder wissenschaftliche Handbücher, ob ich Leuten im Kaffeehaus begegne oder ob ich lehre – es gehört alles zu den Beziehungen. Ich glaube nicht, daß etwas im Prinzip außerhalb bleibt. In gleichem Sinne studierte, las und erlebte ich während Jahrzehnten, seit meiner Jugend schon, Werke, worin das alte Wissen vom Judentum, unermeßliche Weisheit fassend, durch die Zeiten zu uns kam. Immer mehr wurden sie mir zum ergreifendsten Erlebnis; die Welt revolutionierte sich in beschleunigtem Maße. Zusammen mit

Werken der Philosophie, der Mythologie, Ethnologie, Psychologie, der Mathematik und der Anthropologie erwirkten sie eine reiche Beziehungswelt. Man könnte sagen, durch diese im Leben herbeigetragenen Bausteine entstand meine Seite im Unbewußten, woraus dann alles sich in Worten und Begriffen im Bewußten äußern konnte. Meine Annäherung zum Leben ist deshalb eine völlig andere als die der meisten Wissenschaftler.

Dieses Buch hier habe ich – abgesehen von diesem Vorwort – nicht geschrieben. Ich habe es direkt erzählt. Und da ich ohne persönliche Beziehung zum Zuhörer kaum erzählen kann, entstand das Erzählen vom Traumleben in einer und aus einer Erzähler-Zuhörer-Gemeinschaft. Oft bezieht es sich auf Gespräche, die ich vorher mit dem oder jenem Schüler hatte. Es geht manchmal auf Geschehnisse oder Mitteilungen in jener Zeit ein. Schon deshalb hat es einen vollkommen anderen Charakter als welches Buch auch über Träume. Vielleicht aber steht es dadurch dem Traumleben viel näher, weil das Erzählen den Traumerfahrungen viel mehr gleicht. Traumerfahrungen, zum Leben gekommen durch die Vielfältigkeit der Bausteine, durch die intensive Freude am Leben und an der Welt. Weil die Erfahrungen durch diese Bausteine im Unbewußten sich bauen konnten, brachten sie den Bausteinen in der zeiträumlichen Welt ein neues Licht, ein Licht, das ohne den Weg über das Unbewußte, über Geist und Seele, niemals hätte strahlen können. So sind die Mitteilungen dieses Erzählens, weil Bausteine dieser Welt gebraucht wurden, auch wissenschaftlich relevant. Ich glaube aber, sie sind mehr, weil sie von der anderen Seite jetzt zurückgestrahlt werden.

Vielleicht wäre es ein Weg der Zukunft, in den Erlebnissen der wissenschaftlichen Untersuchungen, des Studiums, des Denkens und Experimentierens mehr zu träumen. Dieses Träumen aber nicht wahllos über sich kommen zu lassen, sondern zu bedenken, daß der Ausgangspunkt des wahren Träumens die Sehnsucht nach Beziehungen zu allen und allem in der Welt ist. Und daß diese Beziehungen eine tiefe menschliche Wärme brauchen, daß also Liebe zum Leben und zur Welt grundlegend ist. Auf Liebe ist die Welt gebaut, heißt es. Das will sagen, daß auch Wissenschaft und Liebe gebaut ist, will sie wahre Wissenschaft sein, und daß dasselbe auch für das Träumen gilt.

Ob das Erzählen auf meine Art sich dafür eignet, in Buchform zu erscheinen, wird sich zeigen. Vielleicht breitet sich der Geist der Gemeinschaft von Zuhörern und Erzähler aus auf eine Gemeinschaft von Lesern und zu Papier gebrachtem Erzähler. Es ist zu hoffen, daß die Qualität der Stimmung in einem vertrauten, intimen Raum sich auf Tausende von Lesern ausdehnen kann. Vielleicht erlaubt die Phantasie dem Leser, sich im Geiste als Teilnehmer mit einzuleben. Das wäre dann ein Traumleben im Traumleben.

Zürich, 20. Januar 1979　　　　　　　　　*Friedrich Weinreb*

1

Schlafen und Wachsein · Traum und Träumen · Mythen und Phantasie · Die Schlange · Die Pferde · Das Wasser

Ich möchte Ihnen etwas vom Träumen und seiner Gegenseite, dem Wachsein, erzählen. Dabei versuche ich, vom Träumen nur das mitzuteilen, was in alten Quellen überliefert ist, aber noch niemals in eine moderne Denkart, in eine heute verständliche Ausdrucksweise übertragen wurde.

Wenn wir uns fragen, wo im Leben im allgemeinen geträumt wird, so könnten wir als erstes sagen: im Schlaf. Woher die deutschen Wörter »Schlaf« und »schlafen« kommen und was sie bedeuten, weiß ich nicht genau. Ich versuche aber immer, mir diese Wörter und Begriffe in einer – wie ich sie nenne – Ursprache vor Augen zu stellen, nämlich dem Hebräischen. Dadurch sehen wir etwas klarer, die Erkenntnis kommt uns näher, weil wir dann in eine ganz andere Denkart hineinkommen. Sprache läßt zu gleicher Zeit denken, wenn wir wissen, was wir sagen.

Das Wort »schlafen« ist in der hebräischen Sprache ein ganz merkwürdiges Wort. Es enthält nämlich den Begriff des Doppelten, das Wiederholen, das Sichändern, also: eine Situation *und* eine andere. So sagt es etwas von diesem Zustand, das im deutschen Wort »schlafen« überhaupt nicht zum Ausdruck kommt. Wenn »schlafen« gewöhnlich gebraucht wird im Sinn von »ausgeschaltet von unserem Bewußtsein«, so sagt das Wort »Schlaf« in der Ursprache im Gegenteil: doppelt, und: Es wiederholt sich etwas, es ändert sich etwas, es ist eine Bewegung da. Ich habe über das Wort »schlafen« schon einmal in der »Rolle Esther« geschrieben; im Zusammenhang mit der Rose, der Schoschana, habe ich auf den Begriff Schlaf hingewiesen und das Sichändern.

Wir sehen an diesem Wort, daß die Schlafwelt eine ganz wichtige Welt ist, vielleicht sogar wichtiger als die Welt des Wachens. In der Schlafwelt geschieht es, daß zwei Dinge irgendwie zusammen sind; eines ist schon da, und das andere kommt auch: Es wiederholt sich. Was wiederholt sich?

Manche Menschen glauben, was wir während des Tages erleben, wiederholt sich im Schlaf. Wir müssen prüfen, ob das in der Sprache auch so enthalten ist. Die Sprache sagt ja die Dinge, wie sie sind ohne unser Zutun. Wir *machen* nicht Sprache, sondern Sprache entsteht bei uns; wir wissen nicht, woher sie kommt. Wenn wir also in der Sprache etwas sagen, müssen wir uns fragen: Woher kommt es, daß wir es auf diese Art ausdrücken?

Wie sieht es nun mit dem Wachsein aus? Im Hebräischen hängt dieses Wort mit dem Wort »Haut« zusammen. Die Haut begrenzt uns, schränkt uns ein, legt uns fest auf den Ort und den Moment, wo wir sind. Die Haut macht aus uns ein zeiträumliches Wesen. Das Wachsein hat also mit der Haut zu tun. Wir glauben immer, nur wenn wir wach sind, sind wir bei vollem Bewußtsein und ganz gescheit, während wir uns im Schlaf für ganz dumm und bewußtlos halten.

Vom Menschen wird gesagt, er habe wie ein Widerspruch zwei Seiten in sich. Von der einen Seite sagt man, daß sie jenseits der Spaltung ist, jenseits dessen, was auf das Zeiträumliche festlegt. Man könnte diese Seite eine zweite Wirklichkeit nennen, eine andere Dimension. Dort, sagt man, ist der Mensch umhüllt von dem, was man »or« nennt, »Licht«. Man meint nun nicht, daß er Licht um sich herum hat, wie *wir* Licht sehen, sondern es bedeutet: In diesem Zustand kann er durch Zeit und Raum hindurchleben. Er ist weder festgenagelt an einen bestimmten Moment noch an einen bestimmten Ort. Er kann sich frei durch alles hindurchbewegen; es gibt keine Schranken. Dennoch bleibt er immer er selbst. Er ist immer diese Person, dieses »Ich«, könnte man sogar sagen. Er ist zu gleicher Zeit hier und dort und lebt beide Situationen in einem. Es ist nicht notwendig, daß er die eine aufgibt, um die andere zu erleben – und nicht nur *eine,* sondern viele andere gleichzeitig.

Auch Zeit, so wird in den alten Mitteilungen erzählt, ist unwichtig dort, spielt gar keine Rolle. Im Sekundenbruchteil kann da Zeit plötzlich um tausend Jahre zurückgehen oder tausend Jahre weiter – ohne Schwierigkeiten geht das. All dies will sagen: Der Mensch ist nicht abhängig von Grenzen. Er kann sich begrenzen, wenn er will, und kann auch völlig unbegrenzt sein – je nachdem. Man sagt deshalb, wenn die Umhüllung von Licht um ihn herum ist, dann ist er dem Gesetz von Ursache und Wirkung, der Kausalität, nicht unterworfen. Er ist akausal, ist frei.

Das ist es, was man das »Kleid des Menschen im Licht« nennt. Man kann es nicht darstellen. Es ist ein Erlebnis, das kein Bild hat. Das ist die eine Seite im Menschen.

Die andere Seite wird immer mit dem identifiziert, wovon man sagt: Er nimmt von der Frucht, vom Baum der Erkenntnis. Es bedeutet nicht, daß er ein böser Mensch ist; es bedeutet: Das ist in ihm, daß er das tue. Das Nehmen vom Baum der Erkenntnis gehört zum Bauplan der Welt. Er *muß* nehmen – das ist die Welt. Er ist dann nicht schlechter als vorher. Es ist seine Bestimmung, daß er das tut, denn mit dem Nehmen vom Baum der Erkenntnis, wird gesagt, fängt für den Menschen der Weg an, die Bewegung. Er fängt an, sich zu entwickeln, er wächst. Wenn der Weg anfängt, spricht man von der Seite des Lebens, wo das Werden ist.

Beim Werden kommt Phase nach Phase. Keine Phase verharrt, denn es ist wie ein Strom, der fließt und nicht erstarren kann. Er fließt immer, kein Teil einer Sekunde bleibt, alles geht weiter. Das bedeutet: Jeder Moment ist nur für sich da, und alles andere ist ihm fremd. Der Moment »Jetzt« kann sagen: Der vergangene Moment ist mir fremd und der zukünftige Moment ist mir fremd. Der Moment »Jetzt« grenzt sich ab von Vergangenheit und Zukunft.

Wenn der Mensch so ist, sagt man, kommt ihm wiederum »or« – genauso ausgesprochen wie das Wort für Licht, aber anders geschrieben, und dann heißt es »Haut«. Es kommt also das, was ihn begrenzt, einschränkt, auch einengt. Mit dieser Enge kommt dann auch die Angst. Er wird ängstlich, weil er begrenzt ist. Er hat Angst vor der Vergangenheit, sie bedrückt ihn, läuft ihm nach. Er hat Angst vor der Zukunft, er weiß nicht, was sie bringen wird. Er hat Angst vor seinem Nächsten, er weiß nicht, was er von ihm denkt. Er bekommt Beziehungswahn oder Verfolgungswahn, alle Arten von Wahn. Jeder Mensch bekommt das. Manche halten es für normal, andere nennen es abnormal. Wo ist die Norm?

Die Haut jedenfalls begrenzt ihn und bringt ihm Angst, Enge. Nun ist es merkwürdig, daß im Hebräischen das Wort »Wachsein« aus derselben Wurzel, aus demselben Stamm kommt wie das Wort »Haut«. Wachsein heißt auch: Jetzt öffnen sich uns die Augen, und dann sind wir tatsächlich beschränkt auf unser Gesichtsfeld und auf den Ort, wo wir jetzt eben stehen. »Ich bin wach und bewußt« heißt soviel wie »Ich stehe hier«; zu sagen: »Aber ich träume, ich stehe woanders«, hieße eigentlich die Augen schließen, aufhören zu reden.

Das Wachsein bringt die Kausalität mit sich, die Welt, in der Ursache und Wirkung herrschen, also Beschränkung. Ich kann nicht etwas loslassen, ohne daß es, wenn es schwer ist, fällt. Auch wenn ich wünsche, daß es aufsteigt – nein, es fällt. Durch die Ursache, das Loslassen, fällt es. Das ist im Wachsein eine Selbstverständlichkeit.

Stellen wir uns nun Wachsein und Schlafen im Sinn der alten Mitteilungen vor, so sehen wir, daß das Erleben während des Tages ein anderes ist als das Erleben während der Nacht. Dennoch gehört beides zum Menschen. Es ist nicht ein Mensch, der wach ist, und ein anderer, der schläft; beides ist immer im Menschen da. Daher wird es im alten Wissen als selbstverständlich empfunden, daß man, wie wir heute sagen würden, phantasiert, einen Roman schreibt oder wie Dante die »Göttliche Komödie«. Es ist ja nicht so, daß Dante glauben machen will, er sei in der Hölle gewesen und hätte das so gesehen, wie er es da beschreibt. Er setzt natürlich voraus, daß jeder weiß, daß er das phantasiert, geträumt hat, sozusagen. Dennoch ist es Wahrheit, viel mehr Wahrheit, als wenn er gesagt hätte: Ich bin in die Hölle gefahren und habe mir das angesehen.

Viele Mitteilungen dieser Art werden im alten Wissen selbstverständlich akzeptiert. Es heißt dann, das habe der Mensch geträumt. Man meint nicht: im Schlaf geträumt, sondern: Er war wach und hat es erlebt. Im Wachen kann der Mensch also träumen. So kann er auch im Schlaf Dinge und Vorgänge aus der Welt des Wachens erleben. Beides ist im Menschen da. Nur muß auch der Schlafzustand, hebräisch »schena«, beim Menschen sein, wodurch er beides erleben kann. Ist er nämlich *nur* wach, dann kann er nur die Kausalität erleben, die Welt der Gesetzmäßigkeiten, die Welt, in der Ursache und Wirkung herrschen. Dort sind Gesetze notwendig; und dort muß man den Gesetzen auch gehorchen. Man kann sich ihnen nicht entziehen. Das geht nicht.

Vielleicht sind diese beiden Seiten nun deutlich geworden: das Wachsein mit »or« als Haut und das Schlafen mit »or« als Licht.

Im Traum kann der Mensch sich nach allen Seiten hin bewegen. Allerdings unterscheidet man Träume, die doch mehr dem Wachsein angehören, von Träumen, die der eigentlichen Welt des Schlafes entstammen. Gefragt wird immer: Wovon träumt er, was sind die Erscheinungen in seinem Traum? Haben sie mit seinem Wachzustand zu tun, oder sind sie ganz anders? Davon wird später noch viel die Rede sein.

Ich möchte jetzt noch von den Wörtern »Traum« und »träumen« sprechen, die im Hebräischen in dem Wort »chalom« erscheinen. Bei diesem in vieler Hinsicht sehr merkwürdigen Begriff möchte ich etwas verweilen. Die Ursprache, das Hebräische, kennt – im Gegensatz zu allen späteren Sprachen – keinen Unterschied zwischen der Kausalität der Reihenfolge (der Sequenz) in der Entwicklung der Begriffe und derselben Entwicklung in dem, was man Porportionen (Verhältnisse) nennt. Die Ursprache drückt die Entwicklung in exakter Form aus, so exakt, daß sie in Zahlen dargestellt werden kann. Die Reihenfolge »eins – zwei – drei – vier« ist logisch, so können wir die Entwicklung darstellen. Bei »eins – fünf – drei – sieben – vier« dagegen sagen wir: Ich sehe da keine Logik, keine Entwicklung, was bedeutet das?

Die Zeichen, die Buchstaben der Ursprache also, die das Sprechen, Denken, Lesen, Verstehen und Hören ermöglichen und bewirken, haben auch einen Ausdruck im Quantitativen. Entsprechend kann man das Wort »chalom«, Traum, auch 8-30-6-40 schreiben; die Summe ergibt dann den äußeren Wert 84. Der sogenannte »volle Wert« dieses Wortes ergibt sich, wenn die äußeren Werte der Namen aller Laute von »chalom« addiert werden: 584. Ziehen wir nun vom vollen Wert den äußeren Wert ab, erhalten wir den »verborgenen Wert« des Begriffes, der in unserem Fall genau 500 ist. Das Wort für Traum hat also den verborgenen Wert 500.

Diese Zahl ist sehr merkwürdig. Die 500, so sagt die Überlieferung, ist jenseits aller Begriffe der erscheinenden Welt. Die Welt kann nur bis einschließlich 400 gemessen werden. 500 durchbricht das Hier; 500 ist dasjenige, was auch die Distanz zwischen Himmel und Erde genannt wird, also die Distanz zwischen den zwei einander widersprechenden Wirklichkeiten. 500 ist der Umfang des Baumes des Lebens. Man sagt dann auch, 500 ist all das, was hier nicht mehr zu erfassen ist.

Aus der Sprache selbst, ohne daß der Mensch etwas dazugetan hat, kommt die 500 als verborgener Wert des Begriffes »Traum«. Die Sprache selbst sagt also schon: Wenn du träumst, bist du in einer Welt, die du von hier aus nicht erfassen kannst. Und doch ist eine Verbindung da, denn – so wird gesagt – Himmel und Erde werden durch den Begriff 500 verbunden.

Für diese Welt und den ganzen Kosmos gilt als Maß die 400. Das Unendliche ist 400, also sozusagen noch zu messen. Die 500 aber ist ein Durchbruch durch das Meßbare, es kommt dann etwas ganz anderes. Die Sprache enthält das und sagt so: Wenn du träumst, dann gibt es keine Trennung mehr zwischen Himmel und Erde, zwischen deiner Wirklichkeit in der Umhüllung des Lichtes und deiner Wirklichkeit in der Umhüllung deiner Haut. Beide sind dann eins. Du bist dann in deiner Haut da und auch mit dem Himmel verbunden. Du mußt also gar nicht deine Haut verlassen, du erscheinst in dieser Haut, aber sie ist dann so hauchdünn und durchlässig, daß du ohne weiteres hin- und zurückgehst.

Ein Prophet wird oft ein Träumer genannt, einer, der Traumgesichte sieht. Man meint damit nicht, wie in der westlichen Leistungsgesellschaft in der Regel zu hören: »Der leistet nichts, der träumt!« Träumer dort heißt: Er ist nicht gebunden an das Sein in der Haut, er hat die Verbindung 500. Er kann durchbrechen – die Haut hindert nicht – und erfüllt in der Umhüllung des Lichts die ganze Welt. Nicht im Sinn unserer Maßstäbe von Zeit und Raum, auch nicht im Unendlichen, sondern im Sinn des ganz anderen, wo unsere Maßstäbe nicht mehr gelten.

Träumen geschieht, wie sich zeigt, im Schlaf oder wenn beim Menschen etwas stattfindet, das im Begriff »Schlaf« in der Ursprache als »doppelt« erscheint. Man könnte also sagen, daß der Mensch träumt, wenn er »das Doppelte« in sich erlebt, beide Wirklichkeiten (und dann nicht denkt: »Jetzt bin ich nicht normal«). Nicht normal ist er vielmehr eben dann, wenn er diese beiden Wirklichkeiten trennt! Wenn er glaubt, er lebe entweder so oder so, dann – sagt man – ist er krank. Er hat die Verbindung verloren.

Viele glauben, sie seien nur normal, wenn sie wach sind und aus wachem Bewußtsein denken, sprechen und handeln. Die Überlieferung aber sieht gerade darin das Nichtnormale. Wer so denkt, von dem heißt es, daß er als Mensch nicht funktionieren kann, denn er hat die andere Wirklichkeit bei sich getötet, erstickt, still gemacht. Er ist dann nur ein halber Mensch. In meinem Esther-Buch habe ich von diesem König Achaschwerosch erzählt, dem König der Meder und Perser, der nur ein König der *halben* Welt ist, nicht der ganzen. Von ihm wird auch gesagt, daß er der König des halben Menschen ist, nicht des ganzen.

Das gleiche aber gilt auch vom Mystiker, der sagt: »Ich versenke mich nur in Mystik, alles andere ist mir nicht so wichtig.« Der ist auch nur ein halber Mensch, denn wozu ist dann »alles andere«, diese Welt und diese Wirklichkeit? Viele sagen auch: Das sind zwei Dinge, die man gut auseinanderhalten muß wie Geschäft und Privatleben, Alltag und Ferien. Manchmal komme ich in Meditation und bin dann sehr gesammelt und in einer höheren Welt; dann wieder mache ich gute Geschäfte, gönne mir Luxus und bin auch sehr zufrieden dabei, nämlich wieder »normal«. – So aber geht es nicht, die Einheit fehlt, es ist eine Trennung da. Eine störende Unehrlichkeit, die so tut, als sei der Genuß der »höheren Sphären« am Festtag, was im Alltag als gelungener Geschäftsabschluß befriedigt.

Das Heilige und das In-der-Welt-Sein ist aber eins. Diese Einheit zeigt sich beim Menschen als Schwingung einer Wellenbewegung; er geht mit dem rechten und dann mit dem linken Bein – eine Wellenbewegung. So gleichen Träumen und Wachsein, Freiheit im Licht und Enge in der Haut, dem Wellenberg und dem Wellental, dem linken und dem rechten Bein. *Beide* sind immer da, um den Weg, die Bewegung möglich zu machen.

Wir neigen oft zu raschem Urteilen, zum Beispiel, daß diese Zeit schlecht sei, weil zu wach, weil die Leistung und das Materielle überbetont werde. Das stimmt schon, aber es führt dann eben auch zu ganz anderen Phänomenen, man erlebt die Dinge ganz anders. Man muß sich hüten, zu sagen oder zu denken, das sei nicht gut. So wie es ist, ist es immer gut. Man kann das gar nicht beurteilen.

Es ist in unserer Gesellschaft »normal«, zwischen Dichtung und Wahrheit zu unterscheiden. Ein Prophet ist ein Träumer, Dante ein Phantast, eben ein Dichter, während Wahrheit mit so etwas wie Industrie und Volkswirtschaft gleichgesetzt wird. Diese Trennung von Dichtung und Wahrheit spaltet den Menschen, macht ihn zum halben Menschen. Ein Mensch, der nicht mehr imstande ist, sich Dinge vorzustellen und zu erleben, die von der ganz anderen Wirklichkeit herkommen, aber auch derjenige, der das konkrete Leben des Wachseins mit seiner Enge nicht akzeptiert – jeder ist auf seine Art ein verkümmerter Mensch.

Jetzt verstehen Sie, daß das hebräische Wort »schena«, Schlaf, den Begriff des Doppelten enthält; es wird auch als Wurzel des Begriffes »schoschana« (Susanna) gesehen. »Schoschana« ist »Rose«, aber Rose ist hier als Grundbegriff der Blume überhaupt gemeint: die Blume an sich. Das Schöne an der Blume ist, daß sie nicht nur schöne Farben und Blätter hat, sondern auch einen Duft. Es ist also nicht nur das Aussehen, sondern auch das Unsichtbare – beide Welten sind da. Es heißt daher: Wenn du die Blume siehst als anziehende, verführerische Erscheinung und zugleich den herrlich betörenden Duft wahrnimmst, erlebst du beides in einem. Die »Rose«, die Blume, enthält das gleiche wie »Schlaf«: den Begriff des Doppelten.

Die Sprache, das ist wohl deutlich geworden, erzählt uns Geheimnisse, die niemals von Menschen oder Kommissionen erfunden oder beschlossen worden sein können. Sie kommt vielmehr aus dem Menschen hervor. Was aber von selbst aus dem Menschen kommt, ist Wahrheit. Es kommt eben aus seiner anderen Seite, wo es als Doppeltes steht.

Wenn der Mensch *denkt,* ist er einseitig, denn Denken, Erklären, Beweisen sollen kausal sein, und Kausalität ist einseitig. Ein Beweis ist daher immer etwas sehr Gefährliches, da man sehr oft und unvermutet Falsches beweist, jedenfalls Einseitiges.

Wir sollten uns von dem Zwang kausaler Erklärungen frei machen und sagen: Es ist so, ich empfinde, spüre es so, weil es eben nicht nur das Äußere gibt, sondern auch das andere. So geschieht es ja auch automatisch, wenn wir einem Menschen begegnen. Wir sehen das Äußere und glauben, danach zu urteilen. Das machen wir uns aber nur vor; wir urteilen nämlich auch nach ganz anderen Dingen, spüren etwas, das gar nicht gesehen werden kann. Wir sagen aber: »Der hat sympathisch gelächelt« – »Die Farbe steht ihr so gut« – »So geschmackvoll gekleidet«, und glauben, *das* ist es, wollen es beweisen, während es doch gar nicht zu beweisen ist. Etwas ganz anderes war da und wußte gleich: Hier ist Kontakt, der ist gut, oder: Hier kann ich mich nicht öffnen, ich ziehe mich zurück. Natürlich kann sich das von Tag zu Tag ändern; ein *festes* Gefühl gibt es nicht.

In den Traumerzählungen stoßen wir sehr oft auf mythologische Begriffe. Mythen sind Dichtung, aber auch Prophetie; sie kommen dem Traum sehr nahe. Stadtmenschen träumen manchmal von drachenähnlichen Ungeheuern, sehr häufig von Schlangen. Schlangen kommen aber im alltäglichen Leben in Europa, in Städten gar, überhaupt nicht vor. Es zeigt sich hier wie in vielen ähnlichen Fällen, daß mythologische Wesen oder Typen im Menschen selbst da sind. C. G. Jung zum Beispiel hat solche Typen ausführlich dargestellt.

Ich möchte mythologische Begriffe von einer ganz anderen Seite her darstellen und versuchen, aus den sehr alten Quellen neues Leben hervorströmen zu lassen. Die Traumbilder können uns dann Wichtiges mitteilen, vor allem auch in unserem Wachsein, wo doch das Doppelte auch da ist. Wir fragen uns dann vielleicht eher: Warum habe ich jetzt diese Phantasie?

Phantasie steht in der heutigen Zeit nicht sehr hoch im Kurs. Kinder sollen nicht phantasieren, sondern rechnen lernen. Im Hebräischen ist »rechnen« und »denken« das gleiche Wort: kausal funktionieren. Gewiß, man muß auch kausal funktionieren. Wird es aber überbetont oder gar ausschließlich gefordert, entsteht eine schreckliche Langeweile, weil alles gebunden wird. Kausalität ist ein Zwang. Die Menschen führen heute so viele Zwangshandlungen aus, weil sie soviel denken müssen. Denken Sie doch nur, woran Sie alles denken müssen, wenn Sie umziehen oder Ihre Steuererklärung ausfüllen oder Ihren Urlaub vorbereiten! So kommen Sie in Zwang, weil alles kausal ist, und es öffnet sich nichts im Leben nach einer anderen Seite. Dort ist vielleicht etwas ganz Reiches da. Wir aber haben oft sogar Angst vor der anderen Seite. Und wenn einer Phantasien und Vorstellungen hat, dann heißt es: Holt ihn zurück auf den Boden der Wirklichkeit, er soll nicht aus der Reihe tanzen, hoffentlich wird er bald wieder normal! Phantasie sei krankhaft, und man tut alles, damit er sie verliert. Wo ist Phantasie krankhaft, und wo ist sie wahr und belebt? Was ist normal?

Im Hebräischen hat das Wort für Krankheit die gleiche Wurzel wie das Wort für normal, und das Wort für Gesundheit hat die gleiche Wurzel wie das Wort für Schöpfung und schöpferisch. Norm heißt: gebunden, Zwang. Der Norm muß man entsprechen. Schöpferisch heißt: Ich durchbreche ständig den Zustand, ich schöpfe, erschaffe Neues.

Wenn der Mensch also immer nur denkt und gut rechnet, dann ist er in einem krankhaften Zustand. Ist er schöpferisch, dann empfindet er keinen Zwang, fühlt sich gesund, ohne darauf bedacht zu sein. Eigentlich geht die Welt des Zwanges immer vor lauter Langeweile unter. Man denke nur an die zwanghaften Förmlichkeiten der Konversation und der Gesellschaftskleidung.

Der Mensch will auch im Wachsein gern frei sein, gern phantasieren, gern träumen – viel mehr, als wir denken. Da will er gern, wie auf Chagalls Bildern, eine Figur in der Luft herumschweben lassen, die eigentlich auf den Boden gehört. Träumen sollten wir also nicht nur als Nachtgeschehen sehen.

In der Nacht aber geschieht das Träumen im Schlaf, also in der Situation des Doppelten. Der Traum wird da gegeben, ist also ein wirklicher Traum. Im Wachen wird die Phantasie immer wieder durch den Zwang der Norm gebändigt. Ich kann nicht so frei phantasieren, wie ich träume. Ein Künstler allerdings kann es: Künstler sein heißt: wach träumen.

Wenden wir uns nun dem Traum-Leben zu! Wir können uns hier am besten anhand einiger Beispiele orientieren. Ich will versuchen, bei jedem Beispiel eine andere Facette des Ganzen zu zeigen.

Lassen Sie mich mit der Schlange beginnen. In den alten Mitteilungen heißt es nicht: »Wenn du von einer Schlange träumst...«, sondern: »Wenn dir eine Schlange erscheint...«. Das bedeutet, sie kann dir sowohl im Traum und in der Phantasie als auch in Wirklichkeit begegnen; »die Schlange erscheint dir« meint eben auch die Tatsache, daß du sie siehst.

Ich erinnere mich an ein Erlebnis in Indonesien. Da hatten unsere Diener eine Schlange im Zimmer entdeckt und sagten: »Sie werden umziehen!« Ich dachte gleich, das weiß ich ja schon, denn ich hatte das auch in den alten Mitteilungen gelesen. Dort wird gesagt: Wenn du einer Schlange begegnest, bedeutet es, du wirst in ein neues Leben eintreten; es kann ein neues Haus sein, eine neue Lebensphase, es kann alles Neue bedeuten, sogar das Gebissenwerden und Sterben. Auch das ist eine neue Phase. Du siedelst um von dieser Welt in eine andere, das ist auch ein Umziehen.

Die Schlange kommt auch in der Bibel vor, die »Heilige Schrift« genannt wird, weil sie inspiriert ist. Eine Mitteilung sagt, die Bibel wurde von Moses im Traum geschrieben. Wer ist Moses? Als historische Figur ist er nicht zu finden. Wir müssen diesen Moses wohl in einer anderen Welt suchen, in einer Welt, die nicht unter dem kausalen Zwang der Geschichte steht, wo Ursache und Wirkung herrschen. Historisch nämlich wäre er – ganz einseitig – nur da und dann nicht mehr da. Einseitig bedeutet ja eine Phase: »Er war mal und ist wieder verschwunden; *vielleicht* war er, *vielleicht* auch nicht.«

Es wird deshalb von der Bibel gesagt: Das Ganze ist geträumt. Für den heutigen Menschen heißt das: Es ist nicht einseitig, historisch als Phase feststellbar, sondern *wirklich* im Sinn von »doppelt«. Der verborgene Wert von Traum, 500, verbindet doch Himmel und Erde. Es ist also wahr im Himmel *und* auf Erden. Auf *beiden* Seiten ist es wahr.

Die Schlange nun, die in der Bibel vorkommt, ist eigentlich das, was den Menschen dazu bringt, daß er eine Haut bekommt. Sie kennen die Geschichte »vom Sündenfall«, wie das theologisch so schön heißt – die Bibel kennt keinen Sündenfall, nur die Theologie; wenn der Mensch vom Baum der Erkenntnis genommen hat, sieht er, daß er nackt ist. Er bekommt dann ein »Fell«, wie es in der Übersetzung heißt; in der Ursprache steht »or«, »Haut«. Es könnte auch Fell heißen, Tierfell. Die alten Kommentare sagen auch: Die Haut des Menschen ist ein Tierfell, er ist sozusagen ein Tier geworden, er ist begrenzt worden. Jedenfalls bekommt er diese Haut, und es fängt an, was man den »Weg des Menschen« nennt.

Der Mensch beginnt seinen Weg durch sein Leben, durch die Geschichte, durch die Welten. Es beginnt nun das, was er als Entwicklung, als Wachstum erfährt, wo er fortwährend Änderungen erlebt. Stillstand ist unmöglich, der Weg zwingt zum Weitergehen. Erstarren würde bedeuten, der Weg ist zu Ende, d. h., eine Seite im Menschenleben ist ausgeschaltet. Ständig ist das ganze Leben in dieser Gefahr. Die Schlange bringt den Menschen also auf den Weg. Nun wird gesagt: Wenn dir eine Schlange erscheint, bedeutet das, du erlebst den Weg des Menschen. Du erlebst dann auch das Gesetzmäßige des Weges, denn Weg bedeutet: Ursache – Wirkung.

Der Weg des Menschen aber, dein Weg – so wird überliefert – gewinnt nur dann Sinn, wenn du auf dem Weg deines Werdens auch das hast, was man »das Sein« nennt; sonst ist er eine Qual. Das Sein und das Werden sind beim Menschen zwei Seiten; sie bedeuten aber das gleiche.

Wenn Gott seinen Namen in der Bibel das erste Mal nennt, sagt er: »Ich bin, der ich bin«, oder besser übersetzt: »Ich werde sein, der ich sein werde.« Es ist eine Wiederholung desselben, das Sein und das Werden als etwas Festes. Es heißt daher vom Menschen im Bilde Gottes, daß das Sein und das Werden bei ihm sind; das fortwährende Sichändern geht mit dem Erleben eines unveränderlichen Seins zusammen.

Die Begegnung mit der Schlange bedeutet beim Menschen: Das Werden fängt an. Und Werden bedeutet tatsächlich Änderung. Das haben also die Diener in Indonesien aus ihrer alten hinduistischen/buddhistischen Tradition her gewußt. Und merkwürdigerweise sind wir dann tatsächlich ganz plötzlich und unvorhergesehen innerhalb von zwei bis drei Wochen umgezogen.

Änderung bedeutet, wie ich schon andeutete, auch Änderung im Erleben, in der Erfahrung, oder Änderung in der Lebensphase. Es kann sein, daß man einem Menschen begegnet, der einem etwas ganz Neues bringt. Es kann ein Buch sein, das erschüttert und eine Änderung der Lebenseinstellung bewirkt. Oder irgendein anderer Anlaß zu Bewegung.

Was bedeutet es nun, wenn man wach von der Schlange träumt? Wenn man zum Beispiel ein Gedicht oder eine Novelle schreibt, und es kommt eine Schlange darin vor?

Es hängt hier natürlich alles davon ab, inwieweit dieses Vorkommen konstruiert, gesucht, berechnet ist. Das alte Wissen stellt das Denken und Berechnen immer dem gegenüber, was im Menschen das Wirkliche ist: das Sein. Das Sein bringt aus einer *anderen* Wirklichkeit den Menschen zu seinen Handlungen. Ich drücke das gern so aus: *Es* spricht, schreibt, geht beim Menschen... Sobald er denkt, ist

Zwang. Sobald er denkt: Ich muß jetzt von einer Schlange schreiben, dann ist die Frage, ob dabei das Konstruierte überwiegt oder ob er so hat wollen müssen. Das ist sehr schwer zu trennen. Klar ist jedenfalls: Wenn du in deinem Leben die Sehnsucht nach Änderung, das Sichentwickeln, den Eintritt in eine neue Lebensphase erfährst, dann ist die Schlange bei dir im Leben da. Dann ist es sozusagen normal, daß du von Schlangen träumst, wach oder im Schlaf, und daß du mit Schlangen irgendwie zu tun hast.

Schon an diesem Beispiel wird deutlich, wo die Träume herkommen. Die Mitteilung, daß ein Mensch von einer Schlange geträumt hat, sagt uns gleich: Das Prinzip, daß es sich in seinem Leben ändert oder ändern will oder ändern kann – dieses Prinzip ist bei ihm da. Es muß gar nicht so sein, daß erst der Traum ist und dann das Geschehen; es kann auch das Geschehen zuerst sein und zu gleicher Zeit der Traum die andere Seite dort repräsentieren. Der Traum zeigt es im Bild, im mythologischen Bild. Daß Schlangen hier auf Erden als Tiere erscheinen, zeigt, daß alles hier Erscheinende Ausdruck und Verkörperung dessen ist, was als Prinzip im Verborgenen da ist. Die mythologische Schlange bringt sozusagen Schlangen hier in die Welt hinein; die Schlangen sind hier da, weil die Schlange *dort* ist, im Jenseits da ist. So ist es mit allen Tieren und mit allem.

Wenn wir von der Bedeutung der Bilder im menschlichen Leben sprechen, können wir also nicht sagen, daß erst das Bild und dann die Bedeutung kommt, sondern die Bedeutung kann schon da sein und das Bild nachher kommen. Vielleicht erst Wochen oder Monate später.

Wenn jemand im Traum in einen Zug steigt und wegfährt, könnte man auch von einem Schlangentraum sprechen, denn der Zug sieht doch wie eine Schlange aus, wie eine Raupe. Jedenfalls hat die Reise, das Sichfortbewegen, mit dem Weg zu tun. Alles Reisen hier hängt eng mit dem Weg des Menschen zusammen. Wenn die Leute nicht mehr im Haus bleiben, immer hinausgehen, dahin und dorthin fahren, dann bedeutet das nach einer alten Überlieferung, daß der Weg jetzt stark betont ist in der Welt und auch der Mensch, der ja Teil dieses Weges ist. Man kann es aber auch so sehen: Seit in der Welt so viele Änderungen sind im Denken, in Erfindungen, in allen sichtbaren Dingen, hat sich zu gleicher Zeit das entwickelt, was man Verkehr, Verkehrsdichte nennt. Man hat keine Ruhe mehr, fährt im Auto, mit dem Zug, im Schiff, fliegt und reist durch viele Länder; man kann nicht mehr zu Hause sein.

Wir sehen also, das eine hat immer mit dem anderen zu tun. Wir können hier nicht trennen und sagen: Der fährt und reist herum, weil er unruhig ist; nein, wir müssen zugleich sagen: Er ist unruhig, weil der Weg des Menschen so betont ist. Von beiden Seiten her soll das erklärt werden, erklärt es sich selbst.

Träume sind für das alte Wissen keine Rätsel, die aufgegeben werden, damit man sie löst, sondern sie bilden mit dem Leben und im Leben eine Einheit. Man kann aus dem Geschehen im Leben und in der Welt genauso deuten, als ob es ein Traum wäre. Wenn soviel Bewegung in der Welt ist, bedeutet es, die Welt hat einen Weg der Entwicklung, der sehr schnell geht, man sucht immer höhere Geschwindigkeiten, die Zeiten werden auf kausale Art schnell durchzogen, es ist eine Beschleunigung da.

Die Schlange bringt den Menschen aber nicht nur dazu, den Weg zu gehen, in Bewegung zu geraten, das Werden zu empfinden; die Schlange bringt durch ihren Biß dem Menschen auch den Tod. Aber auch der Tod, wird gesagt, bringt dich eine Phase weiter. Es ist auch ein Weg, nämlich der Weg des »Gilgul«, der Reinkarnation. Leben und Tod ist wie Kommen und Gehen, wie Tag und Nacht. Dann, am Ende des Weges, so heißt es, begegnest du dem Erlöser. Der Maschiach (Messias) ist das eigentliche Ziel des Weges. Bezeichnenderweise sind in der Ursprache die Zahlenwerte der Worte »nachasch«, Schlange, und »maschiach«, Gesalbter, Erlöser, identisch. Das will sagen: Die Schlange bringt dich auf den Weg; mit ihr fängt der Weg an, der dir auch den Tod bringt. Aber am Ende steht der andere, der Erlöser.

In 4. Mose 21 wird von den Schlangen erzählt, die beißen und töten. Dann erhebt Moses die kupferne Schlange; wer sie anschaut, der lebt, wird geheilt. Wir sehen also: Der Weg ist nicht nur ein Weg zum Tode. Wenn du die andere Schlange, die immer da ist, auch siehst, dann verstehst du, daß der Weg durch das Werden zur Erfahrung des Sinns führt; dann hat der Weg für dich den Sinn der Erlösung.

Als zweites Beispiel möchte ich das Pferd nehmen. Das Pferd erscheint in der Bibel vor allem in Ägypten. Wenn der Pharao dem ausziehenden, sich befreienden Israel nachjagen und es fangen will, dann schickt er die Pferde, 600 Streitwagen und Reiter, wie erzählt wird. Vom König heißt es in der Bibel, er solle nicht die Dinge der Ägypter nachahmen und sich keine Pferde nehmen. Aus der Apokalypse kennen wir das Bild der verschiedenfarbigen Pferde, die dann den Kampf haben. Von diesen Pferden wird aber auch an vielen anderen Stellen der Bibel gesprochen. Immer geschieht im Zusammenhang damit etwas Besonderes. Ich denke auch an die Pferde, die den Propheten Elia abholen, die feurigen Pferde, die in den Himmel, in eine andere Welt fahren.

Im Hebräischen hat der Begriff Pferd eine ganz merkwürdige Struktur: »sus«, 60-6-60. Er repräsentiert in sehr starkem Maß die Zahl 6; Ägypten wird in der Bibel immer mit der Zahl 6 in Zusammenhang gebracht. So kommt es zum Beispiel – nach der Überlieferung – erst zum Auszug aus Ägypten, wenn das Volk Israel 600 000 zählt; die Frauen Israels gebären in Ägypten jedes Jahr Sechslinge. Natürlich ist die Sechs hier nicht kausal zu verstehen, sondern als mythologischer Begriff, als geträumte Sechs. Immer erscheint diese Sechs, wenn etwas ganz anderes, etwas ganz Neues kommt. Der sechste Tag der Schöpfung, der Freitag, bringt die Schlange, die Vertreibung aus dem Paradies. Der

Freitag bringt auch die Kreuzigung. Eine entscheidende Änderung findet am sechsten Tag statt.

Ägypten zeigt sich im Zusammenhang mit der Sechs dort, wo ein Kampf stattfindet, ein Kampf, der eigentlich mit einem Sieg endet. Es ist kein Kampf, der unentschieden bleibt; die Sechslinge der Frauen von Israel bedeuten, daß sie die Erlösung bringen; die 600 000 ziehen aus; die 600 Pferde und Streitwagen, die nachjagen, gehen unter, erreichen nichts. Auch die Pferde bei Elia bringen eine Befreiung: Elia zieht lebendig in den Himmel, als Zeichen der Erlösung im Leben.

In der Apokalypse wird von den Pferden gesagt: Am Ende ist es ein Sieg der Pferde. Der Kampf zwischen den roten und weißen Pferden endet mit dem Sieg der weißen. Wer von einem roten Pferd träumt, so lautet eine Mitteilung, dem wird damit bedeutet: Du bedarfst der anderen Seite, der weißen Pferde, damit die roten besiegt werden können.

Die Pferde also erscheinen immer, wenn eine Erlösung nah ist oder zustande kommen kann, wenn ein Ende der Zeit stattfindet, wenn das Eschatologische kommt. Etwas ganz Neues kommt, nicht mehr im Sinn der Bewegung, wie bei der Schlange, sondern im Sinn eines Durchbruchs. Die Schlange bringt dir den Weg, einen Weg vielleicht ohne Ende – je nach deinen Gefühlen; die Pferde aber bringen dir ein Durchbrechen im Leben. Du durchbrichst etwas, und es kommt ein Sieg. Das ist die Bedeutung der Begegnung mit dem Pferd, sei es im Traum oder in der Phantasie, wenn man beim Schreiben zum Beispiel auf »Erde« »Pferde« reimt, also einen solchen Einfall hat. Wer bei sich einen Durchbruch erlebt, aus welchen Gründen auch immer, der – sagt man – träumt vom Pferd, begegnet dem Pferd. Man hüte sich aber vor der Neigung, im kausalen Sinn zu deuten: Weil ich vom Pferd geträumt habe, kommt nun das und das... Im Sein ist es so, daß das Pferd und das Erleben des Durchbruches zu gleicher Zeit da sind, akausal, zeitlos. Der Durchbruch kann längst geschehen sein, und erst viel später hast du die Begegnung mit dem Pferd.

Die Schlange ist also der Weg, die Bewegung, die Veränderung, und das Pferd ist das Durchbrechen, eigentlich das Siegen. Denn die Pferde, die nachjagen, werden besiegt, gehen unter. Der Auszug aus Ägypten bedeutet: Jetzt geschieht ein Durchbrechen. Und es heißt, wenn du im Lande Kanaan bist, soll der König dort keine Pferde mehr haben, denn dort bist du am Ziel. Wenn du dich dort nach Pferden sehnst, dann ist das ein Ausdruck deiner Sehnsucht nach Ägypten; du möchtest zurück, du möchtest das Ganze zerbrechen. Du mußt aufpassen, Pferde könnten dich wieder dorthin zurückbringen.

Wenden wir uns einem weiteren Traumbild zu: dem Wasser. Man träumt manchmal von einem Fluß; oder von einem Eimer, den man ausgießt; oder man hat einen Wasserschlauch, mit dem man den Garten sprengt. Es ist also das fließende Wasser, dem man begegnet. Wasser ist identisch mit dem Empfinden der Zeit. Was aber geschieht mit dem Wasser? Sehe ich es als einen Fluß, der vorbeifließt? Oder kommt es aus einem Brunnen hervor? Oder schöpfe ich es mit einem Eimer? Gieße ich es aus, oder trinke ich es? Es heißt: Wenn du an einem Brunnen stehst, bedeutet es, du hast jetzt erfahren, daß dir die Dinge aus einer anderen Wirklichkeit kommen. Du siehst das Wasser aus der Erde hervorkommen oder – das liegt heute näher zu träumen – aus der Wasserleitung. Es kommt also aus einem Nichtsichtbaren her.

Oder du schöpfst das Wasser von dort und tust etwas damit; trinken zum Beispiel oder etwas begießen. Es will sagen: Du beherrschst die Zeit. Du hast erfahren, woher sie kommt: aus dem für dich Nichtkausalen, dem Unsichtbaren. Du kannst nur erfahren, daß sie da ist. Und du hast ein Wissen vom Wasser: Du begießt den Garten; wenn den Dingen hier Zeit gegeben wird, können sie wachsen, können erscheinen. Du freust dich an dem, was hier erscheint.

Das Wasser als Fluß oder als Meer meint eine Zeit, die für dich eine Scheide macht zwischen zwei Welten: diesseits und jenseits des Flusses; beim Meer ist das »jenseits« nur zu ahnen, man weiß gar nicht, wo es ist.

Diese Bilder der biblischen Überlieferung, was bedeuten sie für den Menschen heute? Wenn dir Wasser begegnet, so wird gesagt, dann frage dich: Bist du Herr über das Wasser, oder ist das Wasser Herr über dich? Ist es in deinem Leben, deiner Zeitentwicklung so, daß du das Gefühl hast: Ich erlebe es, wie es auch kommt? Oder lebst du so, daß Zeit dich immer, was auch kommt, drückt? Lebst du pessimistisch und depressiv, weil Zeit für dich bedeutet: Jetzt kommt wieder Schlimmes, Langweiliges? Oder freust du dich und fühlst: Ich werde eine herrliche Zeit haben? Je nachdem, was bei dir vorherrscht, so begegnest du dem Wasser, auch im Traum. Wenn es dir so ist: »Ach, das kommt wieder, wie schrecklich!«, dann ist es ein großer Fluß, oder du stehst am Meer, oder der Regen stürzt herab, und du willst dich vor dem Wasser schützen. Das Wasser bedrängt dich. Sagst du: »Wasser, herrlich! Ich trinke davon. Ich habe einen Garten, der wird jetzt begossen, es wird wieder wachsen.« Gibst du das Wasser einem anderen zu trinken, oder gießt du es aus? Was ist mit dem Wasser, wie lebst du?

Ich hoffe, diese einführenden Beispiele zeigen schon, daß Träumen und Wachsein eins sind. Weder kann man den Traum deuten und dann für das Wachsein benutzen, noch ist der Traum eine Folge deiner Handlungen im Wachsein. Vielmehr: Du erlebst beides, weil Träumen *und* Wachsein dein Leben sind. Im Träumen: das Leben im Sein, im Wachsein: das Leben im Werden. Aber das Sein enthält das Werden, und das Werden enthält das Sein – nur der Nachdruck ist verschieden.

Wenn wir vom Träumen und Wachsein sprechen, müssen

wir uns immer wieder klarmachen: Hier geht es um beides in einem. Ich werde also nie versuchen, Träume zu deuten, wie das allgemein üblich ist, sondern ich will die Träume als Leben des Menschen sehen. Und in seinem Wachsein sehen: Was tut der Mensch? Was ist sein Beruf, seine Sehnsucht? Was liest er? Womit beschäftigt er sich? Was will er? Denn das alles ist genauso Träumen. Wenn der Mensch in Zwang ist, könnte es sein, daß der Traum auch ein Zwang wird, ein Alptraum. Der Zwang im Leben *ist* ein Alptraum. Und es könnte sein, daß sich das in der Nacht, in »schena«, im Doppelten, ausdrückt.

Wir dürfen das allerdings nie im kausalen Sinne verstehen, nach der Devise: Er hat einen Alptraum, also lebt er in Zwang. Es kann sein, daß er vor Jahren oder Wochen oder gestern viel Zwang hatte und es jetzt erlebt im Traum; oder vielleicht erst in Jahren oder Wochen oder morgen Zwang haben wird, den Zwang im Leben noch gar nicht kennt, den er jetzt im Traum erlebt. Wir müssen also auch das Zeitelement besprechen. Was ist Zeit? Was ist die Zeit im Traum?

Eine alte Mitteilung sagt, der Mensch träumt sogar Dinge aus seinem vorigen und vorvorigen Leben. Eine andere Überlieferung sagt, er träumt auch Dinge aus seinem künftigen Leben. Da stellt sich die Frage: Was bedeutet künftiges und was vergangenes Leben? Muß man da sagen: vor der Geburt? Was steckt im Leben des Menschen aus früheren Zeiten und was für spätere Zeiten? Sind nur frühere Zeiten in seinem eigenen Leben gemeint? Oder auch in anderer Leben?

Ich möchte den Zeitbegriff mit dem Werden und dem Sein zusammenbringen und sehen: Was ist Zeit eigentlich? Dann werden auch Traum und Wachsein uns viel klarer werden.

2

Die Sackgasse des Erklärens · Rationale Träume · Die vielen Götter und der Eine · Meditation · Wort und Antwort

Wir sprachen davon, daß während des ganzen Lebens eine Mischung der beiden Phasen Träumen und Wachsein besteht, daß im Wachen auch das Träumen da ist und es in der Nacht auch eine Verbindung zum wachen Leben gibt. Trennt man diese beiden Wirklichkeiten zu scharf, dann geschieht das, was man das Leiden in der Zweiheit und durch die Zweiheit nennt. Das Paradox steht dem Menschen dann so scharf vor Augen, daß er wählt, also dem Entweder-Oder verfällt.

Das Deuten der Träume ist im allgemeinen ein betont rationaler Vorgang. Man will verstehen, will erklären und sucht schlüssige Verbindungen zum Tagleben. Das birgt, glaube ich, eine große Gefahr, denn Träumen und Traumwelt bedeuten doch irrationale, akausale Wirklichkeit. Die Traumwelt sträubt sich dagegen, rational erklärt und gedeutet zu werden. Man kann einen Menschen ja auch nicht durch Sezieren erklären. Der Traum muß im Gebiet des Nichterklärbaren bleiben – und doch muß er zu uns sprechen können. Immer aber – und heute vielleicht besonders – tendiert der Mensch dahin, aus dem wachen Wahrnehmen Schlußfolgerungen zu ziehen und danach zu leben. Das eben wird die Sünde des Menschen genannt, daß er sich selber selbstverständlich einseitig sieht. Aus der Tageshelle des Jetzt will er alle Komplikationen erklären, seien es Kriege, Krankheiten oder Verbrechen. Der Drang, alles zu analysieren, herrscht vor. Auf diese Art, glaube ich, mißhandelt man heute auch die Träume. Man sagt: »Du träumst das, *weil*«, statt sich zu fragen: »Was geschieht mit dir, wenn du das träumst? Warum siehst du das? Wenn du das phantasierst, was ist dann mit dir?«

Dieser Ursache-Folge-Kreis, der Zwang, rational erklärend zu leben, zeigt sich auch in den Tagträumen. Man phantasiert sich eine Karriere, einen Geliebten oder eine Geliebte, einen politischen Sieg. Man phantasiert weitgehend rational. Wer phantasiert heute noch von Engeln, von Teufeln oder Dämonen?

Man könnte von einem Trockenwerden der Phantasie in unserer Zeit sprechen. Die Wunder sollen auf rationale Weise kommen. Es gibt heute die meisten Bestseller unter den »Sach«büchern, eine Benennung, deren Trockenheit für sich spricht.

Unsere Kultur, die rational ausgerichtet ist in allen ihren Äußerungen – sei es Literatur, Wissenschaft oder Kunst –, die gleichsam immer etwas erklären will, bringt im Menschen eine Flucht zum Ausbruch. Vielleicht könnte man sagen, daß viele Krankheiten, vor allem auch Nervenkrankheiten, entstehen, weil die Nerven so einseitig benutzt werden, daß sich die *andere* Seite in einer Neurose oder Psychose meldet. Oder man entflieht dieser Welt und entzieht sich ihr durch Rauschmittel und Drogen, die dann von anderen Dingen träumen lassen.

Einseitige Erziehung und Ausbildung gibt es schon seit ein paar Jahrhunderten; unser Zeitalter aber hat Unterricht und Studium besonders extrem auf »Nutzen« ausgerichtet. Gewiß, wir sehen, das bringt mehr *Wohl*stand; aber je mehr davon auf rationale Art hervorkommt, desto mehr wächst auch der *Wider*stand, d. h. der Vernichtungswille, das Destruktive. Alles einseitig Rationale hat den Terror und das Destruktive im Gefolge – im Menschen wie in der Welt.

Der Mensch, der ständig im Bann des Gefühls lebt, er müsse dies und jenes erreichen, der in einem Netz von »Versicherungen« zappelt, erträgt das Leben nicht, weil er nicht mehr richtig träumen kann. Die alten Mitteilungen – und auch neuere Erkenntnisse – sagen, daß der Mensch so träumt, wie er tagsüber lebt, und so lebt, wie er träumt. In unserer Zeit träumt er rational, es treten kaum mehr Engel oder mythologische Wesen auf. Man träumt von Autos, Flugzeugen, Häusern, Zusammenstößen usw. Bis in den Traum hinein soll es stimmen! Vielleicht kommt es daher, daß uns der Traum diesen stimmenden, rationalen Tag in die Nacht bringt und nicht mehr einen anderen Tag, in dem die Freiheit der Phantasie herrscht.

Die Phantasie des heutigen Menschen zeigt sich treffend an der Diskussion über die UFOs. Wenn er etwas am Himmel, im Weltall sieht oder halluziniert, so sind es mechanische Dinge, fliegende Untertassen oder dergleichen. Früher hätte man sagen können: »Ich habe einen Engel gesehen.« Heute sieht man Apparate, die fliegen können. So gefangen ist der Mensch, daß er nur noch in dieser einen Seite lebt.

Wenn wir Traumbegriffe besprechen, müssen wir uns klar darüber sein, daß diese Begriffe auch für die Traumwelt tagsüber gelten. Engeln kann man auch am Tag begegnen, nicht nur im Traum. Wie verhält man sich in dieser Beziehung zu den Mitteilungen der Bibel? Was sagen uns die indischen Veden mit ihrer Götterwelt? Was die Mythen aller Völker? Ist das nun wahr? Oder nur allegorisch? Oder symbolisch? Hat man das Schlagwort der Entmythologisierung, weil man nicht mehr glauben kann?

Wie kann sich ein Mensch »gläubig« nennen, der angesichts der Geschichten der Bibel sagt: »*Mir* kann doch so etwas nicht passieren.« Wie aber passiert es in der Bibel? Tatsächlich passiert es dort in einer Nacht-Traumwelt; es geschieht dort, wo der Mensch sich öffnen kann, um mit der anderen Dimension Verbindung zu haben. Als Ersatz nimmt der »Ungläubige« zum Beispiel Drogen und geht daran zugrunde, weil das andere nur als eine Art Gegenüber zum hellen, wachen Tag kommt, in dem Träume nicht zugelassen werden. Es ist eben kein Glaube da, daß während des Tageslebens alles in einer Traumwelt geschehen kann; das will sagen: Das Akausale, Irrationale, kann Einbruch,

Einblick haben; es bildet eine Einheit mit dem normalen, alltäglichen Leben. Wer es aber trennt – »Jetzt lese ich von Engeln in der Bibel und glaube, dann gehe ich in den Supermarkt und kaufe ein, und das Geschehen dort hat weder etwas mit der Bibel noch mit Engeln zu tun« –, der schneidet einen großen Teil des Lebens ab, läßt die Verbindung nicht zu.

Heute werden so häufig die Begriffe »bewußt«, »unbewußt« oder »unterbewußt« gebraucht – schöne Worte, konstruiert, um Theorien zu bauen. Ist es nicht besser, etwa so zu sagen: Alles, was ich tue, entsteht aus zwei Dimensionen, der Dimension des Gegenwärtigen (Momentanen) und der Dimension des Akausalen. Muß ich zum Beispiel erklären können, warum mir dieser Mensch sympathisch ist und dieser nicht? *Kann* man das erklären? Und wenn jemand glaubt, daß er das sehr wohl erklären könne, *was* erklärt er dann eigentlich? Sympathie ist etwas, das über dich kommt. Dann ist es so, leb's.

Man will erklären, hat diesen Zwang zum Erklären, weil man die andere Dimension abgeschnitten hat. Manche Krankheit, manche Unlust, manche Auflehnung ist eben ein Sichmelden der anderen Dimension: »Ich gehöre doch – als Ganzes – zu dir. Es gibt doch Tag *und* Nacht, laß doch auch Nacht sein, wo Schlaf ist, ›schena‹.« Lebe also mit den Träumen tagsüber, sie sollen in den Tag hinüberkommen, Verbindung haben.

Geist, hebräisch »ruach«, enthält wie der Wind, der auch »ruach« heißt, das Verbinden; ein Engel ist ein Bote, ein »heiliger Geist«, der eine Mitteilung aus der anderen Welt bringt. »Andere« Welt meint nicht räumlich anders, sondern verborgen; räumlich ist sie uns so nah wie unsere Hände, ja noch viel näher, denn sie geht durch uns hindurch wie Röntgenstrahlen. Sie ist mit uns, durchwirkt uns. Durch die andere Welt sind wir zu gleicher Zeit überall.

»Ruach«, also Bote, heiliger Geist, Wind, Mitteilung, Bewegung, Inspiriertsein, will sagen: Es ist von anderswoher gekommen, von einer anderen Welt, die wir die Traumwelt nennen. Die Traumwelt entzieht sich Zeit und Raum, sogar im rationalen Traum. Selbst wenn man den Traum wie eine Geschichte mit einer Reihenfolge erzählt, sieht man, daß Zeit und Raum keine Beschränkung gebracht haben.

Der Mensch braucht den Traum. Auch durch Experimente wurde nachgewiesen, daß Menschen, die am Träumen gehindert werden, schreckliche Unlustgefühle beim Erwachen hatten. Träumen geschieht also beim Menschen, auch wenn er nichts davon weiß, sich an die Träume nicht erinnert.

Warum gibt es Leute, die viel träumen (= sich häufig an ihre Träume erinnern), und andere, die fast nie träumen (= sich sehr selten an ihre Träume erinnern)? In den alten Mitteilungen heißt es, daß der Mensch im nächtlichen Traum in der anderen Welt lebt. Er erlebt dort sehr viel, ist dort inspiriert. Wenn er erwacht, braucht er gar nichts davon zu wissen, denn – wie gesagt – je mehr er auf diese Art träumt, desto mehr wirkt der Traum am Tage. Da der Mensch *ganz* ist, wirkt das eine auf das andere, nicht im Sinn von Ursache und Wirkung, sondern als »Gewirk« im Sinn einer Ganzheit.

Es heißt, der Traum, an den man sich erinnert, meldet sich, weil etwas nicht ganz in Ordnung ist. So träumen zum Beispiel Menschen, die mit den Nerven fertig sind, sehr viel. Das viele Träumen – keineswegs nur auf nervliche Erschöpfungszustände beschränkt – signalisiert, daß etwas nicht stimmt. Ist ein Mensch zum Beispiel zu rational, dann meldet sich das andere wie eine Krankheit, Kopfweh oder Magenverstimmung. Es meldet sich und sagt: »Hier stimmt etwas nicht. So geht es nicht.« Es kann aber auch sein, daß ein Mensch sich der alltäglichen Welt entzieht, sie für einen Fehler in der Schöpfung hält, keinen Sinn in ihr sieht und nur in »höheren Welten« leben will, in Meditation und Versenkung zum Beispiel. Auch dann meldet es sich im Träumen: »Laß das. Hier ist keine Einheit, die Einheit von Tag *und* Nacht fehlt.«

Der Mensch könnte, wie die Mythen, Sagen und Legenden erzählen, tatsächlich auch tagsüber mit der anderen Welt Verbindung haben. Er kann allerdings diese Verbindung nicht absichtlich herstellen. Dann wird er nämlich krank. Vielmehr: Sein Leben bringe diese Verbindung zustande, fortwährend!

In alten Zeiten lebten die Menschen mit ihren Göttern. Die Griechen hatten ihren Olymp und die Germanen ihre Götterwelt. Warum sind Griechen und Germanen für uns heute nur noch eine historische Angelegenheit? Oder gibt es diese Völker noch? Sind sie mit ihren Göttern nicht eigentlich *in* uns und mit uns? Könnte es sein, daß all das in uns ist, nur *wir* lehnen es ab?

Denken wir doch an die Schulzeit. Alles konzentrierte sich auf Grammatik, Sprachformen, Vokabular, gewisse Begriffe der »klassischen Antike«. Fragte man ernsthaft nach den Inhalten: Warum glaubten die das? Sokrates, der gelehrte Platon, die waren doch nicht dumm? – verlegenes Lächeln, dann wieder Deklinieren, Konjugieren, Ausnahmefälle.

Oder nehmen wir einen sich doch ganz rational gebenden Komplex wie den Talmud. Plötzlich erscheinen darin Geschichten, die völlig unglaubwürdig, für das Rationale unverständlich sind. Oder die vielen Geschichten im Neuen Testament, Wunderheilungen usw. Die Exegeten sind verlegen, zucken mit den Achseln oder, viel schlimmer, sie versuchen, auch diese Geschichten rational zu erklären. Die Folge ist – überspitzt ausgedrückt: leere Kirchen und eine Welt voll Neurotiker. Es gibt nie genug Therapeuten, Kliniken, Sanatorien. Weil man alles *erklären* will und sich keinen Rat weiß mit den Geschichten.

Dann ist es doch ehrlicher, die Bibel wegzulegen und nur noch Freud und Nils Bohr zu studieren. Da wird alles erklärt, und so, daß es stimmt. Dann stimmt es auch, daß der

Mensch ein Scheusal mit Komplexen ist. Der Pessimismus ist die logische Folge.

Nehmen wir aber die Bibel und all die anderen alten Mitteilungen ernst, weil außer den merkwürdigen Geschichten so weise und große Dinge darin enthalten sind, daß wir sie heute als Fundamente unserer Kultur betrachten, dann müssen wir sagen: All das Unrationale war diesen Menschen selbstverständlich; sie haben wach geträumt, waren wach in der Welt der Träume.

Ich bin immer sehr irritiert, wenn Leute zu mir kommen und sagen: »Ich habe dies und das geträumt. Was bedeutet das?« – Der Traum ist ein Geschehen, ich kann da nichts erklären. – Wenn ich so die Deutungen der verschiedenen psychologischen Schulen oder auch die sehr verschiedenen Deutungen derselben Schule höre, wird nur eines klar: Die Deutungen sind ohne Ende, die Interpretationen relativieren einander. Ich will damit sagen: Mir ist nicht der bestimmte Traum in der Nacht wichtig, sondern der Traum überhaupt.

Alle alten Überlieferungen entstammen der Traumwelt des Menschen, sind also aus dem Leben des Menschen; denn nur *der* Mensch lebt, der auch wirklich träumt.

In allen Mythen gibt es Götter. Auch die Bibel erzählt von Göttern. Sie werden bekämpft, es gibt Krieg mit ihnen, Gott selbst sagt: »Ich werde die Götter von Ägypten schlagen, ich ziehe in den Krieg gegen sie.« Sie existieren also, Gott kämpft nicht gegen Halluzinationen. In der Traumwelt gibt es auch Propheten. Es könnte sie auch in unserer Welt geben, in unserem Leben, wenn die andere Welt nicht getötet und abgeschnitten wird, indem man sagt: »*Damals* stellte man sich das so vor. Wissenschaftlich gibt es keine Propheten.«

Viele Krankheiten kommen aus dieser Enge des Historischen, die sich im »Das *war* einmal« ausdrückt. Propheten *waren*, Jesus *war*... und jetzt sind sie nicht mehr: Diese vielfach unausgesprochene Überzeugung entleert das Leben, macht es trocken, langweilig. Das War ist schrecklich vereinsamend für den Menschen. Wenn der Traum heute oft nur als Erklärung seiner Psyche oder seiner Krankheit benutzt wird, so ist das ein Mord am Traum, ein Mord an dieser ganzen Welt.

Daß man nur noch träumt, um zu erklären, warum der Mensch krank ist und wie man ihn heilen kann, meint doch nichts anderes, als daß der Traum lediglich als Symptom gesehen wird. Sind wir nicht ständig mit Symptomen beschäftigt? Herrscht nicht schreckliche Langeweile in einer Welt, in der es nur noch Symptome gibt? Bei Kopfweh greift man zu Aspirin, bei Schnupfen zu Antibiotika – für jedes Symptom ist gleich ein Mittel zur Hand. Haben wir uns etwa so in den Symptomen verloren, daß wir uns gar nicht mehr mit dem Grund der Dinge, dem Fundament, den Wurzeln verbinden können?

Die Grundfragen – wozu er lebt, was er hier überhaupt tut – stellt der mit Symptomen beschäftigte Mensch nicht. Er möchte wohl Öl, er möchte wohl Frieden, aber die Fragen: Was ist Öl überhaupt? Was ist Frieden? werden ausgeklammert. Gibt es nicht dennoch in jedem Menschen eine Sehnsucht nach den Grundfragen? Sehnt er sich nicht doch danach zu erfahren, warum er lebt, warum es soviel Leid gibt?

Eine Welt, die alles gesetzmäßig ordnet, die für alles ein Mittel weiß, bringt ganz selbstverständlich Drogen hervor, die Flucht in Krankheiten, in Selbstmord, in alles Destruktive, weil eine solche Welt tatsächlich unerträglich ist. Es ist doch merkwürdig, daß gerade die sehr intelligenten Menschen mit scharfem Verstand für Nervenkrankheiten am anfälligsten sind. Sie entwickeln eben nur diese rationale Seite und je schärfer, desto näher stehen sie am Abgrund. Während – auch dies statistische Erkenntnis – Leute, die in der Schule schlecht, vielleicht »Träumer« und deshalb nicht so gut waren, durchschnittlich eher gesund sind; vielleicht, weil das andere noch etwas lebt, Verbindung hat.

Die Frage ist nun: Gibt es auch heute die Möglichkeit, daß der Mensch träumt, einen Mythos träumt im Sinn des wirklichen Erlebens? Was sind Götter? Was sind Könige, Königinnen, Prinzen? Was sind Lichtbringer, Prometheus? Was sind Erlöser? Was Feinde, Siegfried und Hagen? Was sind die Gestalten in den Mythen für uns? Wie sind sie geträumt? Wie kamen sie in diese Geschichten?

Anhand der Traumbilder könnten wir vielleicht einsehen, wie unser Dasein hier mit unserem Dortsein dort eine Einheit bildet; daß die beiden Dimensionen eins sind und daß es unmöglich ist, das Dasein hier abzutrennen. Das Dasein hier geht sehr, sehr weit. Es reicht weit ins Unsichtbare, aber es bleibt hier, leibhaftig sozusagen. Die andere Welt kennt auch einen Leib, der von der anderen Dimension her lebt. Beide Leiber sind eins. Der Mensch fühlt sich todunglücklich, wenn er nur mit der einen Leibhaftigkeit hier zu tun hat; er spürt dann, daß es eklig wird, so nicht stimmen kann, sich im Kreise dreht.

Götter – der Name schon gibt eine Vielzahl. In der Mythologie begegnen uns Götter als eine Art Familie. Immer wird genau beschrieben, wer mit wem zu tun hat, wer höher steht, wer strafen oder töten kann. Die Götter bilden einen Zusammenhang.

Man kennt dann auch – nicht nur in der Bibel – einen Gott, der über allen anderen steht. Meist wird von diesem Einen nur in der mündlichen Tradition erzählt. Man vermeidet es, vom Einen zu schreiben, da man weiß, daß es doch nicht verstanden, daß der Eine doch nur als eine Art mächtigster in der Linie der Götter gesehen wird.

In Indien sagte man mir: Nur unseren schon sehr weit fortgeschrittenen Schülern erzählen wir das Geheimnis von dem einen Gott, denn die vielen Götter sind alle in dem Einen. Wir aber können nur die Vielheit sehen und erfahren. Wir sind nicht imstande, von hier aus den Einen zu erfahren. Daher ist auch in unseren heiligen Schriften von ihm nicht die Rede.

Im Hebräischen steht das Wort für Gott, »elohim«, in der Mehrzahl; aber auch Götter heißt »elohim«. Man müßte also aus dem Kontext erschließen, ob der Eine oder die Götter gemeint sind. Da die Welt gern alles rational ordnet, glaubt man, die Lösung in Begriffen wie Monotheismus und Polytheismus gefunden zu haben. Aber was helfen Begriffe. Am Wort »elohim« sehen wir, daß sich auch der Eine in der Mehrzahl nennt. Man kann vom Einen eben nur in der Mehrzahl reden und schreiben.

Wo sich Gott in der Bibel der »Herr« nennt, »adonai«, steht Einzahl. Aber merkwürdig auch hier: Der »Herr« männlich, aber die Wortendung – Kamenz, He – weiblich.* Das Weibliche und das Männliche sind zusammen in einem Namen; auch hier nennt sich Gott in der Vielheit, denn eine solche ist auch die Zweiheit.

Alles dreht sich darum: Ist Einheit da, oder bleiben es noch zwei? Wenn es zwei bleiben – wenn es nicht ganz stimmt –, dann weißt du dein Träumen noch, dann meldet es sich. Wenn aber Einheit, Ganzheit ist, dann ist dein Tagleben Ausdruck von dem, was du nachts in der Traumwelt erlebt hast, ob du es nun weißt oder nicht; dein Leben

---

* Auch Schlomo (Salomo), der Sohn Davids, hat einen weiblichen Namen, Jonah, der Prophet, hat ebenfalls einen Namen mit weiblicher Endung. »Jonah« bedeutet Taube; Taube, die erst ausgeschickt wird und dann zurückkehrt. Jonah ist also derjenige, der die Antwort gibt. Antwort bedeutet: Erst gibt es das Wort, dann die Antwort. Das Wort, so heißt es, wird »Fleisch«, also Welt, Blume, Gedanke, wird ein Apparat, wird Mensch. Das Wort wird hinausgeschickt in die Welt und fragt: Wozu und wohin? Was will man von mir? So ist die Frage da. Der Name »adam«, Mensch, schreibt sich als »ma«, »was«. Was bedeutet das? Was wollt ihr von mir? Wenn das Wort hinausgeschickt wird, ist diese Frage da.
Antwort heißt auf Hebräisch »teschuwa«, Rückkehr: Rückkehr zum Ursprung. Das ist für den Menschen eine Verantwortung; es bedeutet Verantwortung für das Leben. – Eine Frage ist jedenfalls da. Und wenn man leugnet, daß es Fragen gibt, leugnet man seine Existenz. Die Existenz ist eine Frage, ist fragwürdig. Warum bist du, jetzt, und hast deine Schwierigkeiten?

tagsüber ist nichts anderes als die Tagseite dessen, was du in der Nachtseite geträumt hast.

Der Name Gottes erscheint als Vielheit, und doch ist Gott Einer. Von hier aus verstehen wir den Kampf im Christentum: das Gute und das Böse – der Gott des Lichtes und der Gott der Finsternis. Immer die zwei Kräfte. Wenn du sagst: »Da kämpft also die Tageskraft, das Männliche, mit der Nachtkraft, dem Weiblichen, und wer wird siegen?« – dann verstehst du nicht, dann ist die Ehe noch nicht vollkommen.

Immer sehnt sich der Mensch nach der Einheit, mit der Frau oder dem Mann, mit den Freunden, mit der Gesellschaft, mit der Welt. Er sehnt sich mit einem Wissen um Einheit, denn solange es getrennt bleibt, kann es nicht stimmen.

Wenn einer sagt: »Ich brauche die Welt nicht. Ich versenke mich in ganz andere Dinge. Die Meditation wird mich weit wegbringen«, dann antwortet man ihm: »Und wozu dann diese Welt mit allem Wunderbaren? Selbst die Blätter bis in die Zacken, bis ins Letzte und Äußerste so schön gestaltet? Wozu alles? Damit du dich zurückziehst?« Das einseitige Leben zeigt, daß du hier eins von beiden wählst, also Zweiheit bestehen läßt. Du trennst Gott, dessen Name doch sagt: Ich bin männlich, und mein Name ist weiblich.

Ich komme noch einmal auf den Zusammenhang der Götter Indiens zurück. Es wird dort gesagt: Richtiges Meditieren schafft zwischen den vielen Göttern, von denen du in den heiligen Schriften liest, einen Zusammenhang, der immer intensiver wird. Er wird schließlich so stark, daß du nur noch zwei einander gegenüber siehst: Mann und Frau. Am Ende spürst du die Einheit, empfindest die Einheit in deinem Leben – Bilder siehst du nicht mehr. Meditieren und Träumen ist dann eins. Wie du vom Traum nichts weißt, so weißt du auch in der Meditation nichts (außer du hast eine Vision, wie du auch im Traum eine Vision haben kannst).

Beim Meditieren sollst du so leer sein, daß es auch Schla-

Krank bist und bleibst du, und dennoch sollst du heilen; wenn du einen Fall aufgibst, bedeutet es: Einbahnstraße. Die Einbahnstraße ist tödlich. Nur immer eine Richtung, Evolution – das wollen die Dämonen. »Teschuwa« aber sagt: Kehre zurück! Der Baal Teschuwa – der, der zurückkehrt – steht höher als der Hohepriester und alle Heiligen, heißt es. Die Rückkehr ist das Entscheidende.

Götter sind die vielen Begegnungen, die vielen Gespräche, die wir im Leben haben, bis die Begegnung mit Einem sein wird, wenn alles zusammenfließt. Vielleicht – wer weiß, wer soweit kommt – erlebst du dann am Ende: Das bin ich doch selbst, der fortwährend mit mir gesprochen hat. – Das ist das Paradies, der Garten Eden.

Göttern im Traum begegnen bedeutet: Das sind deine Gespräche hier; daher spricht man von Entsprechung. Man spürt, daß die Begegnungen Entsprechungen von etwas anderem sind, daß die Dinge hier den Dingen dort entsprechen, daß auch der Traum eine Entsprechung ist. Was also sind die Entsprechungen der Götter hier? Das ist die Vielheit der Welt. Und wenn es heißt, Gott kämpft gegen die Götter, so will das sagen: Gott zwingt dich, im Leben Zusammenhänge zu suchen. Wer sucht, der findet; der Sucher und der Finder sind eins.

3

Der Alptraum · Die Frage nach dem Sinn des Bösen · Das zertrümmerte Bild · Sichon und Og · Pharaos Traum und Josephs Deutung · Die 1 und die 4

Wenn wir im Traum etwas ganz Schlimmes erfahren, sprechen wir von einem Alptraum. Was zeigt sich, wenn wir versuchen, eine Verbindung zwischen einer solchen Traumerfahrung und dem Alptraum des wachen Lebens zu finden? Viele Menschen erleben manche Phasen ihres Lebens wie einen Alptraum. Was bedeutet das? Es ist, glaube ich, außerordentlich wichtig, die Frage nach dem Sinn dieses Alptraums, nach dem Sinn dieses Leidens zu stellen.

Alle Antworten auf diese Frage können nicht wirklich befriedigen, denn immer bleibt ja auch die Frage, wozu es einer Erlösung bedarf; doch nur, weil die Welt mit derartig vielen Möglichkeiten des Versagens und Leidens geschaffen wurde, daß dann jemand kommt, der sagt: Jetzt erlöse, tröste ich euch. Warum zuvor das ganze, unermeßliche Leid? Muß erst Qual sein, damit der Erlöser dann um so strahlender auftreten kann? Wir spüren, daß die Frage nach dem Sinn des Leids zur Frage nach dem Sinn der ganzen Schöpfung wird.

Die Realität des Leids zeigt sich im Traum, der Absichten und Täuschungen, die das wache Leben beherrschen, nicht kennt. Ein Alptraum kommt über den Menschen, wie das Leben über ihn kommt. Eine der alten Mitteilungen sagt, daß gerade die Ruhigen, Guten und Gerechten – die Zaddikim – von bösen Träumen heimgesucht werden. Auch die also, die während des Tages weder etwas Böses tun noch erleben, tragen das Leid der Welt.

Man träumt zum Beispiel, daß man in einen Abgrund fällt

und immer tiefer und tiefer stürzt – aber man erwacht dann immer. Darin liegt schon eine Antwort: Jeder schlimme Traum hat das Erwachen, in dem man wieder einer anderen Welt gegenübersteht, in der es das Fallen nicht mehr gibt. Das Fallen gehört nur zur einen Seite, die andere Seite hat es nicht. Wenn man während des Wachseins bei Tage fällt und fällt, also sehr krank und unglücklich ist, kann man in der Nacht sehr schöne und beglückende Träume haben. Gerade von Menschen, die in Gefängnissen oder Krankenhäusern sehr leiden, weiß man, daß sie oft beglückende Träume haben oder herrliche Phantasievorstellungen. Das Fallen und Stürzen im Wachsein hört dann auf, die andere Seite hat es nicht mehr. Immer zeigt sich also die *andere* Seite als befreiend. Das *einseitige* – kausale – Erklären endet dagegen unbefriedigend. Es führt zu Theorien, die vieles ausklammern müssen, damit sie überzeugend erscheinen. Befriedigen aber kann nur eine Antwort, die *alles* miteinbezieht.

Der nächtliche Alptraum, wie der Alptraum des wachen Lebens, führt also zur grundlegenden Frage: Wozu dieses Leid? Der Mensch, der während der Wüstenwanderung den Weg in die Freiheit geht, hat die Erlösung aus der Knechtschaft in Ägypten doch schon erlebt. Dennoch ist dieser Weg nach der biblischen Erzählung wie ein fortwährender Alptraum: das Goldene Kalb, die Schlangen, Seuchen. Kein Wunder, daß sich der Mensch nach Ägypten zurücksehnt, wo er leben konnte, wie es ihm gefiel, wo er keine Verantwortung trug. Muß denn der Weg in seiner Entwicklung so sein, daß die Schrecken immer grausamer werden, je näher man dem Gelobten Land kommt? Am Ende des Wüstenzuges liest man von den Kämpfen mit den großen Riesen Sichon und Og. Sie werden zwar besiegt – aber die ungeheure Angst, bis sie besiegt werden! Müssen denn erst Schrecken und Angst herrschen, damit dann Freude sein kann?

Wir wissen, daß Freude nicht vorstellbar ist ohne die Antifreude, die Angst, ihr gegenüber. Man könnte aber auch fragen: Brauche ich überhaupt die Freude, wenn doch immer erst und immer wieder Angst ist und bleibt? Warum ist die Welt so eingerichtet, daß das Böse immer da ist?

Solche Fragen führen zu der ganz wichtigen Frage: Kann *ich* daran etwas ändern? Oder von der anderen Seite her: Bin ich es vielleicht selbst, der das Unheil verursacht? Ist das Böse eine gegebene Tatsache, oder trage ich dafür Verantwortung?

Es gibt eine alte Geschichte von den vier Männern, die den Weg ins Paradies gehen. Drei ertrugen es nicht und kamen um. Nur einer, Akiba, kehrt zurück und erzählt davon. Auf dem Weg habe er zu Beginn Gespräche mit sehr vielen, ja unendlich vielen gehabt. Es seien immer mehr geworden. Ihm habe geschienen, es nähme kein Ende und *könne* auch keines nehmen. Aber je weiter er gegangen sei, desto mehr habe es sich zusammengezogen in bestimmte Gespräche, und am Ende sei nur noch ein Gespräch mit *einem* gewesen. Dann habe er in den Spiegel geschaut und entdeckt, daß er es selbst war, mit dem er die Gespräche hatte.

Am Ende, wird gesagt, stehst du Gott gegenüber und erfährst, was es heißt, im Bilde Gottes geschaffen zu sein. Du erkennst in Gott dein Gleichnis. Du erkennst jene Einheit, die auch die zwei Cherubim über der Bundeslade verbindet. Die zwei Cherubim, die sich gegenüberstehen, sind doch aus *einem* Stück Gold gemacht; ihr Fundament ist eins. Die zwei Cherubim, die sich ansehen, sind wie das Männliche und das Weibliche, das Verborgene und das Sichtbare, das Positive und das Negative.

Am Ende steht man allem gegenüber und sieht sich selbst. Es wird auch gesagt: Der Mensch leidet eigentlich darunter, daß er seine Verantwortung nicht kennt. Er weiß nicht, daß er es selbst ist, der in seinem Leben Antwort geben muß. Das Leid, das entsteht, ist eine Art Unglaube an seine Bedeutung und Wichtigkeit, daß er allem allein gegenübersteht. Und so macht er sich unwichtig, zerstückelt sich, zieht sich in seine Haut zurück (vgl. S. 31 f.). Die Haut wird seine Grenze und Begrenzung. Das andere ist ihm fremd; er steht ihm zwar gegenüber, es bleibt ihm aber fremd. Das kommt, so heißt es, weil er sich zerstückelt hat. Und das Zerstückeln bedeutet dieses Leid.

Dann kommt der Alptraum, daß alles andere dir fremd ist und daß du in einen Abgrund hinunterfällst. Dieses Fallen in den Abgrund, wie es auch in den Visionen immer gesehen wird, geschieht, weil du dir gegenüber ein Nichts siehst oder zwischen dir und dem anderen das Nichts glaubst. Dieses Zwischen aber – hebräisch »ben« wie »Sohn« – ist nicht Nichts; vielmehr ist da etwas und jemand da. Und das Fallen in den Abgrund kommt, so wird erklärt, weil du das Zwischen und das Leben im Zwischen nicht erkannt hast. Immer spürst du beim anderen das Fremde; und je mehr Fremde du um dich hast, desto größer wird die Vielheit, desto stärker das Nicht-mehr-beantworten-Können der Frage.

Vom Bild des Menschen erzählt eine alte Geschichte, daß es ein herrliches, schönes und strahlendes Bild gewesen sei im Ursprung: das Bild Gottes. Dann aber wird dieses Bild zertrümmert, und unzählige Splitter stürzen vom Himmel herab. Das Bild ist verlorengegangen, aber die Splitter spüren in sich die Sehnsucht nach diesem Bild, das sie in aller Schönheit und Harmonie ursprünglich bildeten; daher ihre Sehnsucht nach Vereinigung.

Das ist die Sehnsucht des Menschen nach anderen Menschen. Er möchte sich mit ihnen unterhalten oder irgendeine Art von Kontakt mit ihnen haben. Selbst wenn ein Mensch den anderen quält, ist das Ausdruck dieses Kontaktbedurf-nisses. Die Splitter irren so lange herum, fährt die Geschichte fort, bis sich zwei gefunden haben, die zusammen-passen. Die schmelzen zur Einheit eines größeren Splitters zusammen, und dieser sucht weiter und weiter. Passen die zwei aber nicht zusammen, dann – so heißt es – stehen die Kanten der Splitter. Das tut weh, und sie stoßen einander ab, weil sie nicht zusammenpassen. Der ganze Weg ist dieses Suchen der Splitter nach ursprünglicher Einheit.

Wer aber ist es nun, der das Bild zertrümmert? Die Überlieferungen aller Kulturen sprechen vom Bösen, bezeugen die Existenz des Bösen. Die heutige Zeit nimmt das Böse nicht so recht ernst; sie spricht von ihm als von etwas Unnützem, das noch nicht genügend analysiert und einem vernünftigen Zweck zugeführt ist.

Das Böse aber ist da, auch im Menschen selbst. Immer gibt es eine Art Stimme, die sagt: Das ist gut, oder das ist falsch, böse. Hört der Mensch diese Stimme nicht bei dem, was er anderen antut, so hört er sie um so deutlicher bei dem, was ihm von anderen angetan wird. Da ist sein Unterscheidungsvermögen außerordentlich gut entwickelt.

Immer, so heißt es, hast du im Leben die Aussprache mit dieser Zweiheit; das ist der Bereich der Verantwortung. Wenn du zum Beispiel Nahrung aufnimmst, unterscheidet dein Körper auch zwischen Bekömmlichem und Unbekömmlichem. Er reagiert, gibt Antwort, trägt Verantwortung.

Zum Laien wird vom Bösen etwa so gesprochen: Im Ursprung hat Gott die Welt gut gewollt und gemacht, im Wesen ist sie gut. Das Böse aber war da und hat die Welt stürzen lassen; das Böse ist auch in dir da, läßt dich stürzen, und dann kommt dir Leid. Das Ganze ist ein Rätsel, das dir aufgegeben wird: Suche das Böse, und bringe es dorthin zurück, wo es im Ganzen der Harmonie vielleicht auch seinen Ort hat.

Wir können uns mit dieser Erklärung nicht zufriedengeben, sondern wollen tiefer schürfen. Die Sehnsucht nach Frieden und Glück, die in jedem Menschen lebendig ist, deutet auf eine Ursituation, die zum Menschen gehört, da er sich sonst gar nicht sehnen könnte. Gleichzeitig aber ist im Menschen das da, was man das Zerstörende nennt, weil es keine Situation dauern lassen will. Selbst wenn ihm Gutes widerfährt, meldet sich das Zerstörende gleich und sagt:

»Aber morgen oder nächste Woche oder irgendwann wird's wieder übel sein.« Immer bringt sich der Mensch Momente vor Augen, in denen das Gute, das er hat, zerstört ist. Man könnte auch sagen: Er träumt sich dieses Zerstören, und während er es träumt, lebt er es. Dieser Wachtraum ist sein Leben, er läßt nicht davon.

Man sagt deshalb: Wenn du dir das Zerstörende vorstellst, bist du besessen, d. h., das Dämonische ist bei dir da und bewirkt das, was mit dem Bild im Anfang geschah. Du hast jetzt einen schönen Tag und bist glücklich, da kommt dir – bewußt oder unbewußt – der Gedanke, daß du zum Beispiel morgen einen unangenehmen Besuch erwartest – und schon ist dir, wie man so sagt, »der Tag verdorben«.

Das ist das Dämonische, daß man *immer* etwas hat, was man sich vorstellen kann; es läßt das Ganze nicht ganz, sondern sucht Möglichkeiten, es zu zertrümmern. Bei jedem Menschen spielt es sich so ab. Wir spüren, daß es zum Menschen gehört, daß es menschlich ist.

Am Ende des Weges, nahe der Grenze zum Gelobten Land, steht der Mensch also den Riesen Sichon und Og gegenüber. Will man dieses mythische Bild in eine zeitgemäße Vorstellung übersetzen, so könnte man von einem Computer sprechen, dem auf eine Weise das Böse einprogrammiert ist, daß er dir unwiderlegbar beweisen kann: Das Böse ist das einzig Wahre. Dem stehst du gegenüber. Deine Auseinandersetzung dort ist so stark, daß sie sogar noch anhält, wenn du über der Grenze bist, im Land bist, nach der 7 mal 7 die 50 erreicht hast; dem Joschua, heißt es, erschien plötzlich ein Engel und sagte: »Geh von deinen Schuhen herab!« Und Joschua fragt tatsächlich: »Bist du ein Freund oder ein Feind? Bist du gut oder böse?«

Die Antwort ist gar nicht eindeutig. Er sagt: »Auch du wirst am Ende sehen, daß das, was du gut und böse nennst, eine Einheit ist. Du wirst dich selbst mit *beiden* Seiten erkennen, der guten und der bösen, du wirst dich ganz erkennen.« Dann, wird gesagt, hat das Böse seinen Ort gefunden, ist nicht mehr ausgeschlossen aus der Welt, kann nicht mehr das Ganze zertrümmern.

Die Geschichte vom ganzen Bild des Menschen, das herabstürzt und zersplittert, ist eine immerwährende. Jedesmal, wenn du *in* diesem Bild bist, also glücklich bist, Frieden hast – dann zertrümmerst du es wieder mit deiner Frage, deiner Sorge. Du kannst nicht ertragen, daß es ganz bleibt, und vernichtest es. Wie Leute oft sagen: »*Jetzt* geht es mir schon gut, aber ich bin überzeugt, daß die Depression wiederkommt.« Ja, dann kommt sie auch; denn wenn du davon überzeugt bist, läßt du das Bild nicht ganz, zertrümmerst den Moment, den du hast. Selbst, wenn du dir vorstellst: »Ich erlebe das Glück, aber es ist nur ein Moment«, zertrümmerst du schon, denn du verbindest den Moment nicht mit dem Ganzen. Du könntest den Moment ewig machen, aber du zweifelst.

Im Matthäusevangelium (14,22–23) wird erzählt, wie Jesus auf dem Wasser des Sees wandelt. Das will sagen: Er geht über die Zeit, versinkt nicht in der Zeit. Petrus kommt ihm entgegen; plötzlich wundert er sich, daß er *über* der Zeit ist, und sobald er sich nur anfängt zu wundern, versinkt er auch schon. »Kleingläubiger«, sagt Jesus. Du hast den Moment, in dem du über der Zeit stehst, den Moment, den du ewig machen könntest – und zertrümmerst ihn.

Öffnet sich nicht hier der Bereich der Verantwortung? Spürt man nicht, daß man den Elementen gar nicht so hilflos ausgeliefert ist, wie man sich oft einredet? Wir wissen doch vom Zusammenhang zwischen Vorstellung und Wirklichkeit. Man traut sich Verantwortung nicht zu, hält sich für (und wird damit) unwürdig – und könnte als Mensch doch so groß sein.

Verantwortung heißt: Ich suche die Antwort und bleibe nicht bei der Frage stehen, wo niemals Antwort sein kann (= »scheol«, Hölle; s. S. 62). Verantwortung bedeutet: Das Ganze, das bin ich. Wir aber benehmen uns nicht nach dem Ganzen, benehmen uns wie Kinder voll Trotz, die immer

Argumente suchen. Argumente aber zerreißen, zerstören. Es gibt eine teuflische Freude an Argumenten. Im Bild des biblischen Hiob erleben wir dagegen den Menschen, der mit seinen Fragen zum Ganzen kommen will. Die Antworten und Argumente seiner drei Freunde können ihn nicht befriedigen. Er geht den Weg weiter und gibt sich nicht zufrieden. Hiob – das sind wir selbst, Antwort suchend, Verantwortung tragend.

Ist, wenn ich in Gottes Bild bin, nicht alles auch abhängig von mir und meinem Tun? Der Moment jetzt ist genauso wichtig wie die Ewigkeit, ja, *ist* Ewigkeit. Muß nicht, wenn ich der Eine bin und Einheit in mir lebt, das Jetzt geschehen? Sage doch nicht: »Irgendwann werde ich es tun«, sondern spüre: »Wenn nicht jetzt, wann denn? Und wenn nicht du, wer denn?« Das sind große Fragen der Überlieferung, wörtlich gleich im Hebräischen wie im Sanskrit. Du bist am Ende des Weges doch alles; alle Begegnungen – das warst du doch selbst. Warum also nicht jetzt? Warum also nicht du?

Ich will nun einen klassischen Traum aus der Bibel besprechen und zeigen, wie er sich mit dem Ganzen des Lebens verbindet, wenn man ihn nicht, wie das so oft geschieht, zertrümmert, indem man sagt: »Das *war* einmal vor Jahrtausenden«, oder: »Historisch war das so und so.« Es ist der bekannte Traum Pharaos von den sieben fetten und den sieben mageren Kühen (1. Mose 41), den ich vom »ewigen Leben« her besprechen will, so daß wir ihn jetzt auch erleben können. Dem Pharao träumt also von den sieben fetten und schönen Kühen. Dann kommen in seinem Traum die sieben mageren und häßlichen Kühe und fressen die sieben fetten, bleiben aber genauso mager und häßlich wie vorher. Dann erwacht Pharao.

Er hatte, können wir sagen, einen Alptraum. Alles ist schön und gut im Leben. Da kommt plötzlich das andere und zerstört es. Aber, anstatt daß das Zerstörende nun auch fett und glücklich wird, bleibt es danach genauso häßlich, wie es kam. Offenkundig hat das Böse eigentlich keine Freude am Bösen – vielleicht Lust –, aber keine Freude. Es bleibt mager und häßlich, und vielleicht, könnte man sagen, würde der Pharao daran sterben, wenn er nicht erwachte. Zum Glück erwacht er und sieht: Es war ein Traum. Er sieht aber und spürt die Dualität, das Gute und das Böse – und es gibt keine Antwort. Das Böse ist da, endgültig, und der Traum schließt mit dem Bösen, wie das Leben mit dem Tod schließt.

Was meint im Traum das Bild der Kuh? Das hebräische Wort für Kuh ist »phar«; es bedeutet auch »Entwicklung«, »Fruchtbarkeit«. Der Name Pharao zeigt den Zusammenhang; es wundert nicht, daß Pharao von Kühen träumt. Kühe bedeuten also »Entwicklung«. Pharao sieht in seinem Leben eine Zweiheit. Er sieht, daß ihm die Entwicklung vieles verspricht und gibt, er sieht aber auch in seinem Leben, daß immer das Böse kommt und das Gute frißt – das Gute gewissermaßen zertrümmert, wie ihm das auch der Paralleltraum von den sieben fetten und den sieben mageren Ähren zeigt.

Das Schlimme zerstört in uns die Freude am Guten, das wir genießen. Immer kommt das andere; man kann es verdrängen, aber es kommt. Es heißt, daß der Pharao dann alle Traumdeuter zusammenruft und sagt: »In meinem Leben (nicht nur im Traum!) sehe ich das. Ich bin König. Keiner ist mir über. Ich werde von Ägypten wie ein Gott anerkannt. Und dennoch sehe ich am Ende das Böse. Und es gibt keine Antwort. Meine Vorfahren sind mit dem Totenschiff fortgefahren. Ich liebe das Leben mit seiner Wärme hier, mit Sonne und Mond. Aber alles geht weg hier, alles verschwindet. Jeder Moment geht weg.« – Die Deuter, wird erzählt, können ihm nicht antworten. Sie begreifen auch den Traum nicht, weil sie, wie es heißt, sich nur auf eine Antwort des Entweder-Oder verstehen. Sie sagen: »Denk nicht an das Böse, halte dich an das Gute.« Er aber sagt: »Nein, diese Deuter ertrage ich nicht, denn das Böse ist doch da.«

Die alten Mitteilungen sagen: Wo die Zweiheit sich zeigt, gibt es keine Erklärungen – bis Joseph auftritt. Der Name Joseph bedeutet: »Es komme noch einer nach dir!« Damit ist der Messias gemeint, der Sohn von Joseph; der Messias in der Zweiheit der erscheinenden und verborgenen Seinsart. Damit wird angedeutet: Im Menschen, in seiner Erscheinung, ist schon etwas, das darauf hindeutet, daß diese Erscheinung sich selbst erkennen wird im Sinne des: Es war kein Unterschied zwischen mir und der Welt, das Ganze war ich; Geben und Empfangen (im Hebräischen das gleiche Wort!) ist dasselbe; es gibt keine Trennung zwischen Subjekt und Objekt, es ist eins; am Ende sieht man: Alles hat sich verbunden. Und dieser Eine, der sich im Spiegel erkennt, sieht sich dann eigentlich Gott gegenüber.

Der Name Joseph meint: Der Mensch, der hier geboren wird, wird einmal das »Tat wam asi« (»Das bist du«) erfahren; wird erfahren, daß er selbst göttlich ist. Der Unterschied, die Fremdheit zwischen dir und den anderen war nur ein zertrümmertes Bild; eigentlich ist kein Unterschied. Mit »Joseph« wird gesagt: Du wirst sehen, es kommt ein Moment – das ist der ewige Moment –, wo du erkennst, wer du bist. Der Messias, Sohn des Joseph, ist nicht irgendeine historische Figur, die kommt und geht; der Messias ist immer da, auch wenn die Welt zertrümmert ist. Einer ist immer da, der nicht zertrümmert ist. Man kann es nicht analysieren, denn im selben Moment, in dem man mit dem Analysieren beginnt, zertrümmert man es.

Dieser Joseph also wird vor den Pharao gerufen. Er ist, wie man sagt, ein »Iwri«, ein Hebräer, »von jenseits« – so die Übersetzung aus dem Hebräischen. Er ist ein Mensch, der hier erscheint, aber von jenseits herkommt. In seiner Erscheinung vereinigt er beide Seiten, beide Wirklichkeiten. Die Überlieferung berichtet, daß Joseph sich den Traum des Pharao gar nicht erzählen zu lassen braucht. Er kennt ihn schon, kennt schon die Qual des Menschen, die Frage von Leben und Tod, Gut und Böse. Und die Fragen: Wozu das

Böse? Wozu sind die häßlichen Kühe gekommen und haben das ganze Weltbild zerstört? Warum geschieht das Zertrümmern in jedem glücklichen Moment des Lebens?

Fortwährend sind die Kühe da, deshalb sind es 7. Die Zahl 7 bedeutet unsere Welt, die Welt, in der wir uns bewegen, den Weg haben, *da sind* in Zeit und Raum. Die 7 im Absoluten findet ihre Entsprechung hier in der Bewegung. Hier ist die Zahl sonst unwichtig, es ist eine Entsprechung.

Der Pharao spürt in der Bewegung, die Zeit und Raum ist, etwas Unerträgliches; er spürt, daß da immer Leid ist. Es heißt, daß der Mensch vollkommen recht hat, wenn er sagt: »Dieses Leben hier ist unerträglich, es gefällt mir gar nicht.« Denn das Leid besteht, ist eine Realität. Die Haltung des Stoikers, der so tut, als gäbe es das Leid nicht, ist unwahr; ebenso unwahr ist, wer nur der Lust lebt und sich damit betäubt.

Die 7 Kühe, die 7 Ähren sind – so Josephs Deutung – 7 Jahre. »Jahr« ist im Hebräischen identisch mit »Schlaf«, bedeutet also »Änderung«, »Wiederholung«. Das Bild der Kühe im Absoluten zeigt als Entsprechung hier, daß Jahre sind, Zeit ist, Änderung ist, Neues kommt, Wiederholung ist. Vom Fetten, Guten, sagt Joseph, bewahre auf für das Magere, Böse. Und er teilt das Ganze in fünf Teile: 1 Teil von den fünfen wird aufbewahrt, 4 Teile sind Geschenk zum Nehmen.

Wir finden hier die 1 und die 4 wieder, ein Verhältnis, auf das wir immer wieder stoßen.* Die 1 ist im Menschen die Seite vom Baum des Lebens, dort sind Diesseits und Jenseits *eins;* die 4 ist im Menschen dasjenige, wo nur das Diesseits gilt. Die 4 ist das Experimentierfeld für die Wissenschaften. Die 4 Elemente – das ist die Welt, mit der wir zu tun haben.

Wir nun trennen, wie erzählt wird, die 4 von der 1. Der Mensch nimmt die Axt und zertrennt die Wurzeln, die den

---

* Vgl. Friedrich Weinreb, Zahl, Zeichen, Wort, Hamburg 1978.

Baum des Lebens mit dem Baum der Erkenntnis verbinden. Das ist die »Sünde« des Menschen.

Diese 1 ist die Quintessenz (von lateinisch quintus, der fünfte), mit der die Alchimisten das Gold suchen; es ist das fünfte Element, welches das große Geheimnis genannt wird. Als fünftes steht es den anderen vier gegenüber, ist außerhalb der Reihe der vier.

Im 13. Kapitel des Matthäusevangeliums (Vers 53–57) staunen alle, als Jesus gewaltige Weisheiten erzählt. Dann aber sagen sie: »Ist er nicht der Sohn eines Zimmermanns? Heißt seine Mutter nicht so und so, hat er nicht vier Brüder, die so und so heißen?« Sie sehen ihn – könnte man sagen – als fünften in der Reihe seiner vier Brüder und nehmen, wie es heißt, »Anstoß« an ihm. Jesus aber ist nicht einer unter vier, sondern ist wie die 1 *gegenüber* der 4.

Der Begriff der »Hartnäckigkeit« meint, daß die 1 und die 4, das Haupt und der Rumpf mit den Gelenken eine kontinuierliche Einheit bilden, daß aber das Gelenk, das auf eine 1 der 4 gegenüber zeigen müßte, hart ist, also ungeschmeidig. Haupt und Rumpf aber sollen durch das Gelenk getrennt und doch verbunden werden, der Nacken geschmeidig sein, der Kopf soll nicken können.

Joseph sagt: »Nimm die 1 – die 1 *jedes* Geschehens, in der beide Welten sich verbunden haben –, und bewahre sie auf. Laß diese 1 *sein* bei dir, und habe sie für den nächsten Moment, dann wirkt das Magere nicht.«

Man ist glücklich. Dann aber kommt etwas, das verletzt, und man ist ganz durcheinander. Vielleicht hat man dann diese 1 aus dem Moment des Glücklichseins nicht aufbewahrt. Bewahrt man sie auf, erfährt man die Verletzung auch; aber es ist dann doch auch eine Freude dabei. Man reagiert auf die Verletzung ganz anders, die 1 bewirkt sozusagen eine Erleichterung. Eine Verletzung kann von einem anderen Menschen oder von der Welt kommen; man kann krank werden, sich das Bein brechen, oder der Zug fährt einem vor der Nase weg. Wie reagiert man? Bekommt man gleich eine Herzattacke? Oder bleibt man gelassen? Gemeint ist hier nicht die erzwungene, eingeübte Ruhe, sondern die Gelassenheit, die aus dem absichtslosen Verhalten des Menschen kommt.

Wann ist der Mensch sozusagen unverletzlich? Wenn er von der Einheit 1–4, die ihm in guten Momenten kommt, die 1 aufbewahrt. Die 4, heißt es, laß gehen, die brauchst du auf dem Weg, die ist nicht wichtig, weil wir auf dem Weg doch vorübergehen. Akiba erzählt, daß ihm der Engel auf seinem Weg durch die 7 mal 7 Hallen – diese Welt – sagte: »Wenn du jetzt eine glückliche Erfahrung, eine große Begegnung hast, so nimmt das eine von den fünf, nimmt die Quintessenz davon und bewahre sie auf. Sei nicht undankbar und sage nicht: Alles geht vorüber, alles ist vorbei, auch dieser Moment. Erkenne vielmehr, daß ein großes Wunder geschehen ist. Nimm es, bewahre es bei dir, denn schon im nächsten Moment brauchst du es.«

Man begegnet vielen Wundern, 7 »fette« Jahre lang, also das ganze Leben hindurch, denn man durchschreitet, wie es heißt, 7 mal 7, also 49 Hallen. Das Aufbewahren der 1 ist *Dank*. Dank bedeutet auch eine Erkenntnis, hat vielleicht gar mit unserem Denken zu tun. Eine Erkenntnis, die ich durchdenken und mir kausal, logisch in meiner Welt vorstellen kann. Das ist etwas ganz Großartiges: Ich bewahre es auf und zertrümmere es *nicht,* wie der Satan mir einreden möchte.

So unendlich viele Momente sind deshalb auf dem Weg, damit der Mensch die 1–4 als Grundstruktur begreifen und anerkennen kann. 1–4 ist die Zahlenschreibweise des hebräischen Wortes »ed«, das mit »Dunst«, der vom Erdboden aufsteigt, übersetzt wird und am Beginn der Schöpfungsgeschichte steht. Dann wird der Mensch, »adam« gebildet, in Zahlen 1-4-40. Dann ist von einem Fluß die Rede, der sich in vier Flüsse teilt: wieder 1 und 4. Dann kommen der Baum des Lebens und der Baum der Erkenntnis im

Verhältnis 1-4.* In allem ist die Grundstruktur erkennbar. Die 1 ist nicht erklärbar; sie bleibt dir im Glauben, in der Freude im Dank. Die 4 sollst du erklären, bis zur Grenze des Möglichen.

Drei Freunde hat Hiob und den vierten, Elihu, die *erklären* bis zum Ende. Hiob aber kann durch Erklärungen nicht befriedigt werden. Die vier geben ihm auf seine Frage, warum das Böse ist, warum Gott den Satan ihm zur Peinigung schickt, alle möglichen Erklärungen – aber nicht *die* Antwort. Die Antwort der 1 aber kommt, wo Gott selbst im Sturm sich kundgibt. Für unsere Logik ist diese Antwort unverständlich, zumal von allerlei Fabeltieren die Rede ist. Für Hiob aber ist es eine Art Erleuchtung. »Jetzt erst!« sagt er, »hat mein Auge gesehen, hat mein Ohr gehört. Jetzt erst verstehe ich.«

Die Antwort der 1 ist in *jedem* Menschen da, wie Hiob in jedem Menschen existiert. Wenn der Mensch das Zertrümmern, den Undank, nicht hat, sondern wenn er *annimmt,* dann zeigt sich, daß er *gibt.* Geben und Nehmen ist das gleiche. Er versteht dann erst, was ist.

Vom Pharao wird gesagt: Er hat eingesehen, daß er Joseph in sein Leben einlassen muß. Er macht ihn zum Herrscher mit dem Namen »Zaphnat-Paneach«. Das ist ein sehr wichtiger Begriff in der Kabbala, vor allem dort, wo vom Träumen die Rede ist. »Zaphun« bedeutet »Sicht« in der Art, wie ein Prophet sieht, nicht ein Sehen der Bilder, wie wir sehen. Eher eine Erfahrung, könnte man sagen. In allen Momenten, wo Dinge kommen, wo Alternative ist, sieht er die Einheit der Alternative. Er trennt nicht, indem er das Böse verdammt, sondern er sieht es und gibt ihm seinen Ort.

Der neue Name, den Joseph erhält, befähigt ihn, die Welt der Entwicklung zu führen und zu schützen. Pharao sagt ihm: »Du wirst in meinem Land, in meinem Leben, in

---

* Vgl. Friedrich Weinreb, Der göttliche Bauplan der Welt, Zürich 1965.

meiner Welt diese Einheit bewahren.« Es bedeutet, daß dieser Joseph in *jedem* Menschen die Einheit bilden kann.

Weder Erziehung noch Übung ist in der Lage, diese Einheit zu finden. Vielmehr ist es ein Weg, auf dem nur die plötzliche, direkte, momentane Entscheidung spielt. Es ist wie der Flügel des Engels: ein »Winkel«, nicht ein Kontinuum. Keine langsame Entwicklung, sondern jetzt das und im nächsten Moment das ganz andere. Mit Übung erreichst du es nie, drehst dich nur im Kreis.

Daher soll man von Gewohnheiten beim Menschen sagen: »Und von *jetzt* an nicht mehr!« Das »Abgewöhnen« geht nicht, sondern nur das Ab-jetzt-nicht-Mehr oder das Ja-ab-Jetzt, je nach der Art der Gewohnheit.

Jeder hat im Leben das Fette, das Gute. Diese Momente erkenne er als ewig. Dann ist er nicht zu verletzen. Gewiß, Schläge können ihn treffen, er wankt, aber gleich steht er wieder. Auch der Tod kann ihm nichts anhaben, denn er hat eine Erkenntnis, die tiefer wurzelt als der Tod. Daher hat »chajim«, das Wort für Leben, den Charakter der Doppelheit: das Horizontale, das wir kausal erklären können, und das Vertikale, das von der ganz anderen Seite herkommt.

Tod, hebräisch »met«, schreibt sich 40-400; es zeigt: Nur das Vorübergehende bedeutet Tod, jeden Moment stirbt der Mensch, denn der Moment geht vorüber. Der vorige Moment ist schon gestorben, ist nicht mehr da. Tod ist immer dann da, wenn der Mensch in 40 und 400 lebt, wenn er in der Zeit ertrinkt. Steht er dagegen über der Zeit, ist Leben, »chajim«, das Doppelte. Der Mensch, »adam«, 1-4-40, schreibt sich deshalb mit der 1; ohne die 1 heißt es nur Blut, »dam«, 4-40. Wahrheit, »emet«, 1-40-400, wird auch mit der 1 geschrieben; ohne die 1 heißt es Tod, »met«, 40-400.

Immer wieder zeigt sich, daß die Einheit *im* Menschen lebt. Eine Art destruktiver Wille des Menschen mag den Moment 1 nicht anerkennen, sondern sagt: »Ach, der *eine* ist wie die 4 anderen.« So heißt es dann in Matthäus 13,58, daß Jesus dort, wo er in eine Reihe mit seinen vier Brüdern gestellt wird, keine Wunder vollbrachte. Es bedeutet: Dem Menschen, der die 1 auf die Ebene der 4 hinüberzieht, geschieht kein Wunder, geschieht nichts, dem ist es langweilig.

Wenn du die 1 nicht aufbewahrst, nicht dankbar bist, daß die Momente in deinem Leben da sind, und damit sie ewig machst – dann wirst du immer zu verletzen sein. Ist die Einheit aber da, bist du nicht mehr zu verletzen. In diesem Zusammenhang könnte sich auch ein neuer Blick auf Gestalten der griechischen (Achilles) und nordischen Mythologie (Siegfried) ergeben.

Die Einheit kannst du *immer* erfahren, aber auch *immer* zertrümmern. Und geschieht das Zertrümmern auch nur so, daß ein winziges Stückchen herausfällt – diese Öffnung wird der Feind finden, er lauert darauf und will eindringen mit seinem Speer, mit Gift, mit seinem Geist.

Deshalb wird gesagt, daß Dankbarkeit beim Menschen bedeutet: Verewige es, laß nicht zu, daß es zertrümmert wird, und sei dankbar in jedem Moment. Dann wird es dir zur Natur. Die bösen Träume suchen daher immer gerade den Menschen, der nicht zu verletzen ist; da möchte das Böse die Öffnung finden.

Wenn man von solchen schrecklichen Alpträumen aus der Nacht hört, sagt man: Am Ende des Weges stehen Sichon und Og – und werden besiegt! Leiden, Alpträume im Leben wie im Traum können nur auf diese Art Antwort finden.

Die Verantwortung des Menschen geht so weit, daß er für das Böse verantwortlich ist. Wenn er zertrümmert, ist das Böse da, und er wird am Ende des Weges sehen, daß er es selbst gebracht hat. Das ist sein Gefühl der Schuld, auch der Verantwortung, daß das Böse da ist.

4

Die Verantwortung · Tag und Nacht als Einheit · Die Schlaflosigkeit · Jakobs Traum · Der Selbstmord · Die Erde kommt dir entgegen

Die große Frage – vielleicht *die* Frage überhaupt: Wozu ist das Leid? fordert dazu heraus, immer weiterzugehen, um vielleicht doch einer Antwort näherzukommen. Welchen Sinn hat es, von Erlösung zu sprechen, wenn vorher erst das Quälende ist und Elend? Warum bringt die »Allmacht« Gottes erst das? Warum ist nicht gleich Erlösung? Warum die Finsternis und das Nichtwissen im Leben?

In der Regel neigt man dazu, das Böse als gegeben hinzunehmen und zu sagen: »Die Welt ist nun mal so, schauen wir, ob wir da wenigstens etwas korrigieren, besser machen können.« Man versucht, das zu bekämpfen, was schon als Gegebenes in der Welt da ist. Es gibt Kriege – wir versuchen, sie ein wenig zu verhindern; es gibt Krankheiten – wir versuchen, sie ein wenig einzuschränken; es gibt den Tod – wir versuchen, ihn ein wenig zu erleichtern. Fortwährend hat man etwas sich gegenüber, das man als Gegebenes nimmt, und betäubt sich dann, indem man versucht, die Folgen dieses Negativen sowenig peinlich, sowenig erschreckend wie möglich in Erscheinung treten zu lassen.

Aber der Mensch, der hört, daß Gott die Liebe ist, fragt sich doch unwillkürlich, warum dann das ständige Elend ist und woher es kommt. Wozu die vielen Überlegungen und Theorien, die es dann doch als Liebe und nicht so schlimm erklären?

Wer die grundlegende Frage nach dem Sinn des Bösen nicht stellt, dem, so nehme ich an, stellt sie sich von selbst auf andere Art. Vielleicht so, daß man gleich zum Schluß kommt: Es gibt gar keine Antwort; alles geht eben so, meist schief, und es gibt überhaupt nichts, das alles lenkt. Trostworte – diese Folgerung liegt dann nahe – sind für die, welche ohne diese Einbildungen nicht leben können.

Die Frage nach dem Leid ist derart grundlegend, daß man wahrscheinlich meistens Angst hat, sie zu stellen. Statt dessen sucht man Auswege und sagt: »Wenigstens will ich doch im Leben meine Lust haben und möglichst viel Lust, da bin ich hart, das lasse ich mir nicht nehmen.« Ein anderer Ausweg ist, daß man sich eine Art Theologie konstruiert und sagt: »Alles ist schon gut, nur der Mensch sieht es nicht. Der Gute wird doch belohnt, und die Bösen bekommen Strafe.« Man fängt an zu berechnen, daß es stimmt.

Unser Thema ist das Träumen und Wachsein; wir könnten versuchen, von daher einer Antwort auf die Frage nach dem Sinn des Leids näherzukommen. Wir sprachen schon vom Alptraum. Manche Phasen im Leben sind wie ein Alptraum. Aber wir sahen auch, daß es nach dem Alptraum immer ein Erwachen gibt. Wir sprachen von Verantwortung und dem Zusammenhang mit dem Begriff Antwort. Das Wort ist das Hinausgeworfensein in die Welt, das Wort wird »Fleisch«, also »Botschaft«, wird materiell, wird *Weg* vom Hause fort in die Welt hinein. Und Antwort ist, sagten wir, Rückkehr, »teschuwa«, also das Gegenwort.

Eine Frage verlangt eine Antwort. Der Mensch, geworfen in die Welt, ist Frage. Das ganze Leben ist Frage. Es ist unsere Aufgabe, diese Frage zu stellen. Das zu vermeiden ist Faulheit, die das Leben beschränkt, unglücklich macht, denn Beengung bringt Angst. Das Wort ist wie das Geworfen-werden-in-die-Welt, ist die Frage, die bis zuletzt gestellt bleibt, bis zum letzten Atemzug.

Verantwortung wird in der Überlieferung merkwürdig skizziert. Man sagt, die Verantwortung des Menschen – bei seiner Rückkehr – schaut zurück: Woher komme ich? Was ist das Fundament meiner Herkunft, das Haus des

Vaters, das Haus meines Ursprungs? Wer bin ich? – Der Weg des Menschen geht also auch *zurück,* ist nicht nur ein Geworfensein in die Welt *hinein;* es ist ein ebenso zähes, kämpferisches Zurücksuchen, ein Entgegengehen. Nie gibt es den einseitigen Weg im Sinne von: »Wenn ich zurück-kehre, dann habe ich den Weg zurück und lasse das Gewor-fensein den anderen.« Das gibt es nicht. Du atmest weiter, es lebt sich bei dir weiter, du wirst weitergeworfen. Ein neuer Tag wirft dich neu in Zeit und Raum hinein. Wieder mußt du Antwort suchen. Es gibt kein Ende.

Immer ist die Gefahr da, sich zu betäuben: »Ich habe Trost, Liebe, ein Bankkonto, ein Haus, und ich danke Gott.« Und die anderen, die kein Haus haben und schlimm dran sind – wer dankt dort? Ja, vielleicht sagen die: »Gott hat's gegeben, Gott hat's genommen . . .« wie Hiob es auch sagt; aber gleich danach lehnt Hiob sich auf: »Das habe ich schön gesagt, aber es stimmt *hier* gar nichts, es geht hier böse und schlimm zu.« Das »Danken-wir-Gott, uns geht's gut« kann wie Opium sein. Täuschen wir uns nicht: Die Aufleh-nung, das Gegenwort dauern bis zum Ende.

Auf dem Weg hat der Mensch, wie wir schon sagten, Begegnungen – nicht nur mit Menschen, auch mit Dingen, auch mit Geschehen. Diese Begegnungen zeigen, je weiter man geht, ein Zusammenfassen. Wie man auch beim Älter-werden merkt, daß von den vielen Menschen um einen herum immer weniger da sind, die wirklich mit uns zu tun haben. Am Ende sieht man vielleicht, daß sich die ganz wenigen zum einen zusammenfügen. In diesen Immer-we-niger-Werdenden, diesen Übrigbleibenden, faßt sich das andere zusammen.

Wer liebt, sagt zum Geliebten: »Bei dir habe ich alles, mit dir kann ich von allem sprechen, bei dir erfahre ich alles, erlebe alles.« Andere Begegnungen braucht man nicht, alles faßt sich in der einzigen Begegnung zusammen. »Wenn du einen anderen brauchst, dann bedeutet es, daß ich nicht die letzte Begegnung bin, daß es noch anderer Begegnungen bedarf.« Es ist dann eine Enttäuschung, daß ich nicht genug war für die Begegnung.

Am Ende steht dir hier einer gegenüber, der Mensch, mit dem du dich schließlich vereinigen kannst. Nicht auf Zeit, sondern eine Treue ohne Zeit, weil man spürt, daß die Begegnung wirklich da ist. Für die alles enthaltende Begegnung läßt sich keine Definition geben; es gibt kein Empfinden dafür, *wer* die endgültige Begegnung ist.

In der Vereinigung sieht man sich einem anderen gegenüber; es heißt, man sieht sich dann Gott gegenüber, dem Himmel gegenüber. Man sieht sich, seine erscheinende Gestalt, zu seinem Erstaunen im Bilde Gottes. Ich will nicht sagen, daß man sich selbst sieht; man sieht seine andere Seite und erkennt, daß man selbst *und* die andere Seite erst die Einheit sind. Man begreift dann das »im Bilde Gottes« so: Im Gegenüberstehen erkenne ich, daß zwischen mir und ihm fast kein Unterschied ist, wie es auch in den alten Sprachen zwischen Subjekt und Objekt keinen Unterschied gibt. Es ist eine Einheit geworden; was du siehst, das bist du auch. Es steht dann das, was du siehst, nicht mehr fremd, getrennt, gespalten gegenüber, sondern es ist eins mit dir. Daher kann man zu Gott »Du« sagen; »Du« bedeutet: Alles, was in allem enthalten ist, ist dort da; aber auch bei mir. Ich spüre nun, daß ich eigentlich mit Gott bei Gott bin, ein Kind Gottes bin.

Verantwortung wird so erklärt: Geht etwas schief in der Welt, bist du nicht selbst schuld daran? Wo bist du dann? Wenn du am Ende dort bist, bist du nur dort, damit du empfängst? Wo gibst du? Wie kann Empfangen sein ohne Geben? »Kibel«, »kabbala« – im Hebräischen ist Geben und Empfangen das gleiche Wort. Wie kannst du sagen: »Ich empfange nur, er hat die Verantwortung, er soll es gut machen?« Wenn du den Weg gehst – wer hat die Verantwortung? Du. Du bist er, und er ist du – hier gibt es keinen Unterschied mehr.

Wenn Gott sagt: »Ich mache den Menschen in meinem

Bilde«, dann ist das keine Phrase, sondern wirklich, buchstäblich so. Und wenn die Schlange zum Menschen sagt: »Wenn du issest, wirst du wie Gott sein«, so ist das auch keine Phrase. Wären es nur Phrasen, könnte man sagen: »Laß die Menschen halt im Paradies.« Aber Gott sagt: Der Mensch soll jetzt heraus, er *wird wie ich* auf diesem Weg.

Etwas gibt es hier, wodurch eine Welt zusammenstürzt. Daher geht die Verantwortung des Menschen sehr, sehr weit. Eine alte Mitteilung sagt: »Die Welt ist in Liebe erschaffen und gut, aber der Mensch zerbricht's.« Eine solche Mitteilung erscheint uns »primitiv«. Kein Mensch möchte doch die Liebe oder das Gute zerbrechen. »Wo und wann zerbreche ich denn? Gib mir eine Chance, und ich werde genau aufpassen, daß es nicht zerbricht, ich werde es gut hüten.«

Verantwortung heißt eben: »Hast du es zerbrochen?« Ist deine Verantwortung so, daß du wirklich Antwort verlangt hast? Und bist du im Verlangen nach Antwort so weit gegangen, daß du Antwort bekamst? Es ist nämlich etwas zerbrochen. Wer hat es zerbrochen? Das eben ist die Frage, die wir uns zu stellen haben, sonst bleibt der Alptraum bei uns. Woher kam es, daß es zerbrochen ist? Wo bin ich beim Zerbrechen dabei? Ich akzeptiere nämlich nicht, daß irgend jemand es vor Jahrtausenden zerbrochen hat und die Schuld vererbt wird. Genug, daß wir für unsere eigene Schuld nichts können – warum dann gar für eine Unschuld?

Gott selbst sagte: Das Böse, was einer tut, vergelte ich noch nach drei bis vier Generationen. Das bedeutet: Wenn einer Böses tut, dann kommt dabei das Böse, das vor drei bis vier Generationen geschah, auch mit. Eine solche Schuld ist für uns unverständlich. Aber das Gute – so heißt es –, das du tust, bringt das Gute von Tausenden Generationen mit; die Verbindung zum Ursprung ist dabei lückenlos.

Es ist doch nicht zu akzeptieren, daß jemand einmal gesündigt haben soll und wir nun voll mit Bösem in die Welt kommen. Das kann nicht stimmen. Das ist eine Ausrede, ein

Versuch, die Welt kausal zu erklären. Es ist derselbe Zwang, der immer »Schuldige« suchen läßt, was auch in der Welt geschieht.

Nach der Überlieferung war König Saul ein guter Mensch, groß und schön im Innern wie im Äußern. Er stand über allen. Einmal hat er Mitleid gehabt Es war, als ihn Agag, der König von Amalek, anflehte: »Laß mich leben, ich bin ja dein Gefangener.« Saul hat ihn nicht getötet. Deshalb, so wird erzählt, wurde ihm das Königreich genommen. – König David dagegen tut allerlei, das viel schlimmer ist als eine Mitleidshandlung. Zum Beispiel schickt er Uria, den Mann der Bathseba, an die Front in der Hoffnung, daß er fällt, damit er Bathseba für sich haben kann. Dennoch heißt es, daß bei David das Reich bis in alle Ewigkeit bleibt. Kann der Mensch sich mit solchen Geschichten zufriedengeben, nur weil sie in der Bibel stehen?

Verantwortung bedeutet: In jedem Moment trägst die Verantwortung du – und kein anderer. Geht es dir schlecht, so mußt du sagen: »Ich selbst habe etwas zerstört, ich selbst kann mit dem Zerstören auch jetzt aufhören.«

Dem einen Adam gegenüber steht der andere Adam: Der eine sündigt, der andere nimmt die Sünde weg. Es ist der Weg hin und der Weg zurück. Man hat nicht nur mit dem einen zu tun. Nein, beide sind da. Mit der einen Hand sündigst du, bist befangen in der Analyse, im Kausalen, mit der anderen Hand bist du zu gleicher Zeit der Erlösende, hast den Erlöser dir gegenüber – nicht wie ein Bildchen, sondern leibhaftig ist er dir gegenüber.

Vielleicht kannst du nur leben, weil das so ist. So heißt es auch, daß der eine Adam und der andere Adam bei dir sind wie Einatmen und Ausatmen, also praktisch zu gleicher Zeit. Das eine oder andere allein geht nicht, fortwährend ist der Rhythmus von beiden.

Wenn du in der Welt bist, hast du auch die Verantwortung für die Welt. Du hast doch die Umhüllung von Licht, wo Zeit und Raum nicht existieren, und die Umhüllung von

Haut, die beschränkt, an einen Ort und an einen Moment bindet (vgl. S. 30 ff.). Beides ist da. Dann gilt die Verantwortung auch für dich in der Umhüllung von Licht, in der du Raum und Zeit beherrschst, also die Verantwortung für die ganze Welt hast; gleichzeitig trägst du Verantwortung für den Moment jetzt und hier, die Verantwortung für dich.

Verantwortung kann man nicht auf einen anderen schieben, indem man zum Beispiel Gott ablehnt, weil er die Welt falsch eingerichtet habe. Man unterliegt dabei einer Täuschung, denn zu sagen: »Ich lehne ihn ab« bedeutet eigentlich: »Ich lehne mich ab.« Wenn du dich aber ablehnst, tötest du dich gleichsam, begehst Selbstmord, kannst nicht mehr existieren.

Wir sollten verstehen, daß die Verantwortung sehr weit reicht. Wir können sie nicht hinaus-, weg- oder einem anderen unterschieben. Oft spüren wir doch auch in uns ganz deutlich: »Ich muß jetzt etwas unternehmen, auch wenn ich Schwierigkeiten bekomme, ich kann das einfach so nicht lassen.« Man regt sich auf über eine Ungerechtigkeit, oft so, daß man krank wird. Darin zeigt sich, daß der Mensch das Weitreichende seiner Verantwortung unwillkürlich empfindet, ja, sogar eine Sehnsucht danach hat.

Rufen wir uns an diesem Punkt wieder ins Gedächtnis, was wir über den Schlaf, die Nacht und den Traum sagten. Wir nannten es das Akausale im Menschen, wo Zeit und Raum nicht wirklich, nicht bestimmend sind. Zeit, sagten wir, kann da auch rückläufig sein, alles ist korrigierbar, alles kann man da neu erleben, neu erschaffen. Wir sahen dies besonders auch beim Traum am Tage, wo die Phantasie sich alles vorstellen kann. Die Tagträume sind sehr wichtig, denn sie verwirklichen sich im Leben, wenn auch auf anderer Ebene. Es heißt, daß ein Traum immer auch die Wahrheit enthält, wenn du den Traum wirklich träumst, wirklich erlebst.

Bei Tage dagegen, im Lichte der Sonne, im Lichte der Wahrnehmungen, kann alles nur kausal sein. Dort nur besteht die Enge, die Beschränkung, weil das Kausale nicht zuläßt, daß zwei zugleich am selben Ort sind, oder daß du hier und an einem anderen Ort zugleich bist. Bei Tage bist du gefangen im Entweder-Oder; in der Nacht dagegen bist du frei.

Tag und Nacht – es ist eine Zweiheit im Menschen da. Diese Zweiheit ist auch mit den Begriffen der beiden Bäume zu Beginn der Genesis gemeint. Der Baum des Lebens, so heißt es, enthält das Werden *und* das Sein, das Akausale; der Baum der Erkenntnis dagegen hat nur das Werden, die endlos verpflichtende Reihe von Ursache und Wirkung, die Kausalität. Beide Bäume haben *eine* Wurzel. Die Sünde des Menschen, wird gesagt, besteht darin, daß er diese Wurzel durchtrennt. Also kann man auch sagen: Die Sünde des Menschen ist es, Tag und Nacht in seinem Leben zu trennen.

Wir haben schon gesagt, daß der Traum erlösend ist, wenn man sich *nicht* an ihn erinnert. Dann wirkt der Traum am Tag so, daß das Leben am Tag Spiegel vom Leben der Nacht ist. Dann spiegelt das Kausale das Akausale, wie der Mensch am Ende seines Weges sich selbst gegenübersteht. Dann ist Tag und Nacht eine Einheit, wie die zwei Cherubim auf dem Deckel der Bundeslade einander ansehen und eine Einheit sind.

Der Traum aber, der sich meldet, meldet sich immer in einer Geschichte, die irgendwie kausal aussehen muß, da das Bild sonst gar nicht erinnert werden könnte. Und da es sich kausal zeigen muß, bedeutet es: Hier ist etwas krank, nicht in Ordnung. »Krank« meint »nicht heil«, »nicht ganz«, »nicht eins«. In *diesem* Sinn kranke Leute träumen sehr viel. Wer gesund ist, hat auch den Traum, aber er weiß nichts davon, sein Leben bei Tag ist Widerspiegelung seines Lebens in der Nacht. Dann ist die Wurzel heil und ganz, die Wurzel der beiden Bäume, die Wurzel von Tag und Nacht. Ist die Wurzel heil, *kannst* du den Traum weder kennen noch erklären.

Der Traum Pharaos ist kein Traum im Sinne unserer Vorstellung. Pharaos Traum *ist* das Leben des Menschen in der Welt des Paradoxen. In seinem Leben zeigt es sich, und er fragt: »Wie kommt es, daß das Schöne vom Häßlichen gefressen wird und das Häßliche bleibt, überwiegt?« Das ist die Frage des Pharao und nicht nur ein Wachtraum. Die gesamte Bibel kann man als Traum sehen. Sie ist eine Mitteilung aus dem Akausalen, wo es kein Vorher und kein Nachher gibt.

Beim Menschen, der nur kausal lebt, meldet sich die Nacht. Kausal muß er träumen, sozusagen. Es kommen Alpträume oder schöne Träume. Die Angst vor der Nacht bedeutet, daß man im Leben alles erklären will, eine Gerechtigkeit haben will, die erklärbar und motivierbar ist. Man ist nur noch imstande, eine Gerechtigkeit zu akzeptieren, die sich in Argumenten äußert.

Der Erklärungszwang zeigt sich als Angst vor der Nacht, Angst vor dem Akausalen. Das Akausale wird zur unerträglich fremden Welt. Du kannst nicht mehr akzeptieren, sondern nur noch argumentieren, diskutieren, auseinanderreißen. So trennst du alles. Du kannst dann auch nicht mehr schlafen. Wenn du einschläfst, drückt's dich, während das Kausale hinübergeht ins Akausale und dort das Land besetzt. Allerlei drückende Traumbilder begleiten diesen Vorgang.

Schlaflosigkeit ist ein Ausdruck des Widerstandes und der Auflehnung gegen das Akausale. Eine längere Zeit ohne Schlaf erträgt der Mensch nicht; wer nur den Baum der Erkenntnis hat, kennt nur das kausale Leben, das große Mühe und Not bringt. Sobald der Mensch vom Baum der Erkenntnis nimmt, folgen vier negative Mitteilungen: Die Schlange muß fortan auf dem Bauch kriechen und Staub fressen, der Mensch wird ihren Kopf zertreten, und sie wird ihn in die Ferse beißen. Die Frau wird mit Schmerzen Kinder gebären. Der Mann muß im Schweiße seines Angesichts die Erde bearbeiten. Und selbst die Erde, die gar nichts getan hat, bekommt noch einen Fluch: Dornen und Disteln soll sie hervorbringen.

Schlange, Frau, Mann – drei haben nur gesündigt, aber vier werden bestraft. Es zeigt, daß das Leben wirklich zur Qual wird, sobald der Weg des Kausalen eingeschlagen ist. Dann hast du völlig recht, wenn du es nicht akzeptierst; dann ist aber auch der Rückweg zum Baum des Lebens abgeschnitten. Zwei Engel, so heißt es, stehen da und versperren den Rückweg »mit einem sich wälzenden Schwert«. Der Mensch ist jetzt gezwungen, auf einem ganz anderen Weg zum Baum des Lebens zu kommen. Denselben Weg, von wo er hergekommen ist, kann er nicht mehr gehen.

Es gibt viele Versuche, den Druck des Kausalen, der krank macht und nicht schlafen läßt, loszuwerden. *Mit Absicht* aber geht's nicht. Wer meint, mit Hilfe bestimmter Techniken – Meditation oder sonstigen Übungen – vom Druck des Kausalen frei werden zu können, gerät nur noch tiefer oder subtiler in Zwang. Demgegenüber heißt es, daß es dem Gerechten »im Schlaf« kommt, daß es kommt »wie ein Dieb in der Nacht«. Die Erlösung kommt, ohne daß man selbst etwas dazu tun kann; man hat sie gar nicht erwartet, ja, erschrickt vor ihr wie vor einem Dieb in der Nacht.

In jedem Menschen ist die Sehnsucht nach einem Leben, das vom Druck des kausalen Zwingenmüssens frei ist. Die Drogensucht und jede Art von Sucht geht von da aus. Sucht heißt: Auflehnung gegen das Kausale; »es« kommt, ich *muß nichts mehr.*

Aber wie man die Träume und den Schlaf nicht absichtlich *machen* kann, so ist auch die Befreiung vom Zwang des Kausalen nicht mit Absicht zu bewerkstelligen. Vielmehr: Wenn dein Leben so ist, dann kommt »es«. Mit diesem »es« Verbindung haben, »es« bei sich selbst beleben und erleben – dann ist Schlaf, »schena«, das Doppelte, da, dann ist im Schlaf auch das andere mit dabei. Beide Dimensionen sind dann zusammen da. Ich kann es dann sogar erklären, aber nur mit dem anderen zusammen, das ich nicht erklären kann. Der Kreis, der schließt, der »Teufelskreis«, ist dann durchbrochen; der Tanz ums Goldene Kalb, hebräisch »egel« – und »igul«, gleich geschrieben wie »egel«, heißt doch auch Kreis –, ist dann zu Ende.

Vom Bereich des Träumens her, so sehen wir, könnten wir vieles in unserem Leben erklären – aber nur, wenn wir frei davon sind, Nutzen aus dem Traum ziehen zu wollen. Wie die Sterne zu prognostischer Astrologie werden häufig auch die Träume zu »nützlicher« Deutung mißbraucht. Das Wunder, die andere Welt, zum Nutzen für das Kausale zu mißbrauchen ist eine Vergewaltigung.

Man könnte also jemandem wünschen, daß ihm seine Träume nicht mehr bewußt werden und daß sein Leben bei Tag so ist, daß er spürt: »Es« kommt, von der anderen Dimension her. Bei Tage, so heißt es, soll der Mensch zwischen Gut und Böse unterscheiden, in der Nacht *kann* er es nicht. Gut und Böse kommen über ihn, und er spürt: Das *Ganze* ist gut, weil er vom Traum nichts mehr weiß.

Suche in deinem Tagleben die Verbindung zur Nacht, indem du – was immer dir begegnet – *akzeptierst*. Finde dich nicht ständig ungerecht behandelt, mache dir nicht ständig ein Bild, das stimmen muß. Was weißt du vom Bild der ganzen Welt? Was weißt du von deiner Zeitlosigkeit, in der du da lebst und viel wichtigere Begegnungen hast? Käme das, was du willst – vielleicht wäre es dein Untergang? Zwinge also nicht. Es ist wie beim Gehen: Sobald du bewußt richtig gehen willst, verspannst du dich, stolperst, fällst; wenn »es« geht, merkst du's gar nicht.

Ich möchte jetzt ein weiteres Traumbild aus der Bibel behandeln: den Traum Jakobs (Gen. 28,10–22). Als Jakob vor Esau flieht, kommt er an einen Ort, legt sich dort schlafen und träumt. Er sieht den Himmel offen und eine »Leiter« – wie das Wort übersetzt wird –, die bis in den Himmel reicht. Auf ihr steigen Engel hinauf und herab. Die alten Mitteilungen sagen, daß es vier Engel sind, und zwar die vier großen Engel, die Erzengel Michael, Gabriel, Uriel und Raphael. Zwei steigen herunter, zwei steigen hinauf. Also eine entgegengesetzte Bewegung. Zwei sind das Geworfenwerden in die Welt, zwei sind die Antwort: Wort und Antwort.

Jakob sieht den Himmel: Es kommt her, und es geht zurück. Beim Hinaufsteigen, könnte man sagen, ist dir wohl; das Hinuntersteigen – ja, ist vielleicht wie ein »Ach, schade!«, ist vielleicht auch schön. Jedenfalls sieht Jakob das Paradox. Er sieht auch Gott oben, und Gott spricht mit ihm. Er schaut Gott an, und Gott sagt zu ihm: »Ich sehe dich, und du siehst mich, wir sehen einander.« Mit anderen Worten: Die Einheit wird gesehen, wenn *beide* Bewegungen da sind.

Dieser Traum ist im Menschen immer anwesend, ich glaube, jede Nacht, wenn der Mensch wirklich schläft und nicht nur in Ohnmacht daliegt, von Schlafmitteln betäubt. (Man kann auch schlafen, ohne wirklich zu schlafen.) Wenn du wirklich schläfst, erfährst du das in der Nacht, aber das lebt sich genauso bei Tage – es geschieht dir während des Tages das gleiche. Während des Tages *tust* du, mußt du tun und *weißt*, daß du tust und tun mußt. Gleichzeitig aber – das Paradox – *tut er sich*, und du kannst gar nichts dazu tun. Beides ist gleichzeitig. Man kann nicht sagen: »Es tut sich, ich brauche nichts zu tun, es geschieht schon.« Im Westen hat man dafür den Begriff Fatalismus und mißversteht damit die östlichen Religionen.

Die richtige Erklärung lautet: Mein Tun ist notwendig, aber gleichzeitig besteht das Paradox, daß es getan wird. Ich lebe mit beidem, und deshalb ist mein Tun befreit und befreiend. In meinem Leben sind beide Richtungen, Frage und Antwort. Der Mensch, der herkommt und sich zeigt, und der Mensch, der zurückgeht und verschwindet. Das Sichtbare und das Verborgene. Das Erscheinende und das Geheime. So lebt der Mensch in der Gegenwart, die konkret da ist, *und* in Vergangenheit und Zukunft, die nicht konkret, die verborgen, die verschwunden sind.

Jakob flieht, sagte ich, vor Esau. Esau ist im Menschen das Erscheinende, der Jäger, der alles kausal erklären will. Jakob entzieht sich ihm, weil das kausal Erklärende ihn töten will. Das Kausale bringt den Tod in *jedem* Moment. Der Mensch, der nur den Weg des Werdens geht, stirbt, denn jede Phase ist ein Tod, die neue kommt, die alte stirbt. Da er jeden Moment stirbt, lastet der Tod auf ihm wie ein Alpdruck. »Laß diesen Esau, geh fort!« sagt die Mutter zu Jakob, »sonst werde ich euch beide verlieren, ihr werdet einander töten.«

Jakob geht also vom Kausalen weg. Im Traum sieht er das Kausale wieder: Zwei Engel steigen herunter, das Wort kommt. Aber zwei Engel steigen auch hinauf – welche zwei, wird nicht gesagt. – Es bedeutet: Das Kausale hat erst dann Sinn, wenn du erfährst, daß es bei dir schon »unerklärlich« ist, wenn du erfährst: So wie es ist, ist es gut. Willst du dagegen zwingen, dann bist du im Zwang und stirbst daran.

Der Selbstmörder unterliegt einem teuflischen Mißverständnis. Er will sich dem Kausalen entziehen, will fort von hier. Er glaubt, wenn er kausal Schluß macht, dann ist danach weiter Kausalität, und er hat Ruhe. Er will sich kausal erlösen. Er täuscht sich, denn es gibt nicht nur Kausalität. Es könnte sein, daß danach gerade das kommt, was er nicht wollte; und in seinem Leben wäre vielleicht gerade die nächste Phase so gewesen, wie er sich immer wünschte. Hätte er *einen* Tag länger gelebt, wäre alles gut gekommen.

Selbstmord ist immer dann, wenn das Kausale zu sehr drückt. Einer tötet sich, weil er glaubt, daß er ein solcher Verbrecher ist, daß sich die Gesellschaft vor ihm ekelt. Er glaubt, er lebe durch die Gesellschaft. Aber – was denkt die Gesellschaft schon von ihm? Vielleicht: »Welchen Nutzen kann man von ihm haben?« Sonst meist sowieso nichts Gutes. – Andere töten sich, weil sie alles Geld verloren haben oder krank sind oder glauben, die Welt sei gegen sie. Immer also denken sie kausal. Es ist dasselbe wie Schlaflosigkeit. Meist sind es Leute, die nicht schlafen können und daher – könnte man auch sagen – Selbstmord begehen. Die Schlaflosigkeit ist es, die nicht zuläßt, daß das Akausale eine Chance bekommt, sich zu zeigen.

Nachdem Jakob von Esau fort ist, glaubt man, er habe einen langen Weg, bis er an den Ort kommt, wo er den Traum hat. Aber die Überlieferung sagt: ganz im Gegenteil! Die Erde geht ihm sogar entgegen, plötzlich ist er am Ort, wo er sein sollte. – Wir glauben doch auch immer, wir müßten, wenn wir das Kausale verlassen, eine lange Schule durchmachen, um das Akausale zu lernen, Meditation, Yoga und dergleichen. Alle möglichen Theorien und Praktiken gibt es, um uns glauben zu machen, es sei ein *langer* Weg. (Erfolgreich vor allem für die Lehrer, die einem das einreden.)

In Wirklichkeit aber ist es so, daß die Erde förmlich entgegenkommt. Es geht so schnell, die Erde rennt unter ihm weg, und er ist schon am Ort. Dort, heißt es, sind 12 Steine. Die Zahl 12 meint hier ganz allgemein »viele«. Und wie er die vielen Steine hinlegt, werden sie *ein* Stein: Die Vielheit wird *eins*. Plötzlich öffnet sich dem Menschen das andere. Das ist die Erfahrung wirklicher Meditation. Eine Erfahrung, die man *immer* spüren könnte, den ganzen Tag über, und eben nicht Pseudomeditation für einen exklusiven Kreis durch mühevolle Rituale Eingeweihter! Der Alltag *ist* Meditation, ist genauso Geheimnis. Daher heißt es, die vielen Steine werden eins, der Himmel öffnet sich, und Gott spricht mit ihm. Es geschieht ganz plötzlich; nur der Zwang des Kausalen läßt uns glauben, es sei ein weiter Weg.

Es ist bei dir schon da, wie Paulus im Römerbrief zitiert: »Sprich nicht in deinem Herzen: Wer wird in den Himmel hinaufsteigen? oder: Wer wird in die Unterwelt hinabsteigen? Nahe ist dir das Wort, in deinem Munde und in deinem Herzen« (Röm. 10,6–8). Es ist da, wenn du Tag und Nacht zu einer Einheit verbindest. Verbinde eben, was »nicht stimmt«: das Ungerechte mit dem Frieden. Nicht sagen: »Ich will das Ungerechte, Grausame nicht sehen, nicht wissen.« Es ist doch *da,* wie das Geworfensein da ist.

Wenn du Tag und Nacht verbindest, dann kommt die *Ruhe* des Schlafes, und du freust dich auf die *Bewegung* des neuen Tages. Tötet man aber bei sich die andere Seite, kommt Krankheit. Der Mensch soll und darf das nicht, das ist seine Verantwortung.

Es ist auch jedes Menschen eigene Verantwortung, das Getrennte wieder zusammenzufügen, denn er *ist* als Mensch das Ganze. Dabei kann er nicht geführt werden, das kann man nicht lernen im Sinne von »üben«. Am Ende steht Hiob *allein*, ohne die vier Freunde, vor Gott, und dann spricht Gott mit ihm. In jedem Moment kann das im Menschen geschehen, es ist kein langer Weg.

Verstehen aber soll der Mensch, daß er niemals das Akausale zum Nutzen des Kausalen einfangen kann. Nur im Einander-Gegenüberstehen und im Einander-Gegenüberbleiben – im Paradox – ist die Einheit. Die Cherubim auf dem Deckel der Bundeslade, die sich anschauen von rechts und von links, sind eins. Zwei Engel hinaufsteigend gegenüber zwei Engeln heruntersteigend: eine Vierheit als zwei und zwei sich gegenüber. So entsprechen die 4 Engel den 4 Welten, den 4 Elementen, den 4 Ellen, die der Raum des Menschen mißt.

Es ist die Pflicht des Menschen, alles, was kausal erklärbar ist, zu erklären. Niemals aber darf er das Akausale kausal erklären. Tut er das, so bedeutet es, daß er eindringt in ein anderes Land und glaubt – wie der Jäger –, er könne »es« fangen; aber er fängt es nie, sondern geht in der Unendlichkeit unter. Das andere *bleibt immer* gegenüber, es ist nicht zu fangen, nicht zu erklären.

5

Die Urpanik in der Finsternis · Die Mitternacht · Die drei Nachtwachen · Das Leben in der Nachtseite · Sehnsucht und Hoffnung · Der Priester

Wir sehen, daß uns unser Thema immer wieder zur Frage führt: Was bedeutet die Zweiheit, die sich als eine Art Naturgesetz in allem zeigt? Wir haben sie doch auch im Traum Jakobs, dem Urtraum, wie man ihn nennen könnte, gesehen. Zwei Engel steigen hinauf, zwei Engel kommen herunter. Es sind zwei Boten, zwei Mitteilungen da, die im Gegensatz zueinander stehen. Und Jakobs Weg zum Ort des Traumes war doch die Flucht vor Esau, der im Menschen das Urteilen nach der Erscheinung, nach der Sinneswahrnehmung und ein Danachleben verkörpert. Wenn der Mensch aber das Konstruieren einer Weltanschauung nach äußeren Wahrnehmungen sein läßt, dann ist der Weg schnell, die Erde kommt ihm entgegen.

»Weg« aber hat auch die Zweiheit, den Gegensatz; wo ein Weg ist, gibt es Anfang und Ende. Wieder stellt sich die Grundfrage: Wozu immer diese zwei? Ich will versuchen, von einigen neuen Aspekten her einer Antwort näherzukommen.

Sie kennen doch die Geschichte von der Vertreibung des Menschen aus dem Paradies, nachdem er vom Baum der Erkenntnis gegessen hat. Nun ist das, wie Sie wissen, kein historischer Vorgang, der sich irgendwann einmal ereignet hat, sondern eine *immerwährende Situation* im Menschen. Der Mensch nämlich kann es nicht lassen, vom Baum der Erkenntnis zu nehmen, das heißt, Gut und Böse nach seiner Wahrnehmung zu beurteilen.

Wer das Böse sieht, ist irritiert und denkt: »Das sollte

doch gar nicht sein.« Und schon hat man ein Urteil von hier aus gefällt, von der Sichtbarkeit her, in der man lebt.

Nun gibt es den vielbenutzten Ausweg, das Böse dem Menschen oder dem Teufel zuzuschieben; Gott jedenfalls habe es nicht gewollt. Das hieße dann aber, daß es eine selbständige Macht gäbe, die imstande wäre, Gottes Allmacht zu brechen. Dem aber wird immer ausdrücklich entgegengehalten: Du kannst nicht zwei Herren haben; du hast *einen* Herrn, und das ist der Herr von Gut *und* Böse. So heißt es auch beim Propheten Jesaja, wo Gott von sich sagt: »Ich, der Herr, und keiner sonst, der ich das Licht bilde und die Finsternis schaffe, der ich Heil wirke und Unheil schaffe, ich bin's, der Herr, der dies alles wirkt« (Jes. 45,6–7). Es will also sagen: »Ich erschaffe das Böse und bringe das Gute« – beides von *einem* aus.

Sobald wir von einem der beiden sagen: »Das ertrage ich nicht!« – und jeder in der Welt wird es sagen –, haben wir ein Urteil darüber gefällt; dann kommt, was man die Vertreibung nennt. Dem aber steht auch etwas im Menschen gegenüber, das *nicht* urteilt, sondern Gut und Böse, Tag und Nacht, Wachsen und Vergehen annimmt. Die Theologie spricht vom 1. Adam, der vom Baum der Erkenntnis ißt, und vom 2. Adam, der nicht ißt. Dabei ist die Gefahr des Mißverständnisses, daß man sagt, die Welt ist verderbt durch die Tat des 1. Adam, dann kommt irgendwann der 2. Adam als Erlöser und rettet die Situation. Gewiß, es gibt ein erstes und ein zweites; aber beides ist *auch* zeitlos.

Erst also ist Finsternis. Daher heißt es bei Jesaja: »der ich die Finsternis *schaffe*«. Auch in der Schöpfungsgeschichte wird immer erst der Abend, dann der Morgen genannt, wenn von einem Tag die Rede ist. Auch heute noch fängt im Judentum der neue Tag an, wenn die Sonne untergeht, wenn Finsternis kommt. Astronomisch übrigens gilt der neue Tag ebenfalls von 6 Uhr nachmittags bis 6 Uhr morgens in seinem ersten, im Nachtteil. Es scheint wie ein Gesetz zu sein, daß erst Nacht ist und dann der Tag kommt.

Was ist nun Tag und Nacht im Menschen, und was bedeutet in diesem Zusammenhang das Träumen und das Wachsein?

Adam lebt – also jeder Mensch lebt – in einer Welt der Einheit. Der Mensch, wie er ist, hat in sich den Urzustand im Paradies. Daher rührt die *Sehnsucht* des Menschen. So wird es auch erklärt: Daß du dich nach etwas sehnst, bedeutet, daß in dir ein Zustand ist, in dem du schon hast, wonach du dich sehnst. Sehnst du dich also nach Weisheit und Wahrheit, so rührt das daher, daß *in dir,* tief drinnen – ganz nahe und doch auch weit weg –, in deinem Urzustand Weisheit und Wahrheit und Einheit und Frieden ist. Sehnst du dich nach Erlösung, so deshalb, weil du vom Ursprung her schon erlöst bist. Gerechtigkeit, Treue und Wahrheit ist dein Fundament; ganz füllst du den Himmel und die Erde aus, bist in allem da.

Gleichzeitig ist dort im Kern, im Urzustand des Menschen, etwas da, wodurch der Mensch danach schaut und empfindet, was seine Sinne ihm sagen. Dann – so die Mitteilung – wird dieser Zustand verlassen. Wie dieses Verlassen geschieht, wird in der Überlieferung sehr plastisch erzählt, und ich glaube, wir sollten dieser Geschichte einmal zuhören.

Der Mensch verläßt das Paradies, und dann wird es zum ersten Mal dunkel. Das Dunkelwerden und Hereinbrechen der Finsternis sind ein großer Schrecken für den Menschen; er glaubt, alles geht jetzt unter. Das ist nicht nur atmosphärisch gemeint. Finsternis bedeutet auch: Alles wird unklar, die Dinge sind nicht mehr voneinander zu unterscheiden, die Konturen verschwimmen. Den Menschen überfällt Angst, weil er bei einem Geräusch nicht mehr weiß, ob es durch eine Maus oder einen Tiger verursacht ist. Es heißt, daß für Adam die Nacht unerträglich wird, und zwar gerade dann, wenn die Nacht so tief ist, daß sie schon fast zu Ende ist. Gerade dann kann man es nicht mehr ertragen. Gerade dann ist der Mensch sehr schwach, wie wir auch aus der

Statistik wissen, denn gerade dann, wenn es bald Morgen ist, sterben die meisten Menschen.

»Halte doch noch ein wenig aus«, möchte man sagen, »dann ist es vorüber.« Das aber kann der Mensch gar nicht glauben im Zustand der tiefsten Finsternis, in seinem schwersten und schwächsten Moment. Deshalb ist das hebräische Wort für Morgen das gleiche wie für »schwarz«: »schachar«.

Dann kommt für Adam der Anbruch des Tages. Jetzt weiß der Mensch, daß die Finsternis vorübergeht, jetzt, könnte man sagen, hat er eine wichtige Erfahrung gemacht. Er weiß jetzt: Es wird dunkel, ich lege mich schlafen; es wird Tag, und ich werde wieder erwachen. Aber in jedem Menschen ist *auch* die Urpanik des Adam da, der diese Erfahrung noch nicht gemacht hat. Beides ist da, die Urpanik und die Erfahrung. Und die Frage ist immer, was von beiden im Menschen reagiert. Überkommt ihn die Urpanik, so daß er verzweifelt? Oder weiß er, daß es zwar schrecklich und sehr schlimm ist, daß er es aber letztendlich doch übersteht?

Natürlich beziehen sich diese Fragen nicht nur auf das Physische. Der Mensch kann auch im Menschlichen, Geistigen, Psychischen diese Urpanik haben, und dann ist nicht mehr mit ihm zu reden. Er geht dann in dem Sinne zugrunde, daß er aufhört, *so* zu sein. Und wir können uns fragen, ob dieser Tod nicht auch gut ist?

Der Zustand der Nacht, der Angst im Menschen, gipfelt im Moment der Mitternacht. Dem einen ist es der point of no return, dem anderen die Wende; der eine glaubt, daß jetzt alles zugrunde geht, der andere weiß, daß der Schrekken zu Ende ist. (Behalten wir gegenwärtig, daß der eine *und* der andere *in* uns sind.) Deshalb heißt es auch, daß die Erlösung immer um Mitternacht stattfindet, dann also, wenn die Nacht am tiefsten ist. Wer von der Erlösung weiß, für den ist die zweite Hälfte der Nacht ein Erwarten des Kommenden.

Auch die Nacht also erfahren wir als Zweiheit. Es ist eine Bewegung hin – bis Mitternacht –, und eine Bewegung zurück – nach Mitternacht. Erfahren wir diese Zweiheit tatsächlich, dann wird die Nacht für uns ein Wunder; kennen wir aber nur die eine Bewegung hin, die Panikbewegung – das einseitige Urteilen, das Sezieren –, dann ist die Nacht angstvoll, drückend, schlaflos. Gern möchte man sich dann dieser Panikbewegung entziehen und stürzt sich in den Rausch, die Karriere, unruhevolles Reisen – benutzt alle Arten von Betäubungsmitteln. Das bedeutet: einseitige Nacht. Mitternacht kennt so auch die Zweiheit: Erlösung und Spuk.

Zurück zu unserer alten Geschichte! Adam erfährt also die Schrecken der Finsternis und kann nichts mehr unterscheiden. Da zeigt ihm Gott einen Stein. Im Hebräischen heißt Stein »ewen« – von »aw«, Vater, und »ben«, Sohn –, bezeichnet also eine *Einheit*. Hier zeigt der Stein seine Unveränderlichkeit als Härte. Gott sagt zu Adam: »Schau, mit dem *einen* Stein kommen wir nicht weiter. Bringe dem einen Stein einen anderen gegenüber, bringe zwei Steine mit Wucht aufeinander, bringe sie so im Gegensatz zusammen, dann kommt ein Funke, kommt Feuer und Licht.« Das bedeutet: Wenn du in der Nacht die Zweiheit im Stein erkennst und zusammenprallen läßt, dann funkt es, dann wird Licht. Es ist dann zwar nicht die Tageshelle, aber du hast eine Leuchte in der Nacht. Du kannst etwas mehr sehen, brauchst nicht mehr die große Angst zu haben. Zünde eine Kerze, eine Lampe an, und die Finsternis weicht ein wenig. Es bleibt dunkel, aber in deiner Umgebung ist es dann etwas heller.

Das also wird dem Menschen von Gott mitgegeben für die Nacht. Im Judentum ist es ein Brauch, Kerzen anzuzünden, wenn der Weg der Woche beginnt, und den Segen zu sprechen: »Gesegnet der, der das Licht des Feuers gibt.« Es ist nicht das hohe Licht, das Liebe sein kann, Klarheit, Helle, sondern das Licht unten, das aus der Nacht kommt, das Licht der niedersten Stufe, das *brennt*.

Von der Nacht wird in den alten Mitteilungen manches erzählt. Im Talmud zum Beispiel, zu Beginn des Traktats »Von den Segenssprüchen« wird die Nacht in drei Nachtwachen eingeteilt; nach einer anderen Meinung sind es vier Nachtwachen. Vom Himmel aus gesehen – so die Erklärung – sind es drei, von der Erde aus gesehen vier. Die 3, das Männliche, und die 4, das Weibliche, bringen erst in ihrem Zusammensein die Frucht. Die 3 als das Männliche ist »Erinnerung«, »sachar«, sowohl an die Vergangenheit als auch an die Zukunft als Ahnen, Hoffen, Erwarten. Die 4 als das Weibliche ist Gegenwart. So gibt es 3 Erzväter (Abraham, Isaak Jakob), aber 4 Erzmütter (Sara, Rebekka, Rahel und Lea). So auch entsprechen 3 Schöpfungstagen 4 Schöpfungstaten (2 mal 3 Tage und 2 mal 4 Taten). Das Tun ist das Bewegen *hier;* der Weg.

Der Satz des Pythagoras kann einen wichtigen Zusammenhang anschaulich machen. Gerade dann nämlich, wenn Männliches, 3, und Weibliches, 4, senkrecht aufeinanderstehen – also aus ganz entgegengesetzten Richtungen kommend sich treffen, *unerwartet* sich treffen –, dann ist die Hypotenuse die 5. Man nennt die 5 auch die Frucht, das Neue aus diesem Zusammenkommen. So wird gesagt, das Verborgene im Menschen, das vom Himmel aus sieht, kennt 3 Nachtwachen, 3 Teile der Nacht; das Irdische, Weibliche im Menschen kennt 4 Teile. Mit dem Zählen bis 4 war übrigens nach dem Wissen der Schule des Pythagoras das Geheimnis der Welt ausgedrückt. Die 5, das Neue, ist das Kind. Das Hieroglyphenzeichen für die 5 ist ein Menschzeichen: Kopf, Rumpf, Hände, Füße, Arme, Beine. Die 3 (3^2 = 9) und die 4 (4^2 = 16) bilden die 5 (5^2 = 25).

Was bedeutet Nachtwache? Wer wacht in der Nacht? Wir sagten doch, daß es wichtig ist, in der Nacht zu schlafen, die Dinge passieren zu lassen; es sei sehr wichtig, nicht zu forcieren, nicht zu zwingen, sondern *es* in der Nacht zu erfahren wie im Traum, *es* kommen zu lassen wie einen Dieb in der Nacht, unerwartet, *es* im Schlaf sich geben zu lassen.

Nach den alten Geschichten gibt es Wächter in der Nacht. Bei den Propheten ist die Rede vom Ruf im Tempel: »schomer ma milel«, »Wächter, wie weit ist es in der Nacht?« Auch im Menschen gibt es diesen Ruf, auch im Menschen scheint etwas zu wachen. Während der Nacht findet im Tempel, der Wohnung Gottes, keine »awoda«, kein Dienst statt. Nur ein Licht brennt, das Feuer vom Anfang. Es sind aber die Priester da. Priester sind das im Menschen, was Unruhe verbreitet, in Bewegung ist, keinen Frieden gibt, sondern sagt: »Es stimmt doch nicht so.« Diese Priester werden in Nachtwachen eingeteilt und stehen auf den Mauern des Tempels; sie schauen in die Nacht hinaus und rufen einander zu: »Wie weit ist es in der Nacht?«

Die 1. Nachtwache, so heißt es, ist dadurch gekennzeichnet, daß der Esel schreit. In der 2. Nachtwache heulen und bellen die Hunde. In der 3. Nachtwache haben der Mann und die Frau das Gespräch miteinander, und das Kind trinkt an der Brust der Mutter. Und es wird gesagt, bei jeder Nachtwache brüllt Gott wie ein Löwe. Das Brüllen wird erklärt als die Klage Gottes: »Warum habe ich mein Haus verwüstet?« Es ist die Klage darüber, daß das Böse ist. Und wir fragen: »Du selbst verwüstest das Haus, schaffst das Böse und leidest darunter?« – Eine schwere Frage.

»Tu es doch nicht«, würden wir vielleicht sagen, »vernichte das Haus doch nicht.« Wir spüren, das Vernichten des Hauses entspricht dem Vertreiben des ersten Adam aus dem Paradies. Und wir erinnern uns an Jesaja, wo Gott als Grundlage von allem die Finsternis nennt. Das Haus wie das Paradies nimmt er weg – aber er selbst leidet darunter. Bei jeder Nachtwache brüllt er, schreit er. Es dröhnt durch die Welt, und die Welt erzittert. Um Mitternacht, heißt es, geht Gott durch die Welt. Sein Gehen ist wie der Wind aus dem Norden. Und der Wind bewegt die Saiten der Harfe von David, die über dem Bett des Königs hängt. Und die

Harfe spielt; das sind die Lieder, die Melodien der Psalmen. Man sagt, es sind die Melodien des Menschen: wie der Mensch lebt.

Auch das geschieht in der Nacht; während der König schläft, spielt die Harfe. Die Harfe spielt das Leben des Königs. Gott bläst hindurch. Harfe, hebräisch »kinor«, hängt zusammen mit »kinereth«, wie im Hebräischen der See Genezareth heißt: Harfensee. Von dort, von diesem See her, kommt das Harfenspiel, die Melodie kommt von dort.

Die Zeichen der drei Nachtwachen, die ich nannte, haben eine Reihenfolge. Erst ist es der Esel, der schreit. Wir werden noch sehen, was das bedeutet. Dann sind es die Hunde, die heulen. Hunde spielen in der Überlieferung und in Visionen eine wichtige Rolle. Es sind die haarigen Wesen, die fortwährend angreifen, wenn sie draußen sind; drinnen im Haus aber sind sie treu und gut und lieb. Draußen haben sie Angst und verbreiten Angst. In der 3. Nachtwache sprechen Mann und Frau miteinander, das Kind ist da, das Dreieck des Pythagoras, könnten wir sagen.

Wozu die Nacht? Wozu erst Mitternacht und dann die Erlösung? Warum die Erlösung nicht gleich zu Beginn der Nacht? Was bedeutet der Tag überhaupt? In welcher Welt leben wir jetzt?

Beim Propheten Daniel ist von dreieinhalb Weltzeiten die Rede, von »einer Zeit und Zeiten und einer halben Zeit« (Dan. 7,25). Die Zeit, in der wir leben, ist die halbe Zeit. Es ist die Nachtseite des vierten Tages; nach dieser halben Zeit kommt die zweite Hälfte: der Tag. Jetzt also erleben wir die Welt als Nachtwelt. Und doch erleben wir Tag *und* Nacht. Was bedeuten dann Tag und Nacht in unserem »Nachtleben« jetzt?

Nacht, sagten wir doch, ist akausal, läßt *es* kommen, während man bei Tag tun muß. Bei Tag ist alles kausal, geht nichts von selbst. Wie verbinden sich Tag und Nacht? Wir hatten schon davon gesprochen, daß das Tun des Tages dem entspricht, was in der Nacht geträumt wird. Das Geschehen der Nacht inspiriert das Tun des Tages. Das aber heißt: Ich bilde mir am Tag nur ein, daß ich tue. Eigentlich ist es eine Einheit. Ich kann gar nicht sagen, daß ich das, was ich am Tage tue, selbst so will. Bin ich in dieser Meinung befangen, so habe ich die Einheit zertrennt. Nur eine Seite zu nehmen und die andere davon abzutrennen ist gleichbedeutend mit dem Verlassen des Paradieses.

Dann entsteht das Leben im Zwang mit seinen Zwangshandlungen. Immer denkst du dann: »Wenn ich's nicht tue, wird's nicht geschehen, wird keiner es tun, und es wird vielleicht verlorengehen.« Es kommt die ständige Unsicherheit dann und das Gefühl, daß nichts im Leben richtig ist. Das ist die Gefahr, wenn der Mensch Tag und Nacht, Absicht und Absichtslosigkeit trennt. Leben im Paradox hat aber das Merkwürdige, daß du zwar Feder und Papier suchen und schreiben mußt, aber doch auch weißt: Es ist schon da und schreibt sich selbst. Wir spüren, da ist etwas da im Leben, das wir nicht verstehen können. Und das ist es eigentlich, was kreativ ist. Sobald das im Menschen lebt, ist er kreativ. Wenn dieses Gefühl des Paradoxen im Leben ist, hast du das Gefühl des Durchbruchs.

Es heißt: Abend und Morgen – zusammen erst der Tag. Im Menschen braucht es diese Einheit. Und der Mensch ist oder wird krank, wenn er nur eine Seite hat. Er ist dann traurig und untröstlich, weil er glaubt, von *ihm* müsse es gemacht werden; oder aber er ist traurig, weil er glaubt, alles ist schon da und er kann gar nichts tun. Der Mensch kann weder *nur* im Mysterium noch *nur* im Kausalen leben, beide Male ist die Einheit zerbrochen.

Wir haben schon gesehen, daß der Mensch in der Nachtseite auch die Erfahrung hat: Es wird wieder Tag. Nach einer Krankheit kommt wieder Gesundheit. Es ist die Erfahrung von Kommen und Gehen, Wachen und Schlafen, Einatmen und Ausatmen. Oft sind Menschen unglücklich, weil diese Erfahrung wie verschüttet ist. Sie erleben eine Enttäuschung, geraten in Panik und glauben, nicht mehr leben zu können. Sie verlassen sich nur auf die kleine Erfahrung hier; dabei haben sie doch die Urerfahrung, die gleichsam mit der Erbmasse mitkommt, daß es nach der Nachtseite immer eine Tagseite gibt.

Unser Leben spielt sich, wie ich schon sagte, in der Nachtseite des vierten Tages ab. Ein Kommentar nennt die dazugehörige Tagseite des vierten Tages die Todesseite. Man stirbt aus der Nacht in den Tag hinein. Die Nachtwelt geht unter und geht über in die Tagwelt.

Dieses Hinaussterben ins andere Leben gleicht einer vollständigen Änderung des Menschen. Daher wird der Auszug aus Ägypten auch im Bild des Sterbens gesehen. Es wird vom Brechen des Auges gesprochen, wie das Meer bricht und sich spaltet; man vergleicht es auch mit dem Brechen des Fruchtwassers bei der Geburt. Tod und Geburt sind ein Hineinkommen in ein anderes Leben, das Verlassen einer Wirklichkeit und das Hineinkommen in eine andere.

Dieses Verlassen aber kann man nicht selbst bewerkstelligen; wir haben darüber schon im Zusammenhang mit dem Selbstmord gesprochen. Es wird überliefert, daß viele von Israel in Ägypten sagen: »Die Knechtschaft ertragen wir nicht mehr« und auf eigene Faust eine Lösung suchen, eine Erlösung, und ausziehen. Alle gehen unter. Das sind die Toten, die *immer* da sind. Es heißt nämlich, die Erlösung kommt nur, weil sie kommt. Mit Nachdruck wird gesagt: Bleib zu Hause. Passah ist, wenn du zu Hause bist. Wer aus dem Hause geht, um vielleicht mitzuhelfen, wird getötet. Das Lamm ist im Haus. Eine Erlösung, die man forciert, ist Selbstmord, ist, könnte man sagen, ein falscher Messias.

In der Tagwelt des vierten Tages, in der Hälfte nach den dreieinhalb Zeiten, die beim Propheten Daniel genannt werden, wirst du verstehen, wie herrlich es ist, mit dem Paradox von Anfang und Ende zu leben. Dann nämlich sind Anfang und Ende nicht mehr getrennt, sondern zusammen. Dann lebst du gleichzeitig im Kausalen und im Akausalen. Daher wird der Baum des Lebens und der Baum, der Frucht *ist* und Frucht *macht,* genannt – er ist schon da *und* ist auf dem Weg –, während der Baum der Erkenntnis, aus der Wahrnehmung hervorkommend, nur der Baum, der Frucht *macht,* heißt. Hier, auf dem Weg, kann man nur die Seite der Wahrnehmung und der Kausalität verstehen, während dort beides ist.

Die Nachtseite ist also die Welt, in der wir nur ganz vage Konturen wahrnehmen und nie weit sehen können. Das Licht läßt uns den Ort, der beleuchtet ist, sehen; dann ist wieder Finsternis. Wir wissen nicht, was hinter den Dingen steht, und haben Angst. Wir wissen nicht, wer der Mensch eigentlich ist, der uns begegnet. Er hat eine Maske: seine Person. Er lächelt, aber vielleicht ist er grausam? Ich mag ihn aber, glaube ihm, schaue ihn an, und er lächelt zurück. So haben wir etwas Licht hin und zurück. Dennoch *weiß* ich *nicht* und denke: »Was denkt er von mir? Vielleicht denkt er, der will das und das von mir?« – was ich tatsächlich gar nicht will –, aber ich denke mir, er *könnte* es denken, weil ich gerade so oder so schaue.

Man ist sehr unsicher. Immer der Zweifel, ob das, was man tut, auch richtig verstanden wird. Man ist in der Nacht und erkennt ein wenig, aber klar wird es nicht. Die Welt, in der wir jetzt leben, ist die Welt, in der es nicht klar ist, die Welt der »Krankheiten von Ägypten«, wie es heißt. Zieht man aus Ägypten aus, sagt Gott: »Die Krankheiten von Ägypten werden *nie* mehr über dich kommen.« Ägypten also ist identisch mit den Krankheiten, der Knechtschaft, der Dunkelheit.

Das Leben hier beginnt in der Nacht. Wir wissen aber, daß vorher ein Paradies ist, ein Urzustand, ein Kern; von dort her rührt die Sehnsucht, das Verlangen – jedes Verlangen – überhaupt. Daß man zum Beispiel einem Menschen gern begegnen möchte –, dieses Verlangen ist da, weil man diesen Menschen von dort her, vom Kern her, schon kennt.

Es ist ein Grundsatz: Wonach du dich sehnst, das bekommst du. Sehnsucht bedeutet: schon wissen, daß es zusammengehört.

Sie kennen doch aus der Josephsgeschichte die Episode mit der Frau des Potiphar. Sie versucht, Joseph zu verführen, weil sie in ihrer Sehnsucht schon weiß, daß sie zusammengehören, daß sie seine Frau wird. Eine Mitteilung nennt Josephs Frau Osnath »eine Tochter von Potiphars Frau«; das bedeutet: sie ist es selbst, aber später, in der Zeit nach ihr. Zwischen Vater und Sohn, Mutter und Tochter ist nur ein Phasenunterschied, eigentlich sind sie gleich. Morgen, könnte ich sagen, bin ich der Sohn von Heute.

Sehnsucht und Hoffnung sind die wichtigsten Zustände im Menschen. Das hebräische Wort für Hoffnung kommt vom Wort »Maßstab«. Das will sagen, es ist schon ein Maßstab da. Wenn du Hoffnung hast, wird es schon zugemessen. Nie soll man sagen: »Ich erhoffe etwas, aber es wird doch nicht sein.« Dann hast du keine Hoffnung, keine Sehnsucht. Sehnsucht aber, die du hast, wird erfüllt, wie auch immer, ob jetzt oder später. Deshalb wünscht man den anderen Gutes. Wünsche nie, so heißt es, etwas Schlechtes, denn das wird auch erfüllt; es ist die Kraft des Fluches.

In der Nacht ist also immer der Ruf der Wächter: »Wie weit ist es in der Nacht?« Es ist die Unruhe im Menschen, die ihm zuruft und gleichsam fragt: »Wie weit ist es mit deiner Sehnsucht?« Diese Unruhe sind die Priester, die auf den Mauern stehen und voller Ungeduld in die Nacht schauen.

Es gibt, wie wir sagten, die drei Nachtwachen. Gemeint ist natürlich nicht eine kausale Reihenfolge. Zeit ist, wie wir wissen, auch eine Einheit, und dann gibt es in ihr kein Vorher und kein Nachher. Drei Nachtwachen meint eine Dreiheit, die unsere Erfahrung, die Möglichkeit einer Erfahrung überhaupt, kennzeichnet.

Gesprochen wird vom »Esel, der schreit«. Der Esel ist das, worauf der Mensch reitet: seine körperliche, leibliche

Erscheinung. Sie trägt den Menschen. Wenn – wie so oft in der Bibel – vom Herabsteigen vom Esel erzählt wird, so ist damit gemeint, daß der Mensch seine Erscheinung *hier* verläßt. Das geschieht nicht nur im Tod, sondern auch in der Nacht, im Traum, in der Meditation, im Gebet. Abraham und Isaak steigen vom Esel herab, wenn sie sich zur Opferstätte begeben, Bileam steigt vom Esel herab, und die Söhne Jakobs steigen ab vor Joseph. Gemeint ist immer das Verlassen des Zwanges, das Verlassen einer Gesetzmäßigkeit, die zwingt. Der Esel ist sehr nützlich, aber er ist auch sehr eigensinnig. Der Reiter möchte so, aber der Esel geht anders. Der Esel ist aber auch gut, er führt dich sicher und bringt dich überallhin, denn er hat keine Angst. Wenn er aber Angst hat, dann kann man sich darauf verlassen, daß es einen Grund gibt.

Die Überlieferung erzählt, daß das, was den Menschen trägt, das Skelett, 248 Teile hat. Das hebräische Wort für Esel, »chamor«, schreibt sich 8-40-200, also 248. Demnach erfahren wir in der ersten Nachtwache, daß wir *hier* an das Reittier gebunden sind, an den Körper. Wir sind abhängig vom Esel. Der Esel schreit, er meldet sich und sagt: »Ich bin da. Wozu bin ich da?« Das geschieht in der ersten Nachtwache; als erstes in *jeder* Erfahrung meldet sich das, was uns trägt, unser pied à terre.

In der zweiten Nachtwache heulen die Hunde. Der Hund ist treu, wenn er bei dir ist, bewacht dein Haus. Zwar jagt er manchmal die Katze fort – das ist dann traurig –, aber dir ist er treu, begleitet dich auf die Jagd und kann das Tier für dich fangen. Das will sagen: Wenn du diese Welt kennenlernen willst, brauchst du den Hund, hebräisch »kelew«, 20-30-2. Kalew, Sohn von Jephune, heißt auch einer der beiden, die lebendig ins Land kommen; der andere ist Josua, Sohn von Nun. Es bedeutet, daß der Hund führen und hinüberführen kann. Die Zahl 52, die Quersumme der Zahlenschreibweise des hebräischen Wortes für Hund, hat die Struktur der 4 mal 13, wobei die 13 von alters her als Zahl der Einheit gilt; im

Hebräischen schreibt sich das Wort für eins, »echad«, als 1-8-4, das ergibt in der Quersumme 13. Der Hund also kennt die Einheit, und wenn er bei dir im Haus ist, ist er gut.

Ist der Hund aber draußen und allein und hat keinen Menschen, dann heult er; er ist, könnte man sagen, sinnlos. Wenn du erfährst, daß der Hund heult, erfährst du, daß das, was dich führen könnte, nicht da ist, draußen ist, heult, ja, gefährlich ist. Du hast Angst vor den Hunden draußen.

Die zweite Phase der Nacht, das Zweite in *jeder* Erfahrung, sagt: Mein Leben hat nichts, das mich schützt, das für mich die Jagd tun kann, das mit mir geht. – Auf alten Grabmälern sieht man oft unter den Füßen der Toten einen Hund; der Mensch »steht« gleichsam auf dem Hund. Das ist ein altes Bild, es zeigt den Hund als den, der hier führt, und den, der vom Menschen geführt wird. – Die Hunde, die keinen Herrn haben, sind eine Gefahr, sie greifen an und beißen.

In der (vom Himmel aus gesehen) dritten Nachtwache haben die Frau und der Mann das Gespräch miteinander, und das Kind, die Frucht, ist da und erhält die Nahrung von den Brüsten. Im Hebräischen sind die Worte für Brüste, »schadajim«, und für Himmel, »schamajim«, sehr nahe verwandt. Dem Kind ist es selbstverständlich, daß seine Nahrung aus einer anderen Welt kommt. Im Zeichen der dritten Nachtwache begegnen sich das Männliche und das Weibliche, das Kind erscheint, und die Nacht ist zu Ende. Wenn das Paradox da ist, ist es gut. Mann und Frau sollen miteinander reden, das Gute soll mit dem Bösen, das Erscheinende, Kausale mit dem Akausalen reden. Wenn dieses Gespräch stattfindet, muß das Kind gar nicht erst geboren werden, sondern es ist schon da. Sobald die Wächter in der Nacht das verkünden, bedeutet es im Menschen: Es ist gut.

Der Mensch, der die Auseinandersetzung hat, der die Ungerechtigkeit nicht erträgt, der sich schlecht fühlt, weil es im Erscheinenden gar nicht stimmt, bei dem ist das Gespräch da zwischen Mann und Frau. Er ist vielleicht enttäuscht, fühlt sich angegriffen, aber er hat die Sehnsucht, weiß, daß es gut ist. So reagiert auch der Körper auf eine Krankheit äußerst gereizt, er widersetzt sich, er kämpft. Ein Riesenkampf der Blutkörperchen findet statt, eine Auseinandersetzung, ein Gespräch. Entscheidend ist das, wodurch der Protest gegen die Krankheit geschieht.

Immer ist im Menschen der Priester da, der wacht und ruft: »Wie weit ist es in der Nacht?« Es ist das im Menschen, das sich nach dem Tag sehnt. Und der Ausdruck dieser Sehnsucht ist der Wächterruf. Die Sehnsucht ist da, die wach ist. Der Tempel wird von der Sehnsucht bewacht; sie sorgt dafür, daß zur Tageszeit alles eintreten kann und daß im Tempel Gott da ist und spricht.

Daher, so heißt es, soll man dem Menschen, dem man begegnet, immer diese Sehnsucht bringen, diese Hoffnung: Es wird erfüllt werden. Denn einmal wird der Mensch verstehen, warum Gott das Böse geschaffen hat.

Diese Frage nach dem Bösen bleibt. Warum nicht gleich Helligkeit? Warum muß die Sehnsucht sein, der Wächter, die Wache in der Nacht?

6

Die Nachtwelt des wachen Bewußtseins · Das Gebet · Der Tag als Spiegelbild der Nacht · Die vier Exile · Die Einheit von Exil und Erlösung · Träume deuten ist wie Krankheiten heilen

Wir haben von der Seite des Lebens gesprochen, in der wir wahrnehmen, konstatieren, urteilen, zusammenfassen; da sind wir – oder fühlen uns als – Herr über die Welt, und das befriedigt uns. Es ist das Streben, »wie Gott« zu sein. Und in diesem Hochmut ist, könnte man sagen, natürlich auch die Sehnsucht nach der Herkunft, die Erinnerung an den Urzustand – wenn auch verborgen – enthalten. Daher nimmt der Mensch sein Urteilen sehr wichtig. Er spürt sich irgendwie auch da im Bilde Gottes. Er spürt, daß er eigentlich anders und auch mehr ist, als er sich einredet zu sein oder als ihm eingeredet wird. Er spürt das andere auch.

Erinnern wir uns an das Beispiel von der Frau des Potiphar. In den Augen der Welt zeigt sich die Episode als Verführung, als etwas Gemeines. Aber im *Kern* spürt die Frau doch: Wir gehören eigentlich zusammen. Oft geschieht es so auch im Menschen. Immer verleitet, verführt ihn sein Hochmut. Dennoch *ist* er im Bild Gottes. Das ist keine Phrase. Ständig wird der Mensch von seinen alltäglichen Wahrnehmungen zum Urteilen aufgefordert. Das ist sein Leben in der Welt der Kausalität. Wir nannten es auch ein Leben in der Nacht, wo alles eigentlich sehr vage ist, die Umrisse nur in großen Zügen zu sehen sind. Der Raum beschränkt. Sein Zimmer kann er überblicken, ein paar Straßen weiter kann er sehen; von der Spitze eines Berges aus sieht er noch weiter, aber dafür keine Details mehr. Er ist beschränkt in der Einsicht im Raum, er ist beschränkt in der Einsicht in Zeit. Das Heute überblickt er vielleicht noch vage, die Vergangenheit ist ihm schon entronnen, die Zukunft noch unsicher. Aber ohne Unterlaß spürt er in sich den Drang zum Urteilen.

Von daher nannten wir es ein Leben in der Nachtwelt. Wir sahen es als ersten Teil eines Ganzen, das mit den Worten der Schöpfungsgeschichte als »Abend und Morgen« genannt wird. Der zweite Teil dann ist die Tagwelt.

Unser Leben des wachen Bewußtseins ist die Nachthälfte, denn wir kommen in der Übersicht nicht weit. Immer werden wir sofort wieder gebremst, können nicht durchdringen. Wir leiden unter der Beschränkung, bekommen Kopfweh, werden nervös. Wir leiden wie Adam, als er sieht, daß ihm das Paradies, das er kannte, verlorengegangen ist, und der nach der Vertreibung die Nacht schwerer und schwerer auf sich lasten fühlt. Das ist das Schreckliche: Er versteht es nicht und glaubt doch, nach der Art seines Wahrnehmens urteilen zu *müssen*.

In der Nacht aber, heißt es, sollst du schlafen, träumen. Es bedeutet, daß du es in der Nacht *sein* läßt, daß du aufhörst, Erklärungen und Deutungen mit der Sicht der Nachtwelt aufzubauen. In der Nacht sollst du die ganze Wahrnehmung *lassen*. Alle alten Kulturen – alt auch im Sinne von tief im Innern des Menschen – kennen dieses Lassen als Meditation. Es ist ein Leermachen von den Dingen der Wahrnehmung und des Urteils, ein Sichentfernen von der beschränkten Sicht der Nachtwelt, die bedrückt und nicht hindurchzudringen vermag.

Du ziehst dich davon zurück und wirst leer. Dann ist die Möglichkeit, daß das andere hineindringen kann. Wenn diese Leere ist, wenn du so Ruhe hast, kommt es von selbst. Das Jenseitige *ist* in dir schon da; aber es kann nur wirken, wenn du die Tür öffnest. Waches Bewußtsein aber heißt: Alle Türen schließen, nichts vom Jenseitigen wissen wollen, es »ein Märchen« nennen.

Was ist ein Gebet? Die meisten halten es für schöne Worte, an die man doch nicht glaubt. Hat man vergessen, daß ein Gebet ein Sichlösen von dieser Welt ist, ein Hineinlassen der anderen Welt? Das Wort für Beten ist im Hebräischen identisch mit dem Wort für »Relativieren«; dieses Leben mit einem anderen Leben in Relation bringen; das andere Leben einlassen. Oft wird das Gebet als Bitte um Hilfe angesehen, die von irgendwoher kommen soll. Das ist ein Mißverständnis. Du selbst bist so wichtig, daß du dir selbst helfen lassen müßtest von deinem eigenen Jenseits her, denn dort bist du ganz bei Gott.

Ich habe mich schon immer gegen Meditationstheorien oder -praktiken gewandt, die irgendwie geartete Leistungen oder Übungen vorschreiben. Das ist ein Spiel und kommt aus einem westlichen Mißverständnis und Unverständnis. Meditieren heißt, im Leben überhaupt relativieren zu können; so entspannt sein im Leben, daß das andere Einlaß erhält. Techniken sind für Meditation und Gebet untauglich.

Das Übertreiben der naturwissenschaftlichen Denkweise läßt uns alles so sehen, als ob wir Techniken brauchten. Wir müßten aber im Leben viel mehr *sein* lassen, das andere zulassen, damit es Verbindung bringen kann. Das andere läßt mich erfahren, was Leben ist, läßt mich erfahren, daß ich bin. In dieser Erfahrung bin ich glücklich, ausgeglichen, an einem Ort; und nicht umherirrend und ohne Wissen, wo ich hingehöre.

Im Leben in der Nachtwelt müßten wir Verbindung suchen zum Schlaf. Schlaf ist doch ein Über-sich-kommen-Lassen. Man sollte keine technischen Mittel – Konzentrationsübungen oder pharmazeutische Mittel – benutzen müssen, um schlafen zu können, sondern sich einfach im Leben hingeben – dem Schicksal und allem, was begegnet –, dann kann man auch schlafen. Wer zwingen will, braucht auch Zwang zum Schlaf.

Im wachen Leben könnte man das Kausale als schöne

Illustration sehen, wie man auch in der Nacht schöne Dinge sehen kann. Im wachen Leben kommt doch alles auch ohne mein Wissen. Was in der Nacht auf mich zukommt, sehe ich erst, wenn es ganz nah bei mir ist; aber es kommt doch auch schon auf mich zu, wenn es noch durch eine weite Distanz getrennt ist. Ich muß doch nicht weit sehen können, daß es kommt; auch nicht berechnen: »Wann wird es bei mir sein?«, sondern kommen lassen, zulassen, daß Dinge geschehen.

Die Krankheit unserer Zeit ist es, daß man nicht erträgt, daß es kommt, wie es kommt. Man möchte es lenken, planen, unter Zwang bringen. Eigentlich weiß man gar nicht, *was* man will; aber man verlangt immer nach dem, was man gerade nicht hat, und wird böse, wenn man nicht gerade das bekommt, was man sich in den Sinn gesetzt hat.

Versucht man aber, im Leben das zuzulassen, was kommt, kommt auch der Traum im Schlaf. Der Traum kommt dann auch frei. Der Traum, könnte man sagen, verlangt eigentlich einen Schlaf, der ihn einläßt.

»Entspanne dich« meint viel mehr als nur Muskeln lokkern. Entspanne dich, daß du nicht fortwährend zwingst und mit deinem Schicksal haderst. Du mußt nicht ständig analysieren und kritisieren. Laß es. Wenn du es läßt, kommt dir im Lassen gleich die Kraft des anderen. Dann »träumst« du in dem Sinne, daß dir Begegnungen geschehen und du »Nahrung« erhältst. Du empfängst und freust dich, daß es da ist. Du verstehst dann auch Traumdeutung: Was dir kommt, verstehst du an der Tagseite deines Lebens. Ist der Tag eine Projektion dessen, was in der Nacht geträumt wird, dann ist der Mensch – so sagt es das alte Wissen – ausgeglichen, königlich, göttlich, menschlich; dann ist der Mensch »kascher«, was man mit »richtig«, »recht« übersetzen kann und was mit »kascher«, »recht zum Essen« identisch ist.

Dem ausgeglichenen Menschen geschieht während des Tages, was er in der Nacht geträumt, »gesehen« hat; nicht im Sinne einer Kausalität, sondern im Sinne einer Spiegelung: Am Tag spiegelt sich, was in der Nacht ist. Es sind die zwei Seiten des Lebens, die, wie die zwei Cherubim, einander gegenüberstehend und sich anschauend, *ein* Fundament haben. Es sieht aus wie ein Gegensatz, ist aber *eins,* wie Tag und Nacht im Menschen *eins* ist. So ließe sich auch sagen: Weil du am Tag richtig bist, ist die Nacht ausgeglichen. Beides ist aus dem Paradox in einem.

Wie du hier lebst, lebst du im Jenseits. Damit ist nicht »nach dem Tode« gemeint, das alte Wissen sagt, daß es kein Vorher und kein Nachher gibt. Tod ist im Moment, in dem du lebst, auch mit da. Du kannst den Tod als Spiegelbild des Lebens sehen. Leben und Tod sind wie Nacht- und Taghälfte: zusammen der Tag.

Wie du lebst, so ist dein »Lohn«. Nicht nachher, sondern jetzt schon. *Hier* bist du im Spiegelbild, *dort* lebst du. Dein Jenseits spiegelt sich hier. Diese Einheit kann und darf man nicht trennen. Wenn du trennst, die gemeinsame Wurzel der beiden Bäume durchhaust, verlierst du den Ursprung.

Wir könnten jetzt verstehen, daß gesagt wird: So wie du hier im Leben – in der Nachthälfte – lebst, so wirst du auch in der Taghälfte leben, wenn diese in der Zeit erscheint. Vom Gericht heißt es, daß es an der Grenze steht zwischen der Nachtwelt, dem Leben im Diesseits, und der Tagwelt, der Welt der Erlösung, und richtet. Nach der Überlieferung bedeutet das Gericht: Wie du hier lebst in der Nachthälfte, in der noch gefangenen Welt, so wirst du in der Tagseite, nach der halben Weltzeit der dreieinhalb Zeiten leben; den richtigen Weg gehend hier – dort auch, den Weg verfehlend hier – dort auch.

Das Leben in der Nachthälfte wird auch die Welt des Exils genannt. Was bedeutet Exil? Es heißt, daß alles schon dadurch im Exil ist, daß es hier in dieser Welt geboren wird. Demnach meint Exil: gefangen in der Form, damit die Form, die gefangenhält, durch den Kontakt mit dem

Höchsten, das in die Form kommt, erlöst wird. Der Mensch, könnte man sagen, erlöst seinen Körper. Er erlöst die Welt, mit der er zu tun hat. Er erlöst mit seinem Dasein. Er braucht gar keine Erlösungsabsicht zu haben.

Vom Menschen wird vielmehr erwartet, daß er durch sein Sein schon erlösend wirkt. Vom Menschen, der *ist,* geht Ruhe aus, nicht aber vom Menschen, der durch Absichten gespannt ist. Das Sein ist wie der Schlaf. Im Schlaf ist das Gesicht entspannt, während des Tages ist es oft eine Grimasse. Man glaubt, man dürfe die Maske nicht ablegen, weil man sonst lächerlich würde. Dabei könnte man ruhig seine »Blöße«, wie im Paradies, zeigen.

Der Mensch kommt in die Form, damit er *ist.* Wie Christus in die Welt kommt, um zu sein. Was alles dann geschieht, soll man aus dem Sein verstehen. Er kommt nicht mit der Absicht, dies und jenes zu tun. Er ist *da,* und dann geschieht schon manches.

Die Natur, die Gewächse und Tiere sind entspannt. Nur beim Menschen, im Kontakt mit dem Menschen, werden Hunde, Katzen, Pferde, ja sogar Vögel neurotisch. Ausdruck der Spannung des Menschen ist auch die Architektur der Städte; man fährt »aufs Land«, um zu entspannen.

Das Exil, die Verbannung, ist also keine Strafe. Die Welt ist geschaffen, damit du den Weg gehen kannst, vom Äußersten nach Hause. Auf dem Weg aber – du kommst ja gleich ins Äußerste und kennst das Zuhause dort nicht – glaubst du, alles schon verstehen zu können, obwohl du nur die eine Seite kennst. Der Weg aber ändert sich ständig, die Landschaften wechseln, du kannst gar nichts festhalten. Willst du festhalten, wird der Weg zur Qual; es geht dir dann wie Adam, der glaubt, die Nacht geht nie zu Ende, und keinen Sinn mehr sieht.

Entscheidend aber im Leben ist die Sehnsucht nach dem Sinn. Die Sehnsucht braucht kein Ziel, das erreichbar ist – im Gegenteil, sie soll ganz frei sein. *Hier* ist das Ziel der Sehnsucht nur ein Traum. Hier seufzt du, daß du gefangen bist, und drückst so die Sehnsucht nach dem anderen aus. Nur mit der Sehnsucht ist der Weg in seiner Doppelheit zu gehen: als Unterwegssein und als Zuhausesein. Eine Qual ist das *nur* Unterwegssein. Der Weg ist aber zu ertragen, wenn man das Zuhause kennt.

Eine alte Geschichte erzählt, daß der Mensch vom Himmel in die Welt hinuntersteigt. Seine Wurzel, sein Ursprung, ist ebenso jenseitig, unsichtbar und unermeßlich wie der Himmel. Der Himmel ist sein Zuhause, von dort kommt er her, hier ist er im Exil.

Auch die Natur, die ganze Schöpfung, hat ihr Zuhause in der Einheit Gottes. Die Überlieferung erzählt es so: Im selben Augenblick, in dem Gott den Gedanken faßt, die Welt zu schaffen, entsteht die Welt als Gegenüber im anderen Äußersten. Gottes Willen, sich zu geben, steht der Wille zu nehmen entgegen. Dem Schenken steht entgegen das Ergreifen, das In-Besitz-Nehmen, das »Fressen«. Gott übergibt sich dem anderen, daß es ihn frißt. Das Neue Testament erzählt, daß Jesus in die Welt kommt, herunterkommt, damit er überliefert werde.

So gesehen ist die Welt boshaft. Sie ist boshaft, weil dem die unbegreifliche, schenkende Liebe gegenübersteht, die den Bösen irritiert. Diese Liebe gibt alles und achtet sich selbst für nichts. Anfangs findet das der Beschenkte schön, aber dann kommt der Ärger. Auch in jeder therapeutischen Analyse kommt dieser Punkt; der Patient wird dann böse oder – verliebt, je nachdem. In dieser Phase entsteht der Ärger, weil er soviel von sich gegeben, erzählt hat. Dann, sagt man, hat es gewirkt, denn die Erlosung kann nur durch diesen Ärger kommen (auch mit Verliebtsein). Entscheidend ist das Bösewerden darüber, daß ich jetzt von *meiner* Seite her erschaffen bin – wie die Erde erschaffen wurde – und mich dem widersetze.

Die Erde als Natur ist hart und grausam. Ihre Bakterien und Viren töten, mit Giften, Kälte, Feuer und Wasser kann sie vernichten; sie läßt oft das Leben nicht zu, tötet es schon im Keim. Du kommst zu ihr, um sie zu erlösen, und sie »frißt« dich, tötet dich, legt dich in ihr Grab oder verzehrt dich mit Feuer. Es will sagen: Sobald der Wille da ist, aus der Einheit, die alles enthält, etwas zu geben, etwas zu erschaffen, damit der Weg gegangen werden kann – entsteht jenseits das Boshafte. Deshalb sagt man, das Böse kann für seine Bosheit nichts. Die Katze frißt den Vogel, so ist sie gemacht, schlag sie nicht dafür. Und die Menschen, könnte man sagen, »fressen« einander, nehmen einer dem anderen die Position, den Freund, die Frau, den Mann. Das Böse ist, dem anderen nicht zu gönnen, was er hat und daß er es hat.

Der Liebe steht die Mißgunst, das Böse, gegenüber. Und das ist der andere Punkt, von dem nun auch der Weg anfängt. Es braucht den Menschen, damit der Weg kommt, den Menschen als »Krone der Schöpfung«. Der Weg beginnt, wenn Gott sagt: Jetzt komme ich in meinem Bilde. »Adam« bedeutet doch: Er gleicht mir, ich gleiche ihm.

So kommt Adam, der Gott gleicht, in die Welt herunter. Die Überlieferung erzählt, wie er hinuntersteigt, durch welche Phasen. Es ist ein Hinuntersteigen des Göttlichen. Der Mensch ist noch nicht Mensch, sondern noch Gott.

Man sieht es so: Wenn Gott hinuntersteigt, entspricht dem hier ein Hinaufsteigen. Es beginnt das Hinab-Hinauf, das Entsprechen, bis sie sich begegnen, auf halbem Wege, könnten wir sagen. Und in der Begegnung geschieht die Erschaffung des Menschen. Bei der Begegnung ist der Mensch noch im Paradies, aber dann fordert ihn die Erde und sagt: Ich brauche dich hier, du mußt zur Befreiung kommen. Das ist der Angriff der Schlange: Du schenkst dich, ich aber will dich »fressen«, beißen. Da kommt der Mensch vom Paradies zur Erde, und der Weg fängt an. Da beginnt auch die Geschichte der Bibel.

Hier lebt der Mensch nun in der Welt der vier Grundlagen, der vier Elemente. Das alte Wissen spricht auch von den vier Reichen, den vier Exilen. Immer ist hier eine Vierheit, wie es auch die vier Richtungen des Kreuzes zeigen.

Das erste Exil heißt das Exil von Babel, das zweite das von Persien und Medien, das dritte ist das Exil von Jawan (Griechenland), und das vierte ist das Exil von Edom (Rom). Das Hinuntersteigen endet auf der Erde, die das vierte Element ist und wie Edom, das vierte Exil, auf »tönernen Füßen« steht. Das Bild wird beim Propheten Daniel im 2. Kapitel gegeben: ganz oben Gold, dann Silber, dann Kupfer, ganz unten aber Ton, Erde für den Töpfer.

Durch die vier Welten steigt der Mensch, wie erzählt wird, hinunter. Die Welt nahe bei Gott, die erste, heißt auf Hebräisch »aziluth«. Dann folgen die Welt der Schöpfung, »bria«, und die Welt der Formwerdung, »jezira«. Die vierte, unsere Welt des Tuns und Begehrens, heißt »assia«; aber in dieser vierten Welt sind alle anderen auch mit da, erscheinen mit.

Hier unten leben wir in der Welt der vier Exile. Durch alle vier Exile müssen wir hindurch, bis wir zur Erde kommen, zum Ton. Das Bild bei Daniel zeigt, daß alles auf dem Ton fußt, auf »tönernen Füßen« steht. Die vier Exile zeigen dem Menschen: So ist dein Leben, es ist wie die Nacht. Exil bedeutet Gefangensein unter Mächten, die man nicht verstehen kann.

Die Exile haben Könige. Das erste, das von Babel, hat Nebukadnezar, der die Welt vernichtet, den Tempel verbrennt; die Wohnung Gottes hat dann keine Heimstatt mehr hier. Über das Reich von Persien und Medien herrscht der König Achaschwerosch (Xerxes oder Artaxerxes, wie man ihn heute nennt); das Exil von Jawan beherrscht der Griechenkönig und das vierte, von Edom, der Römerkönig.

Diese Könige erscheinen hart und herrschen voller Willkür; so sind auch Welt und Leben, hart und enttäuschend, man kann sie nicht verstehen. Unser Tun beherrschen diese Könige, die Herrscher dieser Welt. Sie tun, was von uns getan wird. Sie sind hart und voller Willkür, ja grausam. Sie zwingen uns, hier zu leben.

Was ist unser Leben *hier?* Sollen wir im Exil untergehen?

»Nein«, ist die Antwort, »du sehnst dich doch nach der Erlösung.« Erlösung bedeutet: Erlösung aus dem Zwang, Erlösung aus dem Gefühl, sich als Opfer des selbstauferlegten Zwanges zu erleben, dies oder jenes tun zu müssen. Erlösung meint auch, daß der Mensch frei seiner Umgebung gegenübersteht; er braucht nicht mehr zu spielen, was seine Umgebung von ihm verlangt.

Erinnern wir uns, daß wir sagten: In der Nacht sehnt man sich nach dem Tag. Entsprechend heißt es nun: Im Exil sehnt man sich nach Erlösung. Exil *ist* nur, weil ich dem gegenüber Erlösung spüre. In der Welt ist die Einheit von Exil und Erlösung. Man kann also nicht sagen, erst ist das Exil, dann kommt die Erlösung. Für uns zeigt sich zwar hier alles in Vor und Nach, als das eine und das andere, als oben und unten, Tag und Nacht; *sehnt* man sich aber, weiß man in seiner Sehnsucht eben, daß Erlösung schon ist; wie man auch in tiefer Nacht weiß, daß der helle Tag ist.

Wie du dich während des Exils verhältst, sagt man, so geschieht dir Erlösung. *Glaubst* du nicht an Erlösung, wirst du auch nicht erlöst. Wenn du nur die Gefangenschaft gelten läßt, erschaffst du sie dir eben damit. Was du glaubst, kommt dir auch. Daher wird in der Überlieferung der Sehnsucht ein so entscheidender Wert beigemessen. Bringe einem Menschen, so heißt es, immer das Samenkorn des Sichsehnens. Bringe ihm auch jenes Seufzen, das meint: »Wie ich jetzt hier lebe – das ertrage ich nicht.«

Die Befreiung aus Ägypten kommt, wird gesagt, weil Israel seufzt. Das Exil von Ägypten gilt als das Exil, das als Einheit den vier Exilen gegenübersteht, welche die Vierheit dieser Welt des Weges sind. Entsprechend steht der Tag als Einheit der Nacht gegenüber, die – von der Erde aus gesehen – in vier Nachtwachen geteilt ist. Trennt der Mensch den Tag von der Nacht, die 1 von der 4, dann ist ihm das Leben unerträglich.

Das Exil von Ägypten gilt als Zeichen dafür, wie der Mensch überhaupt im Exil lebt. Er kommt, so heißt es, nicht durch eine Schuld ins Exil, sondern durch ein Geschehen. Vergegenwärtigen wir uns die Geschichte von Joseph und seinen Brüdern. Joseph wird verkauft und kommt *hinunter,* steigt *hinab* nach Ägypten. (Die Befreiung aus Ägypten ist ein Aufsteigen, wie man in den Himmel hinaufsteigt.) Wenn Joseph in Ägypten ist, kommen später auch seine Brüder und sein Vater. *Alles* kommt nach Ägypten, die 70 kommen, wie erzählt wird, zu dem einen. Das geschieht, wo die 4 beginnt nach der 1, die 4 Bücher nach dem 1. Buch Mose, dort ist schon Exil.

Exil kann und darf nie mit Schuld gekennzeichnet werden. Die Brüder haben Joseph zwar verkauft, aber Joseph sagt selbst, es sei Gottes Wille gewesen, daß ihm das angetan werden mußte, denn dadurch könne für alle zusammen nun Erlösung sein.

Nie soll man sagen: »Ich habe Schuld gehabt und bin jetzt im Exil.« Selbstvorwürfe wie »Da habe ich einmal falsch geantwortet, und deshalb ist dann alles schiefgelaufen« sind Ausdruck des Gefangenseins im kausalen Denken. Das wird zum Teufelskreis, aus dem man nicht mehr herauskommt. Man kann nur sagen: »Es war eben so, du hast das sagen und tun müssen. Nun aber laß es *sein,* schlafe doch, denn so war es nun einmal. Du bist im Exil, die Zeit war da, es sollte hinuntergehen, länger durfte es nicht bleiben, sonst hätte die Welt nicht bestehen können.«

Vom Exil Israels in Babel wird gesagt: Keine Minute länger hätte der Tempel stehen können, die Welt wäre untergegangen. Im selben Augenblick, in dem die Welt der vier Exile – der Weg – beginnt, wird der Tempel zerstört. Die Schlange vergewaltigt die Frau, beißt den Menschen, weil sie es tun muß; ohne die Verführung durch die Schlange gäbe es die Geschichte der Bibel gar nicht. Der Weg fängt an mit der Schlange, die beißt.

Schlange bedeutet – so sagten wir – Änderung, neues Geschehen. Daher kann man nie sagen, daß etwas geschah, weil man Falsches tat. Andererseits kann man sich aus dem

Exil nie selbst erlösen; man kann nichts unternehmen. Alle Unternehmungen, das Exil zu verlassen, scheitern. Die Söhne Ephraims kämpften sich hinaus und gingen unter. Es will sagen, wenn du berechnest, etwas mit Zwang unternimmst, wirst du im Exil bleiben. Das ist ein Gesetz.

Du seufzt und sehnst dich nach Befreiung, aber tun kannst du nichts, denn alles Tun steht unter dem Zwang des Kausalen. Es heißt, du wirst erlöst durch das »Verdienst der Väter«; damit ist gemeint, daß die Erlösung im Kern schon da ist, denn deine Väter sind der Ursprung von dir und deiner Welt. Die drei Welten »aziluth«, »bria« und »jezira« sind wie die drei Erzväter Abraham, Isaak und Jakob – eine Dreiheit, die zum vierten hinunterkommt. Die Väter sind schon da, deshalb ist Erlösung. Wenn du aber hinausgehst und Erlösung erkämpfen willst, gerätst du in immer schlimmeres Exil.

Von daher leitet sich im Judentum die heitere Gelassenheit auch unter den schlimmsten Verfolgungen ab. Im Exil ist die einzig mögliche Haltung, der Welt gelassen gegenüberzustehen. Wie du auch in der Nacht nur schlafen und träumen kannst, wenn du es läßt; dann ist dein Träumen in der Nacht die Wirklichkeit bei Tag. Kannst du aber nicht schlafen, dann meldet sich der Traum, du erwachst und sagst: »Ich habe geträumt; was war es, wie kann ich es verstehen?« So bedrängen die Träume den Pharao; der Mundschenk und der Bäcker träumen, Joseph träumt und wird verkauft, Nebukadnezar hat fortwährend böse Träume. Das Sichmelden der Träume meint, daß etwas nicht durchgekommen ist; du kannst bei Tage nicht leben, weil du in der Nacht nicht gelebt hast, die Nacht war nicht gelassen.

Erlösung, wird gesagt, kann nur kommen, wenn du zu Hause bleibst. In Ägypten stirbt jeder, der in der Nacht der Befreiung außerhalb des Hauses ist. Es bedeutet: Was du willst, kommt nicht zustande. Bleib zu Hause, feiere ein Fest, dann wirst du erlöst, kommt die Freiheit, kommt, was du träumst, und kommt viel mehr, als du je träumen könntest.

Im allgemeinen aber sind wir aufsässig. Wir haben es in

uns, daß wir glauben, schnell dies oder jenes tun und erreichen zu müssen; es ist ein Zwang. Der andere spürt meinen Zwang, meine Unruhe, wird auch unruhig, reagiert unruhig, Reibung entsteht, Ärger kommt auf, es geht daneben.

So lebt der Mensch in der Nacht des Exils, gefangen in einer grausamen, boshaften, verärgerten Welt und soll – wie in der Nacht – schlafen, *sein* lassen. Es gibt ein altes Wort im europäischen Judentum, das sich auf Polen bezieht; Polen war lange Zeit das geistige Zentrum des Judentums. Im Hebräischen wird Polen mit »po-lin« wiedergegeben, was als Übersetzung »hier übernachte« hat. Das Exil sieht man als ein »Übernachten«, es meint: Lasse es kommen, mische dich nicht ein, urteile nicht, tue nicht mit. Der Weg sei die Gelassenheit, dann kommen die Wunder schon. Dein Tun sei, daß du es läßt.

Das Träumen kann nur sein, wenn du schläfst. Dann geschehen dir Begegnungen; du staunst und siehst, am Tage kommt es. Nun gibt es, wie wir schon sagten, auch Träume, die sich melden, an die wir uns bei Tage erinnern. Ein solcher Traum ist wie eine Krankheit, die sich meldet. Die Verbindung zwischen Schlaf und Wachsein funktioniert nicht, es ist ein Überfließen da, ein Zuviel. Der kranke Mensch ist zerbrochen, und der Bruch meldet sich in der Krankheit.

Wir kennen doch die Kinderkrankheiten. Ein Kind erlebt im Wachstum sehr viel; es sieht, daß die Welt gar nicht seine Traumwelt, sondern sehr böse ist. Selbst die Mutter entspricht nicht seiner Vorstellung, sie enttäuscht. Dafür kann das Kind noch keine Erklärungen finden; es erfährt das Nicht-Gleichgewicht-Haben im Leben in den Kinderkrankheiten.

Bei der Geburt, könnte man sagen, ist das Kind noch halbwegs im Paradies, aber auch schon hinunter zur Erde gekommen. Dornen und Disteln, das »im Schweiße des Angesichts«, Geburtswehen – all das erfährt das Kind in den Kinderkrankheiten.

Man sagt, wie man Krankheiten heilen muß, so muß man auch den Traum heilen, der von einem Bruch herrührt. In der Überlieferung nennt man einen Traum deuten eine Krankheit heilen. Die Deutung des Traumes wäre, daß du den Traum, der sich meldet, ins Leben hinüberbringst. Der Traum wird dabei wieder Leben, das Gleichgewicht, die Harmonie, wird wiederhergestellt.

Nie darf ein Traum so »gedeutet« werden, daß man ihn kausal auf den Nutzen des Tages oder des Lebens bezieht. Deuten ist wie Heilen: Du mußt dich mit dem, dem du den Traum deutest, ebenso engagieren wie der Heiler mit dem Kranken. Vielleicht versteht man nun auch, warum Hiob so böse wird, wenn die drei Freunde kommen, ihn zu trösten. Die reden zu ihm aus ihrer gesunden, frohen Existenz, sind angesehen, reich und strahlen, während er der arme Kranke, der Patient ist. »Ich ertrage euch nicht«, so etwa meint Hiob, »ihr seid mir zu gesund, könnt schön reden, ich spüre bei euch kein Leiden.« Statt Mit-Leiden geben die drei Freunde Erklärungen.

Heilen bedeutet, daß man gleich zu gleich mit dem anderen engagiert ist. Du zeigst in deinem Leben heitere Gelassenheit, erfährst das Leben aber genauso wie der andere. Du stehst nicht über ihm, sondern ihm ebenbürtig gegenüber.

Der Priester oder Levite, der nach der Bibel der Heiler ist für den Menschen, besitzt nichts. Alle haben Besitz, der Levite nicht; er ist wie eine Witwe, eine Waise, ein Armer, ein Kranker – und wird auch in einem Atemzug mit diesen genannt. Der Priester ist voller Unruhe und doch Ruhe ausstrahlend; die Unruhe ist von seiner Gelassenheit stimuliert. Er kann dem anderen ebenbürtig gegenüberstehen, weil er nichts besitzt, weder Gesundheit noch etwas anderes. Er ist da und führt, weil er Ruhe hat, gelassen ist, schlafen kann – dennoch wachend und schauend, wie weit es ist in der Nacht. Deshalb kann der Priester heilen.

7

Die Topographie der Traumwelt · Der Bahnhof · Das Totenschiff · Die Bibel als geträumtes Weltbild · Das Schöpferische und das Destruktive · Himmel und Erde · Der Anfang als Chaos und Finsternis

Wir haben von den vier Exilen gesprochen. Ich hoffe, der Zusammenhang zwischen der Nacht, die wie das Exil vom Kausalen geprägt ist, und dem Leben in der körperlichen Erscheinung ist klargeworden; man erlebt, wie wir sahen, im Exil auch das Nichtkausale, wenn die Gelassenheit da ist und man nicht durch Erklärungen zwingt.

Das Sichmelden eines Traumes wurde als unvollkommene Kommunikation zwischen dem Erscheinungsbereich (Leben des wachen Bewußtseins, Leben im Kausalen) und dem Traumbereich (Leben aus dem Nichtkausalen) charakterisiert. Lebte der Mensch, wie er eigentlich gedacht ist, käme der Traum kaum vor. Sein Leben ist aber wie das Gehen, das mit linkem und rechtem Bein abwechselnd geschieht, nie ist dabei *nur* Gleichgewicht. Daher melden sich Träume oft.

Wir wollen versuchen herauszufinden, was die Bilder aus der akausalen Welt *hier* bedeuten. Immer besteht dabei die Neigung, diese Bilder kausal, also »gescheit« zu erklären; damit allerdings werden sie auch gleich getötet, denn sie sind eben Ausdruck eines Bereiches, von dem kausal nichts erklärt werden *kann*. Eine Welt, die betont der naturwissenschaftlichen Denkweise huldigt, verbaut sich oft selbst den Weg zu Möglichkeiten, die ihr gegeben wurden.

Das wird zum Beispiel auch deutlich, wenn man das alte Wissen von den Sternen mit der modernen Astrologie vergleicht. Man glaubt, daß die Sterne auch irgendwie zum

Nutzen der Menschheit eingeschaltet sind, und sucht entsprechend durch *Berechnungen* zu erfahren, wie der Mensch ist und was er tun und lassen soll. Das ist genauso falsch wie eine Traumdeutung, die kausal erklären will.

Wir sehen gerade heute, daß die Erklärungen immer differenzierter werden, bis sie sich schließlich im Nichts verlieren. Ein Horoskop heute müßte ein sehr dicktes Buch sein; eine Traumauslegung, die alle Richtungen der Psychologie mit einbezieht, verliert sich in immer weiter wuchernden Aspekten. Es wird dabei nicht klarer, sondern immer komplizierter; diese Art Deutung verwirrt, statt zu heilen.

Dasselbe geschieht, wenn wir uns ein Weltbild bauen wollen, das alles mit einbezieht, seien es Erkenntnisse der Atomphysik, der Verhaltensforschung oder der Theologie. Eine ungeheuer komplizierte Maschinerie von Erkenntnissen wird in Gang gesetzt, die Übersicht schwindet, und eine schreckliche Unlust kommt auf, weil man glaubt, alles müsse irgendwie berechnet und bewiesen werden.

Es zeigt sich heute geradezu eine Sucht, alles planen, lenken und steuern zu wollen. Man glaubt, die Welt funktioniere nicht, wenn man nicht ständig eingreift. Aus dieser Stimmung heraus schickt man einen Menschen, der sich nicht glücklich fühlt, gleich in »Therapie« und erwartet die Lösung, die Befreiung, von der Wissenschaft.

Was sucht der unglückliche oder kranke Mensch aber wirklich? Vielleicht machen ihn gerade die endlosen Erklärungen unglücklich? Vielleicht leidet er, weil er in der Sackgasse des Berechenbaren steckt? Und Wissenschaft bedeutet ihm vielleicht gar nichts, er sehnt sich nach dem Märchen, nach dem Unerwarteten, das einbricht. Statt »Therapie« hülfe ihm ein Mensch, der *da* ist, wie er ist, ohne zu erklären. Man sollte der Überraschung die Chance geben, ins Dasein und in Erscheinung zu treten.

Das Erklären von Träumen verführt dazu, die Seite des Unerwarteten auszusparen und damit das Wichtigste zu verbauen. Man weiß doch, daß ein Schütze einem Wassermann etwa viel ähnlicher sein kann als einem anderen Schützen. Der unendliche Reichtum der Variationen läßt *immer* die Überraschung zu, nur wir mit unserem Erklärungszwang verhindern sie. Das Schicksal ist nicht determiniert; es sind viele Möglichkeiten da, und von der Persönlichkeit, vom Moment, in dem sie entscheidet, hängt es ab, welche der Möglichkeiten Wirklichkeit wird.

Man müßte versuchen, Traumbilder gerade aus einer Welt des Nichtverstehens zu erleben, aus einer Welt des Empfindens und Fühlens. Eine solche Welt öffnet sich uns etwa in der jüdischen Überlieferung, im alten Wissen. Die Mitteilungen, die da gegeben werden, sind so unrational, daß man mit dem kausalen Verstehen nicht weit kommt. Dort gilt eine andere Struktur, gleichsam eine flüssige, die sich fallweise ändern kann.

Wie können wir herausfinden, ob eine alte Mitteilung wirklich echt, aus der anderen Welt inspiriert ist? Gibt es etwas, das uns die Topographie der Traumwelt erkennen läßt? In jedem Fall müßte es sich dabei um eine Struktur handeln, die mit logischen, berechenbaren Strukturen gar nichts zu tun hat. Ein Beispiel kann hier vielleicht einen Hinweis geben.

In anderem Zusammenhang habe ich einmal dargelegt, daß die Weltzeit mit der Zahl 58 zusammenhängt und mit achtundfünfzighundert angegeben wird. Nun gibt es Leute, die mit einer solchen Zahlenangabe die unsinnigsten Berechnungen anstellen. Tatsächlich ist diese Zahl aber ein wichtiger Hinweis auf einen Begriff. Im Hebräischen wird die Zahl 58 mit den Buchstaben Chet und Nun geschrieben; das daraus gebildete Wort »chen« bedeutet »Liebe«, »Gunst«, »Sympathie«, »Trost«. Durch das Wort und im Wort erscheint also etwas völlig Unberechenbares. Der Trost, könnte man sagen, kommt, wenn die Zeit da ist; Trost ist wie Liebe oder Sympathie etwas, das immer sein kann. In der Traumwelt gibt es eine Struktur von Begriffen, die im Gefühlsleben des Menschen ständig da sind und –

wie Liebe, Haß oder Glück – weder berechnet noch gemessen werden können.

In den alten Mitteilungen wird ganz selbstverständlich von der Doppelheit des Menschen gesprochen. Häufig wird das dann mit »Leib« und »Seele« wiedergegeben, wodurch sich auch gleich die verhängnisvolle Trennung wieder einstellt. Wir sollten aber verstehen, daß zum Beispiel der Nabel nicht nur Leib ist, sondern auch Seele, nämlich *erscheinende* Seele, wie auch in der Seele der *verborgene* Nabel da ist. Alles ist so im Menschen jeden Moment doppelt da. Der Mensch verbindet als Mensch die Wirklichkeit des Erscheinenden mit der Wirklichkeit des Verborgenen; eine Teilung in Leib und Seele ist nicht möglich.

Versuchen wir nun, etwas weiter in die Struktur der Traumbilder einzudringen. Es heißt doch, die Bibel sei »geträumt«. Wir haben in ihr und dem dazugehörigen Komplex der Überlieferung ein Weltbild, das aus der Traumwelt kommt. Es ist ein festgelegtes Weltbild, festgelegt in dem Sinn, daß alles, was geträumt wird, von dorther verstanden werden kann.

Wir träumen zum Beispiel von einem Bahnhof, kommen in die Halle, lösen eine Fahrkarte. Ein moderner Traum, ein Bahnhoftraum. Nun müßten wir uns fragen: Wo ist der Bahnhof im anderen Bereich? Die Bibel und der Midrasch kennen keine Bahnhöfe. Was bedeutet Bahnhof für uns? Ist die Halle wichtig? Ist es wichtig, daß Gleise da sind? Ist die Numerierung der Bahnsteige wichtig? Hat der Bahnhof Zusammenhang mit »verreisen«? Ich ändere meinen Ort, indem ich mich fahren lasse, ich gehe nicht zu Fuß. Ich muß irgendwie einsteigen in etwas und an einem anderen Ort aussteigen.

Nehmen wir nun ein ganz altes Bild: das Totenschiff bei den Ägyptern. Die Toten werden ins Schiff gelegt, fahren auf dem Fluß und werden an einem anderen Ort empfangen. Im Schiff sind Speisen und Gebrauchsgegenstände. Natürlich glaubte man nicht, daß der Tote essen müßte. Im Abbilden drückt sich vielmehr noch die Verbindung zu den Dingen aus; das Abbilden ist ein Festlegen der Dinge in unsere Welt. Weder in Feuer, Wasser noch in Luft läßt sich abbilden, sondern nur hier auf Erden auf allerlei Arten des Malens oder Modellierens.

Durch Bilder also wird die Beziehung, die Verbindung, hergestellt vom einen Äußersten – der anderen Welt – bis hierher. Die Tatsache des Abbildens zeugt vom Verlangen, das Ding hier zu haben. Für den Bau des Tempels, der Stiftshütte, gibt die Bibel viele Maß- und Materialangaben. Da könnte man auch fragen: Wozu braucht Gott das Gold usw.? Es genügte doch der Geist.

Bilder aber sind sehr wichtig. Sie wollen, wie der Traum zeigt, gesehen, verstanden werden. Was ist die Bundeslade? Was ist der Leuchter? Was ist der Altar? Was sind die Maße? – Warum eigentlich brauchen wir Augen, Haare, Nase und alles, was wir haben? Wir brauchen es, weil es Erscheinung hier aus dem Wesentlichen ist. Wir können nur leben, wenn hier – im anderen Äußersten – diese Dinge erscheinen. Mein Auge ist *dort* auch – nicht festgelegt wie hier, sondern dort: das Sehen, das Schauen, die Einsicht. Das Ohr *hier* ist *dort* das Vernehmen. *Hier* kann ich Ohren haben, zuhören und doch nicht vernehmen. Ist mein Ohr nur ein akustischer Registrierapparat? Oder läßt mein Ohr mich leben, weil ich vernehme, verstehe, mir etwas geschieht?

Ich habe vom Bild des Totenschiffes, das auf dem Wasser fährt, gesprochen. Wasser ist Zeit; das Schiff bewegt sich weg auf der Zeit, eine Bewegung weg von hier. Auf dem Schiff ist Nahrung. »Schiff« – das ist mein Ich (im Hebräischen ist das Wort für Schiff, »ania«, und für Ich, »ani«, praktisch identisch) –, mein Ich braucht Dinge zum Leben.

Was geschieht im Bahnhoftraum? Das Sich-zum-Bahnhof-Begeben meint: Der Bereich Zeit und Raum ist für mich sehr entscheidend. Es ist ja nicht so, daß ich nach Olten will und auch gleich in Olten bin, sondern ich muß mit der Bahn nach Olten fahren, das heißt, ich brauche den Bahnhof.

Ein anderer Traum wäre es, wenn ich in meinem Zimmer in Zürich bin und jemanden hier haben will aus Olten und der ist dann auch gleich da und ich kann mit ihm sprechen; oder aber ich bin gleich bei ihm in Olten – ohne Bahn. In diesem Fall bleibt Olten Olten, die Bahn fehlt, aber der andere ist da.

Wir müssen, wie ich schon sagte, ein Verständnis für Bilder bekommen, und zwar anhand jenes geträumten Weltbildes der Überlieferung. Sonst ist die Deutung voll Willkür. Immer gibt es *unzählig* viele Lügen, aber nur *eine* Wahrheit. Die Wahrheit ist unabänderlich, während die Lügenmöglichkeiten in Vielheit erscheinen. Wahrheit, hebräisch »emeth«, schreibt sich 1-40-400, ergibt also 441. Die Quersumme dieser Zahl ist 9 – die einzige Zahl, deren Produkt bei der Multiplikation mit den Grundzahlen als Quersumme 9 ergibt, die sich also immer gleich bleibt (zum Beispiel 2 mal 9 = 18, also 1 + 8 = 9; 4 mal 9 = 36, also 3 + 6 = 9; usw.).

Daher sagt man, die Wahrheit bleibt sich gleich, was immer man mit ihr tut; sie ist eine Einheit. Deutungen dagegen haben die vielen Möglichkeiten des Betruges. Oft lassen wir uns gern betrügen, wollen schnell einen nützlichen Rat. Das Wesentliche fürchten wir, es entzieht sich uns; wir haben Angst vor der Konfrontation mit dem *Leben*. Unser Leben ist vielfach ein ständiges Ausweichen vor der Entscheidung. Wir verschieben, möchten eine schöne Betäubung haben.

Wir wollen jetzt also versuchen, die Bibel als Traum zu sehen, und näher auf ihre Bilder eingehen. Beginnen möchte ich mit dem Anfang der Bibel: mit der Schöpfungsgeschichte.

Das hebräische Wort für Schöpfung hat denselben Stamm wie das Wort für Gesundsein. Darin zeigt sich ein wichtiger Zusammenhang. Was ist schöpferisch? Wenn du etwas hier zur Erscheinung bringst, was zuvor nur im verborgenen, im Kopf, in der Idee – wie wir sagen – da war. Hier weise ich auf das Wort »Bereschith« hin, mit dem die Bibel beginnt; übersetzt wird es mit »im Anfang«, wörtlich bedeutet es aber »im Haupt« oder in der »Haupt-Sache«. Wenn ein Künstler eine Zeichnung macht, dann bringt er das, was im Kopf, im Kern da ist, aufs Papier; was ihn zeichnen läßt, ist im verborgenen Kern da. Dieses In-Verbindung-Bringen des Verborgenen mit dem Erscheinenden ist »schöpferisch«. Schaffen heißt Imstandesein, aus der Wirklichkeit des Verborgenen ewas hervorzubringen, das tatsächlich Verbindung hat. Eine Zeichnung kann natürlich auch verbindungslos sein, nur etwas Äußerliches, Dekoratives zeigen; andererseits kann in ganz wenigen Strichen sofort der Zusammenhang sehr stark empfunden werden.

Schöpfen verbindet die beiden Wirklichkeiten. Wenn das geschieht, spricht man von Gesundheit. Nicht dem Entweder-Oder verfallen, sondern beide Möglichkeiten *leben*. Kranksein bedeutet ein Zerbrochensein, eine Gespaltenheit. Heilen aber meint immer ein Zusammenbringen, ein Ganzmachen.

Wenn du träumst, daß du etwas *machst,* einen Stuhl etwa, oder einen Topf formst oder irgend etwas, und dieses Schaffen beim Erwachen ein freudiges Gefühl hinterläßt, dann bedeutet es Gesundheit. Es spricht bei dir Gesundheit. Gesund meint nicht nur physisch gesund, sondern auch gesund in dem Sinn, daß du dich als ganz empfindest, heil fühlst. Warum aber meldet sich der Traum? Wir sagten doch, nur beim Kranken meldet er sich, beim Gesunden funktioniert es, ist es eine Einheit. Er meldet sich also und will damit sagen: Du glaubst an deine Gesundheit nicht, obwohl du gesund bist, die Verbindung hast; es sind Zweifel bei dir da, und sie werden dir gezeigt, damit du nicht an den Punkt gelangst, wo du verzweifelst.

Wenn du aber – im Traum wie im Leben – irgend etwas machst und hast *kein* freudiges Gefühl dabei, sondern bist in großer Eile, hast das Gefühl einer Bedrängung, tust es unter Zwang – dann erlebst du die andere Seite der Schöpfung, die destruktive. Es ist bei dir dann das Dämonische, das dein Heilsein vernichtet. Mit der Schöpfung kommt immer auch die Antischöpfung. Sobald das Kreative sich regt, beginnt auch Vernichtung. Der Kraft oben entspricht eine Kraft unten. Wenn Oben und Unten im Gleichgewicht sind, bist du schöpferisch; wenn die untere Kraft stärker wird, bedeutet es Zwang. Das Gesetz zwingt, etwas greift dich an; du hast kein Vertrauen mehr und erschrickst, wenn einer dir Gutes tun will. Es meldet sich das Destruktive bei dir. Die Gesundheit, die eigentlich da wäre, ist angegriffen.

In der Überlieferung wird die Schöpfungsgeschichte so gesehen: Schöpfung ist der Wille, dem anderen *alles* zu schenken, dem anderen sich ganz zu geben, damit er glücklich ist. Dieses Schenken ist so rückhaltlos, daß der Geber sich förmlich ausstreicht; im Hebräischen wird dieses Sich-zurück-Ziehen Gottes »zimzum« genannt. Schöpfung ist das, was in der Welt dann das Schenken bedeutet; das Schenken aber kannst du nur verstehen, wenn du auch das Wegnehmen kennst. Dir wird geschenkt und dir wird genommen – das Leben. Welche Kraft ist es, die es dir nimmt? Warum bleibt das Schenken nicht? Warum bleibt das Glück nicht, sondern kommt an der anderen Seite das Leid? Warum das Doppelte?

Mit der Schöpfung ist die Vernichtung, mit dem Glück das Leid da. Warum muß es so sein? Was bedeutet der Gegensatz? Ist Leid wirklich Leid? Oder ist das Leid nur deshalb Leid, weil ich Glück und Leid zu gleicher Zeit nicht ertrage? So sagt eine alte Mitteilung: Wenn du einen Menschen siehst, dann siehst du Licht *und* Schatten; siehst du aber nur Licht, dann ist es der Teufel, denn der hat keinen Schatten.

Beim Traumbild der Schöpfung kommt es darauf an, ob das Machen, das Tun ein freudiges Tun ist oder ein Tun unter Zwang. Weil der Mensch tun *muß*, zeigen sich Krankheiten im Leben. Heute spricht man vom Leistungszwang. Man kann sich einreden, daß man es gern tut, weil man Geld dafür bekommt. Das Tun ist aber viel wichtiger als das Geld (denn was tust du mit dem Geld)? Nicht nur in der Nacht, auch bei Tag zeigt es sich, ob du schöpferisch lebst, gerne tust, oder unter Zwang lebst, Krankheit hast; Krankheit kann sich auf vielerlei Art ausdrücken, bis ins äußerste, wo sie als Kopfschmerz oder Hautkrankheit oder andere Beschwerde erscheint.

Vom Bau der Stiftshütte während der Wüstenwanderung des Volkes Israel sagt der Kommentar: Das ist die Schöpfung der Welt. Du siehst darin die Entsprechungen in der Erscheinung zu dem, was das ganze Weltall in Zeit und Raum für Ewigkeiten ist. Es drückt sich *hier* aus, und dir werden im Bild der Stiftshütte die Maße dafür gegeben.

Ich will nun zum nächsten Bild übergehen, obwohl zum Bild der Schöpfung noch viel zu sagen wäre. »Himmel und Erde» – was bedeutet im Traum Himmel, was Erde?

Wolken im Blau – ist das Himmel? Oder ist Himmel viel weiter, jenseitig? Es heißt: Verstehe »Himmel« nicht einseitig nur nach deiner Wahrnehmung. Das hebräische Wort für Himmel, »schamajim«, teilt uns mit, was Himmel wirklich ist; danach ist es ein Ort, wo alles doppelt ist, wo das eine *und* sein Gegensatz ist. Natürlich träumt man nicht philosophisch, sondern in Bildern und Gefühlen. Es heißt daher: Himmel ist, wovon du glaubst, es sei der Himmel; du kannst ihn durch ein Fenster sehen, aber du kannst auch von Petrus und Engeln träumen.

Wie »Schöpfung« und »Gesundsein« zusammenhängen, so hängt »Himmel« mit der Anwesenheit eines Paradoxen – zwei Äußerste an gleicher Seite – zusammen. Das Bild des Himmels bedeutet, daß im Leben Platz ist für eine paradiesische Phantasie, die Gabe, sich etwas vorzustellen, zu träumen, zu dichten, Märchen im Leben zu sehen und zu glauben. Du sagst dann nicht »Ich bin immer enttäuscht worden, jetzt glaube ich nicht mehr«, sondern »Ich bin enttäuscht worden, desto mehr glaube ich jetzt«. Denn beides ist auf gleicher Linie da: die Enttäuschung und der Glaube.

Bist du einseitig, wirst du immer von den Kräften der anderen Seite enttäuscht; hast du aber beide Seiten, ist Freude, wie sie eben im Himmel herrscht. Dann ist auch Friede, Ruhe, weil beides ist. Wer glaubt, der Himmel sei nur »süß«, der glaubt an ein Wahnbild; auch Gesalzenes, Gepfeffertes – möchte man sagen – ist im Himmel als Gegenüber da.

Wenn sich bei dir das Bild des Himmels meldet, dann heißt das: Paß auf, du könntest dich verlieren! Du bist jetzt reif – vielleicht warst du noch nie soweit –, du mußt jetzt in Verbindung bringen, den Zusammenhang herstellen. Daher sagt man: Gehe man mit dem Traum zum Weisen, zum Priester. Damit ist derjenige gemeint, der seine Weisheit von jenseits der Welt der Erscheinungen hat, der deshalb nicht erstarren kann. Das ist der Priester mit seiner Unruhe, der den Weg bis ins Jenseits führt. Bringe, so heißt es, den Traum dorthin. Bringe ihn zum Priester, der in dir selbst wohnt, damit er dir erklärt, was Himmel bedeutet.

Sie kennen doch die Geschichte vom Propheten Elia, der in den Himmel fährt. Als Traumbild bedeutet es: Elia ist derjenige, der von hier aus – mit den »Pferden von Ägypten«, wie es heißt – in den Himmel kommt; deshalb ist er der Verkünder des Erlösers, er kennt den Weg, die Verbindung zum Himmel.

Dem Himmel gegenüber: die Erde. Erde bedeutet die Anwesenheit hier, die eine Form hat. Erde zeigt jeder Traum, der ein konkretes Bild gibt. Die Erde hat viele konkrete Bilder. Die Schöpfungsgeschichte geht doch mit der Erde weiter, vom Himmel wird nur kurz gesprochen. Am zweiten Tag wird der Himmel ausgespannt, am fünften Tag werden die Vögel erschaffen, die in Richtung Himmel fliegen. Von der Erde dagegen wird in großer Vielfalt erzählt. Sie bringt die verschiedenen Pflanzen hervor, vielfältige Arten von Tieren und der Mensch bevölkern sie. Die Erde wird in Vielheit sehr konkret; so auch erscheint im Traumbild die Erde.

Man kennt aber auch das Traumbild von der Erde des Anfangs. Sie wird dort »tohuwabohu« genannt, in der Übersetzung als »wüst und leer« oder »Irrsal und Wirrsal« wiedergegeben. Wenn du im Traum Steine, eine Wüste, Schluchten oder zerklüftete Gebirge siehst, dann ist es das Bild von der Erde des Anfangs. Aus dem Wirrwarr *könnte* eine Ordnung entstehen, diese Möglichkeit besteht, aber es besteht auch die Gefahr des Untergangs im Chaos. So erscheint Erde im Sinn von »arez«, ein Begriff, der im Urtext der Schöpfungsgeschichte verwendet ist. »Raz« heißt »Laufen«, »Bewegung«, »Wille«, »Richtung«, »Verlangen« – ein *Weg* also. Damit verbunden ist das Zeichen Alef, die 1. Der Weg ist erstarrt. Die Erde wird hoffentlich Ordnung bekommen, es wird wachsen, damit der Weg wieder anfangen, in Bewegung geraten kann. Der Weg, die Bewegung hat sich mit der 1 verbunden, aber noch ist nichts.

Wenn du, so wird erklärt, von chaotischer Erde träumst, dann bedeutet es: Du hast etwas gewollt, aber dann aufgegeben; jetzt ist es verworren in dir, der Wille ist erstarrt. Es ist das Erstarren einer Bewegung. Du hast zum Beispiel gewollt, daß dich die Menschen lieben, aber dann hast du gesehen, daß eigentlich jeder nur seinen eigenen Nutzen sucht; nun glaubst du keinem mehr, willst mit niemand mehr zu tun haben, bist enttäuscht. Enttäuschung ist Erstarrung.

»Waren keine Blumen da, Bäume oder Menschen?« fragt man den Träumer, und wenn er daraufhin antwortet »nein, nur Felsen, Abgründe, eine Art Mondlandschaft«, dann weiß man, daß dieser Traum Erstarrung bedeutet. Er meldet sich und sagt damit gleichsam: Paß auf, es könnte bei dir erstarren; es könnte etwas in deinem Leben geschehen, daß du nicht weitergehen kannst, auch keine Hoffnung mehr hast, daß es weitergeht.

Der Begriff »tohuwabohu« kann sich im Traum auf vielerlei Arten zeigen. Du träumst zum Beispiel von einem Zimmer, in dem ein schreckliches Durcheinander herrscht, der Tisch ist umgestürzt, das Mobiliar zertrümmert. Oder du siehst deinen Bücherschrank, in dem alle Bücher ganz durcheinander stehen. Solche Bilder zeigen: Du stehst am Anfang eines Weges, der Ordnung bringen könnte. Vielleicht ist es ein Weg mit vielen Schwierigkeiten, aber du könntest es *schaffen*. Bei der Schöpfung kommt doch auch alles aus dem »tohuwabohu« hervor: das Licht, Himmel und Erde, Sonne, Mond und Sterne.

Der Anfang ist das Chaos. Daher ist es manchmal wichtig, daß der Mensch in eine Krise gerät. Erst dann kann er anfangen, erst dann kann Schöpfung bei ihm kommen. Zuvor war es vielleicht gar nicht gut, stand alles schief; aber er wagte es nicht abzureißen. Wir wissen doch, daß auch bei einer Krankheit eine Krise neues Leben bringen kann. Aus dem Chaos kann das Neue kommen.

Weiter spricht der Text von »der Finsternis über dem Abgrund«. Was bedeutet im Traum Finsternis? Du siehst nichts, alles Sein ist wie abwesend, es ist dunkel. Finsternis, hebräisch »choschech«, ist – wie das Chaos – eine schreckliche Krise für den Menschen. Aber wie erst Chaos ist und dann Ordnung, so ist erst Finsternis und dann Licht, erst Abend, und dann wird es Tag. Im Leben bedeutet es: Immer muß erst Finsternis sein, damit es weitergehen kann, Finsternis bringt die Erneuerung.

Der Weg des Menschen geht von Erneuerung zu Erneuerung, von Generation zu Generation, von Station zu Station. Die 42 Generationen, die zu Beginn des Matthäusevangeliums aufgezählt werden, führen zum Erlöser; die 42 Stationen in der Wüste führen zum Gelobten Land. 42 Monde sind dreieinhalb Jahre – die dreieinhalb Weltzeiten, die beim Propheten Daniel genannt werden. Monat (Mond) bedeutet im Hebräischen Erneuerung. Fortwährend erlebst du Erneuerung.

Die Finsternis, das Chaos, die Krise führen dich aus der Erstarrung. Jeder Heilungsprozeß, sagt man im alten Wissen, soll und muß eine Krise mit sich bringen. Heute ist man oft sanft im falschen Sinn, *einseitig* sanft. Der Moment der Aggression, des Bösen, des Tobens, muß sein, damit die Erneuerung kommen kann. Das Traumbild der Finsternis wird daher im positiven Sinn gedeutet.

8

Inspiration · Neschamah · Gesundsein und Kranksein · Mizrajim · Vater und Sohn · Einssein und Einswerden · Der sanfte Weg

Wir haben damit begonnen, Bilder und Begriffe aus dem Beginn der Schöpfungsgeschichte zu besprechen. Vielleicht ist Ihnen schon deutlich geworden, daß bestimmte Bilder einen Zusammenhang bilden, eine Gruppe; die Gruppen selbst bilden wiederum Zusammenhänge mit anderen Gruppen. So entstehen, wie auch in der Sprache, Gruppenverwandtschaften.

Die Bibel, sagten wir, ist geträumt, ist wie ein Traum ohne unser Zutun zustande gekommen; sie ist »inspiriert«. Inspiration geschieht, wenn wir mit unserem Denken nicht engagiert sind. Unser Denken und Wollen verzerrt die Dinge, macht sie unwesentlich. Denken, im Hebräischen mit Rechnen identisch, läßt den Menschen konstruieren.

Auch ein Kunstwerk kann nur wie im Traum zustande kommen. Wer die *Absicht* hat, ein Kunstwerk zu schaffen, der kann es äußerlich schon tun, die Oberfläche mag schön gelingen, aber es fehlt dann gerade das, was es erst wesentlich macht.

Ein Kunstwerk kann alles sein: ein Gespräch, die Art zu gehen, Schreiben, Photographieren, auch alles, was man im Alltag tut. Wer singt, weil es ihn gerade freut, ist vielleicht viel mehr Künstler in diesem Augenblick als der gefeierte Opernstar, der möglicherweise gar nicht inspiriert singt. Selbst die Wissenschaft ist nicht ausgenommen; wenn sie inspiriert ist, hat sie das Geniale, ist Kunstwerk. Im anderen Fall bleibt sie Nachahmung, äußerlich und meist auch langweilig.

Inspiration heißt: Der Geist kommt von einer anderen

Wirklichkeit her, dann erst wird es wesentlich. Das Verzetteln und In-Vielheit-erscheinen-Müssen, weil in Zeit und Raum nur jeder Moment abgetrennt dasein kann, um sofort vom nächstfolgenden wieder verdrängt zu werden – niemals kann das *ganz* sein. Nur der Geist, der beim Menschen jenseitig, in der anderen Wirklichkeit lebt, ist ganz und macht ganz; er hat Verbindung mit dem, was jenseits von Zeit und Raum, also ewig ist.

Das Ewige ist die Heimat von »neschamah« im Menschen. Man könnte diesen schwer zu übersetzenden hebräischen Begriff vielleicht mit »göttliche Seele« wiedergeben. »Neschamah« lebt bei jedem Menschen *dort,* sie ist sein Jenseitiges; aber sie lebt im Menschen auch *hier.* »Neschamah« ist das einzige, was an beiden Seiten, hier und dort, lebt.

Das Jenseitige im Menschen ist im Traumbild der Bibel das Gelobte Land, das unter die Stämme Israels verteilt wird. Der Stamm Menasche erhält, ohne daß er darum gebeten hat, zur Hälfte Land jenseits und zur anderen Hälfte Land diesseits des Jordan. Menasche wird mit denselben Buchstaben wie »neschamah« geschrieben; daher heißt es: Menasche verbindet Diesseits und Jenseits.

Wie aber erscheint »neschamah« im Menschen *hier?* Vielleicht in einem Lächeln, einer Bewegung der Augenbrauen, einer Geste – zu definieren ist es jedenfalls nicht. Sie erscheint in dem, was man bei einem Menschen als ganz persönlich empfindet. Gerade das Einmalige und Unvergleiche des Persönlichen ist Äußerung vom Zeitlosen, Ewigen her; »neschamah« verbindet das Einmalige mit dem Ewigen.

Wenn »neschamah« wirkt, dann ist der Mensch schöpferisch. Man kann »neschamah« auch ausschalten, indem man sich nur vom Meßbaren, von Beweisen leiten läßt. Dem aber widerspricht ein Gefühl, das sagt: »Jeder Beweis stört mich. Ich glaube es, weil ich empfinde, daß es so ist; das gibt mir Sicherheit.« – Was ist denn Glaube, wenn nicht das Gegenteil von Beweis? Wer den Glauben zu beweisen sucht, macht ihn damit lächerlich oder zerstört ihn.

Der Erlöser, der Messias, ist eben das, was nicht berechnet werden kann. Jede Berechnung der Erlösung ist im Konflikt mit dem Prinzip der Erlösung: der Unberechenbarkeit. Alles Berechnen zeigt nur, daß man sich im Kontinuierlichen, im Kausalen bewegt und auch die Erlösung diesem Zwang unterwerfen will. Erlösung aber ist weder eine Belohnung fürs Bravsein noch das Resultat geduldiger Übung, sondern der Durchbruch aus einer ganz anderen Wirklichkeit.

Beim Träumen nun erscheinen die Bilder in einer Geschichte, die sich *auch* kausal entwickelt. Der inspirierte Geist zeigt Bilder, die in ihrem Zusammenhang eine Geschichte, ein Geschehen ergeben. So läßt sich die ganze Bibel hindurch eine Geschichte verfolgen, die zwar nicht immer ganz kausal verläuft, aber im allgemeinen verständlich zusammenhängt. Hier, in der Erscheinung also, wirkt Inspiration als Geschichte.

Wir wissen aus eigener Erfahrung, daß ein Traum eine logische Geschichte entwickeln kann; plötzlich aber geschehen Dinge, die *hier* nie stimmen können, etwa wenn ein Fisch in den Himmel fliegt oder Kühe über den Dächern schweben, wie man es zum Beispiel auf Chagalls Bildern sehen kann. Man sagt dann, er hat diese Bilder geträumt, denn ihre Inhalte stimmen mit unserer Wahrnehmung nicht überein. Es gibt Zeiten, in denen man nur das Geträumte in der Malerei als Kunst gelten lassen will; zu anderen Zeiten ist es genau umgekehrt. Waren die holländischen und flämischen Maler des 16. und 17. Jahrhunderts nicht inspiriert? Wir spüren, daß auch eine ganz naturalistische oder realistische Malerei geträumt, inspiriert sein kann. Entscheidend ist der Geist, der die Details zusammenhält, von dem jedes Detail ausgeht.

Das gilt für alle Dinge. Ein Gebäude mit seiner Raumaufteilung kann inspiriert sein oder als bloßer Zweckbau langweilen. Auch in Straßen und ihren Häuserreihen äußert sich Inspiration. Denken Sie an die Grachten oder andere »gewachsene« Straßenzüge. Zusammenhänge dieser Art lassen sich nicht konstruieren.

Im allgemeinen, sagten wir, gibt sich die Bibel als Geschichte mit kausalem Zusammenhang, manchmal sogar pedantisch genau im Aufzählen der Genealogien. Es gibt aber auch viele Erzählungen darin, die uns vor ein Rätsel stellen; so ist zum Beispiel in der Geschichte Abrahams von drei Männern die Rede, die Abraham besuchen. Kurz darauf heißt es »drei Engel« und dann sogar nur »Gott«. Wer ist es nun wirklich? Solche Fragen stellen sich oft bei Traumbildern. Sie sind verstandesmäßig nicht zu lösen, sollen auch gar nicht gelöst werden. Sondern: Akzeptiere das Bild so, wie es ist, denn es ist geträumt und nicht konstruiert.

Bei allem, was der Mensch tut, läßt sich fragen: Kann er noch träumen? Oder ist er nur trockener Rationalist? Eigentlich gibt es überhaupt kein Gebiet, in dem das Träumen ausgeschlossen ist. Auch Technik kann geträumt sein oder eine Gartenanlage oder das Pflaster einer Straße. Die entscheidende Frage ist: Spürt man eine Ganzheit, oder zeigt es sich nur äußerlich und damit dämonisch?

Die geträumte Geschichte der Bibel ist ein herrlicher Schlüssel. Anhand ihrer Bilder und anhand des Zusammenhangs dieser Bilder kann man Träume deuten. Der Traum der Bibel nämlich ist so exakt, daß kein Strichlein, »kein Jota« – wie es heißt – weggenommen werden kann; und dieser Traum gilt »bis zum Ende der Zeiten«. An der Bibel scheitert jeder logisch-kausale Erklärungsversuch, wie er auch an jedem echten Kunstwerk scheitert. Dadurch ist zum Beispiel die theologische wissenschaftliche Exegese auf die Logik ihrer Methode beschränkt, die jedes Näherkommen der Bilder verhindert. Das Rationale erweist sich als unübersteigbare Mauer. Der Traum kommt von der ganz anderen Welt her.

Die Astrologie läßt sich ebensowenig logisch-rational erklären. Man fühlt sich wohl, *weil* die Sterne gut stehen, und nicht, weil man nachschaut, *ob* sie gut stehen. Das Nachschauen ist ein Zwang, und unter Zwang geht alles schief. Glaube doch, und schau nicht nach, lebe doch! Gewiß ist der Zusammenhang da mit den fernsten Sternen wie mit den nächsten Dingen. Nur *wir* sind so verdorben und degeneriert, daß wir glauben, etwas habe erst dann Wert, wenn wir es beweisen und berechnen können. Warum läßt man nicht zu, daß es sich selbst ausdrückt und seinen Weg zu uns finden kann? Ist ein Zusammenhang nicht zwischen allem? Ist es vielleicht nur *unser* Zweifel, der trennt? Dann allerdings wäre unsere Sucht nach Erklärungen und Beweisen ein ganz untaugliches Mittel, den Zusammenhang wiederzufinden.

In den Bildern des Erschaffens von Himmel und Erde, die wir besprochen haben, könnte der Zusammenhang sichtbar werden. Gewiß, wir träumen nicht gerade vom Erschaffen der Welt; aber wir sollten uns fragen: Was gehört in unseren Tag- und Nachtträumen zum Erschaffen, was zum Himmel, was zur Erde? Wie weit geht das Erschaffen, die Schöpfung? Aus den Bildern könnten wir dann die Worte kennen, dann leben die Bilder. Wir besitzen dann die Einsicht des Traums und sind nicht mehr auf willkürliche Vermutungen und Hypothesen hinsichtlich der Bedeutungen angewiesen.

Wir hatten schon auf die Identität der Begriffe »schaffen« und »gesund sein« hingewiesen. Inspiriert, könnten wir sagen, ist der Mensch, der von der Einheit des Lebens hier *und* im Nichtkausalen überzeugt ist; das Nichttrennen ist das Schöpferische. Der »Sündenfall« bedeutet, daß der Mensch die Axt nimmt und die gemeinsame Wurzel der beiden Bäume im Garten, den er hüten soll, trennt. Das ist die Verwüstung der Welt und deines Lebens, die Spaltung, die eigentliche Schizophrenie. Dann gibt es für den Menschen zwei voneinander getrennte Wirklichkeiten; das eben ist sein Kranksein.

Kranksein kommt, wenn man trennt. Krankheit im Sinne

von etwas Objektivem gibt es nicht. In der Überlieferung wird von den »Krankheiten von Ägypten« gesprochen. Kranksein gehört zu »mizrajim«, hebräisch für Ägypten, denn dieses Wort enthält in sich schon die Zweiheit, das Gespaltene. In »mizrajim« quält den Menschen ständig das Entweder-Oder, er lebt in zwei Wirklichkeiten, die ohne Verbindung sind. So ist er desorientiert, glaubt nicht, daß es eine Einheit gibt, unterscheidet zwischen Heiligem und Profanem, ist abwechselnd aggressiv oder depressiv. *Alle* Menschen sind mehr oder weniger in »mizrajim«.

Heilung erfährt der Mensch, wenn der *Weg* anfängt. Der *Weg* ist Heilwerden, die Wurzeln der beiden Bäume werden verbunden, die Stücke fügen sich mehr und mehr zusammen. Auf dem Weg ist man imstande, die Dinge *sein* zu lassen. Tag und Nacht, Auf und Ab – alles wird selbstverständlich wie Einatmen und Ausatmen.

Immer aber sorgt es sich auch im Menschen. Er denkt, er kommt nicht mehr heraus, wird depressiv, hält einen Zustand für ewig. Im alten Wissen wird gesagt: Wenn du dich ganz schlecht fühlst, dann denke an die Geburt eines Kindes. Wehen folgen auf Wehen, am Ende aber kommt das Kind *doch* heraus. Hab also keine Angst, daß der Schmerz ewig ist. Du tust, als ob er ewig sei, weil du die Trennung machst und nicht weißt, daß Leid und Glück zusammengehören. Wenn du sie als zusammengehörig erkennst, trägst du das Leid und den Schmerz auf ganz andere Weise.

Während der Knechtschaft in »mizrajim« seufzt der Mensch unter den Leiden, der Gespaltenheit. Er sehnt sich hinaus, und diese Sehnsucht ist der Motor, die Kraft, durch die er geheilt werden wird. Ohne diese Sehnsucht und Hoffnung steht es schlimm um den Menschen.

Wenn die Schöpfung anfängt, ist erst die Leere, der Abgrund, Finsternis. Der Weg beginnt beim Entgegengesetzten des idealen Ziels; es fängt an mit dem Stürzen, dem Chaos, im Nichts. Dann kommen das Meer und das Trokkene, die Pflanzen und Tiere. Das Ziel aber ist der Mensch, der heile Mensch im Bilde Gottes. So ist der Werdegang des Erschaffens.

Wenn du träumst, daß du oder ein anderer gestorben seist, dann deutet es das alte Wissen als »tow«, als gut. Man weiß dann: Das Nichts ist da, und aus dem Nichts beginnt ein neuer Tag für dich; das Gesundsein kommt jetzt. Das Nichts, hebräisch »ajin«, ist Anfang; aus ihm kommt das Sein.

Das Chaos einer Krise im Menschen ist nach der Überlieferung dasselbe Chaos wie die zehn ägyptischen Plagen. Ägypten wird vom Chaos geschlagen. Im Chaos kann das entweichen, was wichtig ist im Menschen; so entrinnt Israel – wie die Geschichten erzählen – im chaotischen Durcheinander, das am Ende in Ägypten herrscht. – Man soll sich vor dem Chaos nicht fürchten. Es bedeutet ein Ende der Knechtschaft und den Anfang des Heilwerdens.

Das Chaos, die Finsternis, der Abgrund, im Traum wie im Leben bei Tage – immer sind es die Grundlagen des Gesundseins. »Es geht mir so schlecht, ich kann mich nur noch umbringen« – das ist kausal gedacht; es lebt kein Glaube, daß nach der Nacht ein Tag kommt. Das Sein ist ewig, du lebst ewig weiter, auch wenn du dich umgebracht hast; dem Sein entkommst du nicht. Nach dem Chaos kommt das Befreitsein, die Möglichkeit zur Entfaltung, die Schöpfung kommt und wird immer großartiger und harmonischer.

Der Mensch soll wissen, daß die chaotische Verwirrung sich so in seinem Leben träumt. Er kann nichts dafür, es kommt ihm so. Daher ist die Suche nach einer kausalen Erklärung, nach einem Schuldigen sinnlos. Es tut sich beim Menschen; der Mensch aber meint, *er* tue, und je mehr er das glaubt, desto mehr steht er unter Zwang. Wichtig ist aber nur, daß er als ungeteilter Mensch da ist, als Mensch lebt, »funktioniert« gewissermaßen.

Was heißt »als Mensch leben«? Wir haben eine Mischung in uns von dem, was uns kommt, und dem, was wir konstruieren; beides ist zu gleicher Zeit da. Was aber geschieht dann vom Menschen selber her? Ist er, wenn er konstruiert, nur unter Zwang und, wenn es ihm kommt, nur ausgeliefert den Kräften, die es ihm schicken? Wo ist er als ungeteilter Mensch?

Im Traumdeuten, wie ich es Ihnen hier mitteile, steckt eine Aufgabe für den Menschen. Traumdeutung bezieht sich nicht nur auf die Träume in der Nacht, sondern auch darauf, wie der Mensch tagsüber lebt – wo *es* sich lebt. Nicht die Diagnose ist wichtig, sondern ein Rat, eine Therapie – sei die Diagnose nun besser oder schlechter. Der Mensch erwartet doch eine Mitteilung auf den Weg, einen Rat, wie er sich auf dem Weg verhalten soll.

Was sagt der Name Mensch, wenn wir von dem Begriff Adam ausgehen? Adam kommt von »dome«, gleichen. Man könnte »adam« mit »ich gleiche« übersetzen. Schon in seinem Namen also trägt der Mensch die Bestimmung: Ich gleiche Gott, hänge mit Gott zusammen, wie der Vater mit dem Kind zusammenhängt. Ein solches Verhältnis ist nicht nur harmonisch, wie wir wissen, sondern enthält auch viele Konflikte; denken Sie nur zum Beispiel an Franz Kafkas »Brief an den Vater«.

Die Frage ist: *Wie* ist das Verhältnis? Ist das genealogische Verhältnis identisch mit dem wirklichen Verhältnis? Wie ist die Verbindung?

Der Mensch, der staunt und sagt: »Ich gleiche«, ist in seiner *ganzen* Erscheinung hier – nicht nur der körperlichen, sondern auch der leiblichen im Sinne von »nefesch« (Lebenspotenz) – Ausdruck des Vaters. Das heißt, Gott ist nicht nur jenseits, wohin man ihn so gern verbannt; Gott ist dort *und* hier. Die Verwandtschaft mit Gott ist nicht nur: »Ich, Mensch, entspreche irdisch dem himmlischen Vater«, sondern: »Ich entspreche irdisch *und* himmlisch dem göttlichen Vater«. Gott füllt Himmel und Erde; er ist nicht nur der Gott des Himmels. Die alten Kommentare weisen darauf hin, daß Abraham als erster den Herrn als »Gott von

Himmel *und* Erde« kennt. Das ist das Große, daß er auch der Gott der Erde ist; Gott ist ebenso im Erscheinenden wie im Verborgenen.

Warum sind Vater und Kind überhaupt getrennt? Weil der Weg nur durch die Trennung möglich ist. »Vater« ist der Ursprung des Weges, »Kind« ist das Ende, die Frucht des Weges. Beide zusammen sind der Weg. Der Sohn geht vom Ursprung aus zum Ziel; das Ziel ist wieder Ursprung. So ist das Gehen des Weges immer doppelt: Wenn du hinaufgehst, gehst du auch hinab, wenn du von rechts gehst, gehst du auch von links, wenn du hier gehst, gehst du auch dort, im verborgenen. Nur aus einseitiger Sicht verfällt der Mensch der Täuschung und meint, er bewege sich vom Ursprung weg auf ein Ziel zu.

Auch die alten indischen Überlieferungen kennen dieses Doppelte des Weges. Indem er hinaufgeht, heißt es dort, geht er hinab. Das Wissen vom Zusammenhang von Ursprung und Ziel ist in den heiligen Schriften vieler Kulturen ausgedrückt. Weil wir einen Weg haben, erscheinen uns Anfang und Ende getrennt. Die Überlieferung aber spricht »vom Anfang, wo kein Anfang ist, zum Ende, wo kein Ende ist«.

Wenn der Mensch staunend das »Ich gleiche« spricht, drückt er seine Bestimmung aus, göttlich zu sein. Was ist das Göttliche? Der Ursprung der Schöpfung ist die Regung Gottes, in seinem Einssein eine solche Freude und Hingabe zu erleben, daß er fühlt, sein Eins*sein* ist nicht vollkommen, wenn er nicht zu gleicher Zeit eine Eins*werdung* schenken kann, wenn nicht etwas anderes mit ihm eins *wird*. Weil er eins und glücklich ist, will er schenken und glücklich machen; deshalb zieht er sich zurück, um dem anderen Raum zu gewähren, einen Ort, daß es da sein kann. Er gibt dem anderen ein Sein, damit das Sein des anderen ihn erkennt und spürt. Damit der andere spürt, eigentlich gehöre ich doch ihm und er gehört mir. Franz Kafka hat darauf aufmerksam gemacht, daß das Wort »sein« im Deutschen »dasein« und »ihm gehören«, beides zugleich bedeutet.

Irdisch ist es zu erfahren, als Liebe zwischen Mann und Frau. Zwei, die sich wiederfinden, weil sie sich längst schon kennen. Schöpfung ist, damit diese Einswerdung geschehen kann, denn Einswerden und Einssein zusammen ist die Einheit.

Das hebräische Wort für Einheit, »echad«, ist in seinem Zahlenwert identisch mit dem Wort für Liebe, »ahawa«. Wenn man glücklich ist, kann man es nicht lassen, Glück zu schenken; das Glück enthält dieses Schenken in sich. Gott gleichen heißt: Es wird von dir erwartet, daß du in deinem Leben Glück schenkst und glücklich bist; das ist der Sinn deines Seins.

Du suchst den anderen im Werden und erfährst, wenn du ihn gefunden hast, im Einssein, daß es gleich wieder die Leere bringt, damit wieder Einswerden stattfinden kann. Das Träumen von einer Frucht meint ein Ende; der Sinn – Einsgeworden – ist erreicht, und jetzt kommt wieder das Nichts, die Leere, damit wieder Fülle werden kann. Fortwährend wiederholt sich dies wie das Einatmen und Ausatmen.

Die Frage, was es heißt, »als Mensch zu leben«, ließe sich zusammenfassend beantworten mit: Glücklichmachen und Glücklichsein. »Liebe deinen Nächsten wie dich selbst« bedeutet: Erkenne dich selbst in deinem Nächsten, denn er ist du, und du bist er. Im Hebräischen heißt der Nächste »rea«, gleich geschrieben wie »der dir Böses tut«. Also den, der dir so fremd, so anders gegenübersteht wie ein Feind, den liebe!

Daher sagt die Überlieferung: Man »heirate« jemand von ganz weit weg. Heirate nicht einen Verwandten, denn das wäre dein Spiegel, du selbst, da kann keine Frucht kommen. – Gott steht dir als so ganz anderer gegenüber, daß du glaubst, du kannst ihn nur fürchten; aber Gott selbst sagt, du sollst ihn lieben »mit ganzem Herzen, mit ganzer Seele, mit deinem ganzen Vermögen«.

Liebe ist Selbsthingabe. Aus Liebe, so heißt es, zieht sich

146

Gott zurück ins Allerheiligste im Tempel. Wo Gott wohnt, gibt es keine Maße. Zurückgezogen im Allerheiligsten überläßt er das Ganze dem Menschen, damit der zu ihm komme. Im Traumbild ist das der Weg des Priesters vom äußeren Vorhof bis ins Allerheiligste.

Der Weg des Menschen ist ein Verbinden der Gegensätze. Liebe am Tag die Nacht und in der Nacht den Tag; liebe das Glück, wenn dir Leid geschieht, und wenn du glücklich bist, liebe das Leid. Verbinde dich mit dem Entgegengesetzten – das ist eine wirkliche Ehe. Liebe, was dir fremd ist, was dich angreift.

Im Gegensatz dazu steht das Konstruieren; dabei bleibst du immer in einem Gebiet, in dem du dich auskennst, das dir heimisch ist. Das Fremde dagegen kommt auf dich zu, überrascht dich. Laß es kommen. Liebe den anderen, wie er ist, auch wenn es dir nicht paßt. Darin liegt die Schwierigkeit: Der Mensch will beim anderen nur das lieben, was ihm gefällt.

In der Mischna, dem ältesten Teil des Talmud, wird von den Lehrern Hillel und Schammai erzählt, die immer entgegengesetzter Meinung sind. Sagt Hillel dies, sagt Schammai das. Es sieht fast aus wie ein Sport; es zeigt aber auch, daß nichts *ein*deutig, sondern immer dies *und* das ist.

Einer »von den Völkern«, wird erzählt, ein »Heide« kommt zu Schammai und fragt: »Kannst du mir das Judentum erklären, während ich auf einem Bein stehe?« Schammai wirft ihn raus. Er geht zu Hillel und äußert den gleichen Wunsch; Hillel antwortet: »Liebe deinen Nächsten wie dich selbst. Das ist alles.«

Der Weg Schammais, sagt man, ist zu stark, zu schwer für uns; Schammai verstehen wir noch nicht. Wir folgen Hillels Weg in allem, was er sagt, heißt es – bis auf fünf Ausnahmen, wo wir Schammai folgen. Es bedeutet, der sanfte Weg ist für diese Welt; hier verstehen wir den Menschen an dieser Seite. Bedenke aber, es gibt auch Schammai, den du jetzt noch nicht verstehst. Es kommt eine andere Welt, dann verstehst du auch Schammai, verstehst beide, Hillel *und* Schammai.

Lebt der Mensch so, daß er gerade dem ganz anderen, Fremden, das ihn angreift, Raum schenkt, dann ist sein Leben in Übereinstimmung mit Gottes Regung zur Schöpfung. Ist der Mensch im Bilde Gottes, geschieht ihm Einswerdung, wie Gott sie ihm durch sein Sichzurückziehen, hebräisch »zimzum«, schenken will; gleicht der Mensch nicht Gottes Bild, hat er andere Absichten, geschieht ihm auch anderes; *es* geschieht aber auch.

»Als Mensch funktionieren« heißt: Überrasche, erfreue die Menschen, bringe sie zusammen, verbinde, was dir begegnet. Alles andere folgt aus diesem Tun. Die Hauptrichtlinie sei: Wie und wo geschieht es, daß ich alles zu mir bringe, und wie und wo komme ich zu allem?

Wir hatten vom Moment gesprochen, wo das Nichts, das Chaotische im Menschen ist. Man sagt dann: Laß es kommen, laß es gehen. Zwinge nicht, laß es *sein,* suche keine Schuld. Laß es sein, damit du wieder schenken und empfangen kannst.

Zum Nichts als Anfang gehört alles Negative, also auch das Böse. Das Leid und das Böse sind für den Menschen wie das Nichts – der Moment, woraus das Neue erwachsen kann. Wird dir Böses angetan, explodiere nicht, verteidige dich nicht; entscheidend ist das Seinlassen, denn dann hat das Böse die gute Wirkung, dann ist das Nichts, und das Licht kann durchkommen, dann ist bei dir und in der Welt Ruhe. Die Haltung des Seinlassens ist kein Fatalismus, sie ist eine sehr aktive Lebenshaltung und erwächst aus dem Begreifen, daß es im Leben das Einatmen *und* das Ausatmen gibt.

Vielleicht sind wir einer Antwort auf die Frage nach dem Sinn des Leids schon etwas nähergekommen. Leid ist wie das Nichts. Aus dem Nichts kommt das Licht hervor. Nach den Geburtswehen kommt das Kind, das uns beglückt. Männliches und Weibliches haben Geburtswehen. Die des

Männlichen sind der Kampf im Leben, die Wehen der Enttäuschung, die Wehen im Erinnern. Die Geburtswehen des Weiblichen sind mehr im Körper, im Leib des Menschen. Es sind die Wehen des Männlichen und Weiblichen in *jedem* Menschen.

Das Kind kann kommen, wenn du nicht zwingst. Stoppst du die Wehen, dann stirbt das Kind oder die Mutter. Laß es sein, dann kommt das Kind, und die Wehen sind vergessen. Je mehr Kinder du bekommst, desto leichter wird's dir. Das ist die Erfahrung im Menschen, wenn er die Verbindung hat.

9

Die sechs Tage und der siebte · Sein und Werden · Gesetz und Freiheit · Der Tempel baut sich · Das Psychische · Die Kabbala · Die heitere Gelassenheit · Jakobs Hinken · Hirt und Herde

Das Chaos ist Grundlage des Seins, Fundament des Erscheinenden ist das Unsichtbare. So zeigt es sich auch im Bild des Baumes: Die Wurzeln sind in der Erde verborgen; was erscheint, ans Licht tritt, hat eine Form und gibt uns das Gefühl des Geordneten, des Gesetzmäßigen.

Was immer uns im Leben begegnet, begegnet uns als Dualität; eine Seite steht im Gegensatz zu einer anderen. Auch unser Denken und Vorstellen basiert auf diesem Gegensatz. Wir können hoch nur an niedrig, gut nur an weniger gut oder besser, Erscheinendes nur an Nichterscheinendem messen.

Beim Träumen zeigt sich diese Dualität sozusagen ganz unphilosophisch, denn der Traum ist eine Art Erscheinung im Nichterscheinenden. Er ereignet sich nur dort, wo wir völlig passiv sind, nur dort träumt es sich. Dort ist man nicht frei in dem Sinn, daß man das Bild des Traumes selbst erschaffen könnte.

Im Leben gibt es die Unterscheidung zwischen einem Gebiet, wo es sich macht wie im Traum, und einem anderen Gebiet, wo du unbedingt selbst machen mußt. Es gibt dann noch ein Grenzgebiet, wo du überlegen mußt: »Soll ich tun, oder tut es sich?«

Der Traum – ich betone es immer wieder – ist kein abgelöstes Nachtgeschehen, sondern die Erscheinung jenes Gebietes in unserem Leben, wo wir *immer* im Traumleben sind. Wir sagten, daß ein Künstler zum Beispiel fortwährend träumt, wenn er schafft; sobald er eingreift, konstruiert, ist es nicht mehr echt, nicht mehr *ganz*. Der Eingriff verdirbt's.

Erfahren wir Träumen und Wachsein in unserem Leben als Doppelheit? – Oft ist es doch so, daß wir im Leben schlaflose Nächte haben, wir träumen nicht. Die Region, in der wir träumen sollten, funktioniert nicht in uns. Und weil wir schlaflos sind, geschieht es auch oft, daß wir dort im Leben, wo wir Ordnung machen sollten, wo gesetzmäßiges Tun nötig ist, daß wir gerade dort träumen.

Wir müssen verstehen, daß man keine Einteilung in Nachtregion und Tagregion im Leben machen kann. Vielmehr ist es wie Ein- und Ausatmen, wie Gehen mit linkem und rechtem Bein. Fragt man sich denn: »Pumpt das Herz jetzt Blut ein oder aus?« Das Herz tut nicht das eine oder das andere, sondern beides.

In der Schöpfungsgeschichte werden die ersten sechs Tage vom siebten Tag unterschieden. Die Überlieferung sagt, daß die sechs Tage außerhalb des Zeitbegriffs stehen, den wir kennen. Demnach ist die Spekulation, ob es sechs Tage, sechstausend Jahre oder sechs Millionen Jahre waren, an sich schon sinnlos. Mitgeteilt wird nur, daß es von dieser Sechsheit eine Entsprechung in der Zeit gibt. Die Sechsheit selbst ist ein Ganzes in sich.

Die alten Kommentare betonen auch, daß das Wort »Bereschith«, mit dem die Schöpfungsgeschichte beginnt, gar nicht »im Anfang« bedeutet, sondern »in der Hauptsache«, »im wichtigsten Prinzip«, schon im ersten Buchstaben sei die ganze Welt da und alles, was weiter komme, sei das gleiche; es gäbe da keine Reihenfolge, kein Gesetz. – Wir könnten uns diesen Bereich als das Nichts, das Nichtseiende vorstellen.

Das für uns Seiende entsteht erst, wo in der Schöpfungsgeschichte vom siebten Tag gesprochen wird; seine Wurzeln aber hat der Mensch im sechsten Tag. Ein alter Midrasch erzählt, daß der am Anfang erschaffene Mensch noch liegt; erst am Ende des sechsten Tages richtet er sich auf. Sein Aufrichten ist aber auch zugleich sein Hinausgetriebenwerden aus dem Paradies. Im Nichts kann der Mensch nicht *sein,* das Sein steht dem Nichts gegenüber.

Es gibt deshalb zwei Schöpfungsberichte, entsprechend dem ersten und zweiten Kapitel der Genesis. Die erste Geschichte erzählt aus dem Nichts, dem Absoluten; die zweite Geschichte zeigt, wie dasselbe in der Welt des Werdens erscheint. Die Welt des Werdens ist die Welt, die wir kennen. Sie hat Reihenfolge, zeigt eine Struktur der Entwicklung, das Gesetzmäßige. Dem gegenüber steht die Welt des Nichts; sie hat eine sehr starke Verbindung zu dem, was wir als Sein empfinden.

Das Sein bedeutet ein Enthalten von allem. Im Sein ist eine Einheit, die hier nicht empfunden werden kann, weil bei uns Einheit nur *Einheit werden* kann. Wir können uns Einheit wünschen und ersehnen, wir erleben aber immer nur einen Teil. Wir erleben nur das Zerbrochene, das Ganze können wir nicht erleben. Dennoch hat der Mensch seine Wurzeln im Nichts; er entsteht nicht im Werden.

Von daher ist zum Beispiel eine Evolutionstheorie unmöglich, nämlich einseitig. Evolution gibt es schon, als Werden. Aber der Ursprung ist nicht im Werden, denn das Werden kennt weder Anfang noch Ende. Daher wird im alten Wissen das Wort »Bereschith« nicht mit dem Begriff Anfang wiedergegeben.

Wenn wir »im Anfang« hören, fragt unsere Logik gleich: Was war vor dem Anfang, wie fängt es an? Unserer Logik ist es unmöglich, einen Anfang zu ertragen: Wenn Gott den Anfang gemacht hat, wer hat dann Gott gemacht? Wir können eben nicht anders als in der Reihenfolge von Ursache und Wirkung denken. Dennoch ist im Menschen beides da: das Sein, die Nacht, und das Werden, der Tag. Die Finsternis ist nicht das Böse, sondern ist, wie wir sagen könnten, böse dem Werden gegenüber. Das Sein entwurzelt gewissermaßen das Werden.

Der Baum steht nicht nur über der Erde, sondern hat auch ein Geheimnis unter der Erde. Das Leben ist nicht nur in der erscheinenden Gegenwart, sondern auch in der entschwundenen Vergangenheit und in der noch kommenden Zukunft. Wir wissen das nicht, denn dort ist für uns etwas, das dem Nichts sehr nahe verwandt ist.

Im Menschen sind Nacht und Tag wie Sein und Werden. Den Traum in der Nacht können wir nicht gleich ins Werden übersetzen. Wir müssen erst die Brücke kennenlernen, die zwischen den Bildern im Sein und deren Ausdruck im Werden vermittelt. Im Sein kann es als Chaos, als Tohuwabohu, als völliges Durcheinander erscheinen; dennoch aber ist es Fundament von allem. Daher nennen wir die Finsternis böse, denn sie ist der Gegensatz von dem, was wir als Erscheinen kennen.

Gott selbst erschafft das Böse, wir aber ertragen es nicht. Es ist notwendig, damit gewisse Funktionen im Leben überhaupt erscheinen können. Das Böse ist da, damit Barmherzigkeit sein kann. Die Barmherzigkeit als Erfüllen dessen, wo noch nichts ist, ist eine Freude. Es ist die Freude, daß es im Erfüllen *wird*. Solange es noch nicht ist, fühlst du dich nicht gut. Du freust dich aber, wenn es bei dir wächst. Du freust dich, daß es dir geschenkt wird, und der andere freut sich, indem er schenkt und sieht, daß es bei dir wächst.

Man kann nur von Heilung sprechen, weil das Zerbrochene, das Unvollkommene ist. Das Erlebnis des Geheiltwerdens, des Heiles überhaupt, besteht nur, weil ihm gegenüber das Unglück ist. Man könnte sagen, gerade, wenn die Finsternis am tiefsten ist, ist das Licht schon stark da. Beide Äußersten sind wie vor dem Spiegel: Ist das eine weit vom Spiegel weg, ist das andere im Spiegelbild auch weit weg; kommt es näher, kommt das andere näher.

Wir träumen nur, weil bei uns das Nichts auch da ist. Das Deuten des Traums wirft die Frage auf: Kann man überhaupt Bilder aus dem Raum und Zeit nicht unterworfenen Nichts übertragen? Sind wir nicht Sklaven der Zeit und des

Gesetzes? Es wird daher auch gesagt: Wenn du erlöst werden willst, muß du dich vom Gesetz lösen, frei sein. Welche Freiheit ist gemeint? Sicher nicht jene Scheinfreiheit, in deren Namen man heute das »Tu, was du willst« propagiert.

Es ist ein Gesetz da, das in der Welt des Werdens Ausdruck dessen ist, was in der Welt des Seins Freiheit heißt. Freiheit im Sein ist eine Entsprechung vom Gesetz im Werden. Im Werden herrscht immer Gesetz, im Werden gibt es nichts anderes. Das Herz befolgt Gesetz, die Schwerkraft ist ein Gesetz, die Biologie baut auf Gesetze – dennoch spürt man: Das ist nicht alles. In der Vorstellung, in der Phantasie zum Beispiel kann man im Himmel spazierengehen und hat mit der Schwerkraft nichts zu tun. Die Freiheit ist also beim Menschen ganz stark in seinen Gefühlen da.

Die Sprache zeigt das Gesetz in ihrer Grammatik. Selbst in den Zeichen der Buchstaben mit ihren exakten Zahlenverhältnissen drückt sich das streng Gesetzmäßige aus. Dennoch kann das Wort befreien. Das Wort überläßt sich dir zur Freiheit nach allen Seiten hin; man kann mit dem Wort dichten oder schimpfen, Verbindungen herstellen oder trennen.

Ich hoffe, Sie verstehen jetzt, daß auf keinen Fall die Logik zwischen den Bildern aus der Welt des Seins und dem Leben im Werden vermitteln kann. Die alten Kommentare deuten zum Beispiel das Träumen von Finsternis als gut und das Träumen von Licht als weniger gut. Wenn du zum Beispiel von einem Löwen träumst, dann wird gefragt: Was bedeutet ein Löwe in der Welt des Seins? Wer und wo bist du auf dem Weg, daß dir der Löwe erscheint? Wo ist in dir die Region des Nichts, in der du dem Löwen begegnest?

Im Schlaf, sagten wir, kommt es dem Menschen. In unserem Leben geschieht sehr viel in der Weise, daß es uns kommt. Wir spüren, daß wir dafür nichts können. Was uns zukommt, können wir nicht zwingen. Die Handschrift, dein Aussehen, dein Gang, deine Ticks – es tut sich so bei dir, du kannst nichts dafür.

Die Anwesenheit der anderen Welt im Menschen wird im Bild des Tempels gesehen. Der Tempel, heißt es, baut sich. Im verborgenen fügt's sich zusammen, was das Leben herbeibringt. Statt »baut sich« sollte man besser »träumt sich« sagen.

Dem Menschen gefällt es gar nicht, daß es sich tut, ja, er hat, besonders in der heutigen Zeit, eine richtige Aversion dagegen. Er mochte viel lieber selber tun, sucht für alles logische Erklärungen. Er will die Welt des Seins in die Welt des Werdens hineinzwingen. Das bringt soviel Zwang, das Leistungsprinzip und den Leistungszwang.

Das bringt es auch mit sich, daß man immer gleich korrigieren, gleich erziehen möchte. Jede Erklärung soll auch einen Nutzen haben. So wird man weitgehend unfähig, sein zu lassen. Es liegt heute, um ein anderes Bild zu gebrauchen, ein starker Druck auf dem rechten Bein beim Gehen; wir hinken.

Ich frage mich: Kann man erziehen dort, wo es *ist?* Ist im Bereich des Nichts, des Seins, ein Korrigieren, ein Ändern möglich? Ich glaube, in dieser Region des Menschen ist Erziehen falsch, ja böse. In der Welt des Werdens dagegen ist Erziehung notwendig, muß Bildung, ein Korrigieren und Ändern sein. Wie können sich die Menschen in diesen beiden Regionen begegnen?

Wenn wir mit unserem Erklärenwollen in die Welt des Seins eintreten, kann es geschehen, daß wir unsere Nacht, unsere Finsternis stören, daß wir sozusagen das Böse wekken. In der Nacht hat das Böse einen Sinn; denn der Mensch ist wie tot, wenn er ruht, entspannt. Vom Wecken kommt vielleicht Dämonisches, Unruhe, Verrücktes; die Suchtmittel- und pharmazeutische Industrie blüht, weil wir eingreifen, es nicht sich tun lassen, sondern selbst tun wollen.

Krimis werden wie Zigaretten konsumiert, Hunderte und Hunderte – man bleibt immer unbefriedigt dabei. Unsere Phantasie ist krank, ihr Held ein Detektiv, ein Jäger, der alles erklärt, alles selbst herausfinden will.

Eine alte Stadt, die nicht gebaut wurde, sondern sich gebaut hat – man fühlt sich wohl, es »stimmt«. Den Tempel, heißt es, kannst du nicht bauen; bringe das Material mit deinem Leben herbei, dann baut es sich.

Wie soll man Kinder erziehen, wie Studenten ausbilden? *Was* soll man ausbilden? Die Gefahr ist: Zwingt man in dem Gebiet, wo *es* sich tun soll, meldet *es* sich dort, wo wir ausbilden sollen: *Es* möchte wieder Chaos haben, verlangt nach dem Nichts, nach dem Rausch, LSD, Trips, Alkohol. Der Mensch sehnt sich nach dem Nichts, erträgt es nicht, daß alles erklärt wird.

Tag und Nacht vermischen sich im Menschen: Wo er Freiheit haben sollte, ist Zwang, und wo er sich ans Gesetz halten sollte, nimmt er sich Freiheit. Das Wort »sollen« gebrauche ich in diesem Zusammenhang nur hilfsweise. Während wir hier versuchen, den verschütteten Traum in unserem Leben freizulegen, spüren wir vielleicht, daß alles davon abhängt, ob wir das Gebiet in uns, wo es sich lebt, intakt halten oder nicht.

Heute ist die Unterscheidung zwischen Psychischem und Körperlichem im Menschen geläufig. Meinen wir, wenn wir von Psychischem reden, das Verborgene? Es gibt, wie Sie wissen, eine starke Neigung im Menschen, alles aus dem Psychischen erklären zu wollen, Komplexe, Verdrängungen usw. Man möchte im Psychischen auch systematisieren. Kann man das eigentlich? Kann man das alles so analysieren und darstellen wie den Bereich, in dem tatsächlich Gesetz und Ordnung herrschen? Ich denke an einen Vers im Deuteronomium: »Das Verborgene ist für Gott, das Offenbare ist für uns und unsere Nachkommen« (5. Mose 29,29).

Hier wird gesagt, das Verborgene gehört jener Region an, in der du mit Gott verbunden sein könntest; von dir aus kannst du das Verborgene nicht untersuchen. Natürlich meint das nicht, daß alles Erforschen des Psychischen falsch ist, ebensowenig wie man Erziehung und Ausbildung ablehnen kann.

Nach der Überlieferung bildet sich der Mensch so aus, wie er schon ist, wie sein Keim ist. Mit »Keim« meint man nicht die Keimzelle im Samenkorn, sondern die Wurzel im Jenseits. Was hier wird, ist Ausdruck dessen, was dort schon da ist. – Wo aber bleibt dann das Gebiet der Erziehung und Ausbildung?

Im Wissen gibt es einen Bereich, den man die Kabbala nennt. Das Wort bedeutet »empfangen, übergeben«. Es heißt, man könne die Kabbala erst mit vierzig Jahren studieren. Wir wissen schon, daß wir diese vierzig Jahre nicht auf unsere Zeitvorstellung beziehen können. Die 40 ist doch Ausdruck des Weges durch die Zeit, 40 Jahre dauert der Zug durch die Wüste nach der Befreiung aus Ägypten. Wenn der Mensch die Zeit lebt, ist sein Weg Be-weg-ung.*

Die Mitteilung der vierzig Jahre bedeutet: Solange du im Werden bist, kannst du die Kabbala nicht studieren. Demnach gibt es in diesem Bereich überhaupt kein Studieren, im Sein studiert es sich. Kabbala also kannst du nur erleben. Wenn dein Tun, dein Verhalten im Leben so ist, daß du das Paradox in Gut und Böse, Erscheinendem und Verborgenem, Verstehen und Mißverstehen erfährst, dann kommt dir auch das »Empfangen«, dann lernst du, wirst du »schwanger«.

Ich hoffe, Sie verstehen jetzt, daß es purer Unsinn ist, die Kabbala als Geheimwissenschaft oder mystische Zahlen-

---

* Bewegung ist der Zusammenhang des fortwährenden Sichänderns. 42 Stationen werden im 4. Buch Mose beim Zug durch die Wüste genannt, 42 Generationen sind es nach Matthäus bis zur Geburt Christi. Die 42 bezeichnet einen Weg mit Anfang und Ende.
Wir kennen auch die Zahl 3½, zum Beispiel die 3½ Weltzeiten, die beim Propheten Daniel genannt werden. 3½ Jahre sind 42 Monate. Monat bedeutet im Hebräischen Erneuerung. 42 Generationen, 42 Erneuerungen: ein Zyklus – das meint die 42.
Der Weg ist ein Zyklus, man kommt wieder an den Ausgangspunkt zurück. Der Auszug aus Ägypten wird in der Überlieferung sowohl identisch mit der Geburt als auch mit dem Tod gesehen.

spekulation zu bezeichnen. Kabbala ist ein ungeheures, nie enden wollendes Erlebnis; es ist die Verbindung zum Verborgenen. Lesen und Studieren wird erst dann schöpferisch, wenn diese Verbindung besteht.

Sowenig man das Gebiet der Kabbala systematisieren kann, so wenig kann man es im Psychischen. Kann man sagen: Das ist neurotisch, das ist schizophren usw.? Kann man von den Archetypen im Menschen sprechen? Gibt es im Psychischen, wo vielleicht das Verborgene ist, überhaupt die Möglichkeit der Ordnung? Gehört Ordnung nicht dem Werden an?

Der Ordnung im Werden entspricht doch die Freiheit im Sein. Im Sein ist Einheit. Aber wir haben gesehen, daß das Einssein irgendwie nicht komplett ist. Wenn ich glücklich bin, wird's bald langweilig, ich möchte glücklich *werden;* ich möchte geliebt werden von dem, der mich noch nicht liebt; ich möchte jemanden lieben, den ich noch nicht kenne. Nie kann ich bleiben, immer ist das Verlangen, die Sehnsucht nach Änderung. Ich spüre: Die Seite des Werdens muß mit dabeisein. Immer möchte man das Neue von Anfang an erleben. Daher heißt es in der Überlieferung: Jeden Tag ist Schöpfung neu; erlebe sie neu, erlebe den Tag.

Das Sein ohne das Werden bedeutet: Vieles fehlt mir, und ich möchte gern erfahren, was mir fehlt. Es entsteht ein Verlangen danach, daß mir geschenkt *wird,* daß etwas ganz wird, was noch nicht komplett ist.

Das Licht des ersten Schöpfungstages wird verborgen – so die Überlieferung. Es bedeutet, daß dieses Licht in der Welt des Werdens, der Phasen und der Ordnung, nicht möglich ist. Es kann nur im Sein existieren. Im Verborgenen des Menschen, in seinem Sein, ist das Licht immer da; in seinem Werden aber ist es in unzählige Funken zersplittert.

Wenn das Gebiet des Psychischen zum Verborgenen des Menschen zählt, dann ist Erziehen und Ordnen dort unmöglich. Demnach kann der Mensch erst als Mensch »funktionieren«, wenn es sich dort tut. Er muß sich dort aus einem Zwang befreien, damit es sich tun kann.

Oft glaubt er: So bin ich nun einmal, und das kann ich nur ändern, indem ich gewisse Medikamente nehme oder einer bestimmten Lehre folge. Dann versteht er nicht, daß er sich allererst befreien müßte. Wie aber kann er das? Sagt man ihm: »Befreie dich!«, wird's wieder ein Zwang, ein neuer Zwang. Es fragt sich also, was beim Menschen wirkt, wenn es sich tut.

Bei der Erziehung der Kinder, heißt es, soll man nie Zwang anwenden, nie ein Tun befehlen. Das bringe den Kindern die »schedim« (Dämonen), dadurch gerieten sie in Zwang. Du sollst ihnen vielmehr ein Beispiel sein. Wenn das Kind etwas sieht, möchte es das haben. Es möge also viel Freude und Freiheit sehen. Soll es zum Beispiel das Alphabet lernen, »versüße« ihm das Lernen. Daher besteht auch heute noch der Brauch im Judentum, die einzelnen Buchstaben in der Form süßen Backwerks den Kindern einzuprägen.

Wenn du also einem Menschen begegnest, sollst du ihm das Gebiet des Seins unangetastet lassen, sollst ihn *sein lassen*. Du kannst ihn aber nur sein lassen, wenn bei dir das Seinlassen ist. Heidegger nennt es die »heitere Gelassenheit«, das freie entspannte Offensein.

Aus dieser Freiheit, aus der Welt des Seins, kommt die Mitteilung der Bibel. Nach der Überlieferung ist Moses, der sie niederschrieb, der bescheidenste der Menschen; er ist so bescheiden; daß ihm *alles* kommt.

Das Werden des Geschehens, der Geschichte, entspricht dem Sein im Absoluten. Die Geschichte der Bibel ist Ausdruck des Seins; daher gilt in ihr unsere Zeitreihenfolge nicht. Es gibt, wie es heißt, kein Vorher und kein Nachher in der Bibel; sie ist dem Zwang der Zeit nicht unterworfen. In der Geschichte der Bibel lebt das Paradox: Sie gibt sich als kontinuierliche Bildgeschichte, entzieht sich aber Zeit und Raum. Ähnlich verhält es sich mit der Grundlage der Materie: Die Elementarteilchen sind Materie und sind es gleichzeitig nicht; beides gilt.

Bilder, die aus der Freiheit kommen, lassen große Freiheit, je nach dem Menschen, der sie – auf welcher Station seines Weges? – erlebt. Es gibt hier keine generellen, rezeptartigen Deutungen, sondern immer die Frage: Wer bist du, dem das Pferd oder die Schlange zum Beispiel begegnet, und wo bist du auf dem Wege? Hier wird dem Menschen keine Traumdeutung gegeben, die ihn im Psychischen ordnen will, indem sie erklärt und beschreibt, wer er ist.

Die alte Traumdeutung sagt: Das Bild, das dir aus der Freiheit des Schlafes kam, sei dir jetzt zur Freiheit im Tag; es bringe dir in die Ordnung des Tages, was in die Ordnung kommen sollte: die Freiheit.

Wir sagten doch, daß der Traum, an den man sich erinnert, eine Meldung ist in der Art, wie eine Krankheit sich meldet und damit ausdrückt: Es ist etwas nicht im Gleichgewicht. Träume wirken am Tag entsprechend dem, was sie in der Nacht waren. Du erlebst am Tag, im Werden, was du in der Nacht, im Sein, erlebst. Beide Seiten sind wie die Schalen einer Waage, wie rechtes und linkes Bein beim Gehen. Will etwas aus einem Zwang erlöst werden, meldet's sich im Traum. Das ist kein Unglück; es ist gut, denn es meldet sich und sagt damit: Hier ist zwischen dem Verborgenen und dem Sichtbaren etwas nicht im Gleichgewicht.

Zum Trost, könnte man sagen, wird in diesem Zusammenhang hingewiesen auf ein Geschehen, bei dem der Mensch sein Gleichgewicht verliert und eigentlich fortwährend hinkt: Jakobs Kampf mit dem Engel. Jakob wird doch, wie es in der Genesis erzählt ist, an der Hüfte verletzt. Er ist der erste Mensch in der Bibel, von dem gesagt wird, er sei krank, das Wort »krank« kommt dort zum ersten Mal vor.

Ein Midrasch erzählt, daß Jakob Gott um Krankheit bittet; er möchte gern in seinem Leben den Hirten haben, der ihn führt. Die Herde, sagt man, das ist dein ganzes

Leben, es ist ein Zusammensein des Ganzen, das gelenkt, geleitet werden will.

Die Bibel nennt Jakob auch einen Hirten, als er zu seinem künftigen Schwiegervater Laban kommt, und die Herde wächst unter Jakob. Als dann die Söhne Jakobs zum Pharao kommen, sagen sie, daß sie Hirten seien wie ihre Väter.

Jakob also hinkt nicht, weil er etwas Falsches getan oder eine Sünde begangen hätte. Vielmehr hat er tapfer gekämpft, der Engel segnet ihn und gibt ihm den Namen Israel; dennoch läßt er ihn hinken. Wir verstehen das nicht, wie wir auch meist die Krankheit nicht verstehen. Wir finden sie lästig, suchen, sie mit einfachen oder komplizierten Namen zu objektivieren, also in Distanz zu ihr zu gehen, und sind zuweilen rasch bei der Hand, sie als eine Art Strafe für falsches Verhalten zu erklären.

Immer wollen wir erklären, *warum* einer krank ist. Könnten wir hier nicht *sein* lassen? Das schlösse selbstverständlich jede nur erdenkliche Hilfe ein, zudem würde die Hilfe nicht durch ständige Erklärungszwänge geschwächt. Daher wird gesagt: Wenn du einen Kranken besuchst, dann bringe ihm keine Erklärungen mit, sondern *sei* bei ihm in deiner Entspannung, in deiner Ruhe. Bringe ihm das Zwanglose, denn Krankheit ist schon genug Zwang.

Wir sehen, die Traumdeutung der Überlieferung kommt aus einer Welt, wo zur Bedingung gestellt wird: Versuche erst einmal zu *sein*. Lebe das Paradox, dann verstehst du auch das Kranksein, das Leid, das Böse. Nicht umsonst zeigt ein Bild des Neuen Testaments den Erlöser zwischen zwei Verbrechern. Wo wäre Gnade und Barmherzigkeit, wenn nicht das Böse wäre? Woraus soll erlöst werden, wenn nicht aus dem Zwang? Ich glaube, erst vom Sein her, vom Geöffnetsein her, von der Entspannung, der Freiheit her können wir das Gesetz, die Ordnung, das Werden verstehen.

10

Heidentum · Das Weltenei · Der Hahn · Das Grundmuster der sieben Träume · Tor und Tür · Träumen in vier Schichten · Die Geschichte vom Richter

Uns bewegt die Frage, wie die Bilder aus der Mythologie in das Geschehen der heutigen Welt übertragen werden können. Wir haben gesehen, daß wir dabei zwei Welten unterscheiden müssen: die Welt des Werdens, der Entwicklung, und die Welt, in der Sein und Werden in einem da sind. Es zeigte sich, daß man mythische Bilder, Träume und Offenbarungen nicht für die Welt des Werdens, die Welt der Wahrnehmungen, *benutzen* kann. Einen Löwen im Mythos können wir nicht mit einem Löwen, wie er hier lebt und zoologisch beschrieben werden kann, gleichsetzen.

Gerade Tiere, Pflanzen und Mineralien aber spielen dort eine große Rolle, wo von der Wohnung Gottes, dem Tempel erzählt wird, oder bei der Beschreibung von Gottes Thronwagen, der »merkawa«, in der Vision des Ezechiel. Nach diesen Angaben läßt sich selbstverständlich weder der Tempel rekonstruieren noch der Thronwagen nachbauen. Man muß das immer betonen, denn der Hang, es sich als konstruier*bar* vorzustellen, ist im Menschen erstaunlich stark. Das kommt daher, daß man diese Welt der Entwicklung als die einzige ansieht und entsprechend wichtig nimmt. Nur ihre Maßstäbe will man gelten lassen.

Ich gab das Beispiel vom Begräbnis, das man im Traum erlebt. Es bedeutet nach der Überlieferung nicht, daß einer sterben wird, sondern gerade das Gegenteil: langes Leben! Das aber wiederum meint nicht unbedingt ein hohes Alter im Sinn unserer Zählung der Jahre.

Hier ist alles fließend und vorübergehend. Jede Mitteilung hier ist daher eine Mitteilung nur für eine kurze Zeitspanne. Was aber kann uns eine Deutung geben, die nur auf eine kurze Zeitspanne zielt? Die Traumbilder, die wir jenseitig, also getrennt von Zeit und Raum erfahren, unterliegen doch nicht dem Zwang, der uns hier beherrscht. Dort kann in einer Sekunde ein ganzes Leben erlebt werden. Zeit und Raum sind dort zwar da, halten aber nicht gefangen wie hier. Unser Dasein hier ist ein Gefangensein, wir müssen Zeit und Raum dienen. Wir sind den Gestirnen unterworfen, die Zeit und Raum bedingen.

Im alten Wissen spricht man von den »Dienern der Sterne und Tierkreiszeichen«; der hebräische Ausdruck dafür ist »awodath kochabim umasaloth«, dem Sinne nach gewöhnlich mit »Heiden« wiedergegeben. Heidentum bedeutet das Sichunterwerfen der Zeit und dem Raum als Gefangener. Ein Heide ist, wer Zeit und Raum als einzigem Herrn dient und alles darauf ausrichtet. Statt Freiheit hat man dann die ängstliche Besorgtheit um das Wohlsein des Tages. Dem dient dann auch die ständige Beschäftigung mit dem Horoskop. So entsteht eine Art Bedrückung, ein Unbefriedigtsein: »Es geht gut – aber wie lange? Was kommt nachher? Wie kann ich mich gegen Schlechtes schützen?«

»Heiden« sind also nicht, wie Christen und Juden oft glauben, die »primitiven anderen«, mit denen man nichts zu tun zu haben glaubt; in gewisser Hinsicht ist jeder Mensch mehr oder weniger Heide, denn »Diener der Sterne« bedeutet auch, daß man Zeit und Raum als selbstverständlich akzeptiert und alles tut, damit es einem hier gutgeht, dennoch aber weiß, daß alles hier sehr beschränkt ist und nur auf kurze Zeit so geht.

Leute, die an Horoskope glauben oder fortwährend Träume deuten wollen, sind meist besonders unsicher und neurotisch. Sie glauben nämlich, Träume oder ein Horoskop sagen ihnen etwas für die Welt des Werdens, und vergessen, daß der Mensch doch zu gleicher Zeit in der Welt des Seins ist; daß das Sein als Grundlage der Existenz mit dem Leben, mit dem Leib identisch ist; daß das Sein sich überallhin ausbreitet und Verbindung zu allem sucht.

Eine Traumdeutung zum Nutzen für die Welt des Werdens ist unsinnig; ebenso unsinnig, wie wenn man glaubt, einem Menschen helfen zu können, indem man seinen Körper behandelt, oder etwas über die Seele zu erfahren, indem man sie zum Gegenstand einer Systematisierung macht. Wenn man nichts mehr weiß von der Freiheit des Menschen, sich von Moment zu Moment vollkommen ändern und in ganz anderen Verhältnissen leben zu können, dann entsteht ein Zwang und nimmt die Form einer Horoskop-, Psychologie- oder Medizingläubigkeit an.

Ich komme jetzt auf unser Leitthema zurück. Als Schlüssel für die Entsprechungen zwischen der Welt des Seins und der Welt des Werdens soll uns die jüdische Überlieferung dienen. Sie erzählt vom Baum des Lebens – die Thora –, in dem das Paradox nicht als Alternative, sondern als Einheit lebt. Unser Leben selbst zeigt schon: Wir leben, indem wir als Paradox erscheinen, aber nicht als eines, das uns stört, sondern als Paradox, das uns die Grundlage, ein pied à terre, gibt, damit wir überhaupt dasein können. Wollte man die rechte von der linken Körperhälfte trennen, würde man die Lebensmöglichkeit zerstören. Auf dem Paradox von rechts und links als Einheit ist das Leben gebaut.

Das Wissen von den Entsprechungen, das die Überlieferung mitteilt, ist keine Wissen*schaft;* so ist auch die Weise der Mitteilung nicht wissenschaftlich. Mit dem Aufkommen des wissenschaftlichen Zeitalters wurde es daher mehr und mehr verdrängt, endlich auch in uns so tief verschüttet, daß es fast in Vergessenheit geraten ist. Ganz mit dem Baum der Erkenntnis beschäftigt, streift den Menschen nur manchmal die Ahnung, daß das Leben vom Baum des Lebens sein wirkliches Glück ist, denn dann lebt er im Werden und weiß gleichzeitig sein Ewigsein. Schon die Sehnsucht danach ist ein großes Glück, die einzige Möglichkeit, zum Frieden mit sich und der Welt zu kommen, zur heiteren Gelassenheit. Dann fühlt er: »Es kommt gut, wie es kommt; ich muß es nicht zwingen oder jagen.«

Hadere nicht mit dem Schicksal, denn es wird doch geschickt, ist wie die Mahlzeit. Nimm die Mahlzeit zu dir, die für dich vorbereitet worden ist, und verlange nicht immer eine andere. Gib dem, was dir kommt, Raum und Zeit, indem du das Geheimnis im dir Zugeschickten spürst. Dann sind Tun und Gelassenheit zwei Seiten derselben Sache. Das Tun kommt von rechts, vom Sein, das dich zum Handeln bringt, das Gelassensein von links und bedeutet Wissen von der Einheit.

Tue – so heißt es –, ohne zu fragen, ob es nützlich ist. Vielleicht ist es gar nicht nützlich im Moment, wo du den Nutzen sehen willst. Nützlich ist es aber sicher in dem Sinn, daß es dir und der Welt etwas baut. Ob in der nächsten Stunde, in hundert Jahren oder einer Woche – das können wir nicht wissen; in der Welt des Seins ist die Zeit unwichtig.

Messen können wir also nicht. Wir können aber lieben. Deshalb lautet auch das höchste Gebot: Liebe mit allem, was dir möglich ist. Die Liebe kennt nicht den Zwang des Messens, ist weder an Zeit noch Raum gebunden.

Es heißt daher: Das Land Israel ist die ganze Welt, das Weltall. Israel ist kein Land, das man hier messen kann. Es ist das Land, wovon gesagt wird: Wer in ihm wohnt, kennt weder Angriff noch Angst, weder Krankheit noch Tod. In Zeit und Raum kann es also nicht bestehen, denn Zeit und Raum bringen immer Enge und Angst mit sich.

In der Welt, in der Sein und Werden eins sind, werden die wahren Maße des Landes Israel genannt. Die Überlieferung sagt: 400 Parsa ist das Land lang und 400 Parsa ist es breit. 400 bedeutet: die letzte Möglichkeit des Ausdrucks. Das letzte der 22 Zeichen, der 22 Buchstaben des hebräischen Alphabets, ist das Zeichen Taw, die 400. Das äußerste, was man in seiner Vorstellung noch übersehen zu können glaubt, ist mit 400 ausgedrückt, als das Unendliche. Du kannst dir »unendlich« noch vorstellen, obwohl du auch weißt, daß du dort untergehen würdest. 400 mal 400 ist die Begegnung von Unendlich mit Unendlich, also das fast Undenkbare.

Wenn wir hören, daß irgendein Sternennebel Millionen Lichtjahre entfernt ist, und wissen, daß eine Lichtsekunde schon 300 000 km beträgt, können wir ahnen, wie unermeßlich weit »unendlich« reicht. Unendlichkeit bedeutet: Das Werden hat keinen Anfang und nimmt kein Ende. Mit der Schöpfung kommt das Werden. Gott erschafft das Werden, erschafft die Zeit.

Das Werden ist rund, und rund zeigt sich der Kosmos. Einerseits unendlich, andererseits die Krümmung. Das Unendliche schwimmt sozusagen in einem anderen, Unbestimmbaren. Vom Runden heißt es daher, es sei einmal von einem anderen gekommen. Es ist rund wie das Ei, das Ei enthält das Leben. Viele Mythen erzählen vom Weltenei, das Gott gemacht hat, aus dem die Welt hervorkam. Aus dem unendlich Runden kommt das hier Erscheinende, Leben und Welt.

Gehst du im Kreis in der Runde – und ist der Kreis auch noch so klein –, du kommst nie an ein Ende. In Indonesien, wo die Hahnenkämpfe eine Art Volkssport sind, besteht der merkwürdige Brauch, um den Hahn einen Kreis zu ziehen, damit er nicht wegläuft. Er ist dann, sagt man, gefangen im Kreis und kommt nicht heraus, denn er hält den Raum im Kreis für die ganze Welt. Hahn heißt auf hebräisch »tarnegol«, ein Wort, das aus den Stämmen »tar«, »(zwingende, stoßende) Form«, und »gal«, »(aus Liebe geschenkte) Form«, besteht.* Das, was hier als Hahn erscheint, ist also

---

* Die Namen Galiläa und Golgatha, die im Neuen Testament eine wichtige Rolle spielen, sind ebenfalls vom Stamm »gal« gebildet; es sei hier auch an das dreimalige Krähen des Hahns beim Verrat des Petrus erinnert.
Der Stamm »tar« erscheint noch in den Begriffen »Torso« und spanisch *toro* (von lateinisch *taurus*), Stier. Der Kampf des Men-

eine Verkörperung der Form an sich. Und »der Hahn bleibt im Kreis« bedeutet dann im Erleben: Von der Form her sind wir nicht imstande, herauszukommen oder durchzubrechen. Das Werden als Unendliches teilt dir mit: Wenn du nur das Werden kennst, bleibst du gefangen. Vom Sein her kommt die Befreiung.

Wir sahen, daß der Traum Jakobs an einem bestimmten Punkt auf einer Linie des Werdens entsteht; das Werden aber ist so verflochten mit dem Sein, daß eine Trennung zwischen beiden unmöglich ist. Der erste Traum, den die Bibel mitteilt, kommt also dem dritten der Erzväter, bei Jakob wird auch zum ersten Mal in der Bibel das Wort »krank« gebraucht. Jakob, der dritte, stammt von Abraham auf der rechten und Isaak auf der linken Seite; Jakob steht sozusagen in der Mitte. Die rechte Seite wird als männlich, die linke als weiblich gesehen. Für Abraham ist das Feuer, für Isaak das Wasser kennzeichnend; Jakob als der dritte hat beide Seiten in sich.

Zwölf Söhne hat Jakob – eigentlich sind es dreizehn, aber sie werden immer als zwölf gezählt. Mit der 12 wird die Zeit gemessen: 12 Tierkreiszeichen, 12 Monate (Monde). Mit Jakob also kommt das, was wir als Zeit und Raum erfahren, und damit auch erst der Traum. Nach Jakob träumt Joseph, sein geliebter Sohn, und in Josephs Welt träumt alles, könnte man sagen, der Schenke und der Bäcker träumen, der Pharao träumt. Dann hören die Träume in den Büchern Mose wieder auf.

In den fünf Büchern Mose werden nur 7 Träume erzählt: Jakobs Traum, die zwei Träume Josephs, der des Bäckers und der des Schenken sowie die zwei Träume des Pharao. Diese sieben sind nach der Überlieferung die Grundlage für

schen gegen den Stier und die Kämpfe der Hähne untereinander (vom Menschen veranstaltet) haben mit dem Begriff und dem Erlebnis der »Form« zu tun.

den Traum überhaupt. Und der Traum handelt doch immer von den Kernfragen des Lebens: Was ist gut, was böse? Was ist Leben, was Tod?

Bei »Tod« denken wir meist nur an Sarg und Sterben; dabei ist Tod schon im Leben in der Zeit. Der Tag von gestern ist verschwunden, irreversibel, tot. Bei der Erlösung aber, heißt es, wird alles Verschwundene und Zerstreute eingesammelt. Alles, was du erlebt, erhofft, erwartet hast, wird *sein*. Wann wird es sein? Am Ende der Zeit. Wann also? Bald – steht u. a. in der Offenbarung des Johannes – wird es geschehen. Das bedeutet: In jedem Moment stehst du an der Schwelle zum »bald«; jetzt könnte es sein. In der Welt von Sein und Werden in einem bist du dem »Ende der Zeit« so nah, daß du eigentlich nur danach greifen müßtest. Nur unser Festhalten an der Zeitrechnung, unser Berechnen, läßt uns glauben, es sei in weiter Ferne.

Die Thora, heißt es, ist »der Baum des Lebens« – »ez hachajim« – »für die, die nach ihm greifen« – »ha-machasikim bo«. Der Baum des Lebens ist nicht weit weg, man muß keine Expeditionen aussenden, ihn zu suchen. In Raum und Zeit kann man ihn auch gar nicht finden. Er ist doch »in deinem Munde, in deinem Herzen«, wie im 5. Buch Mose gesagt wird, und nicht im Himmel, wohin man steigen müßte, es zu holen, oder »jenseits des Meeres«, wohin man reisen müßte, es herbeizubringen. Die Suche in Zeit und Raum ist ein Herumirren im Kreise, ist Tod. Im Werden steht alles im Zeichen des Todes.

Das Deuten des Traums (= des Lebens), dem als Grundmuster die 7 genannten Träume eingeprägt sind, kann nie vom Werden her oder auf das Werden bezogen geschehen, denn das bedeutet schon Tod. Die Deutung kann nur auf Entsprechungen basieren, die uns von dort gegeben werden, wo Sein und Werden zu einer untrennbaren Einheit verflochten sind.

Wie können wir Zugang zu dieser Welt der Entsprechungen finden? Ich will ein Beispiel geben. Jemand träumt, er kommt vor ein Tor, öffnet es, geht durch einen Garten – der Kies knirscht unter seinen Tritten –, kommt in ein Haus, steht vor einer Tür und sucht die Klinke, aber kann sie nicht finden. Wenn Sie jetzt fragen würden: Wo in der Bibel oder in der Überlieferung steht dieser Traum?, wäre die Antwort: So nirgends, aber allerlei Dinge geschehen in dem Traum, die als Bilder in der Bibel vorkommen: Tor, Garten, Weg, Steine; Tür, die nicht zu öffnen ist. Die Frage ist jetzt: Wo in der (Werdens-)Geschichte der Bibel kommen diese Bilder vor?

Zum Beispiel ein Tor. Wir müßten sehen, wo es vorkommt und was es jeweils bedeutet, ob es offen ist oder geschlossen usw. Ein Tor in der Bibel ist kein Tor, wie wir es – einseitig – in der Welt des Werdens wahrnehmen. In Psalm 24 etwa heißt es: »Hebt euch, ihr Tore, und laßt den König der Ehre ein!« Was, müßten wir weiter fragen, bedeutet »König der Ehre«, und wer ist er? Oder nehmen wir als Beispiel die Tür, die in dem Alltagstraum eine Rolle spielt. Im 19. Kapitel der Genesis wird von zwei Engeln bzw. zwei Männern erzählt, die nach Sodom kommen und von Lot ins Haus eingeladen werden. Da spielt die Haustür eine wichtige Rolle. Die Leute von Sodom nämlich wollen die Tür aufbrechen, um sich der Gäste zu bemächtigen. Da, heißt es, schlugen die zwei Männer »sie mit Blindheit, klein und groß, so daß sie sich umsonst abmühten, die Türe zu finden«.

Sie spüren vielleicht schon an diesen zwei Beispielen, daß es sich hier um *absolute* Entsprechungen handelt. Das weite Spielfeld der Spekulationen und Theorien, von dem die Psychologie bei der Traumanalyse beherrscht wird, kennt die Überlieferung nicht. Für sie ist das »Ende der Zeit« das »Jetzt«; Berechnungen, die sich in Theorien ausdrücken, sind ihr gänzlich fremd. Die Entsprechungen in der Bibel sind absolut, weil sie mitteilen: Das »Bald« hat sich erfüllt, ein Berechnen ist überflüssig. Sie befreien aus der Gefangenschaft der Theorien.

Jakob als dritter steht in der Mitte, hat also, wie der Mensch, von der einen Seite das Werden, von der anderen Seite das Sein und Werden in einem in sich. Tatsächlich kann der Mensch ja auch einseitig leben, nur von der Seite des Werdens. Da erkennt er nur Entwicklung an, akzeptiert seine Gefangenschaft in Zeit und Raum und versucht, es sich einigermaßen angenehm darin einzurichten.

So wird auch erzählt, daß die Kinder Israels eigentlich ein ganz schönes Leben hatten in »mizrajim« (Ägypten); Theater und Zirkusspiele, Kultur und Zivilisation. In der Gefangenschaft sucht und entwickelt der Mensch diese Bereiche, um sich abzulenken. Freizeit will er heute haben, um sich zu betäuben, und entwickelt dafür eine Freizeitindustrie. Die Betäubung, findet er, funktioniert besser in der Freizeit als durch die Arbeit – aber viele betäuben sich schon durch die Karriere. Das Bild der »Sklaverei in Ägypten« sagt: Du dienst dieser Welt, als wäre sie das Endziel, und weißt, daß es nicht so ist. Deine Seele seufzt, weil sie nicht existieren kann – Israel seufzt im Menschen. Aber man kann sich einrichten, plant und hat viele Ämter, vor allem statistische, es geht ganz gut. – Das ist die eine Seite. Auf der anderen Seite ist Sein und Werden als Einheit. Auf keiner der beiden Seiten allein kommt der Traum, erst in der Mitte träumt es sich. Das will sagen: Bei Jakob ist tatsächlich eine Verbindung vom Sein und Werden als Einheit zum Werden und zurück.

Wenn der Mensch träumt, ist er nach zwei Seiten hin da. Träumen kann er nur, wenn etwas von der anderen Welt ihm kommt. Und das gerade meldet sich bei ihm, wenn, wie wir schon besprochen haben, in seinem Leben nicht die Gelassenheit ist, daß das Geträumte und das im Wachen Erlebte eine Einheit bilden, dergestalt, daß er selbstverständlich so lebt, wie er träumt.

Die meisten Träume werden nicht bewußt, werden vergessen. Aber wie der Mensch am Tag ist und was er tut – das hängt mit dem, was er geträumt hat, zusammen. Nicht so, daß man sagen könnte, er sei durch das Geträumte im kausalen Sinn bestimmt, sondern so zusammenhängend, daß *beides* wirkt. Daher ist es falsch zu sagen, der Traum kündige an, was sein wird, sondern: Der Traum sagt, was wir sind. Er erklärt dir dich; du bist, wie der Traum es erklärt, denn du läßt es zu und lebst nach dem Traum. Dem Traum in der Nacht gemäß lebst du am Tag, ob am nächsten Tag oder vorher oder nachher, ist ganz unwichtig. Wie man auch von einer Eigenschaft des Menschen nicht sagen kann, sie sei nur heute; sie ist immer da, früher und später, *im* Menschen ist es so.

Ein Traum meldet sich, bedeutet, er bittet um Befreiung. Er meldet sich im Bild und will gedeutet werden. Und deuten meint auch öffnen, heilen. Unerlöstes ist im Bild da und verlangt nach Erlösung. Der geträumt hat, sagt man, kommt zu einer anderen Instanz und will die Erlösung. Beim Urtraum Jakobs spricht Gott gleich im Traum; Joseph erzählt seine Träume selbst, und die anderen, die Brüder, diskutieren sozusagen darüber: »Ah, du meinst, du bist dann König? Und wir werden uns vor dir bücken? Aber das tun wir nicht!« In der nächsten Phase kommen der Bäcker und der Schenke zu Joseph und bitten um Erklärung; eigentlich aber ist es so, daß Joseph ihre Verstimmtheit sieht und fragt: »Was ist euch?«, dann erzählen sie. Joseph liest ihre Gefühle in ihren Gesichtern und deutet, weil ihre Gefühle sich so zeigen.

Pharao endlich, der letzte, der träumt, fragt geradeheraus um Antwort. Er läßt seine »cartumim«, seine Weisen und Stern- und Traumdeuter kommen. Aber die können keine Antwort geben, denn das Paradox ist so stark, daß es nicht beantwortet werden kann. Da erinnert sich der Schenke: »Es gibt doch bei uns einen Iwri, einen Hebräer – abgeleitet von hebräisch ›ewer‹, ›von jenseits‹ –, der hat mir einen Traum gedeutet und dem Bäcker, der nicht mehr da ist. Dieser Iwri kennt die Entsprechungen.«

Wir sehen also eine Entwicklung: Zu Beginn spricht Gott

selbst mit dem Träumer; dann entfernt sich die Deutung gleichsam immer mehr und kommt beim Pharao auf dessen ausdrückliche Frage via die Traumdeuter und den Schenken, der sich erinnert, »von jenseits«. Joseph, der Jenseitige, gibt ihm eine Deutung, die nicht nur für Ägypten, sondern für alles entscheidend ist, was die weitere Geschichte erzählt. Weil Ägypten die Deutung aufnimmt, wird Joseph Herr über Ägypten, die Brüder kommen, der Vater kommt, die Gefangenschaft, Moses, der Sinai, das Gelobte Land, Josua. Dieser Traum also war entscheidend.

Entscheidend aber, könnte man sagen, war es schon, daß die Brüder den Joseph verkauft haben und daß er ins Gefängnis kam. Dort wäre er vielleicht verlorengegangen, wenn Pharao nicht geträumt hätte. Warum aber kam er überhaupt ins Gefängnis? Hätte er nicht mit der Frau des Potiphar ein schönes Verhältnis haben können, ohne daß Potiphar davon etwas zu merken brauchte?

Wir sehen, die Kausalität der Geschichte ist voll von sogenannten Zufällen. Aber Zufall bedeutet eben das Hineinbrechen aus einer anderen Dimension. So entsteht ein Zusammenhang, der mit dem Funktionspaar Ursache-Wirkung nicht zu messen ist. Die andere Dimension läßt das gewohnte Erklären nicht zu. Die Bibel erzählt vom Zufall, erzählt, wie die andere Dimension dir zukommt.

Auch der Traum ereignet sich, könnte man sagen, als Zufall. Zufällig träumt Pharao, und zufällig ist der Schenke gerade anwesend und sieht, daß Pharao von seinen Traumdeutern keine befriedigende Antwort bekommt. Lange Zeit hatte er Joseph vergessen, obwohl ihm Joseph doch die Wiedereinsetzung in sein Amt vorausgesagt und ihn eigens um Fürsprache bei Pharao gebeten hatte: »Denke an mich, wenn du wieder frei bist, und erzähle dem Pharao von mir.« Doch der Schenke vergißt's. Warum vergißt er? Damit der Pharao, könnten wir sagen, den Traum bekommt. Denn hätte er, eben aus dem Gefängnis entlassen, gleich zu Pharao gesagt: »Da gibt es einen im Gefängnis, der ist unschuldig,

der sitzt umsonst«, hätte der Pharao Joseph vielleicht freige-
lassen und zu irgendeinem anderen Herrn anstelle von Potiphar geschickt, und die Geschichte wäre aus gewesen. Aber
nein, einer anderen Art von »Logik« folgend, *vergißt* der
Schenke den Joseph.

Die 7 Träume gliedern sich in 4 Gruppen: Jakob, Joseph,
Bäcker und Schenke, Pharao. Wir finden also auch hier die
4heit wieder, die unsere Welt bestimmt in den 4 Elementen,
den 4 Exilen, den 4 Himmelsrichtungen usw. Die 4heit im
Traum erscheint als Stufung. Die vierte Schicht, Pharao, ist
uns am nächsten; dort heißt es: »Ich habe geträumt und will
eine Deutung.« Bäcker und Schenke sind von uns schon
weiter entfernt; nur deren verstimmte, traurige, gedrückte
Gesichter »sprechen«. Joseph – wieder eine Stufe tiefer, also
noch weiter entfernt – sucht keine Deutung; er erzählt nur
den Traum, und *die anderen* werden dadurch unruhig und
irritiert, als ob es sie anginge. Und in der tiefsten Schicht, bei
Jakob, ist Traum und Leben eine Einheit; Jakob nennt dann
auch den Ort mit dem Stein, an dem er geträumt hat, »beth-
el«, »Haus Gottes«. Der Ort der Verbindung zwischen
Himmel und Erde, die Leiter, auf der Engel auf- und herabsteigen, ist Ursprung und Wurzel des Traums.

In einer alten, in aramäischer Sprache abgefaßten Mitteilung wird gesagt, der Traum solle in vier Schichten gedeutet
werden. Weiteres steht dort allerdings nicht, weder werden
die 7 Träume genannt, noch wird eine Anleitung gegeben,
wie mit den vier Schichten umzugehen sei. Es wird – und
das ist sehr charakteristisch für alle Mitteilungen des alten
Wissens – als selbstverständlich vorausgesetzt, daß man *die
4 Schichten in sich* kennt und erlebt.

Dieses Kennen und Erleben bedarf keines Studiums in
dem Sinne, daß man die 4heit irgendwo außen suchen
müßte. Es ist vielmehr wie beim Erleben der 4 Elemente:
Wenn ich »Erde« wahrnehme, erlebe ich die 4heit schon
mit, denn Grundlage der Erde sind die Wasser, »majim«,
das Fließende, die Zeit; und deren Grundlagen sind das

Feuer, »esch«, und die Luft, der Wind, »ruach«, Geist. Wie die 4heit der Elemente als Einheit erscheint, so bestehen auch die vier Schichten des Traums im Zusammenhang in uns.

Ich will versuchen, den Zusammenhang der vier Schichten noch weiter zu verdeutlichen. Erst siehst du nur die Schicht, die dir erscheint; wenn du dich näher (weiter bzw. tiefer) kennenlernst, könntest du den Bäcker und den Schenken in dir erleben, dann Joseph usw. Das bedeutet: Nur die letzte Schicht, Pharao, träumt. Die vorige »fühlt sich nicht gut«. Damit ist nach dem alten Wissen gemeint, daß der Mensch mit seinem Schicksal keinen Frieden hat, unruhig ist, glaubt, er betrüge oder werde betrogen, hat Angst, weiß nicht, wo er wohnen, welchen Beruf er wählen, was er tun, wie er sich beschäftigen soll. All das bedeutet: Er schaut drein wie der Bäcker und der Schenke. Dann fragt man: »Was ist mit dir!?« Es muß nicht sein, daß er dann einen Traum der Nacht erzählt, sondern er erzählt dann eben von sich, ohne Absicht, von seinem Leben; er gibt sich. Es heißt daher auch, das Gespräch des Kranken mit dem Priester soll so sein, daß der Kranke sich hingebe, daß er ohne Schranken von allen vier Schichten seines Traums, seines Lebens erzähle.

Beim Traum des Schenken ist doch von drei Phasen die Rede: In der ersten sind die Trauben unreif, dann reifen sie, und in der dritten werden sie – in den Becher des Pharao hinein – zu Wein gepreßt. In der vierten Phase dann wird der Becher vor den Pharao gebracht. Der Mensch also, der sich gibt, gibt sich ganz, vom unreifen Stadium bis zum Becher.

Der Traum, den du hörst, ist, wie wir sehen, nur die äußerste Schicht. Es käme nun darauf an, die weiteren, tieferen Schichten zu wissen. Durch Abfragen aber kannst du sie nicht vernehmen. Sie sollen vielmehr kommen, gelassen, sich geben. In einer tieferen Schicht kommt Joseph. Joseph, bevor er verkauft wird, mit dem »bunten Rock«, dem Kleid, das alle Farben der Welt zeigt, Geschenk des Vaters, der ihn über alles liebt.

Wer ist Joseph? Wo lebt er im Menschen? Er muß außerordentlich wichtig sein für unser Leben hier. Bei Jeremia lesen wir, daß Rahel, die Mutter Josephs, weint, weil ihre Kinder in die Verbannung ziehen; sie weint, heißt es, und kann nicht getröstet werden. Jedes Kind, erzählt die Überlieferung, zieht an Rahel vorbei, wenn es geboren wird. Rahel ist an der Grenze vom Jenseits zum Diesseits. Und Joseph, Rahels Sohn, ist dasjenige, was aus dem Jenseitigen ins Diesseitige geboren wird: Joseph *erscheint,* ist der *Leib hier.*

Die Überlieferung kennt den Messias als den Sohn von David *und* als den Sohn von Joseph. Paradoxerweise gibt es also zwei Genealogien für den Erlöser, und gerade das zeigt, daß es stimmt, denn wie könnte es *einseitig* sein? Im Neuen Testament sind von Jesus ebenfalls zwei Stammbäume überliefert, bei Matthäus ein anderer als bei Lukas. Eine Zweiheit nicht als Widerspruch, sondern eine Zweiheit, die bezeugt, daß es wahr ist.

Zwei – und doch einer: Der eine siegt, der andere stirbt. Es bedeutet: Der siegt, stirbt, und der stirbt, siegt. Kausal ist es nicht zu erklären. Er siegt und stirbt zu gleicher Zeit, ist immer da, ist nie da. Versuche nicht, ihn in die Kausalität zu bringen, in Raum und Zeit. Da gibt es nur das Entweder-Oder: Er ist tot oder er lebt. »Er war«, sagen die einen, »er wird kommen«, die anderen. Wahr ist aber beides.

Sie kennen vielleicht die türkische Geschichte vom Richter. Da kommen zwei streitende Parteien vor den Richter. Der Richter hört erst den einen, und als der zu Ende ist, sagt er: »Recht hast du, vollkommen recht!« Da ruft der andere: »Was? Recht hat er? Das ist nicht wahr! Du hast mich ja noch gar nicht gehört!« »Erzähle auch du«, sagt der Richter und, als der andere mit seiner Darstellung fertig ist: »Du hast recht!« Da ruft einer der Zuhörer: »Der hat recht, und der andere hat auch recht!? Was bist du denn für ein komischer Richter? Dumm bist du, ein Idiot!« »Auch du hast recht!« sagt der Richter.

Joseph ist also derjenige, der als Leib erscheint. Der Leib träumt, der Leib, der an Rahel vorbeikommt, weiß von seinem Königtum, vor dem sich alles neigen muß. Er weiß sich im Bilde Gottes, weiß, daß er hier entscheidend ist. Wir neigen oft dazu, den Leib geringzuschätzen und der Seele den hohen Rang einzuräumen. Joseph und Juda aber vereinigen sich.

Die tiefste Schicht, die Begegnung im Kern – gleichsam pränatal –, ist die Begegnung mit Jakob, mit dem Vater selbst, dem dritten der Väter. Die Überlieferung spricht von Jakob oft als von einer Gottheit – »Jakob-el« wird er dann genannt. »Vater« bedeutet in der Bibel immer etwas Jenseitiges; der Mensch ist dort ganz nah bei Gott, wirklich im Bilde Gottes.

In der tiefsten Schicht wird, wie man sagt, für den Menschen die »Leiter« sichtbar. Dann ist er wirklich der Freie, hat keinen Zwang mehr, weil er spürt und weiß, daß überall dort, wo er ist, die Wohnung Gottes ist. Er hat dann nicht mehr den Zweifel, ob es gut ist, daß er dies oder jenes tue. Er weiß nun, was er auch tut, ist gut. Ein Zustand, den man paradiesisch nennen könnte. Im Sein ohne Schwanken, ohne den quälenden Zwang der Alternative. Dort kannst du zu gleicher Zeit mit allem sein, keins hindert das andere. Dort – und nur dort – herrscht ausschließlich das Gute. Der Weg dorthin, ins Zentrum, führt durch die 4heit hindurch; so kannst du es erfahren.

Diese grundlegende 4heit kennen wir auch vom Traum Nebukadnezars, der bei Daniel erzählt wird. Das Bild von Gold, Silber und Kupfer erscheint auf »tönernen Füßen«. In 4heit erscheint die Struktur der Welt. In 4 Schichten kündet der Traum vom Wesen der Dinge und ihrem untrennbaren Zusammenhang. Niemals also besteht ein Traum isoliert, immer ist er eingebettet in seinen Werdegang.

Hier komme ich zurück auf eine unserer Leitfragen: Wie

kommt es dazu, daß Joseph träumt? Eine erste Antwort war: Er flieht vor Esau; er hat, könnte man sagen, Angst vor seinem Zwillingsbruder. Vater und Mutter schicken ihn zu Laban, damit er dort eine Frau finde. – Der Traum also kommt erst, wenn der Mensch flieht. Wovor flieht er? Und warum muß er fliehen? Ich hoffe, daß wir jetzt vom Zusammenhang der Bilder her, der sich in einer Geschichte ausdrückt, der Antwort näherkommen.

11

Das Ritual · Jakob und Esau ·
Der Kindermord · Nimrod und Abraham ·
Die Begegnung der beiden großen Jäger ·
Die Linsen · Der Verkauf der Erstgeburt ·
Der Segen Isaaks · Die Flucht Jakobs ·
Die »dudajim« · Joseph, der elfte Sohn

Es geht uns darum, die Bilder aus der Welt, in der Sein und
Werden in eins verflochten sind, zu übersetzen. Der Teil
»Werden« dient uns dabei als Brücke: Wie drückt sich das
Bild in unserer Werden-Welt aus? Im Traum Jakobs sahen
wir die tiefste Schicht im Menschen, dort geschieht das Sich-
selbsterkennen. Hat der Weg durch die vier Schichten so
weit geführt, daß der Mensch sein eigenes Sein im Werden
erkennt, dann weiß er auch, daß sein ganzes Verhalten in der
Welt des Werdens Ausdruck oder Entsprechung dieses eigenen Seins ist. Alles, was wir in der Welt des Werdens tun,
ist eigentlich ein Ritual.

Vielleicht protestieren Sie jetzt und sagen: »Aber wir sind
doch frei!« Ich bleibe aber dabei: Die Art, wie man sich
verhält, sich kleidet und gesellschaftlich benimmt, ist ein
Ritual. Es entspricht dem Sein und wickelt sich von selbst
ab. Das Ritual von vor 50 Jahren berührt uns seltsam, ja, wir
lachen vielleicht darüber. Und so wird es denen ergehen, die
in 50 Jahren auf unser Ritual zurückblicken. Der Alltag läuft
ab, wie es vom Sein her bestimmt ist. Im Sein aber gibt es
kein Erklären; es ist so, wie es ist.

Die Frage ist sehr wichtig: Wie drückt sich der Mensch
aus, wie lebt er, was ist sein Ritual? In der tiefsten Schlucht
des Menschen sehen wir: Dort wird sein Sein so weit, daß er
aufsteigend und dem Göttlichen gegenüberstehend sich

selbst erkennt. Er fühlt dann: Was ich tue, tut sich von dort. Kann er nicht soweit aufsteigen, ist er gezwungen, Dinge zu tun, ohne zu wissen warum; er versteht nicht, warum es so ist. Jakobs Traum braucht keine Deutung, denn dort *sieht* der Mensch gleichsam seine Deutung, nämlich seine Wirklichkeit im Verborgenen. Er sieht sich Gott gegenüber wie ein Unten gegenüber dem Oben, und Gott spricht mit ihm. Das ist jedes Menschen Traum im Tiefsten.

In der nächsten Schicht kommt die Deutung schon mit, die Brüder Josephs sprechen sie als Frage aus; der Träumer weiß die Deutung, wenn er den Traum erzählt, und auch die Brüder verstehen. Bäcker und Schenke dagegen – ihre Bedrücktheit zeigt es – *fragen* sich. Joseph muß deuten, sonst wüßten sie es nicht. Pharao endlich, die vierte Schicht, verlangt, ja, fleht um Deutung. Alles tut er, damit sie ihm zuteil wird. Dieser vierten Schicht entspricht unser Leben in der Form. Wir verstehen nicht, warum dies oder jenes geschieht, warum wir tun oder unterlassen, warum wir träumen. Unser Leben hier verlangt dringlich nach Deutung.

Wenden wir uns nun dem Werdegang von Jakobs Traum zu. Jakob hat den Segen, wie man sagt, »gestohlen«, seine Mutter hat den Betrug bewerkstelligt. Esau ist darüber sehr böse und möchte ihn töten. Da schickt die Mutter Jakob fort: »Fliehe, sonst verliere ich euch beide an *einem* Tag.« Auf der Flucht kommt Jakob der Traum. – Im Tiefsten also kommt der Traum nur nach der Trennung von Esau.

Was bedeutet das Tötenwollen Esaus? Wir müssen in der Geschichte zurückgehen, um den Streit zwischen Jakob und Esau zu verstehen. Es geht doch da schon um die Erstgeburt, die auch irgendwie von Jakob »gestohlen« bzw. von Esau »verkauft« wurde. Jakob und Esau haben den Konflikt schon von vor der Geburt an, der dann Anlaß des ganzen Geschehens wird. Immer ist beim Traum ein Konflikt der Anlaß: zwischen Joseph und seinen Brüdern; zwischen Bäcker/Schenke und Pharao; beim Pharao selbst zwischen den fetten und mageren Kühen bzw. Ähren. Immer also besteht eine Dualität, ein Paradox, woraus der Konflikt kommt und das Geschehen in Bewegung bringt.

Der Konflikt zwischen Jakob und Esau hat, könnte man sagen, eine Genealogie. Die zwei Väter des Zwillingspaares nämlich stehen sich – wir erwähnten das schon – als eine Einheit von rechts und links gegenüber. Abraham, von der Seite des Lichts und des Feuers, gegenüber Isaak, von der Seite des Wassers (Brunnengeschichten). Der Sohn nun, der dritte, trägt das Paradox von rechts und links in sich selbst. Der Sohn erscheint als Doppelheit und heißt: Jakob und Esau. Es ist dieselbe Doppelheit, die wir auch in unserem Leben spüren, wenn wir uns also von dieser Zweiheit herkommend verstehen.

Die Zwillinge sind einander gleich und auch nicht gleich. Als Zwillinge gleichen sie den beiden Bäumen im Garten Eden: dem Baum des Lebens und dem Baum der Erkenntnis. Der Baum der Erkenntnis ist das, was in Erscheinung tritt; er wächst und entwickelt sich, zeigt die Phasen des Werdens, die einander nie gleichen. In jeder Phase sind ja auch wir anders geworden, und die Welt hat sich auch geändert. Auf Nimmerwiedersehen verschwinden jeder Moment und jede Phase, und man kann sie auf keine Art zurückhalten.

Gleichzeitig aber spüren wir in diesem Wechsel des Werdens auch ein Sein, ein Unveränderliches, das aber nicht erscheinen kann, verborgen bleibt. Das Sichzeigenkönnen ist an Entwicklung und Veränderung gebunden, Zeit und Raum verhaftet. Demgegenüber ist der Baum des Lebens alles, könnte man sagen, was du spüren und empfinden, lieben oder auch hassen kannst; der Baum der Erkenntnis aber alles, was du sehen, messen, wägen kannst. Im Erleben nun sind diese beiden Bäume nicht getrennt.

Von der Geburt des Zwillingspaares wird erzählt, daß Esau zuerst geboren wird, und Jakob sich sozusagen mit herausziehen läßt, indem er sich an der Ferse Esaus festhält. Das hebräische Wort für Ferse bedeutet aber auch »List« im

Sinne einer unerwarteten Überraschung. Esau sagt von seinem Bruder, er habe sich als »ekew«, als Jakob also, benommen. »Ekew« bedeutet auch Alternative. Zuerst ist es ganz eindeutig: Das Erschienene ist da; mit dem Erscheinenden schmuggelt sich aber die Alternative ein, das Unsichtbare, das Verborgene. Wir könnten uns gar nicht vorstellen, was Erscheinen bedeutet, wenn wir nicht auch zu gleicher Zeit vom Nichterscheinenden, vom Nichts, wüßten. Es ist die Alternative, die alle Dinge hier begleitet und uns als solche schon stört und irritiert. Jakob kommt als Alternative, unsichtbar.

In unserer Art der Wahrnehmung sehen wir als erstes immer Esau, das heißt, wir konstatieren, so oder so sieht er aus, Bart, langes Haar, Zylinder. Gleich aber schmuggelt sich auch ein Gefühl mit hinein: »Mag ich es oder nicht? Habe ich Angst vor ihm oder er vor mir?« Mit anderen Worten: Eine Beziehung entsteht. Der Mensch existiert nur durch Beziehung – so formuliert es auch die moderne Philosophie. Durch mangelnde Beziehung fühlt er sich allein und verlassen, isoliert sich immer mehr, wird »komisch« – ein Ritual der Beziehungslosigkeit entsteht.

Beziehung heißt: Erkenne, sobald du etwas siehst, auch den Jakob – die andere Seite. Das aber ärgert das Erscheinende, denn es fühlt sich »durchschaut«. Er macht ein braves, bürgerliches Gesicht, aber du weißt, er tut nur so, es ist ein Ritual. Er zieht sich so und so an, weil anständige Bürger so gekleidet sind; in Wirklichkeit aber müßte er so aussehen wie ein Schurke, den Rembrandt gemalt hat. Es gehört zum heutigen Ritual, daß sich diese Beziehung nicht mehr zeigt; alles sieht – mehr oder weniger – gleich aus.

Bei Jakob/Esau besteht von Anfang an der Konflikt, daß sich nur eine Seite einer Doppelheit zeigt, während die andere verborgen bleibt. Esau ist ein Jäger; von Jakob heißt es, »joschew«, er »wohnt«, »sitzt«, »ruht« im Zelt. – Was bedeutet das Bild des Jägers in der Welt, wo Sein und Werden eine Einheit bilden? Ein Jäger ist – so wird gesagt –

einer, der überzeugt ist, das Wild, das Glück, das Ziel seiner Jagd hier im Diesseitigen fangen zu können. Sobald er es aber gefangen hat, verliert er alles Interesse und sucht ein neues Wild, Glück, Ziel.

Heute jagt man Diplome oder die Sprossenleiter der Karriere hinauf. Nie kommt ein Punkt, an dem man wirklich Frieden hat. Endlos ist die Jagd. Im Diesseitigen, heißt es, muß der Mensch Jäger sein, denn hier kann man nur als Jäger leben. Was du auch tust oder glaubst oder dir als Ziel vornimmst: Sobald du es hast, suchst du Neues. So ist es im Leben hier mit allem. Auch die Wissenschaft ist ein weites Jagdgebiet: Eine Theorie löst die andere ab.

So ist der Mensch als Esau ein Jäger, so erscheint er in der Welt des Werdens. Jakob aber »wohnt im Zelt«, bewegt sich nicht. Esau gegenüber ist er in Ruhe, wie dem Werden gegenüber das Sein und Werden in einem in Ruhe ist, wie dem Unterwegssein gegenüber das Zuhause. Jakob wohnt in einem Haus, das nur leicht mit der Erde verwurzelt ist. Ein Zelt kann man leicht abbrechen, mitnehmen und an einem anderen Ort wieder aufstellen. Er wohnt schon hier in der Welt, aber es ist ihm leicht, sich wieder von hier zu trennen.

Das Unsichtbare, Nicht-sich-Zeigende ist *hier da,* aber leicht geht es auch wieder fort. Der Jäger dagegen sucht die Schwere hier. Das sind die beiden. Wer ist der Erstgeborene? Was bedeutet »erstgeboren«? Im Bild sagen wir: wer bei der Mutter als erster herauskommt. Hebräisch heißt der Erstgeborene »peter rechem«, »er durchbricht die Gebärmutter«, also dasjenige, was erst verborgen ist und dann herauskommt. Ein Wunder, könnte man sagen, daß überhaupt etwas geboren wird – es war doch gerade so gut aufgehoben. Die Welt aber will, daß es herauskommt, seine Verborgenheit verläßt. Das Erstgeborene durchbricht das Aufgehobensein. Weil es aber die erste Erscheinung von einer anderen Welt ist, hat es, so wird gesagt, ein Doppeltes. Die Bibel erzählt, daß der Erstgeborene als Erbe ein Doppeltes bekommt. Das ist nicht nur als Rechtsvorschrift für eine materielle Hinterlassenschaft zu verstehen, sondern bedeutet: Der als erster durchbricht, enthält *beide* Seiten.

Im Erlebnis des Menschen lautet die Frage: Enthalte ich, wie ich in meiner Erscheinung bin, beide Seiten? Oder ist das Erstgeborene eben das, was gar nicht als erstes *hier* erscheint? Immer wieder lesen wir doch in der Bibel, daß der erste gar nicht erster wird, sondern der Spätere oder, paradoxerweise, sogar der letzte. Der Jüngere wird es: Jakob, der nach Esau kommt; Abel, der zweite, ist der Gute, den Kain, der erste, tötet; Joseph, der Jüngere, ist der geliebte Sohn des Vaters; David, der Jüngste, wird zum König gesalbt.

Unser Wahrnehmen hier begleitet die Frage: Was ist entscheidend? Muß ich nach dem, was ich sehe, oder nach dem, was ich empfinde, entscheiden? Das Neue Testament durchzieht die Frage: Ist das Reich hier oder woanders? Kehre ich aus dem anderen Reich wieder hierher zurück? Man hätte es gern, wenn Jesus sagte: »Hier bin ich und hier bleibe ich.« Aber nein, er sagt: »Ich gehe nach Jerusalem, dort werden sie mich fangen und töten.« Petrus, der sagt: »Bleib hier, geh nicht dorthin«, nennt er einen »Satan«. Dieses Weggehen und Zurückkehren ist entscheidend; es will mitteilen: Das Erkennen ist im anderen, und dann kommt es vom anderen her wieder zurück. Wie Jonah, der drei Tage und drei Nächte im Bauch des Fisches ist, aufersteht Jesus nach drei Tagen und drei Nächten vom Grab.

Bei allem, was wir wahrnehmen, sollen wir gleich erkennen, daß das Erstgeborene – also das Entscheidende, das die Doppelheit trägt – das Nicht-sich-Zeigende ist. Bei allem Erscheinenden spürst du sofort auch deine Beziehung dazu. Sie entsteht aus dem Sein. Und damit entsteht auch der Konflikt zwischen Jakob und Esau.

Esau will die große Beute hier fangen. Davon träumt er, wie jeder Jäger davon träumt – Hemingway hat das in »The Old Man and the Sea« erzählt. Esau kommt sehr müde, heißt es, von der Jagd nach Hause. Dort sitzt Jakob, wie immer, und kocht gerade Linsen. Linsen, sagt man, sind rot. Esau, »der Rote«, möchte gern von den Linsen haben, verlangt nach dem Roten. Jakob gibt ihm die merkwürdige Antwort: »Du bekommst davon, wenn du mir dein Erstgeburtsrecht verkaufst.« – Komischer Handel, sagen wir, was bedeutet das? Wie kann einer sein Erstgeborensein gegen Linsen verkaufen?

Die Überlieferung teilt uns die Entsprechungen zu diesen Bildern mit, daß wir sie in der Welt des Werdens verstehen können. Was bedeutet das Müdesein Esaus, wenn er zurückkommt? Es wird erzählt, daß Esau auf der Jagd dem anderen großen Jäger, den die Überlieferung kennt, dem Nimrod, begegnet. Nimrod ist ein König der *erscheinenden* Welt, der nach dem Erscheinenden sucht und »jagt« und sich vor dem Verborgenen fürchtet. Mit heutigen Begriffen würden wir sagen, er fürchtet sich vor seinen Gefühlen, flieht vor sich selbst und flüchtet sich in Freizeit, Hobbys, Kunst, Autofahren, Reisen usw.

Nimrod, der König, der große Jäger, hat doch den Konflikt mit Abraham. Er bekommt schon Angst, als er hört, daß Araham geboren werden soll. Ihm wurde prophezeit – das heißt, er *spürt* –, daß etwas kommen wird, was ihn irritiert, verärgert, was er nicht mag; es wird unsichtbar, ungreifbar sein, wird sich auflehnen und alle seine Beweise lächerlich machen.

Es ist ein Irritiertsein im Menschen, der spürt, das andere ist im Kommen. Da tötet er, wie Pharao und Herodes, alle Kinder, die geboren werden. So tötet der Mensch bei sich »das Kind«, jenes, was noch an der Grenze zum Jenseitigen steht, was noch keine Erfahrungen hier gesammelt hat. Als Kind ist der Mensch spontan, hat noch das Ursprüngliche. Und das Kind wird von dem Bereich im Menschen getötet, der sich etwas auf Weisheit und Erfahrungen zugute hält, der glaubt, wenn er nur genügend studiere und Folgerungen daraus ziehe, käme dann der rechte Lebensweg zustande. –

Das »Kind« ist entscheidend wichtig im Menschen. Es hat nichts mit »kindlich« im sentimentalen Sinne zu tun, sondern bedeutet: ursprünglich, wahrhaftig, unverdorben sein; die Schauspiele des Verstellens noch nicht gelernt haben.

Der Kindermörder in uns will es schon bei der Geburt töten. Dort hat es noch nicht das Trauma von den Eltern, die beschließen: »Wir gehen aus und lassen bei ihm einen Babysitter.« Das Kind überlegt sich in seiner Angst: »Wie kann ich sie das nächste Mal zwingen, daß sie nicht weggehen?« Dann beginnt das Kind, ein Schauspiel aufzuführen. Das ist die Ursache aller Qualen des Menschen, daß er anfängt zu spielen und nicht mehr er selbst ist. Er zieht sich eine Maske über, und die Maske drückt ihn. Er muß nun Eindruck machen, sich so zur Schau stellen, daß er gern akzeptiert wird. Sein Spiel ist ein Einwilligen in den Zwang der Welt.

Nimrod will Abraham bei der Geburt töten. Das gelingt ihm aber nicht. Abraham wird versteckt, wie Moses und Jesus den Kindermördern entzogen werden – in allen Phasen wird es erzählt. Das Verborgene *kann* man nicht umbringen. Es entzieht sich, ist nicht zu packen, nicht zu (be)greifen. Auch später versucht Nimrod immer wieder, Abraham zu fangen und zu töten – ohne Erfolg. Abraham entspricht nicht den Gesetzmäßigkeiten. Nach Gesetz müßte Abraham im Ofen verbrennen – er verbrennt aber nicht.* Alles kommt anders, als Nimrod es sich vorstellt. Fortwährend hat Nimrod den Kampf mit Abraham, den gleichen Kampf, den Esau mit Jakob hat.

Es kommt der Tag, an dem Esau dem Nimrod auf dem Felde begegnet. Ein Midrasch, eine tiefergehende Erklärung, erzählt davon. Die beiden großen Jäger begegnen sich: der eine, der in und mit sich den Abraham als Gegenüber trägt, der andere, der in und mit sich den Jakob – eigentlich: Abraham im Sinne des Jakob – als Gegenüber trägt. Sie kämpfen miteinander, und Esau tötet Nimrod. Er kommt

---

* Vgl. Friedrich Weinreb, Wie sie den Anfang träumten, Bern 1976.

nach Hause und spürt: »Das Los des Jägers ist es, daß ein Stärkerer kommt und ihn tötet.«

Wir können dafür auch sagen: Eine Theorie gilt, bis eine neue stärkere kommt. Newton war sehr gescheit, aber heute haben wir ganz andere Auffassungen über das Licht. Jede Einsicht wird von einer besseren abgelöst.

Am Ende – so die Geschichte – fängt Esau tatsächlich das Tier, aber erst in dem Augenblick, als Jakob vom Vater den Segen erhält – Esaus Jagdglück ist abhängig vom anderen: das Tier bietet sich ihm dann förmlich an.

Im selben Moment, in dem Nimrod stirbt – wird erzählt –, stirbt auch Abraham, Nimrods Alternative. Während Esau vom Kampf nach Hause zurückkehrt, bereitet Jakob das Linsengericht. Es heißt, dieses Linsengericht sei das Trauermahl Jakobs für seinen Großvater Abraham.

Linsen sind rot und rund. »Rot« ist in der Entsprechung hier der Anfang des Kreises der Farben, also auch wie das Runde, das kein Ende hat. Im jüdischen Brauch – aber nicht nur dort – ißt man bei einem Todesfall ein Ei; das Ei zeigt das Runde, Endlose, auch in der Folge Ei–Huhn–Ei–Huhn ad infinitum. Es geht weiter, hört nie auf, fängt nie an.

Das Müdesein Esaus wird damit erklärt, daß es den Menschen in der Form seiner Erscheinung sehr erschöpft, wenn er tötet, daß es ihm dabei sehr unwohl ist. Wenn Esau Nimrod tötet, dann spürt er, wie erzählt wird, »das also ist auch mein Tod«. – Der Mensch konstatiert seine Sterblichkeit. Er spürt das Unentrinnbare, das ausweglos Runde, die »ewige Wiederkehr«, die Schopenhauer und Nietzsche im Traurigsein und in der Schwermut so tief empfunden haben.

Dieses Gefühl und die damit verbundene Hoffnungslosigkeit kann den Menschen zugrunde richten. Konfrontiert er sich ehrlich mit seiner Welt der Erscheinung, tritt dieses Müdesein, diese tiefe Erschöpfung ein. Jedem Menschen geschieht das, es kommt mit dem Menschen mit, ist ihm gleichsam eingebaut.

Erschöpft und traurig sieht er dann diese Linsen und sagt

zu Jakob: »Ich kaufe von dir die Antwort, ich möchte die Antwort auf die Frage der ewigen Wiederkehr von dir haben. Gib mir das, und ich erkenne dann an, daß das Unsichtbare entscheidend ist und nicht das Erscheinende. Wenn etwas überlebt, ist es sicher nicht der Körper. Du bist es in mir selbst. Ich erkenne in mir selbst das Nichterscheinende, das Sein.« Esau will die Wiederkehr erfahren – nicht nur eine Linse, eine ganze Mahlzeit ist davon da. Es ist eine lange Wiederkehr, und sogar seinen Namen »Edom« erhält er nach dem »Roten«, Runden der Linsen.

Das Rote aber ist die Farbe des Nordens, der Körperseite. Im Norden des Tempels wird beim Opfer (hebräisch »korban«, »[Gott] näherkommen, näherbringen«) das Tier geschlachtet, im Norden wird der Kreislauf des Blutes durchschnitten. Alles körperlich Erscheinende trägt das Zeichen der ewigen Wiederkehr, das Unentrinnbare, das Runde. Wie die Welt auch rund ist und die Zeit, die nirgends beginnt und nirgends endet. Das Runde erscheint also auch als Zeit; der Körper selbst ist Raum. Ab dem Geborenwerden hängen Raum und Zeit eigentlich von dir ab, das Kommen und Gehen, Tag und Nacht.

Erkennst du das und konstatierst es, konstatierst du aber auch gleichzeitig das Gegenüberstehende. Verstehen kannst du überhaupt nur etwas, dessen Gegenseite du kennst. »Gut« verstehst du nur, indem du weißt, was »böse« ist. Es gibt nicht »nur gut« oder »nur böse«; es gibt immer nur »Gutes an der Grenze des Bösen« oder »Böses an der Grenze des Guten«. Dazwischen sind Nuancierungen im Sinne von »*mehr* vom Guten«, »*mehr* vom Bösen«. Man spürt, daß *beides* sein muß. – Wenn der Körper untergeht, spüre ich: das Unsichtbare, Nichterscheinende bleibt. »Untergang« kann ich überhaupt nur verstehen, weil dem gegenüber etwas bleibt.

Im Menschen geschieht dieses »Verkaufs«-Gespräch bei der Konfrontation mit dem Tod: Jakob erfährt Abrahams, Esau Nimrods Tod. Dann sagt der Mensch bei sich: »Ich kann nur bestehen, wenn das Wesentliche das Bleibende ist, das Sein ist« – im gleichen Moment »verkauft« er das, was erscheint, und sagt: »Das ist nicht erstgeboren, wichtig ist das Sein.« Im Sein ist das Werden auch da; das Werden allein aber kann nicht Erstgeborener sein.

Der Mensch kommt bei sich selbst an den Punkt – dies die Erklärung der Linsengerichte –, wo ihm so vor Tod und Sterblichkeit graut, daß er sich fragt: »Warum dann nicht gleich alles töten?« – im selben Moment aber steigt ihm der Gedanke auf: »Was aber ist nach dem Tod? Ist etwas vielleicht gar nicht tot?« – und wenn er so fühlt, bedeutet es schon, daß er seine Erstgeburt dem Jakob verkauft. Wenn sich in ihm die Ahnung regt: »Vielleicht ist das Leben doch ein Geheimnis, der Tod auch?« – hat er die Erstgeburt schon verkauft.

Es ist ein *immerwährendes* Entscheiden im Menschen selbst auf die Frage: »Was ist wichtig?« Er urteilt nach dem Erscheinenden, ist mit den Linsen konfrontiert, weil der Tod in der Welt ständig um ihn herum da ist. Er weiß es, und dennoch hofft er: »Vielleicht *bleibt* das, was sich nicht in der Form zeigen kann, vielleicht *bleibt* meine Liebe, meine Sympathie, meine Sehnsucht.« Es bedeutet: Esau verkauft die Erstgeburt. So geschieht es im Menschen.

In der Geschichte kommt dann die Phase, wo Isaak, der Vater der Zwillinge, segnen will. Wieder meldet sich Esau als Erstgeborener. »Aber er hat die Erstgeburt doch verkauft«, könnte man sagen. In der Thora aber, heißt es, gibt es kein Vorher und kein Nachher. Ein Moment im Weltbild der Bibel ist immerwährend. Immer ist im Menschen Esau, *bevor* er verkauft und *indem* er verkauft, *vor* dem Segen, *während* des Segens und *nach* dem Segen. Es ist ein Alleszugleich im Menschen.

Wenn der Vater segnen will, meldet sich Rebekka, die Mutter. Sie weiß von der Gefahr, die dem Segnen des Erscheinenden droht: Wenn du im Werden sein willst, redest du dir ein, daß das Werden *machen mußt*. Mußt doch planen für Morgen, etwas tun, es fällt doch nicht vom Himmel!? Im Werden also könntest du dir – und wirst du dir – einreden, daß du es tust, dabei ist es doch schon da. Dein Tun ist in der Bewegung des Werdens Entsprechung dessen, was im Zuhausesein schon da ist. Es ist eine Einbildung zu glauben, du bildetest es. Es ist schon da.

Das Paradox *hier* – uns ein Rätsel: Es ist getan, und doch muß es getan werden. Der Baum, der da *ist,* und der Baum, der *wächst.* Muß der wachsende Baum begossen werden, gedüngt werden? – Das Tun ist Entsprechung vom Getansein; es ist nicht getrennt vom anderen, sondern *entspricht* dem anderen.

Die Mutter weiß: »Von dem, was ich in die Welt bringe, ist nicht das nur Werdende entscheidend; wesentlich ist das Werden und das Sein in einem.« Daher sorgt sie dafür, daß Jakob den Segen bekommt. Es bedeutet: Wir entscheiden in uns selbst, daß das Nichterscheinende der Gefühle wichtiger ist. – Dennoch müssen wir studieren, alles Erscheinende sehr ernst, exakt bis ins kleinste Detail und wichtig nehmen. Wir sehen, immerwährend, von Anfang an, im Mutterleib schon ist im Menschen der Kampf, das Gespräch, zwischen Esau und Jakob. Aufgrund dieses Gespräches, das fortwährend im Gange ist, kommt dem Jakob der Traum, hat der Mensch diesen Traum im Kern.

Er träumt aber nur, wenn er den anderen flieht, Esau im Stich läßt, fortgeht. Das Unsichtbare im Menschen begibt sich woandershin, deshalb kann der Mensch träumen. Im Schlaf, erzählt das alte Wissen, verläßt die »neschamah«, das Göttliche der Seele, den Körper und erfährt den Traum. Bist du als Mensch imstande, dich vom nur Werdenden zu distanzieren, dann erfährst du den Traum *und* die Deutung in einem. Hat sich der Mensch aber in seinem Sein noch nicht erkannt, ist er noch nicht bis zur Kernschicht durchgedrungen, dann meldet sich der Traum. Erwacht er glücklich, optimistisch, harmonisch, so hat er – könnte man sagen – die Deutung gehabt, weiß sie aber nicht bewußt; erwacht er gedrückter Stimmung und mißmutig, bedeutet es, in die tiefste Schicht ist er nicht vorgedrungen.

Das – nicht bewußte – Wissen der Deutung meint: Er *versteht* im Tag, im Leben – sein Leben entspricht dem Traum. Kommt er aber nicht soweit, bedeutet es: Er hat gewisse Gefühle, das Geschehen ist bei ihm *drinnen*. Er hat gute oder schlechte Stimmungen während des Tages. Ist er im Wachsein genial, so weiß er nicht, daß es vom Traum kommt, sondern glaubt, er sei genial im Werden, es käme von seinem Verstand, seinem Bemühen. Er versteht dann nicht, daß er genial ist, weil er es an der *anderen* Seite erlebt.

Rechts ohne links ist undenkbar. Im Menschen, in der Mitte, ist rechts und links zugleich da. Erfahren kann er sich nur, wenn sich die rechte Seite der linken entzieht. Rebekka weiß, daß sie an *einem* Tag *beide* Söhne verlöre, würde Jakob nicht fliehen. Warum beide? Esau wäre eben stärker. Die Überlieferung sagt: beide. Denn Jakob töten, bedeutet, der Mensch tötet sein Sein, das Unsichtbare. Daran stirbt er. Ohne das Unsichtbare kann er nicht leben.

Jakob ist daher im Menschen immer auf der Flucht. Und Auf-der-Flucht-Sein bedeutet: Im Schlaf geht das andere weg von hier. Wenn du Vorstellungsgabe, Phantasie, Inspiration hast, entziehst du dich damit dem anderen, das dich ins Gesetz zwingt.

Vieles stellt man sich vor, phantasiert man, das dann später Realität wird. Es geschieht, weil der Mensch durch die Phantasie mit dem anderen verbunden ist, das andere wirkt daher bei ihm. – Der Traum ist abhängig von unserem Werdegang, von unserem Gang im Leben. Lebst du so, daß du dich Esau entziehst, ist Traum und Deutung ineins. Du spürst dann auch, daß du im Traum am Ort Beth-El bist, das bedeutet »Haus Gottes«. Himmel und Erde sind dort verbunden. Später heißt dieser Ort Jeruschalajim (Jerusalem), »wo das Erscheinen Gottes sich im Doppelten erfüllt«.

Diesem »Traum im Kern« gegenüber steht Pharaos Traum in der äußersten Schicht hier. Pharao ist sein Traum bewußt, und er weiß, daß er ihn nicht deuten kann. Auch die »chartumim« (Mehrzahl von »chartum«, »Traumdeuter«; danach vielleicht der Name der Stadt Khartum im Sudan) aus »mizrajim«, der Welt der Zweiheit, bringen keine befriedigende Deutung. Das entspricht, könnten wir sagen, dem Zustand des Menschen, dem Freudsche, Jungsche oder Deutungen anderer Schulen gegeben werden, dem man darlegt, daß sein Traum eine bestimmte Stufe seiner Persönlichkeitsentwicklung symbolisiere usw. Gewiß, davon stimmt manches, aber eigentlich verlangt der Mensch nach dem anderen. Da geschieht das Erinnern des Schenken: »Ich habe doch einen Hebräer, das heißt, ›einen von Jenseits‹ erlebt.« Es will sagen, die Deutung kannst du nur aus einer Welt von jenseits erfahren, nie aus der Welt der Gesetzmäßigkeit.

In der vierten Schicht tritt der Mensch sozusagen heraus mit seinem Traum, mit seinem Leben und sagt etwa: »Seit einiger Zeit kann ich nicht richtig schlafen. Was ist eigentlich mit mir los?« oder: »Warum komme ich morgens nicht aus dem Bett und bin immer müde?« Ja, könnte man sagen, er möchte schon, am Willen mangelt's nicht, aber *es* läßt ihn nicht schlafen, läßt ihn nicht aufstehen. Oder er kommt dauernd zu spät in die Schule oder ins Büro. Er kann's nicht vermeiden, es tut sich so bei ihm. Oder ein Künstler kann plötzlich nicht mehr malen oder schreiben. – All das sind Traumfragen. Geschieht es einem so, sucht man dringlich nach einer Antwort.

Immer dann stellt der Mensch diese Fragen, wenn er fühlt, daß er nicht so lebt, wie er glaubt – und zu Recht glaubt! –, als Mensch leben zu können: in Glück und Zufriedenheit und Harmonie. Ihm ist dann, als werde ihm Unrecht getan: »Warum geht es ausgerechnet mir schlecht? Warum versteht man mich nicht? Warum enttäuscht man mich? Was ist mit mir los?« Traumfragen sind alle Fragen, die dem Menschen sich stellen aus dem Gefühl heraus, ihm fehle etwas.

Bei einer Krankheit fragt man auch: »Was fehlt ihm?« Mit einer Krankheit, sagt das alte Wissen, komme man zum Priester. »Priester« ist das im Menschen, was ihn auf seinem Lebensweg führt, leitet. Der Priester ist vom Stamm Levi, und »levi« bedeutet »führen«, »geleiten«, »begleiten«. Von dort also komme die Heilung, komme die Deutung.

In der dritten Schicht meldet sich der Traum in einem Bedrücktsein. Nicht du selbst verlangst nach Deutung, sondern ein anderer fordert deine Traumgeschichte dir gleichsam ab. Dieser andere ist auch im Menschen selbst. Du frägst dich also: »Was ist mit mir, daß ich so bedrückt bin?« Darauf kommt die Geschichte in den 4 Phasen; Geschehen kann man gleichsam nur in der 4heit erfahren.

Die beiden Träume Josephs in der zweiten Schicht kommen – wie der Kerntraum Jakobs – aus der Situation eines Konfliktes im Werden hervor. Joseph wird von seinem Vater sehr geliebt. Er ist der erste Sohn von Rahel, der geliebten Frau, und kommt eigentlich, weil Rahel von Lea die sogenannten »Liebesäpfel«, hebräisch »dudajim«, erhielt. Rahel »verkaufte« der Lea, die die »Liebesäpfel« von ihrem Erstgeborenen Ruben bekam, dafür den Mann. Und Lea bekommt so noch zwei Söhne, Issachar und Sebulun. Danach erst gebiert Rahel Joseph, den elften Sohn in der ganzen Reihe.

Das Kommen Josephs hängt mit den »dudajim« zusammen. »Dud« im Hebräischen bedeutet »Geliebter«; der Name David kommt vom gleichen Stamm: »Dodi«, »mein Geliebter«. Bei »dudajim« zeigt die Endung »-ajim« wieder auf »doppelt«, also »das Geliebte im Doppelten«. Die Liebe ist nicht nur in der Seite des Erscheinenden, sondern auch im Nichterscheinenden. Man möchte doch immer gern »doppelt« geliebt werden, nicht nur einseitig aus bestimmten Motiven, weil man zum Beispiel gut aussieht oder vermögend ist.

Daß Joseph als 11ter kommt, bedeutet: In der Zeit der 10 – die 10 Söhne, die schon da sind – ist noch keine Vollkommenheit in der Liebe, ist noch nicht das Doppelte. Ruben, so heißt es, findet die »dudajim« auf dem Feld zur Zeit der Ernte. Und gerade als er aufs Feld hinausgeht, wird Jakobs 8ter Sohn Ascher geboren. Das 8te ist nach dem alten Wissen in der Reihenfolge des Absoluten dasjenige, was hier eigentlich noch nicht existent sein kann. Hier existiert das 7te, das 8te ist noch nicht da. Die Woche hat nur 7 Tage, das 8te ist astronomisch noch nicht möglich, für uns also unberechenbar. Daher heißt es: Der Messias ist vom 8ten Tag, ist nicht zu berechnen in seinem Kommen. Er ist das 8te im Menschen, wenn die 7 mal 7 vorüber sind. Die 7, die sich selbst begegnet in 7 mal 7 – also die volle, erfüllte 7 – ergibt 49. Das 50ste ist wie das 1te, das neu in der 8 erscheint. Joschua, der Israel ins Gelobte Land hinüberbringt – ins Paradies gleichsam zurückführt –, heißt »Sohn von Nun«. Hebräisch »nun« ist 50. Er ist, wie der 8te Tag, nicht berechenbar.

Ascher, der 8te Sohn Jakobs, dessen Name »loben«, »preisen« bedeutet, ist der, in dessen Gebiet sich das Fette, das Öl für die Salbung, findet. Messias, hebräisch »maschiach«, heißt »der Gesalbte«, wie auch der Name Christus vom Griechischen her »gesalbt« bedeutet. Bei Aschers Geburt findet Ruben die »dudajim«, die doppelte Liebe, die das Erscheinende *und* das andere zu gleicher Zeit liebt und nicht – wie im Werden immer – alternierend: mal so, mal so, je nachdem. Im Werden dauert dieses alternierende, bis die »dudajim« von Ruben der Lea gegeben werden.

Rahel sieht es und sagt gleich: »Gib sie mir, ich möchte sie haben!« – wiederum ein Kauf – »Ich tausche: Du bekommst den Mann, ich die ›dudajim‹.« Der Bibelexegese tönt das orientalisch, sie vermutet primitive Nomadenbräuche, weil sie nichts von den Entsprechungen weiß. Im Hohen Lied, das als »Lied der Lieder« vom Geheimnis der Vereinigung von Himmel und Erde, des Männlichen und Weiblichen auf allen Ebenen erzählt, ist ständig von den »dudajim« die Rede.

Rahel tauscht diese so sehr wichtigen »dudajim« ein. Dadurch kommt nach der Welt der 4heit, die sich in 10 ausdrückt – Lea hat doch 4 Söhne, und die 4 bedeutet: Es werden 10 sein –, das 11te. Das 11te steht außerhalb unserer Kausalität, in der wir mit der 10heit rechnen.*

Wenn Joseph geboren wird, will Jakob von Laban wegziehen. – Wir spüren: Mit Joseph ist etwas Besonderes. Vom Vater bekommt er den »bunten Rock«, er hat diese zwei Träume, und er ist der Traumdeuter im Menschen bis heute. Es gibt ein hebräisch geschriebenes Buch mit dem Titel »Traumdeutung«, das beginnt: »Dieses Buch ist geschrieben nach den Traumdeutungen, die Joseph uns hinterlassen hat.«

Jede Traumdeutung kommt aus der Joseph-Seite im Menschen. So ist das »Hinterlassen« hier wohl nicht historisch gemeint, sondern will sagen: Von Joseph, der in der Welt der Erscheinungen nur »unsichtbar« *in* uns leben kann, stammt unser ganzes Wissen von Traumdeutungen.

---

* Die 4 als 1 + 2 + 3 + 4 = 10 enthält die 10heit schon in sich. Vgl. dazu ausführlich F. Weinreb, Der göttliche Bauplan der Welt, Zürich 1965.

12

Die Ernte · Die Joseph-Situation im Menschen ·
Der bunte Rock · Der Haß der Brüder ·
Der Träumer im Zentrum · In der Unterwelt
von »mizrajim« · Brot und Wein · Die Vögel

Die Situation »Joseph« ist für jede Traumdeutung zentral.
Wir wissen, daß ein Traum überhaupt nur zu deuten ist,
wenn man die Situation des Menschen auf dem Weg kennt.
Von der Situation im Leben kommt der Traum her. Das ist
sein untrennbarer Zusammenhang mit dem Leben; ohne
diesen Zusammenhang empfinden wir den Traum als sinnlos. Heute versucht man, dem Traum einen Sinn zu geben,
indem man ihn je nach Schule oder Richtung, der man folgt,
erklärt. Dabei ergibt es sich meist auch immer, daß man
einen Zusammenhang *konstruiert* und diesen dann den
Träumern sozusagen wieder aufpfropft durch die Erklärungen.

Wir wollen uns an die Entsprechungen halten, die das alte
Wissen überliefert. Die Joseph-Situation ist ein wichtiger
Komplex, der ebenso *im* Menschen lebt, wie er sich auch
außerhalb als Geschichte darstellt. Joseph im Menschen gibt
sich zu erkennen als einer, der lange von seinem Vater Jakob
und seiner Mutter Rahel ersehnt wurde. Der Moment, in
dem er erscheint, ist mit den »dudajim« verbunden, die wir
schon einführend erwähnt haben.

Ruben, so erzählt die Geschichte, findet sie auf dem Feld
zur Zeit der Ernte. Ernte, heißt es, ist am 50sten Tag, wenn
die 7 erfüllt, wenn diese Welt der Gegenwart vollendet ist.
Dann kommt eine neue Welt. Bei der Ernte werden die
Pflanzen von der Erde getrennt. Die Bestimmung des
Wachstums der Pflanzen ist, daß sie abgeschnitten werden
und nicht der Erde verbunden bleiben.

Die »dudajim« – meist mit »Liebesäpfel« übersetzt – drücken in der Entsprechung »Liebe an beiden Seiten« aus, also sowohl im Äußeren, Erscheinenden, Erklärbaren, als auch im Akausalen, Inneren, Unausdrückbaren, Unerklärlichen. Sie wachsen, sagt man, wenn die Ernte eingebracht wird, am Ende der Zeit. Damit ist nicht ein Weltende gemeint, sondern Ende jeder Phase, Ende jeder Begegnung, ja, Ende jeden Augenblicks, den wir erleben. An jedem Ende – immerwährend präsent – sind die »dudajim«, ist dieses Doppelte im Menschen da.

Im Hohen Lied, das doch auch vom Ende einer Entwicklung erzählt, werden die »dudajim« häufig genannt. Alles handelt dort vom Sichfinden zweier Welten, von Himmel und Erde, Verborgenem und Sichtbarem, König und Mädchen. Die Entwicklung ist dazu da, damit am Ende das gewaltige Erleben des Sichfindens sein kann. Darin verstehst du den Sinn der Schöpfung, den Sinn des Leidens, den Sinn des Bösen. Du verstehst es, weil du dich mit dem anderen verbinden kannst, du spürst, was dich *ganz* macht, komplett macht. Denn erst mit dem Unsichtbaren wird das Sichtbare heil, mit dem Geheimen das Offenbare und so immer eins mit dem anderen.

Dem Verstand ist es unbegreiflich, daß sich die Gegensätze Himmel und Erde, Unsichtbares und Konkretes je vereinigen könnten. Die »dudajim« aber bezeugen, daß es am Ende, wenn Ernte ist, doch geschieht. Daher schreibt sich der Name David wie »dudajim«, als »2 Davids« sozusagen. Die Überlieferung spricht von 2 Messiasen am Ende, das Neue Testament nennt 2 Genealogien von Jesus. Nichts hier ist wahr, wenn es nicht als Paradox erscheint; erscheint nur eine Seite, kann es nicht stimmen, ist es Lüge. Man nennt daher eine Erklärung, die hier logisch stimmt, einen Trugschluß. Auch in den Wissenschaften, vor allem in der Mathematik und Physik, beginnt man, das immer mehr einzusehen: Im Beweis meldet sich der Antibeweis; komplette Klarheit kommt nicht aus logisch-kausalem Erklären.

Für die »dudajim« – die 2heit, die nicht jetzt und hier ist, sondern nur von einer anderen Welt kommen kann – schenkt Rahel der Lea ihren Mann, das heißt, die Möglichkeit, Frucht zu bekommen. Das erinnert im Neuen Testament an das Reden vom Reich, das nur vom anderen Reich her, vom Reich des Himmels kommen kann; ohne das andere Reich kann es nicht bestehen. Die Verbindung *hier* kommt immer über das andere, eine Struktur, die wir in allem finden. Rahel handelt unerklärlich, indem sie gleichsam sagt: »Mein Reich ist nicht von hier, ich schenke die Frucht, die hier kommen kann, der Lea. Meine Frucht wird woanders sein.«

Joschua, Sohn von Nun, der Israel ins Gelobte Land hinüberführt, ist auch ein Sohn von Joseph; er ist aus Ephraim, und Ephraim ist Josephs »Erstgeborener« (obwohl er als zweiter nach Menasse kommt). Die Erlösung also kommt tatsächlich über Joseph, Rahels lang erwarteten Sohn von der anderen Seite.

Lea erhält aufgrund des »Verkaufs« die Söhne Issachar und Sebulun, den 9ten und 10ten in der Reihe der Zwölf. Bis 10, könnte man sagen, geht das Reich hier. Der 11te kommt als Überraschung, lang erwartet und doch unerwartet für Rahel, die ihn »Joseph« nennt, d. h. »Es komme mehr«. Das will sagen: In die Erscheinung, die ich sehe, schleicht sich eine andere Erscheinung ein, wie Jakob sich mit dem Kommen Esaus einschleicht, wie sich göttliches Wesen in die Erscheinung des Menschen als höheres Säugetier einschleicht. Das andere, das man nicht beweisen kann, schleicht sich ein, das Unsichtbare, wo Gott wohnt.

Mit Josephs Träumen treten auch die weiteren Träume, die in der Thora erzählt werden, immer als Paar auf. So zeigen sich der eine Traum Jakobs und die drei Traumpaare, die drei Traumwelten, die mit Joseph zusammenhängen. In der Struktur der 4 Schichten des Traums erkennen wir die innige Verbindung zwischen Jakob und Joseph.

Joseph, der 11te, tritt als das Neue dem sich in 10heit

immer nur Wiederholenden gegenüber. Daher wird er von der 10heit gehaßt. Wir selbst hassen ihn in uns, und vielleicht ist aller Ärger, den wir haben, mehr oder weniger eine Folge dieses Hasses. Joseph ist uns fremd, wir möchten ihn fern von uns haben, wir hätten es gern, wenn er so wäre, wie wir es in der 10heit gewohnt sind, denn die 10heit begründet unser Rechnen, unser Denken. Er sollte sein wie wir, und nicht ein anderer, Besonderer, Exklusiver.

Gleichzeitig aber meldet sich ständig Joseph, der andere, in uns. Meist gönnen wir ihm nicht viel Zeit, denn wir wollen doch gleich wieder »normal« und »vernünftig« sein, unseren Geschäften nachgehen. Wir verdrängen Joseph. »Die bösen Brüder«, sagt man, »die Joseph um Geld verkauft haben!« und vergißt dabei ganz, daß derselbe Vorgang *im* Menschen selbst als »normal« und »vernünftig« gilt. Eine ähnliche Verkaufsgeschichte kennen wir aus dem Neuen Testament, wo dem Judas die Schurkenrolle zufällt. Auch da gibt es den Ärger, daß dieser Jesus sich nicht »normal« benimmt. Muß er denn unbedingt gerade dort hingehen, wo man ihn verrät und tötet? Und es sieht fast wie unverständliche Geheimnistuerei aus, wenn er seinen Jüngern ausdrücklich verbietet, davon zu anderen zu reden. Es bedeutet aber: Im Erzählen liegt die Gefahr des Kausalen, des Erklärens, des Zählens und Rechnens. Jesus meint damit: »Ihr könnt mich nicht zählen und berechnen. Redet also nicht kausal von mir, sondern akausal.«

Joseph entspricht einer Art Vorspiel, einem Prolog einer anderen Welt. Er wird auch der Adam Kadmon genannt – der Mensch, wie er in der Schöpfung bei Gott ist. Das ganze Geschehen um Joseph, der Verkauf nach Ägypten, sein Aufenthalt in der Unterwelt (Gefängnis) – alles entspricht auch der Geschichte, die uns das Neue Testament erzählt.

Der Vater liebt Joseph besonders, denn er kam als Antwort auf die »dudajim«. In dieser Antwort erkennt der Mensch den Sinn des Ganzen. Jakob und Joseph, Vater und Sohn sind darin in ganz besonderer Weise verbunden. Das zeigt sich auch in der 4ten der 4 »Geschichten«, in welche die Thora eingeteilt ist, die wörtlich so beginnt: »Dies sind die Geschichten von Jakob Joseph siebzehn Jahre alt war...«* Diese innige Verbindung besagt: Das Entscheidende für den Menschen, das, was ihn zum Menschen macht, ist seine Möglichkeit zum Irrationalen, Imaginären, zum Traum. Der Mensch träumt, und er kann den Traum deuten – aber nur von Joseph her; andere »Deutungen« bringen Falsches, verwirren noch mehr.

Der Vater gibt Joseph ein Gewand, das im Hebräischen »ketonet passim« heißt und mit »bunter Rock« übersetzt wird. Der Bedeutung nach ist es eine Umhüllung, die *alles* enthält; sie ist aus unendlich vielen Stücken zusammengenäht, und jedes Stück hat eine andere Farbe. Dieser bunte Rock enthält alle Nuancierungen, die überhaupt möglich sind. Während der kausale Zusammenhang immer nur ein Entweder-Oder zuläßt, gibt der bunte Rock in einem alles.

In dieser Welt gilt die eine *oder* die andere Farbe. Stehe ich jetzt hier, kann ich nicht gleichzeitig an einem anderen Ort stehen. Es mag mit betrügerischer Suggestion möglich sein, die Grenzen an der Peripherie kurz zu überschreiten. So wird bei den 10 Plagen, die über Ägypten kommen, erzählt, daß die Weisen und Zauberer von Ägypten die ersten zwei Plagen auch zustande bringen mit ihren Techniken. Bei der dritten aber sagen sie: »Das ist ein Finger Gottes« und erkennen damit das Durchbrechen einer anderen Macht. Wir können vielleicht, wenn wir ganz weise sind von der Welt her, bestenfalls ein bißchen an den Grenzen spielen.

»Des 11ten Umhüllung«, sagt der Vater gleichsam zu

---

* Nach der Überlieferung ist die Thora (die 5 Bücher Mose) in 4 Geschichten eingeteilt, die in der Übersetzung jeweils mit den Worten »Dies sind die Geburten (oder Geschlechter)...«, hebräisch »ele toldoth«, beginnen. Die 1te ist die von Himmel und Erde, die 2te die von Noah, die 3te die von Sem und die 4te die von Jakob/Joseph (1. Mose 37,2).

den 10, »ist nicht die eure, die aus Erklärungen besteht.« Im bunten Rock und allen seinen Farben können alle Situationen des Lebens zu gleicher Zeit sein: Sein und Werden in einem. Der Fingerabdruck, die Schrift, das Horoskop und alles, was man sonst vom Menschen kennen und erklären kann, reicht nur bis zur 10. Dann kommt das andere, wovon gesagt wird, daß es kausal und rational auf keine Art bestimmbar ist. Das 11te spottet aller Tests und verhält sich »antihoroskop«. Die Astrologie gilt für alles, heißt es, nur nicht für Israel im Menschen; Israel steht über den Sternen. Beim Auszug aus Ägypten stehen die Sterne für Israel – so die Überlieferung – ganz schlecht. Israel aber entzieht sich dem Zwang der Sterne, etwas im Menschen durchbricht das Gesetz des Kausalen.

Der bunte Rock ist eine Situation im Menschen, in der wir spüren, daß wir *an sich* leben, trotz Krankheit, Leid und Tod. Von daher verstehen wir auch, daß sich die 10 anderen gegen den 11ten auflehnen, denn auch sie wollen weiter bestehen bleiben. Aber der andere weiß: Es gibt ein Umziehen in ein anderes Haus; alles geht mit – der Rock ist *einer.* Nichts würde der Mensch in dieser Welt unternehmen, sagt man, wenn nicht dieser 11te in ihm wäre, der dafür bürgt: »Du überlebst doch alles!«

Der Haß der Brüder auf Joseph will sagen: Wir, unser eigenes kausales Denken, ertragen das andere bei uns nicht. Gerade heute gibt es viele Versuche, es kausal eingängig zu machen, zum Beispiel mit Hilfe der Parapsychologie. Man versucht, das andere zu messen, zu wägen, zu photographieren, im Glauben, dadurch erst werde es salonfähig, universitätsbekannt und damit wissenschaftlich. Auch in einer solchen Form kann sich der Haß der Welt auf das andere äußern. Es handelt sich hier nicht um Schlechtigkeit, vielmehr: In uns lebt ständig dieser Haß; nur wenn wir träumen, können wir das *ganze* Bild des Menschen in uns erfahren. Vielleicht verstehen Sie jetzt auch, daß das alte Wissen einen, der nicht träumt, einen »rascha«, einen »Bö-

sen« nennt (wobei wir wissen, daß man durchaus träumen kann, ohne sich daran zu erinnern).

Kranke oder Menschen, die in Not sind, träumen sehr viel und intensiv. Man könnte sagen, Joseph reklamiert in ihnen und meldet, daß er lebt. Wenn man sich klar an die Träume erinnert, ist es ein Zeichen dafür, daß man die Traumwelt nicht dergestalt mit dem Leben in Verbindung bringen kann, daß es sich lebt nach dem Traum. Du mußt dann erst den Traum erfahren, und nach dem Verstehen der Deutung kannst du es leben.

Josephs Situation, wenn er träumt, ist sein Gegensatz zu den Brüdern. Er spürt auch die Unmöglichkeit, sich mit diesen zu verbinden. Deshalb träumt er sich als Zentrum und darum herum die anderen im Kreise. Es ist ein Bild, das auch die Atomphysik gefunden hat im Erscheinenden und das sich auch im Kosmos ausprägt. Wir finden im mikro- wie makrokosmischen Aufbau der Welt immer Zentren und anderes, das sich darum herum dreht.

Das Bild gilt wie im Erscheinenden so auch im Unsicht- baren, Innern. Jakob, sahen wir, wohnt in den Zelten, wäh- rend Esau im Kreise jagt. Es bedeutet: Der Mensch, der ruht, »sitzt«, spürt in sich all das, was der andere erst auf langen Reisen erfahren muß. Und der andere kann es nur erfahren, weil das, was ruht im Menschen, es schon enthält.

Im Träumen Josephs erkennt der Mensch, daß das an- dere, Irrationale bestimmend ist für die Wege des Kausalen; diese Wege dienen ihm. Das Dienenmüssen empört die 10 Brüder, und sie sagen das auch dem Joseph. Der Vater aber schweigt. Er kann es nicht aussprechen, weil es nicht zu erzählen ist. Es teilt sich jedem Menschen mit als Traum des 11ten und Empörung der 10. Das im Zentrum träumt, alles andere träumt nicht, erfährt nur, daß das Zentrum träumt, und haßt es, weil es vom Traum des Zentrums abhängig ist.

Auch jeder Mensch sieht sich selbst als Zentrum und empfindet die Welt als um ihn herum gebaut. Er spürt die Welt abhängig von sich. Das alte Wissen bestätigt diese

Empfindung. Die Welt, heißt es, ist von deiner Art des Erkennens abhängig. Erkennen aber kannst du auf zweierlei Weise: einmal so, daß du die Welt als Objekt siehst, neutral sozusagen; oder daß du sie erfährst als dich angehend, indem du mit ihr zu tun hast, ein Verhältnis eine Beziehung zu ihr besteht. Zum Objekt hast du nur Beziehung im Sinne des Nutzens oder Schadens. Die subjektive Beziehung aber lebt von der Frage: Liebt oder haßt er mich? Nicht vom Nützlichen also, sondern vom anderen.

Mensch kann er erst sein, sagen die alten Mitteilungen, wenn er den Josephs-Traum hat, wenn er spürt: Alles um mich herum hat in und zu mir Beziehung, lebt durch mich; wie ich alles in mir habe, so – und genauso – lebt es auch außerhalb. Willst du dir, wie es der Mystiker tut, die Dinge *in dir* klar machen, mußt du zu allem, was außerhalb ist, zu allem Konkreten Beziehung haben wie der Realist, der Politiker, der Täter.

Der Mystiker *allein* vernichtet die Welt, auch der Politiker oder Wissenschaftler *allein* vernichtet sie. Joseph träumt dort, wo der Mensch beide in einem erfährt. Dort erfährt er auch, daß er sich nicht nur unwichtig fühlen kann; gewiß, du bist unwichtig, *gleichzeitig* aber bist du der Wichtigste von allen. Beides ist wahr. Im selben Maße, in dem du dich unwichtig erfährst, rufst du hervor, daß du wichtig bist. Du mißt dich an der anderen Seite.

Der Traum setzt ein mit einem »zentralistischen« Standpunkt: »Ich bin Zentrum, und alle anderen sollen wissen, daß sie mit mir zu tun haben, alle Steine, alle Pflanzen und Tiere, alle Menschen.« Mit allem besteht die Verbindung. Der Künstler erkennt die Verbindung, indem er in allem gleich die Form erkennt. Wer eine Figur schnitzt, sagt man, befreit die Figurenform aus dem Holz, das sie umhüllt. Die Figur ist schon da, das Schaffen des Künstlers ist deren Erkennen. So ist es mit der Beziehung des Menschen zu den Dingen: »Ich glaube, daß schon alles da ist; ich beziehe – ich lebe –, was schon ist.«

»Die Brüder haßten ihn« – damit ist alles kausale Deuten-wollen des Traums gemeint. Das Hassen, Tötenwollen und Verkaufen ist der Eingriff des Kausalen. Als »baal chalo-moth«, als »Träumer«, wird Joseph verkauft. Es ist ein Geschehen in uns, wenn wir den Traum vom Kausalen her, das Leben vom Kreis her deuten wollen. In der Tat ist es auch unsere erste Annäherung zum Traum. Man bekommt – wie die Geschichten aus dem Bereich der Mythologie erzählen – den ersten Zutritt über das Äußere, das Erschei-nende. Das bringt uns dann ein Schicksal, das zu Joseph selbst führt. Mit dem Träumen Josephs ist der Werdegang dann so, daß ein Drama beginnt.

Der Vater sagt zu Joseph: »Schau, wie es um die Brüder steht!« und schickt ihn – so die Überlieferung – in die Welt. Es gleicht dem In-die-Welt-Schicken des Sohnes zur Erlö-sung.

Die Welt wie die 10 Brüder verurteilen ihn gleich, wollen ihn töten. Aber Ruben – man sagt, weil er es war, der die »dudajim« brachte – rät, kein Blut fließen zu lassen. Juda dann: »Wir verkaufen ihn.« Es kommen Midianiter – von hebräisch »midda«, »Maß« – und Ismaeliter vorbei; Ismael ist das im Menschen, was den Isaak nicht erträgt, den Sohn, der auf akausale Art kommt. Joseph wird an sie für 20 Silberlinge verkauft. Silber ist von der Seite des Mondes, der Wasserseite, vom »Messen« also.

Sie verkaufen ihn und denken: »Nun wollen wir mal sehen, was vom Traum geschieht, ob er König wird, denn getötet haben wir ihn ja nicht.« Joseph wird Sklave in Ägyp-ten, in »mizrajim«, d. h. dort, wo man unter der Form leidet, weil sie dort die Erscheinung des Lebens ist. Nun ist Joseph weit weg, unsichtbar, selbst der Vater weiß nicht, wo er ist. So sehr, könnte man sagen, spitzt sich der Widerspruch zu, daß selbst Jakob glaubt, er sei tot.

22 Jahre ist er vom Vater getrennt, genau die Anzahl an Jahren wie die Anzahl der Buchstaben, der Zeichen, des hebräischen Alphabets. Es will sagen: Er ist verschwunden,

solange man im Konkreten der Wirklichkeit lebt, *hier* ist er unauffindbar.

Auch Joseph fühlt sich getrennt vom Vater, denn er fragt doch gleich, wenn die Brüder kommen: »Lebt der Vater noch?« Es gibt also keine Verbindung. Es ist eine Trennung zwischen der Welt vor den 22 und der Welt nach den 22. Wo die Zeichen, die Buchstaben sich manifestieren können, wo Erscheinung im Sinn des Berechnens möglich ist, bleibt Joseph verschwunden. Es ist eine Trennung wie die zwischen Jakob und seinem Vater Isaak, die auch 22 Jahre dauert und in der keine Verbindung besteht. Hier wie dort ist gleichermaßen eine Verbindung *im Prinzip* unmöglich, obwohl sie, gleichsam geographisch gesehen, sehr leicht möglich wäre.

Joseph im Menschen ist erst einmal aufgegeben, weil man sich kausaler Deutung zuwendet – ein Prozeß, der sich in einem Nu im Menschen abspielt oder ein Leben lang dauern kann.

In Ägypten kommt Joseph zu Potiphar. Der Stamm »phar« bedeutet »Rind«, »Stier«, »Fruchtbarkeit«. Der Stier Apis ist den Ägyptern heilig, d. h., er ist ihnen Ausdruck der Fruchtbarkeit, Ausdruck dessen, wodurch Frucht sein kann und Dinge hier überhaupt erscheinen können. »Heilig« meint also nicht, daß sie den Stier anbeten, sondern daß sie ihn im Wesen anders erkennen, als es die wahrnehmbare Erscheinung zeigt. Sie erkennen ihn als Manifestation der Fruchtbarkeit.

Im Hause Potiphars, so erzählt die Geschichte, widersetzt sich Joseph der Frau, er nimmt sie nicht. Er wird aber – paradoxerweise – gerade beschuldigt, daß er sie genommen habe. Die Priester Ägyptens – so eine alte Mitteilung – wissen genau, daß Joseph unschuldig ist, schweigen aber. Sie achten nur darauf, daß er nicht getötet wird. Joseph kommt – für lebenslänglich, würden wir sagen – ins Gefängnis, in die unterste Welt von »mizrajim«. Dort träumt es sich wieder.

Jetzt träumen weder Jakob noch Joseph, sondern zwei andere. Schon, daß es zwei sind, zeigt wieder ein Paradox. Einer hat mit dem Wein zu tun, der andere mit dem Brot, Brot und Wein kommen im Gegensatz zustande: Brot endgültig und hart durch das Feuer, Wein als Fließendes wie Wasser.

Immer also, sehen wir, erscheint der Traum als Paradox. Josephs Träume zeigten es auf andere Art: Im einen Traum war es der Himmel – die Gestirne, die sich verneigen –, im anderen Traum die Erde – die Garben. Jetzt beim Bäcker und Schenken sind es Feuer und Wasser. Beim dritten Traumpaar, beim Pharao, ist der Gegensatz schon in jedem Teil des Paares selbst da, bei den Tieren (Kühen) und bei den Pflanzen (Ähren), als das Erschreckende und das Wohltuende, wobei das Erschreckende siegt.

Wer sind die beiden, der Bäcker und der Schenke, im Menschen? Sie sind verstimmt, heißt es. Heute würde man es vielleicht depressiv nennen. Jedenfalls zeigt sich ein Unglücklichsein, Verstörtsein, Sich-krank-Fühlen. Der Mensch weiß dann nicht, was im Leben ist, weil er – wird gesagt – geträumt hat, es aber nicht weiß. Du mußt ihn danach fragen. Er zeigt nur ein verstörtes Gesicht, zeigt dir, daß er nicht in Ordnung ist. In der Frage »Was ist mit dir?« schwingt schon der Satz mit: »Ich könnte dir, weil ich von Jenseits, ein Iwri, bin, erzählen, was ist, denn ich bin ein anderer.«

Solange der Mensch noch im Widerspruch verharrt, fühlt er sich nicht wohl, versteht nicht, warum Wasser und Feuer da ist, Brot und Wein. Auch beim Abendmahl ist Brot und Wein da. Mahlzeit wird im Hebräischen nur so genannt, wenn Brot und Wein da ist. Die Zahlenwerte, die sich aus den hebräischen Wörtern für Brot und Wein ergeben, sind zusammen 148 – genau der Zahlenwert des Wortes »pesach« (= Passah). »Außerhalb der Regel« bedeutet »pesach«, die Erlösung kommt nicht nach der Regel, widersetzt sich allen Berechnungen.

Jede Berechnung der Erlösung wird teuflisch genannt, denn – heißt es – nur der Teufel rechnet, der Teufel denkt – »rechnen« und »denken« sind im Hebräischen dasselbe Wort. Der kranke, unwohle, verstimmte Mensch ist immer einer, der zu viel denkt, rechnet; er kann nicht *sein* lassen, sondern muß es selbst erklären. Da kommt das Unglück über ihn.

Beim »pesach« sind Brot und Wein – die Gegensätze – *zusammen,* beides steht auf dem Tisch, sie gehören zusammen. Beim Ritual beobachtet man große Vorsicht: Das Brot wird bedeckt, damit es sich nicht vor dem Wein schämt. Was bedeutet das? Das Brot entspricht dem Leib, das Blut der Seele. Der Leib schämt sich, wenn er die Seele sieht, denn er fragt sich: »Was bin denn ich schon?« Daher wird beim Ritual der Wein zuerst getrunken, dann kann man das Brot aufdecken.

Verstimmt sind der Bäcker und der Schenke, weil in ihnen der Gegensatz kämpft, sie können den Widerspruch nicht ertragen. Joseph, der ihre Verstimmung sieht, erfragt von ihnen den Traum. – Die alte Traumdeutung sagt dazu: Wenn einer dir keine Träume erzählen kann, macht das gar nichts. Es tut sich ja auch im Leben. Schau also, wo dieser Mensch ohne Zwang lebt. Danach frage ihn gleichsam. Das soll dir sein Traum sein, denn weil er es träumt, tut es sich.

Nun folgt die Stufe des Erzählens, *wie* geträumt wird. Erst erzählt der vom Wein. Die Welt meldet sich zuerst an der linken, der fließenden Seite. Von Zeit und Raum her meldet es sich zuerst und erzählt ein Wachstum: unreife Trauben – Reifwerden – Pressen und Ausdrücken. Als 4tes dann erscheint der Becher, der Kelch des Pharao, in den er die Trauben auspreßt und den er dem Pharao reicht.

Pharao ist der König dieser Welt, der Fruchtbarkeit, wodurch diese Welt existiert. Und Joseph deutet dem Schenken: Diese 3 Phasen bis zur 4ten sind 3 Tage, 3 Erneuerungen, 3 Veränderungen. 3 bedeutet immer: Das Paradox ist nicht mehr unerträglich; es gibt Mutter, Vater *und* Kind, also Frucht; es gibt eine Antwort, und du wirst sie erfahren. Zu diesem Zeitpunkt ist Joseph – nach der Überlieferung – 10 Jahre im Gefängnis. Der Traum kommt am Ende der 10, jetzt kommt das 11te, wie Joseph nach den 10 Söhnen als 11ter kommt. Es wird diese Welt des Fließenden, von der linken Seite, zuerst sein.

Nun erzählt der Bäcker, der »sar«, der »Herr« der Bäcker: »Drei Körbe sind auf meinem Haupt, und im obersten ist köstliches Gebäck für den Pharao. Da kommen Vögel und fressen es weg.« Dem Bäcker deutet Joseph: »Du wirst gehängt.« Das sieht ungerecht aus. Wann kommt der Bäcker zurück? Beim »pesach«, wenn gesagt wird: »Nehmt das ungesäuerte Brot, es soll euch das Zeichen der Erlösung sein.«

Wir sehen also, der Bäcker ist nicht der Arme, als den man ihn oberflächlich ansehen könnte. Er kommt am Ende zurück, und das Brot wird mit dem Wein zusammensein. Erst aber ist diese Welt der linken Seite, des Fließenden, der Dauer, der Zeit, 7 solcher und 7 solcher Jahre... Daher kommt der Mann vom Wein aus der Grube, aus der Unterwelt zur Erde empor, zum Pharao in Ägypten.

Den Bäcker mag Pharao nicht. Die Vögel sind Entsprechung dessen, was sich von der Erde erheben und zur Erde zurückkehren kann. Ein Traum vom Vogel bedeutet, daß bei dir lebt, was die andere Welt erreichen, aber auch wieder zurückkehren kann hierher. Ein gefangener Vogel: Es lebt schon bei dir, aber du läßt das Hin und Zurück nicht zu.

Die Vögel bringen es in eine Welt, die vertikal ist, also das ganz andere zur horizontalen Welt Ägyptens. Diese andere Dimension kommt beim Auszug aus Ägypten zurück, bis dahin muß sie »hängen«. Wenn sie sich dann meldet, ist der Pharao hartnäckig und versteht sie einfach nicht: »Was wollt ihr denn eigentlich? Warum wollt ihr denn ziehen?« Die Frau des Moses, des Erlösers aus Ägypten, heißt Zippora, d. h. »Vogel«.

»Hängen« meint: Diese Dimension *kann nicht* nach Ägypten kommen. Nach Ägypten kommt der Schenke, der »Zeit hat«. Joseph bittet ihn noch, dem Pharao, wenn er aus der Grube kommt, von ihm zu erzählen, aber der Schenke vergißt ihn. In der Zeit herrscht diese Art des Vergessens. So bleibt Joseph noch 2 Jahre in der Unterwelt, erst im 13ten Jahr dann kommt der Traum des Pharao, der ihn aus dem Gefängnis befreit.

13

Die Traumsituation der Prüfungsangst ·
Elia-Träume · Lohn und Strafe ·
Die modernen Helden: Forscher und Detektiv ·
Schuldgefühle · Vom Tun »aus Versehen« ·
Schicksalsergebenheit und Verantwortung

Ich möchte jetzt dazu übergehen, Traumsituationen zu besprechen, die den meisten Menschen vertraut sind. Beginnen will ich mit einer Situation, die wohl jeder im Traum wie im Leben erfährt: der Prüfungs- oder Examensangst. Man sieht sich vor ein Prüfungsgremium gestellt und hat Angst, entweder weil man nichts weiß oder weil man alles wieder vergessen hat oder weil man überhaupt das Gefühl hat, einer Willkür ausgeliefert zu sein. Eine derartige Lage ist eng mit der kausalen Seite des Menschen verknüpft, mit dem starren Glauben an Ursache und Wirkung. Jeder wache Mensch kennt diese Angst und lebt in Unsicherheit, denn er weiß nie, wie sein Planen sich auswirken wird. Etwas in uns ist so überzeugt von Ursache und Wirkung, daß es uns ständig einredet, es gäbe gar nichts anderes als das. Daher glaubt man, viel wissen zu müssen, um bestehen zu können. In der Meinung, alles sei abhängig von dem Moment, in dem man vor den Prüfern steht, setzt man alles daran, einen guten Eindruck zu machen.

Wir hatten schon von den beiden Wirklichkeiten gesprochen, die zum Menschen gehören; die eine nannten wir die kausale, die andere – die Kausales und Akausales in einem enthält – die akausale Wirklichkeit. Zwischen beiden besteht die Spannung, daß man jeweils in betonter Einseitigkeit entweder glaubt, nichts tun zu können, da es doch komme, wie es kommt, oder *alles* tun zu müssen, da sonst nichts geschehe. Im ersten Falle scheint es, als ob es so etwas wie Verantwortung gar nicht gäbe, im anderen, als ob man überhaupt für alles Verantwortung übernehmen müsse.

Dieser letztgenannten Einseitigkeit im Menschen wollen wir uns nun etwas näher zuwenden. Die Angst entsteht dabei hauptsächlich, weil man spürt: »Der Prüfer oder Examinator kennt mich nicht richtig; er urteilt anhand sehr dürftiger und völlig unzureichender Daten; er hat ja gar keine Ahnung, was ich alles noch weiß und erlebe.« Das führt zu dem bekannten Zustand, daß im entscheidenden Moment der Prüfung alles vergessen scheint, was man doch sehr genau gelernt hatte und auch wußte. Im Moment aber, auf den es ankommt, weiß man nichts mehr. Danach erfolgt nun die Beurteilung. Sie basiert auf einem bestimmten Moment, in dem man gerade *so* ist. Man fühlt sich einer Welt ausgeliefert, die nur nach dem Äußeren urteilt.

Hinsichtlich dieser Angst gilt, daß der Mensch dann so träumt, wie er tagsüber lebt, und so im Wachsein sich verhält, wie er nachts geträumt hat. Es ist – an beiden Seiten – die allgemeine Angstsituation im Menschen, daß er nicht erkannt wird, wie er in Wirklichkeit ist. Daher bemüht er sich ständig, sein Äußeres so darzustellen, daß es sympathisch wirkt, daß es einer Art Norm entspricht.

Diese Bemühung um Anpassung bedeutet: Man meint, die Beurteilung hänge vom äußeren Eindruck ab, und man hat den Glauben aufgegeben, daß der andere einen wirklich kennen könne. Die Wahrheit – davon ist man fest überzeugt – wolle der »Examinator« gar nicht herausfinden; er habe es nur darauf abgesehen, Wissenslücken zu finden, um einen quälen zu können. – Das ist die Situation im Leben, die sich im Bild der Prüfung zeigt; da erscheint es ausgeschlossen, daß man den Menschen auf eine Art sehen könnte, wie er wirklich ist. Man hat gelernt, das andere zu verdrängen, damit die äußere Rechnung stimmt.

Die »äußere Rechnung« ist das, was wir auch als »naturwissenschaftliches Weltbild« bezeichnen könnten. Da gibt es die Möglichkeit, es stimmen zu lassen, aber dafür darf man dann viele Faktoren nicht einbeziehen: Zufälle, Launen, Stimmungen, Wunder, Katastrophen. Man rechnet in diesem Weltbild mit einer Art Durchschnitt, nicht mit *einem* Fall; nur dort, wo das Gesetz der großen Zahlen wirkt, gilt es, stimmt es. Daraus folgt, daß es im Individuellen überhaupt nicht gilt; somit kann man mit dem Menschen, wie er eigentlich ist, auch gar nicht rechnen.

Es wäre also möglich, daß wir uns eine Art Angst einbauen, indem wir alles Akausale, alles Irrationale verdrängen und verbannen; wir erlegen es uns auf, darauf nicht zählen zu dürfen. Daraus kommt eine Weltsicht, in der alles »geschichtlich«, »historisch« gesehen wird; man versucht, alles von der geschichtlichen Entwicklung her zu erklären. »Damals« war es so – aber man weiß zugleich, »damals« ist vorbei. Ja, es hat wohl eine Wirkung auf das nächste Ereignis gehabt und das nächste auf weitere – aber zugleich stellt sich die Empfindung ein: »Es ist vorbei, verschwunden, weg. Was lohnt es eigentlich, einen guten Eindruck zu machen, es geht doch verloren!« Das »Geschichtliche« ist in gewissem Sinn trostlos; es zeigt eben auch: Nichts bleibt.

Angst also kommt dem Menschen, wenn eine Einengung des Lebens aufs Kausale stattfindet. Prüfungs- oder Examensträume – unter dieser Bezeichnung fasse ich der Einfachheit halber eine Vielzahl von Traumsituationen zusammen – weisen den Menschen auf sein Weltbild hin; im Traum zeigt es sich, wie es wirklich ist, da kann man sich nichts mehr vormachen. Solche Träume drücken das Gefangensein im Glauben an eine kausale Weltmacht aus. Es mag schon sein, daß du viel von Wundern sprichst, der Traum aber zeigt, daß du eigentlich nicht daran glaubst. Typisch für diese Träume sind die Gefühle von Beengung und Bedrängung, ihr Angelpunkt ist: Du kannst auf das Leben keine Antwort finden, jeder Versuch hat den Charakter des Sich-selbst-etwas-Vormachens, eines Sotuns, als ob alles kausal zusammenhinge. Der Traum zeigt die Vergeblichkeit dieser Anstrengungen, du fällst durch, bestehst die Prüfung nicht.

Es handelt sich um einen Zustand, den wir vom »mizrajim«-Bild der Bibel kennen. In Ägypten herrscht das Entweder-Oder, du mußt eines wählen. Die Wahl des Kausalen bringt den Pharaotraum, jenen Traumtypus, der zeigt, daß es *nicht stimmt,* und der den Träumer ratlos und verzweifelt macht. Es entsteht ein Sich-unglücklich-Fühlen und ein Beengtsein, das sich auch in den Träumen des Bäckers und des Schenken äußert: Etwas stimmt nicht, Unrecht geschieht.

Der Prüfungstraum meldet dir: Dein Weltbild ist voller Drängnis, daß du nicht bestehen wirst. Der Traum zeigt es dir untrüglich, wenn du auch im Bewußten glaubst, eine ganz andere Weltansicht zu haben. Diesem Zwang steht die Möglichkeit der Überraschung gegenüber: Daß es eine akausale Kraft gibt, die nicht an Ursache und Wirkung gebunden ist, sondern die dich unvermutet überrascht. Träume, die das zum Ausdruck bringen, nennt man im alten Wissen Elia-Träume.

Nach der Überlieferung ist es der Prophet Elia (Elias), der kommt und dem Menschen die gute Nachricht bringt, sei die Situation auch noch so ausweglos. Davon erzählen viele alte Geschichten, die alle dasselbe Grundmuster der überraschenden Wendung zum Guten variieren; zum Beispiel, es wird einer als Sklave verkauft, da kommt jemand und kauft ihn, um ihn freizugeben; es war – unerkannt – der Prophet Elia. Oder jemand ist in großer Not, die Familie muß hungern, es ist kein Geld mehr da. Da kommt ein Gast, läßt seinen Geldbeutel zurück oder einen Edelstein und verschwindet wieder. Als man danken will, zeigt es sich: Es war der Prophet Elia. Sie können dieses Muster natürlich auch in vielen Märchen, Legenden und Geschichten wiederfinden.

Der Elia-Traumtypus ist dem zuvor besprochenen genau entgegengesetzt; er zeigt, daß eine vollkommen unerwartete Überraschung eintritt. Daher wird der Prophet Elia auch der Verkünder des Messias, der Verkünder der Erlösung genannt. Wer nicht an Überraschungen glaubt, heißt es, kann den Messias nicht erkennen. Viele Leute allerdings erleben im Traum böse Überraschungen, die den Druck kausalen Zwanges noch verstärken.

Nach den Erkenntnissen der Psychologie kommt der Typus der Elia-Träume heutzutage in der westlichen Welt sehr selten vor. Häufig dagegen sind Träume, die auf Weltbildern beruhen, welche das andere Leben als eine Art Gerichtshof vorstellen. Der Mensch ist in der Rolle des Angeklagten, steht vor der Rampe, hinter der die Richter thronen; man ruft ihn: »Tritt vor, du, wir haben dich durchschaut, jetzt ist Schluß!« – Prüfungen, sogar noch im Jenseits! Und merkwürdig, daß viele Menschen schon während des Lebens die Miene eines strengen Examinators zur Schau tragen, als wollten sie sagen: »Fürchte dich nur, ich werde dich prüfen!«

Nun ist doch aber in vielen Weltbildern ständig von Liebe, Gnade und Verzeihung die Rede. Wo bleibt das im Traum? Wiederum fällt auf, daß oft gerade diejenigen, die viel von Liebe und Verzeihung predigen, so düster dreinschauen. Die Gnade nämlich wird von ihnen als etwas angesehen, das im System des Ganzen eingebaut ist. Eine Überraschung aber wird im System nicht zugelassen, denn – wie es dann immer so schön heißt – »Gerechtigkeit muß sein«.

Es handelt sich hier um Weltbilder, die vollkommen im Kausalen gefangen sind. So mußte es sich ergeben in einer Welt, die mit Lohn und Strafe rechnet. Im stillen rechnet man damit, daß die gute Tat belohnt wird; und sehr gefürchtet wird, daß der Himmel wie ein Examinator einmal schlechte Laune haben und dich vielleicht doch durchfallen lassen könnte... Ein Weltbild, das auf Lohn und Strafe baut, bringt für den, der daran glaubt, dasselbe Risiko mit sich wie die Investition in ein Handelsgeschäft: Es kann trotz aller Planung schlecht ausgehen. Man investiert, gleichzeitig aber fürchtet man, falsch investiert zu haben. Immer droht das schreckliche Wort: Fehlinvestition!

Den im Kausalen Gefangenen quält die Frage: »Warum hat man uns nicht ein Buch gegeben, worin genau steht, was man tun soll?« Immer sucht er sozusagen dieses Gesetzbuch. Die Bibel erweist sich als untauglich; »Auge um Auge« – »wer den Sabbat entweiht, wird getötet«: Wie soll man das in die Praxis umsetzen? Wo fängt das Entweihen an? – Wer die Bibel kausal anwenden will, gerät sofort in die verrücktesten Widersprüche.

In der Enge des kausalen Weltbildes verhält man sich dem Himmel gegenüber, wie man sich vor einer strengen Prüfungskommission verhält: angstvoll und in Unsicherheit, vielleicht doch der falschen Gruppe oder Religion anzugehören. Man glaubt an eine Macht, die sozusagen rechnet und Buchhaltung führt, und weiß nie genau, ob das, was man einzahlt, dort dasselbe wert ist wie hier; *hier* kennt man die Währung, aber *dort*...? Durch Jahrhunderte, ja, vielleicht Jahrtausende hat sich dieses Weltbild immer stärker herauskristallisiert und jenes von der Überraschung, der »guten Nachricht« fast völlig verdrängt. Vielleicht nähern wir uns gegenwärtig dem Höhepunkt oder haben ihn schon überschritten. Die Berechnungen stimmen, es zeigen sich große, berauschende Erfolge, die Entwicklung geht immer weiter.

Da allerdings im kausalen Bereich alles Überraschende stört, muß vieles, das nicht in den Plan paßt, ausgeschaltet werden. Der Mensch ist möglichst so auszubilden, daß er dem Plan gemäß lebt. Damit wird schon im Kindergarten begonnen, der jetzt ja auch »Vorschule« heißt. Das Kind soll doch einmal mitzählen! Die Masse zählt, die Produktion, die Leistung. Der Mensch wird so erzogen, daß man dann sagen kann: »Der leistet etwas!«

Immer deutlicher aber zeigen sich in der Gegenwart auch Bestätigungen für die These, die vor einigen Jahrzehnten der Holländer Max Dendermonde treffend als Titel seines Buches formuliert hat: »Die Welt geht am Fleiß zugrunde«. Die Begleiterscheinungen der Leistungsbesessenheit treten immer drastischer zutage. Der Umweltverschmutzung entspricht eine Art Innenweltverschmutzung des Menschen. Ein Heer von Spezialisten bemüht sich um die »Entgiftung« der natürlichen wie der menschlichen Natur.

In Indonesien, einem sogenannten Entwicklungsland, habe ich es während meiner Lehrtätigkeit erlebt, daß sich die Studenten für ihr Volk schämten, weil es noch so »unentwickelt« war. Man spürte, daß die breite Masse des Volkes eigentlich in Ruhe gelassen zu werden wünschte und zu fragen schien: »Warum neue Straßen, wozu mehr leisten, wozu den Export erhöhen?« Den Studenten war das peinlich: »Tut uns leid«, sagten sie, »aber die werden das schon noch lernen.«

Entwicklungspläne sind eine ernste Sache, da gibt es nichts zu lachen. Die Diktatur der Leistung läßt Humor nicht zu. Das Lachen aber, die Freude des Lachens ist doch das Befreiende. – Wie kann Abraham die Verheißung eines Sohnes ernst nehmen, der nach aller Berechnung *unmöglich* kommen kann? Heute würde man sagen: naturwissenschaftlich unmöglich. Gott aber sagt: Der Sohn kommt doch. Es bedeutet: Deine Zukunft *bleibt,* deine vergangenen Momente gehen nicht verloren, dein Sohn wird sein wie du – die Verheißung also einer Identität. Und der Sohn heißt Jizchak (Isaak), ein Name, der vom Wort »lachen« kommt und soviel bedeutet wie: »Es ist zum Lachen, ist viel zu schön, um wahr zu sein.«

Die andere Dimension bricht durch. In einem Planhaushalt kann das nicht geschehen. Können Wirtschaftsplaner etwa sagen: ». . . und dann kommt ein Wunder«, und noch für voll genommen werden? Planer haben keinen Kontakt mit Wunderinstanzen. Da wir *auch* in einer Welt der Planung leben, sind unsere Träume sooft bedrückend und beängstigend.

Naturgesetze wirken – wie man sagt – als »blinde«

Mächte. Die Kausalität kann uns nicht richtig durchschauen. Sie tut uns Unrecht. Naturgesetze unterscheiden nicht zwischen Gut und Böse. Brücken stürzen ein, Feuer bricht aus, Überschwemmungskatastrophen drohen – *jeden* kann es treffen. Dieser Willkür sucht man mit einer Welt der Prophylaxe beizukommen: Warnsysteme, Schutzkeller, Impfstoffe. Je weiter man im kausalen Weltbild kommt, je mehr das Naturwissenschaftliche zählt und Erfolg hat, desto mehr Menschen haben Angst und fühlen sich – wie im Traum – bedrückt. Das Gefühl der Sinnlosigkeit stellt sich ein. Man empfindet die Welt eigentlich als unzumutbar, die Schöpfung von Anfang an als Fehler.

Läßt man nur das Kausale gelten, dann erscheint die Schöpfung tatsächlich wie ein Fehler. Jeder hat dann eine andere Meinung vom Sinn des Ganzen, und keiner weiß, wer recht hat, weil jeder glaubt, *er* habe recht. So entsteht eine Lebenssituation der Angst; daraus entwickelt sich eine Welt, die aus Prüfen und Geprüftwerden besteht. Zu gewissen Jahreszeiten sagte man in Holland: »Jetzt prüft die eine Hälfte des Landes die andere.«

Daher auch der Glaube, alles sei durch »research« zu lösen, durch wissenschaftliche Forschung. Der Held ist der Forscher, der Detektiv. Wir leben seit Conan Doyles Sherlock Holmes in einem Zeitalter der Krimis. Der Held im Krimi findet heraus, wie es ist, und läßt den Leser an seinen Denksportaufgaben teilhaben. Wie raffiniert Verbrecher auch sein mögen – der Detektiv kommt ihnen doch auf die Schliche. Gewisse Moleküle oder Eigenschaften von Stoffen mögen sich noch so gut verstecken – der Wissenschaftler findet sie doch heraus. Erst *bestehen* diese modernen Helden sozusagen die schwere Prüfung, und anschließend erzählen sie, wie's war: Der Detektiv hatte schon ganz am Anfang einen bestimmten Verdacht; der Forscher, ein gelehrter Professor, hatte, die Lösung ahnend, eine gewisse Retorte gleich zur Seite gestellt.

Unser Zeitalter hat auch eine besondere Vorliebe für

Kreuzworträtsel und Quiz. Wer weiß am meisten in einem bestimmten Gebiet? Wer hat das beste Gedächtnis? Quiz ist so beliebt, weil es etwas sehr Erstrebenswertes in einer Spielform ausdrückt: Mehr, genauer und schneller wissen! Darauf, glauben die meisten, käme es eigentlich an. Die Prüfungs- und Examenssituation zeigt sich auch im Spiel, zeigt sich überall, im Traum wie im Leben. Ich hoffe, es wird durch diese Beispiele immer deutlicher, daß Traum und Leben eine Einheit bilden. So lebt der Mensch – so träumt er. Nicht im Sinne von Ursache und Wirkung, sondern: So geschieht's an *beiden* Seiten, und niemand kann sagen, wo's angefangen hat. Es ist – könnte man sagen – eine Menschheitssituation, die das hervorbringt.

Je höher die Geschwindigkeit und je größer die Beschleunigung, desto stärker das Gefühl: »Nichts bleibt, alles geht rasch vorbei.« Kein Glaube mehr an Treue, dafür Spannungen, Neurosen. Ein umfassendes »Wegwerf«-Gefühl dominiert. Es prägt unsere Kultur, es prägt unser Innenleben. Man wechselt die Geliebte oder den Liebhaber, die Frau oder den Mann, die politische Meinung, die Wohnung, den Arbeitsplatz. Man hat keine Ruhe mehr, spürt, es geht schnell und schneller, es gibt kein Bleiben, keine Treue. Im Hebräischen ist das Wort für »Treue« dasselbe wie für »Vertrauen« und für »Glaube«. Treue und Glaube sind akausal, unbeweisbar. Sie gehören dem Bereich der Überraschung an.

Zur kausalen Seite des Menschen gehört das Gefühl der Schuld. Es kann nur entstehen, weil die Sicht des Menschen eingeschränkt ist und nicht *alle* Einflüsse Berücksichtigung finden. Je mehr der Mensch seine Sicht einengt, desto mehr Schuldgefühle lädt er sich auf. Könnte er nach allen Seiten hin *alles* sehen und *sein* lassen, müßte er sagen: »Eigentlich kann ich nichts dafür, es kam, wie es kam.« Dennoch *tut* er auch. Zwar kommt es, doch aber *wählt* er auch. Liegt dort etwa die Verantwortung?

Ich möchte in diesem Zusammenhang ein Bild aus der

Bibel heranziehen, das vom »Tun aus Versehen« spricht. Im 5. Buch Mose, Kapitel 19, wird von einem Totschlag erzählt. Während jemand im Wald einen Baum fällt, rutscht ihm die Axt aus, trifft einen zufällig Vorbeikommenden am Kopf und tötet ihn. Der Täter, heißt es, muß jetzt vor der Blutrache der Verwandten des Opfers fliehen. Erreicht er eine »Fluchtstadt« – sechs solcher Städte werden in der Bibel genannt, drei diesseits und drei jenseits des Jordans –, kann man ihm nichts mehr tun. In der Fluchtstadt muß er »bis zum Tod des Hohenpriesters« bleiben, wie in 4. Mose 35,25 gesagt ist. Er kann die Stadt also – ohne getötet zu werden – erst verlassen, wenn der Hohepriester stirbt. Stirbt er bald, hat der Täter Glück gehabt; es kann aber auch sein, daß er lebenslänglich in der Stadt bleiben muß.

In der Überlieferung wird diese Situation in folgender Weise kommentiert: Wenn der Täter in der Fluchtstadt ist, gibt es zwei Mütter, die sich Entgegengesetztes wünschen. Die Mutter des »Täters aus Versehen« wünscht sich, daß der Hohepriester stirbt, damit ihr Sohn freikommt. Die Mutter des Hohenpriesters wünscht für ihren Sohn ein langes Leben. Welche Mutter wird nun erhört werden?

Es ist etwas »aus Versehen« geschehen. Heute reden wir oft von »Zufall« und möchten darüber gern mehr erfahren. Vielleicht führt uns diese Fluchtstadtgeschichte ins Zentrum dessen, was uns als »Zufall« ein Rätsel ist. Wir müßten dazu die Entsprechung dieses Bildes in unserem alltäglichen Erleben finden. Haben wir selbst nicht fortwährend mit dieser Situation zu tun?

Dem Menschen – so heißt es – geschieht es eigentlich immer so, daß er »nichts dafür kann«. Jedes Tun und jede Situation stellt sich so dar, wenn man *alles* mit einbezieht. Er nimmt die Axt, um den Baum zu schlagen – hier sei schon gleich darauf hingewiesen, daß »Baum«, »ez«, und »Zeit«, »eth« oder »es«, in der hebräischen Sprache sehr nahe verwandte Begriffe sind. Der Baum wächst wie die Zeit, die sich entwickelt, Neues hervorbringt. Da der Mensch also in der Zeit lebt, geschieht es, daß ein anderer dadurch geschädigt wird. Und immer hat der Mensch mit »Zeit« zu tun.

Einerseits also kann der Täter nichts dafür; andererseits aber kann er doch dafür, denn indem er »seinen Ort wechseln« und »in die Stadt fliehen« muß, steht er für seine Tat ein. – Alles, was wir im Leben tun, gleicht ganz einem Tun »aus Versehen«. Herkunft, Umgebung, Erziehung – unendlich viele Faktoren, für die wir nichts können, bestimmen unser Handeln mit. Einer wird zum Beispiel in einer Zeit geboren, daß er in den Krieg muß, an die Front kommt und viele Menschen – »Feinde« heißen sie dann plötzlich – tötet. Die haben auch Frauen und Kinder, Eltern und Heimat, ihr Leben ist voller Wünsche und Sehnsucht, auch sie wurden »zufällig« in einer Zeit geboren, die einen Krieg hervorgebracht hat. All das ist dem, der mechanisch, aus großer Distanz tötet, weit weg. Wäre er in einer anderen Zeit geboren worden – er hätte nie getötet.

An der einen Seite herrscht also Determination, das Tun »aus Versehen«, der Zufall; Veranlagungen und Schwächen bestimmen dich. An der anderen Seite herrscht die Überraschung. Im Bilde des Propheten Elia geschieht die erlösende, befreiende Überraschung – unvermutet und unberechenbar. *Immer* bringt Elia die gute Nachricht, wird aber *nie* erkannt, denn er kommt stets im Kleid der Zeit; heute etwa wäre er jemand, der *ganz* in der Masse aufgeht. Wie also in *jeder* Zeit Determination herrscht, so ist auch in *jeder* Zeit die befreiende Überraschung – unerkannt – da, auch im Menschen selbst.

Es gibt Kulturen, in denen man – für westliche Begriffe – »blind« der Autorität gehorcht. Die Lebenspraxis ist dort so, daß man eine Autorität ganz selbstverständlich akzeptiert. Das habe ich zum Beispiel in einem Land in Asien bei einem Regimewechsel erlebt. Vor dem Wechsel waren fast alle *gegen,* nach dem Wechsel waren plötzlich fast alle *für* das neue Regime. »Charakterlose Leute«, denkt der westliche Beobachter. Für dieses Volk damals aber kam die Autorität »vom Himmel«, wurde auferlegt. »Es hängt doch nicht von uns ab«, wurde mir erklärt, »wer die Macht bekommt.« – Merkwürdig ist, daß die Menschen dort auch ganz andere Träume haben als wir im Westen. Prüfungsträume zum Beispiel gibt es dort kaum. Man akzeptiert die Macht, die da ist.

Revolutionen etwa versteht man in vielen Ländern gar nicht. Das Schicksal des Reichseins wird dort ebenso akzeptiert wie das Schicksal des Armseins. Dort hat man keine *feste* Ansicht der Welt, weil ein selbstverständlicher Glaube in den Menschen lebt, daß alles von einer anderen Dimension herkommt. Wenn es *da* ist, untersucht man nicht, woher es kommt, sucht keine Erklärungen. Daher kennt man dort auch kaum Schuldgefühle. Angst hat der Mensch dort auch, aber eine andere Art von Angst, als wir sie haben. Er träumt oft von wilden Tieren oder von Drachen, denen er den Kopf abschlägt, und immer neue wachsen nach – Bilder, die wir nur aus der Mythologie kennen. Man anerkennt nur eine Macht, die unberechenbar und ohne logische Vorbereitung plötzlich da ist. Prüfungsrituale, wie sie der Typus der Examensträume zeigt, sind dort weitgehend unbekannt.

Das einseitig Mystische aber – wie wir es verkürzend einmal nennen wollen – ist keineswegs befreiend; es bringt dem Menschen genauso Enge wie das einseitige Kausale, nur ist diese Enge und Angst von anderer Art. Sie überwältigt vollkommen im Moment der Gegenwart. Vorher ist keine Angst, und auch nachher leidet man nicht mehr so sehr, sondern vergißt eher. Auf uns wirkt das gefühllos.

Ich habe in Asien zum Beispiel Totenfeiern erlebt, die uns eher wie Hochzeiten vorkommen würden. Man trauert nicht, sondern begleitet den Toten in festlichem Zug mit Musik. »Diesseits und Jenseits«, hörte ich dort, »ist wie Kommen und Gehen. Er geht jetzt hier und kommt anderswo wieder.« In der Kausalität sagen wir: Er verschwindet, verwest, ist endgültig fort. Und wir trauern. Unsere Begräbnisse zeigen – trotz allem Glauben an die Unsterblichkeit der Seele – meist die düstere Feierlichkeit des Endes.

So jedenfalls äußert es sich in der Lebenspraxis. Am extremen Beispiel anderer Kulturen kann uns unsere eigene Lebenspraxis deutlicher werden. Zum Beispiel haben viele Asiaten in ihrer Lebenspraxis sehr wenig von dem, was uns als »Verantwortungsgefühl« vertraut ist. Wir neigen dazu, sie – mit gewissem Recht von unserer Sicht her – »verantwortungslos« zu nennen. Eine uns rätselhafte Apathie und Schicksalsergebenheit bestimmt ihr Weltbild und Handeln. Wir können das nicht akzeptieren. »Warum«, fragen wir uns, »hat diese Welt die bis ins kleinste Detail der Atome stimmende Harmonie, und warum ist das Schicksalsmuster chaotisch, warum gibt es den Eindruck einer Sinnlosigkeit?« Wir *suchen eine Antwort,* können uns nicht damit begnügen, daß es eben ist, wie es ist. So äußert sich in unserer Lebenspraxis »Verantwortung«.

Das Wort kreiert die Welt. Gott spricht, und die Welt *ist,* das Wort entläßt die ungeheure Vielfalt der Blumen, Menschen, Tiere, Geschehnisse. Jetzt bedarf es des Gegenwortes, der Antwort. Jetzt könntest du dich fragen: »Woher und wozu und warum dies alles?« Antwort bedeutet: ein Suchen von Ursprung und Ziel des Wortes, das in der Schöpfung als Schöpfung erscheint.

In der Verantwortung *untersucht* der Mensch diese Welt. Und in seiner Suche nach Antwort führt ihn das Ziel der Untersuchung zurück zum Ursprung. Die Frage nach dem Bösen führt ihn zurück zum Ursprung des Erbarmens; wäre das Böse nicht, könnte er die Gnade nicht erleben. Die Frage nach Grausamkeit und Treulosigkeit führt ihn zurück zum Ursprung der Liebe; wäre die trennende Härte nicht, könnte er Liebe nie erleben.

Ich habe schon oft darauf hingewiesen, daß Mystik und Rationalität eine paradoxe Einheit bilden. Diese Einheit ist nicht zu trennen, man kann im Leben das Mystische nicht wie eine Art Hobby behandeln. Die Einheit von Wort und

Antwort ist im selben Sinn unerklärbar paradox. Es ist ein Paradox, das nur *gelebt* werden kann.

In einer Zeit, die von großartigen Erfolgen im kausalen Bereich geprägt ist, gilt die Vernunft sehr viel. Daher ist man rasch bereit, jemanden – abwertend und auch abstoßend – »wahnsinnig« zu nennen, der keine Vernunft hat. – Wahnsinn galt einmal als heilig. Ein Wahnsinniger wurde als eine Erscheinung aus einer anderen Welt angesehen. Der Narr am Königshof wäre heute vermutlich in einer psychiatrischen Anstalt. Damals hat man ihn geschätzt, weil er die Wahrheit sagen konnte. Es wurde von ihm erwartet, daß er sehr scharf die Wahrheit sagte, daß er ausdrückte, wie es wirklich sei. Heute würde man jemand dafür wahrscheinlich bestrafen, für irrsinnig erklären. Unsere Welt geht vielleicht nicht nur am Fleiß, sondern auch an der kausal-bedingten Vernunft zugrunde. Weil zuviel kausal-bedingte Vernunft in der Welt ist, bekommt das andere keine Chance.

Es ist immer die Einseitigkeit, die zu Besessenheit führt. Vom Wahnsinn Besessene würden alle kausal-bedingten Vernünftigen einsperren, weil sie ihr Weltbild störten. Im Dritten Reich zum Beispiel fingen viele kausal-bedingte Vernünftige an, wahnsinnig zu reden und sich besessen zu verhalten. Sie schrien, bis sie heiser waren. Der Wahnsinn war Norm geworden, die Vernunft war ausgebannt. – Kausal-bedingte Vernunft läßt den Menschen an der einen Seite zugrunde gehen und Wahn an der anderen Seite.

Wir müssen einsehen, daß wir unseren Tag nicht in Stunden der Rationalität und Stunden für die Mystik einteilen können. Wir können nicht *entweder* Verantwortung tragen *oder* verantwortungslos sein. Das Merkwürdige ist: Du trägst Verantwortung *und* bist verantwortungslos. Wenn man vom Menschen »im Bilde Gottes« spricht, meint man auch: Das, was der Mensch *tut*, *ist* bei Gott. Sieht man das Sprichwort »Hilf dir selbst, dann hilft dir Gott« im kausalen Sinn, dann ist es eine Blasphemie; versteht man es im kausalen *und* akausalen Sinn, dann bedeutet es: Was du tust, wird getan. Es wird getan, aber wir müssen tun. Unser Tunmüssen ist an der anderen Seite die Freiheit vom Tun. Unser Gesetz hier ist die Freiheit dort, unsere Bewegung hier die Ruhe dort. Es ist nicht entweder Bewegung oder Ruhe. Es ist das gleiche. Wir tun, atmen, essen, trinken, schlafen, weil es mit uns getan wird. Wir können nichts dafür, werden schläfrig, das Atmen geht von selbst, die Peristaltik beim Schlucken auch. Erst in dem Moment, in dem du es selbst und bewußt tun willst, geht's nicht mehr, verschluckst du dich, kommt die Nervosität und die Angst, daß du ersticken könntest. Sei gelassen, damit es sich tun kann. Und es tut sich bei dir, weil du hier bist *und* dort bist. »Auf Erden wie im Himmel«. Im Menschen selber leben beide Seiten. Das hebräische Wort für Leben, »chajim«, enthält schon dieses Prinzip der Zweiheit, *ist* schon dieses Paradox.

Das Bild vom »Töten aus Versehen« und den »Fluchtstädten« zeigt dem Menschen, wie er tut *und* wie mit ihm getan wird. Alles Tun, auch das Tun aus Versehen, hat seinen Grund. Sie kennen doch das sprichwörtliche Sichversprechen nach Freud. Die Frage ist nun: Warum tust du »aus Versehen«? Wo ist dabei dein Versagen? Ist es ein Versagen, daß es dir geschieht? Warum dir und nicht dem anderen? – Hier erkennen Sie den Zusammenhang mit dem Traum. Auch der Traum kommt uns, wir können nichts dafür.

14

Das Haus · Innerhalb und außerhalb ·
Der Stuhl · Der gedeckte Tisch ·
Die Harmonie · Das Gespräch im Bild der
Wüstenwanderung · Die Haustür ·
Das Fenster · Die drei Stockwerke der Arche ·
Aufsteigen und Absteigen · Die Treppe

Es gibt eine ganze Reihe von Traummöglichkeiten, die sich
um das Bild des Hauses gruppieren. Was bedeutet das
Haus? Im hebräischen Alphabet heißt der zweite Buchstabe, Beth, »Haus«. Es ist das erste Zeichen, das ausgesprochen wird, denn der erste Buchstabe im Alphabet, Alef, ist
lautlos, ein schweigender Konsonant. Die Bibel beginnt mit
dem Zeichen Beth: »Bereschith...«. Das Beth, das Haus,
hat eine große Bedeutung.

Beim Haus gibt es ein Innen und ein Außen. Manchmal
fühlt man sich im Haus gut aufgehoben, manchmal auch
gefangen. Das Haus kann bedrängen oder Geborgenheit
vermitteln. Es kann sein, daß du das Haus nicht finden
kannst. Oder die Fenster fehlen. Oder es hat kein Dach. Die
Traummöglichkeiten sind unerschöpflich.

Das Haus, so wird erklärt, bedeutet auch die Schöpfung,
die Welt. Der Mensch lebt in der Welt. Sie ist wie ein Teich,
in dem er schwimmt, seine Atmosphäre, sein Innerhalbsein.
Das Zeichen Beth ist identisch mit dem Wort »in«, »In-
etwas-Sein«.

Wenn es ein Innerhalb gibt, dann ist das Außerhalb zu
gleicher Zeit mit da; das Außerhalb begründet das Innerhalb, ohne Außerhalb ist ein Innerhalb gar nicht vorstellbar.
Daher löst sein In-der-Welt-Sein beim Menschen Fragen
aus: Wie weit geht das In-etwas-Sein? Wo endet das Haus?

Wo fängt es an? Wo kommt es her? Die Orientierung im Innerhalb, das Bewußtwerden des Innenseins führt unmittelbar zu Fragen wie: Was ist dann außerhalb? Was ist das andere? Man kann solche Fragen natürlich verdrängen oder zu streichen versuchen, dennoch stellen sie sich immer wieder von neuem.

Das Gefühl der Unendlichkeit, das uns die Welt von Zeit und Raum gibt, ist ein trügerisches Gefühl, denn immer bleibt doch die Frage: Und was ist dann *jenseits* dessen? Ein »Jenseits« zu denken aber ist der Mensch kaum imstande. Er denkt immer »jenseits *in* der Zeit« oder »jenseits *im* Raum« und vergißt dabei, daß Zeit und Raum wie ein Kreis sind – unendlich. Ein Jenseits *von* Zeit und Raum bedeutet etwas ganz anderes, etwas der Zeit und dem Raum Entgegengesetztes.

Die Welt von Zeit und Raum, die wir das Sein nennen, schwimmt gleichsam in einem Ozean des Nichts, des Antiseins, einer Leugnung des Seins. Es gibt also ein Außerhalb. Wäre das Haus unendlich weit, ohne Wände, ohne Grenzen, dann würde man sich schrecklich verloren fühlen, dann wäre das In-der-Welt-Sein eine Art Gefangenschaft in der Unendlichkeit. Was wäre dann der Sinn aller Dinge? »Sie vergehen«, konstatiert man, und man selbst wird alt und vergeht auch. So empfände man, wenn das In-der-Welt-Sein nicht die Geborgenheit der Wände des Hauses hätte, die Gemütlichkeit des Zimmers mit Fußboden, Tür und Fenster, Tisch und Stühlen – ein Gefühl: Diese Welt ist mit mir da und übersehbar.

Zum Haus gehört es, daß das Außerhalb nicht weit weg ist. Das Haus soll nicht zu eng sein, damit die Wände nicht bedrängen, aber auch nicht zu weit, damit man sich nicht darin verliert. Für unser Sein, unser Dasein ist der Begriff des Hauses sehr wichtig. Ein Traum, in dem ein Haus vorkommt, zeigt dem Menschen sein Verhältnis zum In-der-Welt-Sein, zeigt, wie es damit wirklich bei ihm bestellt ist. Denn der Traum ist nicht korrupt, er läßt sich von

Konstruktionen nicht beeinflussen, er zeigt dir: Das bist du und so lebst du.

Die Bibel beginnt im Zeichen des Hauses, durch das Beth öffnet sich alles. Du *bist* nur, weil du in diesem Haus bist. In diesem Haus sind dann Himmel und Erde, Sonne, Mond und Sterne, Pflanzen und Tiere da. Das Haus ist deine Welt, darin *bist* du. Du fühlst dich darin – in Zeit und Raum – wohl; gleichzeitig aber weißt du, daß es ein Außen gibt. Vielleicht fürchtest du dich vor dem Außen? Vielleicht glaubst du, es ist kalt und finster, und verriegelst die Tür, damit ja nichts von außen hereinkommen kann? Vielleicht hast du Angst vor dem anderen?

Wie fühlst du dich in der Welt? Hast du Langeweile im Haus? Mußt du es immer wieder gleich verlassen, unruhig, gehetzt? Viele Leute fliehen aus dem Haus, kommen dorthin nur zum Schlafen, weil sie irgendwo schlafen müssen. Am Wochenende zieht es sie woandershin, denn das Haus bedrängt sie. Es zeigt: Der Mensch ist unzufrieden mit seinem In-der-Welt-Sein, hat keine Ruhe. Entspannung und Erholung sucht man weit weg von zu Hause. Jeden Sommer sind es wahre Völkerwanderungen – alle auf der Suche nach Entspannung. Es treibt sie von zu Hause fort. Die vier Wände irritieren und machen aggressiv. Ehepaare streiten sich darüber, wohin man fahren soll, einig aber ist man sich: Nur fort von zu Hause!

Wie zeigt sich das Haus im Traum? Ist es wohnlich? Hat es Fenster und Türen, Tisch und Stuhl, Schrank, Bett und Lampe? Wenn es so ist, daß du dich wohl fühlst, dann hast du Freude am Haus. Du fühlst auch, daß du nicht allein bist, daß du mit und neben anderen wohnst. Du hast, sagt man dann, tatsächlich Beziehungen zu den Dingen und zu allem, was dich in der Welt umgibt; der Tisch, heißt es, ist in deinem Haus dann da.

Die Sprache erzählt uns vom Tisch. Im Hebräischen heißt er »schulchan«; das Wort kommt von »schalach«, »schikken«, steht also in Beziehung zu »Schicksal«, »Geschick«, das, was dir im Leben begegnet. Du brauchst das Bewußtsein, daß es im Haus einen Tisch gibt, daß es Stühle gibt. Hebräisch »kisse«, »Stuhl«, ist auch das Wort für Thron. Der Mensch kann ruhen – der Stuhl ist sein Thron. Gott sitzt auf dem Thron, der König sitzt auf dem Thron, und wenn von einem Tagelöhner gesprochen wird, der sich auf den Stuhl setzt, wird das gleiche Wort »kisse« gebraucht. Ein Stuhl im Traum bedeutet, daß es im Leben die Möglichkeit des Wirklich-ruhen-Könnens gibt. – Heutzutage fällt das Ruhen vielen Menschen außerordentlich schwer. Immer muß man etwas *tun*. Und hat man einmal nichts zu tun, löst man Kreuzworträtsel. Der Zwang geht manchmal so weit, daß man sich fast schämt, wenn man wirklich einmal überhaupt nichts tut: »Ich arbeite«, sagt man dann. – Es kann sein, daß es im Traum schon Stühle gibt, aber gleichzeitig auch das Gefühl: »Ich darf mich nicht setzen!« Der Stuhl bleibt unbenutzt – die Beziehung zur Ruhe ist gestört.

Im alten Wissen heißt es: Die Welt wird dir gegeben wie ein gedeckter Tisch. Das Leben ist die Mahlzeit. Alles ist vorbereitet, alles ist aufgetragen. Es steht bereit, daß du es nimmst, und es ist einer da, der es dir austeilt. Ein gedeckter Tisch im Traum bedeutet in der Entsprechung hier: Du könntest die Ruhe und Gelassenheit haben, dein Schicksal zu akzeptieren. Spürst du nicht, daß es genauso in Ordnung sein muß, wie in Gewächsen oder Molekülen Ordnung herrscht? Oder sorgst du dich etwa darum, ob die Naturgesetze wohl ausreichen, damit der Mond nicht zur Erde fällt? Du kennst die großartige Ordnung der Natur, aber um dein Schicksal sorgst du dich. Du erfährst alles bis ins kleinste Detail geordnet und sinnvoll zusammenhängend, aber dein Schicksal erlebst du chaotisch. Der gedeckte Tisch *und* diese Unruhe – beides lebt im Menschen als unbegreifliches Paradox.

Um die Mahlzeit soll man nie besorgt sein. Aus dem Neuen Testament kennen Sie die Mitteilungen von den »wunderbaren« Speisungen. Es sind nur wenige Brote und

Fische, dennoch wird eine riesige Menge satt, ja, es bleibt noch etwas übrig; oder das wenige Öl, das beim Kommen des Propheten Elia alle Krüge füllt, wie in 1. Könige 17, oder im Falle mit Elischa (2. Könige 4) erzählt wird – in vielen Bildern wird es gezeigt: Das Schicksal, dem du begegnest, ist längst vorbereitet, glaube doch nicht, *du* müßtest es *machen!* Alles ist längst da, es besteht kein Anlaß zur Sorge.

Es heißt im alten Wissen: Die Erfüllung geht dem Verlangen voraus. Wie könntest du überhaupt hoffen, wenn bei dir nicht etwas wäre, das dir sagt: »Es ist schon da«? Wie anders sollte dir die Vorstellung davon und das Verlangen kommen?

Daher ist die *Beziehung* in der Welt so wichtig. In-der-Welt-Sein ist gleichbedeutend mit der fortwährenden Beziehung zu allem und jedem. Dein Haus soll harmonisch sein, es soll dir das Gefühl der Beziehung geben, daß es so, wie es ist, gut ist. Man erwartet, daß im Haus »tiferet« herrscht. »Tiferet« ist der Name der dritten Sephira und wird mit »Schönheit«, »Harmonie« übersetzt.

Die Struktur, die ideale Harmonie des Lebens wird oft in den Begriffen der Sephirot (Mehrzahl von Sephira) ausgedrückt. Es gibt 7, im Prinzip 10 solcher Sephirot. Das Wort Sephira ist den Begriffen »Zahl«, »zählen«, aber auch »Buch«, »erzählen« verbunden. Erzählen, Proportionieren sind Arten der Lebensäußerungen. Die erste Sephira der 7 ist »chessed«, »Liebe«, »Güte«, »Gnade«. Die zweite ist »gewura«, »Kraft«, »Stärke«, aber auch »rachamim«, »Barmherzigkeit«. Die zweite Sephira umhüllt die erste, wie das Weibliche das Männliche umhüllt und es damit begrenzt und zugleich verbirgt. Aus diesen beiden ersten kommt dann als drittes, wie das Kind aus Vater und Mutter, die Sephira »tiferet«. Harmonie ist also das Resultat aus der Begegnung von »chessed« und »gewura«. Die Sephira »tiferet« steht zentral. Von ihr gehen Fäden zu allen anderen, und dort trifft sich alles. Sie ist wie das Herz der Welt.

Die 7 Tage der Welt drücken sich bei der Schöpfung nicht

nur im Materiellen aus, sondern auch in dem, was man mit »Empfindung« umschreiben könnte. Am dritten Tag der Schöpfung herrscht die Empfindung der Harmonie. Was sich in der Welt in Land und Meer, kleinen und großen Pflanzen ausdrückt, entspricht im menschlichen Leben einer ruhigen und harmonischen Empfindung. Der erste Tag der Schöpfung, der das Licht bringt, entspricht in den Sephirot »chessed«, »Güte«, »Gnade«, die geschenkt wird; der zweite Tag entspricht »gewura«, »Kraft«, und der dritte, »tiferet«, die Frucht gleichsam von »chessed« und »gewura«, der schönen Harmonie.

Dein Haus also sei voll »tiferet«: Dein In-der-Welt-Sein sei voll Harmonie und Frieden; sei gern in der Welt, freue dich. Du sollst nicht Tisch und Stuhl vermissen müssen in deinem Haus oder Tür und Fenster. Angenehm und wohnlich sei es – das ist die Beziehung zur Welt, zum Schicksal, zu Menschen, Tieren, Pflanzen und Dingen.

Nach dem Zeichen Beth folgt als dritter Buchstabe im hebräischen Alphabet das Zeichen Gimmel, »Kamel«. Es bedeutet, daß der Mensch im Haus – in der Welt also – etwas hat, das ihn trägt, womit er sich durch die Welt bewegen kann. Er bleibt nicht an einem Ort, sondern bewegt sich, hat Freude an den Überraschungen, die ihm auf dem Weg durch sein Haus begegnen. In der Überlieferung wird davon im Bild des Weges durch die Himmel, die Hallen, die Paläste erzählt. Beschrieben wird eine sich von Halle zu Halle steigernde Pracht der Farben, Edelsteine und Schätze. In der Welt des Werdens entspricht dem die Freude, jeden Tag neuen Dingen zu begegnen, nie zuvor gesehenen; jeder neue Tag könnte dir wie ein funkelnder, seltener Edelstein sein.

Der Mensch kennt aber auch – mehr oder weniger – die Gegenseite. Statt voller Freude aufzustehen, möchte er liegenbleiben – die Beziehung zur Welt fehlt. Was der Tag bringt, glaubt man nicht ertragen zu können. Man will nicht, daß etwas geschieht, flüchtet sich in Krankheit oder

Drogen, sucht etwas, das vom Geschehen wegführt. Die Welt erscheint gemein, grausam, sinnlos. Man sieht keinen Weg mehr, hat keine Beziehung.

Leben aber heißt Weg, Bewegung. Leben wird im Bild des Weges durch die Wüste gesehen. In der Wüste *bleibt* man nicht, die Wüste durchziehst du, um am Ende ins Gelobte Land zu kommen. Während der Wüstenwanderung aber hast du viele großartige Begegnungen und Abenteuer, ein ständig neues und überraschendes Geschehen. Gott spricht doch während der Wanderung, und am Sinai geschieht die Offenbarung des Wortes. Die vier Bücher nach Genesis sind die Bücher des Wüstenweges.

Das hebräische Wort für Wüste, »midbar«, hat als Stamm »dabar«, »Wort«, »sprechen«. Der Weg durch die Wüste ist ein Gespräch! Ein Gespräch Gottes mit den Menschen, mit der Welt, mit den Dingen. Das Gespräch ist ein Weg, und vom Gespräch erwartet man, daß es immer Neues bringt, immer interessant bleibt. So bringt das Leben immer Neues. Das ist die Bedeutung des »Kamels«, das dich durch die Wüste trägt; es ist das »Tier« und entspricht damit deiner »Erscheinung« hier in der Welt.

Auf diesem Weg erfährst du das vierte Zeichen, Daleth. Es bedeutet »Tür«. Du entdeckst, daß dein Haus, dein In-der-Welt-Sein, eine Tür hat: die Möglichkeit, hinauszutreten und hereinzulassen. So bekommst du Kontakt mit dem Außen, das dir zuvor nichts bedeutet oder dich gar erschreckt hat. Jetzt besteht die Möglichkeit, daß durch die Tür Gäste eintreten. Von Abraham heißt es, daß er seine Tür immer weit geöffnet hat; und es erweist sich, daß die drei Männer, die hereintreten und von ihm bewirtet werden, Gottes Boten sind, ja, Gott selbst – wird gesagt – ist es. Es ist also von entscheidender Bedeutung, daß man den unbekannten Gast hereinlassen kann; ebenso wichtig ist es aber auch, daß dein Haus dir nicht zum Gefängnis wird, daß die Tür da ist, die dich hinausläßt.

Ich erinnere mich an einen Traum, der mit unserer Hausnummer zu tun hatte. Wir wohnten damals auf Nr. 101. Ich träumte von unserer Straße. Da gab es die Nr. 99, und dann kam gleich Nr. 103. Es war schrecklich im Traum: Nr. 101 fehlte! Ich wußte, das Haus ist da, konnte es aber nicht finden. Der Traum entsprach meiner damaligen Lage. Ich hatte kein In-der-Welt-Sein, mein Haus war mir damals unauffindbar.

Die fehlende Tür schafft viele Traummöglichkeiten. Du bist im Haus, es klingelt, oder jemand ruft, du willst antworten, kannst aber die Tür nicht finden. Solche oder ähnliche Träume zeigen dir, daß du keine richtige Beziehung zur Welt hast.Du weißt noch nicht, daß es einen Weg gibt und den Übergang in eine andere Welt; du bist sozusagen noch nicht in der Welt.

Das Haus hat Wände und einen Fußboden. Wären keine Wände da, würdest du in der Welt »ertrinken«. Wenn du von brüchigen oder sich entziehenden Wänden träumst, bedeutet es: Du verlierst dich. Das ist auch die Bedeutung, wenn du im Haus herumgehst und der Fußboden plötzlich aufhört und ein Abgrund sich öffnet; oder wenn das Dach fehlt, der Schutz von oben. Das Haus muß wohnlich sein, Intimität geben, denn die Welt ist für den Menschen geschaffen, damit er sich in ihr wohl fühlt.

Fußboden heißt auf Hebräisch »rizpa«; der Stamm dieses Wortes, »raz«, bedeutet »das Gehen«, aber auch »das Wollen«. »Razon« ist der »Wille«; »erez«, »Erde«, »Welt«, kommt auch vom Stamm »raz«. »Gehen« ist also identisch mit »Wollen«; man begibt sich im Wollen irgendwohin. Der Fußboden trägt diese Bewegung. Und Bewegung soll sein, Erstarrung wäre schlimm. Viele Träume handeln davon, daß man gehen will, aber vom Ort nicht wegkommt, wie sehr man es auch versucht: Es geht nicht, ändert sich nicht. Ein peinigendes Gefühl der Lähmung.

Wenn im Leben kein Weg mehr ist, wenn das Gefühl der Sinnlosigkeit wächst, kommt die Unruhe. Man will aus dem Haus fliehen, das Haus bedrückt, bedrängt. – Beim Auszug aus Ägypten spielt das Haus eine wichtige Rolle: »Bleibe in deinem Haus«, heißt es, »dann – und nur dann – kommt das Hinausgezogenwerden.« Wer sich nach Erlösung sehnt, wird auch hinausgezogen. Bringe in deinem Haus das Blut des Lammes an die Türpfosten, und sei *im* Haus. Erlösung kann sich nur ereignen, wenn man im Haus, in der Welt ist. Man muß die Beziehung zu *allem* in der Welt haben, sonst kann man nicht erlöst werden. Auf dem Tisch sollen die Speisen sein, und du sollst bereit sein, das Haus zu verlassen, denn es gibt ein Außen. Du wirst etwas Gewaltiges erfahren. Das, was dir nichts war, wird dir mit dem Haus, mit der Welt, endgültig gegeben. Du lernst diese *und* die andere Welt kennen.

Dreimal zieht der Mensch nach Jerusalem im Jahr: zu Ostern, zu Pfingsten und am sogenannten Laubhüttenfest, hebräisch »sukkoth«. Da lebt der Mensch in einem Haus, das das Außen hereinläßt, in dem das Außen sozusagen »bewußt« wird. Das Haus hat ein Dach aus Zweigen, ein durchlässiges Dach, die Sterne können in der Nacht hereinstrahlen. Das Dach trennt dich nicht mehr vom Himmel. Du bist drinnen *und* du bist draußen. Es ist ein Haus, das dir das Nichts *zeigt*.

Der Mensch hat, solange er in der Welt lebt, eine Beziehung zum Nichts, zur Negation dessen, was wir das Sein nennen. Sie äußert sich einerseits als Angst vor dem Nichts, andererseits als Sehnsucht nach dem anderen. Beides ist wie Einatmen und Ausatmen. So besteht auch immer die Beziehung zum Tod, die angstvoll oder gelassen sein kann.

Auf dem Weg im Haus gelangst du zur Tür, und du erfährst, daß die Tür sich öffnen oder geschlossen sein kann, je nach deinem Verlangen. Im Judentum gibt es den Brauch, daß man die Tür offenläßt, wenn man den Propheten Elia erwartet, den Bringer der Überraschung. In der Überraschung erkennst du den Grund, den Boden deines Lebens; der Sinn des Lebens ist das Staunen. Bei geschlossener Tür – wie kannst du da in Erwartung einer Überraschung leben?

»Im Haus« bedeutet: ein Wissen, daß der Gast jederzeit von draußen hereintreten kann. Die Überraschung kommt von draußen. Der Auszug aus Ägypten kommt durch ein Wirken von außen. Das Außen soll nicht abgetrennt sein und erschrecken, sondern mit dem Innen Verbindung haben, Kommunikation. Daher ist die Tür so entscheidend.

Als fünftes folgt im Alphabet nun das Zeichen He. Es bedeutet »Fenster«. Zum Haus gehört das Fenster. Wenn die Tür auch geschlossen ist: Durchs Fenster kann doch etwas hereinschauen. Das Fenster bietet die Möglichkeit, hinauszublicken und hereinschauen zu lassen.

Die Arche hat ein Fenster. Das hebräische Wort für Arche, »tewa«, bedeutet – wie wir schon wissen – »Wort«. Im Wort selbst also besteht schon die Möglichkeit hinauszuschauen und die Möglichkeit für das Andere hineinzuschauen. Das Wort enthält das Leben, das Wort ist Leben. Daher ist das Fenster, das permanent die Verbindung zum Außen gewährt, wesentliche Bedingung des Lebens. Ein Haus ohne oder mit verdunkelten Fenstern gilt nach dem alten Wissen nicht als Haus. Es ist dann nämlich nicht zu beurteilen, ob es »rein«, das heißt sinnvoll, oder »unrein«, das heißt sinnlos, ist.

Wenn es im Leben des Menschen kein Fenster gibt, dann fehlt die Möglichkeit, etwas von außen zu empfangen. Um ein technisches Beispiel zu geben: Wenn die Wellenlänge fehlt, ein bestimmtes Fernsehprogramm zu empfangen, dann hat es wenig Sinn, mit dem Fuß aufzustampfen und zu schreien: »Ich *möchte* es aber sehen!« Sorge doch einfach dafür, daß du es empfangen kannst! Radio kannst du auch nur hören, wenn der Kontakt hergestellt ist. So ist es auch beim Menschen: Wenn er kein Fenster hat, gibt es diesen Kontakt nicht, und er gilt dann nicht eigentlich als Mensch. Das Zeichen nach dem He heißt Waw, »Haken« im Sinn einer Verbindung. Es ist das Zeichen für »Mensch«. Am 6ten Tag kommt der Mensch, und Waw ist das 6te Zeichen des Alphabets.

Vom Haus, vom In-der-Welt-Sein des Menschen kann man also erst reden, wenn es Bewegung, Tür und Fenster gibt, vorher ist es nicht vollständig, gilt es noch nicht. Heute besteht eine besondere Neigung, nur das gelten zu lassen, was *innerhalb* des Hauses ist – eine Art Übertreibung im Einatmen. Mit dem Außen möchte man sich gar nicht einlassen. Das Außen ist »unwissenschaftlich«. Lieber bleibt man im Stockfinstern und nennt das – Licht. Türen sieht man nicht, und wenn schon – verriegelt man sie sorgfältig.

Denken Sie an die Geschichte der zwei Engel, die nach Sodom kommen (siehe Seite 169). Die Leute von Sodom werden blind. Sie wissen, daß es eine Tür gibt, aber sie sehen sie nicht mehr. Auch das ist möglich: Du stehst außerhalb und fühlst, daß die Welt nicht für dich da ist. Du siehst keinen Sinn, es gibt kein Sein für dich in der Welt. Die »tewa«, das Wort, hat ein Fenster. Das Wort ist die Grundlage des Lebens, der »Fleischwerdung«, der Materie. »Fleisch« bedeutet das Erscheinen in der Welt, das Gesehen-werden-Können, Erfahren-werden-Können des Menschen. Daher ist hebräisch »bessura«, »Fleisch«, auch das Wort für »Botschaft«, »Nachricht«. Ein »Fenster« gehört also im Prinzip schon zum Wort.

Die Arche – wird erzählt – hat drei Stockwerke. Sie entsprechen den 3 Elementen, die das 4te, unser Leben hier, bilden. Luft, Feuer und Wasser sind außerhalb, aber Bedingung der Erde. Immer sind es die 3, die zum 4ten kommen, um es zu bestätigen. Die 3 Weisen kommen aus dem Osten, und das Kind ist da; die 3 Freunde kommen zu Hiob, die drei Männer zu Abraham.

Von den 3 Stockwerken wird in der Überlieferung viel erzählt. Im obersten leben die Menschen: Noah und seine Frau mit den drei Söhnen und ihren Frauen, also 4 Männer und 4 Frauen, die doppelte 4heit, zusammen 8 Menschen. Im mittleren Stockwerk leben die Tiere, und im untersten ist sowohl die Nahrung als auch die Ausscheidung von Menschen und Tieren. Im untersten befindet sich also dasjenige, was Nutzen bringt, was aber dorthin auch wieder zurückkehrt. Es kommt von dort und geht dorthin.

Anfangs ist man ganz unten im Haus, dort, wo Zirkulation herrscht. Man sieht nur die Resultate: Dünger ist da, und Nahrung ist da. Woher kommt es, und wohin geht es? Wozu nützt das, was hervorwächst? Steigst du eine Treppe höher – gehst den Weg hinauf –, erfährst du im mittleren Teil des Hauses, daß es ein Tierleben gibt. Das ist nichts vom Leben des Menschen Getrenntes, sondern »Tier« bedeutet in der Entsprechung: Der Mensch, der noch nicht von sich weiß; der noch nicht erkannt hat, daß er »neschamah«, »göttliche Seele«, besitzt, daß das Jenseitige in ihm selbst lebt. Er glaubt, er wird es »später« einmal erleben, »nach dem Tod«, und denkt dabei »hoffentlich niemals«. Denn er verdrängt das Jenseitige und ist mit seinem Bestehen, seiner Existenz schon ganz zufrieden.

Die Tiere im mittleren Stockwerk leben paarweise. Der Gegensatz männlich–weiblich ist also schon da. Die Pflanzen, die Nahrung, haben das nicht. Das untere Stockwerk empfängt vom mittleren Dünger; das mittlere ist für das untere also Ursprung. Dann nimmt die Nahrung den Weg *hinauf*. Dort ist das Leben da, das »nefesch«, »Tierseele«, hat auch »ruach«, »Lebensatem«, und Körper. Es fehlt aber das den Menschen definierende Akausale. Als »Tier« will man nur, daß die Rechnung aufgeht, daß es stimmt.

Nun kommt der schwierigste Weg, die letzte Treppe zum obersten Stockwerk: die Sehnsucht zieht nun zum Menschen. Es ist ein Sich-weiter-vom-Irdischen-Lösen, ein Aufsteigen. Im Aufstieg erfährst du den Menschen, und du erfährst ihn im Zeichen der 8. Der Mensch ist auch die 8te Schöpfungstat in der Erschaffungsgeschichte. Im 8ten ist der Mensch vom Himmel umhüllt, ist er »gesalbt«; »schemen«, »Salböl«, kommt vom gleichen Stamm wie die Zahl 8. Die Erlösung, der Gesalbte, ist im Zeichen der 8 da. – Dort also trifft man den Menschen.

Ein Aufsteigen, das im Traum geschieht, ist von großer

Bedeutung. Es entspricht dem Weg vom Werden zum Sein, von der Einswerdung zur Einheit. Die freudianische Traumdeutung sieht das viel zu einseitig aufs Erotische bezogen. Die Einswerdung erfaßt den Menschen in jeder Hinsicht, er spürt mehr und mehr den Sinn seines Lebens und freut sich mehr und mehr, bis die Freude einen Punkt erreicht, der ein Sich-ganz-Verlieren bringt: Du bist im Himmel. Dann lebst du tatsächlich im obersten Stockwerk, erfährst die 8heit, die »Salbung«.

Die Sprache, das Wort, enthält es. Das Wort, heißt es im Johannesevangelium, ist bei Gott. Und das Wort ist hierher zu uns in Raum und Zeit geschickt worden als Mitteilung für sich. Es enthält die Wunder von oben. Wenn wir damit aufhören könnten, die Sprache und das Wort wissenschaftlich zu sezieren und für die Anwendung im Sinn nützlicher Informationen zu studieren, würde sich uns eine vollkommen neue Grammatik und Linguistik eröffnen, so reich und großartig, daß wir zeitlebens aus dem Staunen nicht mehr herauskämen. Es ist das Schicksal unseres wissenschaftlichen Zeitalters, daß die Sprache fast nur als Objekt, als Gegenstand, und damit abgetrennt vom Lebenszusammenhang wahrgenommen und wie eine Leiche seziert wird. Jede Wissenschaft entwickelt als Folge ein eigenes, äußerst kompliziertes Begriffesystem, und die Sprache wird – paradoxerweise – zum größten Hindernis für die Verständigung. Und wer sich der Sisyphusarbeit unterzieht, ein wissenschaftliches Spezialidiom ganz zu lernen, der sieht am Ende, daß durch neue Erkenntnisse die soeben erst eingeprägten Begriffe überholt und von anderen, noch komplizierteren abgelöst wurden. Daß man hier in eine Sackgasse geraten ist, ist nunmehr auch für Wissenschaftler offenkundig. Jetzt wäre es an der Zeit, zum Ursprung der Sprache zurückzukehren.

Das Absteigen im Traum wird als ein Gehen ins Exil gesehen. Im Exil vergißt man die Herrlichkeit des Gelobten Landes, in dem man lebte. Im Exil wird man dumpf und dumm. Ein gefangener Mensch – das Exil ist eine Gefangenschaft – kann nicht frei denken. Er ist in Zwang und glaubt, er *müsse* etwas; zum Beispiel, er müsse Zirkulation haben. Dann zählt er den Puls und mißt den Blutdruck. Fortwährend will er messen und zählen. Sein Wahn ist, es müsse stimmen hier. Er weiß, es geht hinauf und kommt herunter. Ein wenig versucht er vielleicht zu erfahren, woher es kommt und wohin es geht. Er hört vielleicht Geräusche im ersten Stock, es stört oder beunruhigt ihn manchmal. Von einem weiteren Stockwerk hat er keine Ahnung.

Das Gehen nach Ägypten wird in der Bibel immer ein Hinuntersteigen genannt, das Ziehen ins Gelobte Land dagegen ein Hinaufsteigen. Selbst heute noch nennt man einen, der nach Israel einwandert, einen »oleh«, einen »Aufsteigenden«. Der Mensch wird ins Exil geschickt, damit er das *ganze* Wort erfährt, seine ganze Spannweite, von ganz unten bis ganz oben. Das Ab- und Aufsteigen geschieht, damit der Mensch – wie die Engel in Jakobs Traum – das Unterste mit dem Obersten verbinden kann.

Die Bestimmung des Menschen bei der Schöpfung ist das Exil. Die Geburt eines Menschen ist gleichsam ein (Sünden-)Fall. Gott macht die Welt so, daß die Sünde für den Menschen da ist – denn wie anders als sündigend könnte er Erbarmen erfahren? Das ist die so häufig mißverstandene Sünde, die mit dem Menschen mitkommt: die Erbsünde. Es handelt sich dabei also nicht um ein einmaliges Versagen, das nun fortwährend bestraft wird.

Das für das Leben grundlegende Auf- und Absteigen kann sich auch in Treppenträumen äußern. Man träumt zum Beispiel von einer Treppe, die plötzlich abbricht. Man weiß zwar, daß man höher steigen müßte, aber die Treppe führt nicht höher. Oder – eine andere Traumsituation: Du bist plötzlich ganz oben am Ende der Treppe, aber dort gähnt nur ein Abgrund. Solche Treppenträume zeigen dir, daß dein Haus noch unfertig ist. Entweder du erstarrst auf deinem Weg hinauf, etwas stagniert, oder du verlierst in deinem Aufschwung den Kontakt mit dem Unteren, kannst nicht mehr absteigen.

Ich sprach vom mystischen Weg durch die Hallen, durch die Paläste. Jeder Palast auf diesem Weg, heißt es, ist schön und harmonisch, hat also die drei Stockwerke. Das Weitergehen ist eine Erfahrung des Immer-freudiger-Werdens. Daher wird der Weg durch die 7 Himmel und die 7 mal 7 Hallen ein Aufstieg genannt. Am Ende, heißt es, führt dich Josua, Sohn von Nun – hebräisch »nun« bedeutet Fisch und ist auch die Zahl 50 –, hinüber in den 8ten Himmel, in die 50te Halle. Dieser Weg hinauf, diese immer weitergehende Freude, ist dein In-der-Welt-Sein.

15

Zug- und Reiseträume · Die Jonah-
Geschichte · Die Flucht in die Vielheit ·
Das Bogenschießen im Zen · Die Welt der
Technik · Das Fliegen · Vom Tun umsonst ·
Menschen im Traum · Eltern und Kinder ·
Gute und böse Dämonen · Die Beziehungen
zu den Geschöpfen

Wir wollen uns nun einer weiteren Traumgruppe zuwenden: den Reiseträumen. Die Traumsituationen in dieser
Gruppe sind sehr vielfältig. Ich deute nur einige charakteri-
stische Beispiele an: Man kommt zum Bahnhof, aber der
Zug ist schon abgefahren – du willst gerade den Zug besteig-
gen, da fällt dir ein: »Ich habe ja gar keine Fahrkarte« – du
sitzt im Zug, und als der Schaffner kommt, hast du keine
Fahrkarte und fühlst dich vor den Mitreisenden blamiert –
man weiß, daß der Zug 10 Uhr 13 auf Gleis 6 abfährt; als
man zum Bahnhof kommt, gibt es das Gleis 6 gar nicht, und
der Zug ist auch auf dem Fahrplan nicht aufgeführt.

Es sind Träume, die dir zeigen, daß du von einem Trans-
portmittel abhängig bist; es können natürlich auch Flug-
zeuge, Busse oder Schiffe sein. Der Zug bedeutet: Du *wirst
gefahren,* bist auf deinem Weg einem »Instrument« ausgeliefert. Am Steuer deines Autos bist du aktiv, im Zug passiv.
In früherer Zeit entsprachen unseren Zugträumen die
Schiffsträume. Allerdings fehlte damals diese merkwürdige
Exaktheit, die heute so charakteristisch ist und deren Kennzeichen die große Bahnhofsuhr mit dem springenden Se-
kundenzeiger ist. Wir spüren, daß unser Leben einem
Rhythmus unterworfen ist, dem wir uns oft nicht anpassen
können oder wollen. Die Uhren – deine innere und die

Bahnhofsuhr – stimmen nicht überein.* Man ist oft zu spät, hat Angst, nicht mitzukommen. Darin zeigt sich auch eine Passivität dem Schicksal gegenüber.

Im Hebräischen gibt es mehrere Ausdrücke für Schiff. Im Buch Jonah, das den Urtraum aller Schiffs- und Zugträume erzählt, wird das Wort »oniah« verwendet, das dem Worte »ani«, »Ich«, verwandt ist. Ein anderer Ausdruck, »sefina«, steht dem Wort »sof«, »Ende«, »Grenze« nahe. Beide Begriffe bezeichnen ein Schiff, das gelenkt wird, also einen Kapitän, einen Steuermann hat. Ein anderes »Schiff« in der Bibel, das aber mit diesem Ausdruck gar nicht benannt wird, ist die Arche Noahs, die »tewa«. Die Arche fährt auch auf dem Wasser, hat aber keinen Steuermann. Gott läßt sie schwimmen, wie er auch das Kästchen, in dem Moses liegt und das auch »tewa« heißt, schwimmen läßt. Das heißt, Gott lenkt es schon, die Arche dem Ararat zu, Moses Kästchen der Tochter Pharaos zu; diese Lenkung entzieht sich aber menschlichen Eingriffen.

Beide Schiffe fahren auf dem Wasser. Das heißt in der Entsprechung: Du läßt dich – wie die Arche – in der Zeit führen, oder du willst – wie »oniah, sefina«, das Schiff mit Steuermann – ein Ziel in der Zeit bestimmen und erreichen. Die Träume der Bibel zeigen, daß ein Schiff, das sich leiten läßt, an ein gutes Ziel gelangt, während das Schiff, das steuern will, in Sturm gerät und Abenteuerliches erlebt, bis es vielleicht auch ans Ziel kommt.

Ich möchte diese Traumgruppe von der Jonah-Ge-

---

* Künstlerische Gestaltung erfährt dieses Thema auffallend häufig im Werk Franz Kafkas. Beim Blick auf die Uhr oder beim Dröhnen der Glockenschläge durchfährt die Figuren seiner Erzählungen und Romane der Schreck: »Schon so spät!« oder »Zu spät!« Darin äußert sich ein Bruch in der Zeit. Die Figuren erleben sich zwischen zwei getrennt verlaufenden Zeiten. Daher ihre Unruhe; ja, man könnte sagen, sie bestehen weitgehend aus dieser Unruhe. Während sie der einen Zeit nachjagen, verlieren sie die andere. (Anmerkung Christian Schneider.)

schichte her besprechen. Jonah ist das Beispiel in der Bibel von einem, der gefahren wird und abhängig ist vom Geschehen mit dem Schiff, das in Sturm gerät. Auch im Neuen Testament wird von einem Schiff erzählt, das in Sturm gerät. Es gibt also eine festgelegte Bildstruktur als Entsprechung für ein bestimmtes Geschehen im Menschen.

Warum begibt sich Jonah überhaupt auf ein Schiff? Weil er auf der Flucht ist. Er flieht vor Gott, vor einem Auftrag. Eigentlich sollte er doch nach Ninive gehen. Der Name Ninive bedeutet »Haus der Fische«. Dort, in der »Wohnung der Fische«, dort, wo der Ursprung der Fische ist, soll er mitteilen, daß in der Welt der Fische ein Ende kommt. Wir erinnern uns: Die Fische leben im Wasser, sie entsprechen den Menschen in der Zeit. Er sträubt sich, das Ende in der Zeit mitzuteilen. Zwar – spürt er – kommt für jedes Leben in der Zeit ein Ende, aber das stimmt nur an der einen Seite, stimmt nur naturwissenschaftlich; an der anderen Seite ist die Gewißheit der Ewigkeit.

Auch bei sich selbst könnte man spüren: Mit der Gewißheit des Endes wäre das Tun gelähmt. »Wozu tun«, würde man sagen, »wenn doch alles untergeht?« Unsere Tatkraft entspringt eigentlich einem Nichtbeweisbaren in uns. Die Quelle unseres Tuns ist – könnte man sagen –, daß wir eben nicht diese Mitteilung vom Ende der Wohnung der Fische bringen wollen. Andererseits: Käme man wirklich zu sich, also ins Haus der Fische, und vernähme dieses »Es kommt ein Ende« – vielleicht erführe man dann, daß schon diese Mitteilung ins Paradoxe führt, indem sie die Frage aufwirft: »Und wozu ist dann Ninive erschaffen worden, die ›große Stadt‹?« Wozu die unendliche Vielfalt der Welt an Farben, Formen, Freuden, Leiden – und alles geht unter!?

So aber ist es in den Menschen gelegt worden, daß es ihn einerseits nach Ninive zieht – Gott zieht ihn –, andererseits treibt es ihn in die Gegenrichtung, und er flieht. Merkwürdig ist, daß seit jeher das Bild der Fische so gezeichnet wird: Zwei Fische übereinander, einer nach rechts, der andere nach links schwimmend. Und ist es nicht auch für den Menschen kennzeichnend, daß er sagt: »Eigentlich sollte ich es nicht tun«, und er tut es – Gutes oder Schlechtes – doch? Es ist ein Weg in *beiden* Richtungen.

Jonah flieht und kommt an einen Ort mit dem Namen Japho, das bedeutet »Schönheit«. Er sieht dort die Harmonie, das Schöne dieser Welt. Dort besteigt er das Fluchtschiff. Er hat auch ein Ziel: Tarschisch. – Immer, wenn der Mensch flieht, hat er ein Ziel; das Ziel ist kennzeichnend für eine Flucht. Ninive, wohin er eigentlich soll, und Tarschisch, wohin er fliehen will, verhalten sich hinsichtlich der Zahlenwerte der Worte wie 1 zu 10; er soll zur 1 und flieht zur 10. In der Symbolik wird die 10 als höchste Zahl gesehen. Sein Ziel ist also die Vielheit. Er glaubt, daß ihm die Vielheit etwas geben wird. Dorthin will er, und um hinzukommen, braucht er etwas, das ihn über das Wasser bringt: ein Schiff.

Selbst kommt er nicht hin, er muß sich eines Fahrzeugs bedienen. Und dafür muß er – das wird ausdrücklich erwähnt – einen Preis bezahlen. Nach Ninive hätte er umsonst gehen können, nach Tarschisch braucht er eine Fahrkarte. – Setzt man sich – fliehend – ein Ziel, kommt ein Geschäft zustande, man muß zahlen. »Lohnt es sich auch? Bekomme ich etwas dafür?« denkst du. Du opferst etwas, also erwartest du auch, daß es sich lohnt. Man opfert zum Beispiel seine schöne Freizeit, um ein Studium zu absolvieren; dann möchte man aber auch Karriere machen, eine gute gesellschaftliche Position erringen. Sobald der Mensch von »Opfer« spricht, also auf eine bestimmte Richtung hinarbeitet, gerät er in diesen Zwang.

Sie kennen vielleicht das Bogenschießen im Zen. Die Eigenart dieser Kunst besteht darin, daß man nicht zielen darf. Der Pfeil muß treffen, ohne daß gezielt wird, denn Schütze und Ziel sollen eins sein. Das Ziel ist gleichsam nur dazu da, daß Einheit entsteht. Die Jäger- und Schützenvereine werden hier natürlich protestieren. Jeder Schütze weiß, daß er, ohne zu zielen, nie trifft. Schließlich bekommt er doch einen Preis, weil er gut, besonders gut gezielt hat. Im Zen aber verhält es sich genau umgekehrt. Es gibt Meister, die im Dunkeln oder nach rückwärts schießen, und der Pfeil trifft genau ins Ziel.

Wir staunen darüber und halten das für eine Art Zaubertrick. Aber Übung, Disziplin und körperliche Fertigkeit allein bringen das nie zustande. Der Mensch trifft nur, wenn er frei ist. Zielst du etwa, um zu atmen? Damit der Kreislauf oder die Verdauung funktioniert? Alles Tun sollte aus einer Absichtslosigkeit kommen, dann »tut es sich«. Wie es sich träumt – ein Traum kann nicht geplant werden –, so lebt es sich auch.

Jede Absicht im Leben bezeugt einen Mangel an Glauben. Daher wird im alten Wissen eine gute Tat, die um irgendeiner Belohnung willen getan wird, ein Geschäft genannt. Du opferst etwas und wirst dafür belohnt.

Nach der Überlieferung gelten der Mund, der spricht, und das Ohr, das hört, als Einheit. Das hebräische Wort für Mund, Peh, setzt sich aus den Zeichen Kaf, »Hand«, und Jod, »Hand«, zusammen*; es verweist also nachdrücklich auf Handeln, Tun. Sprechen und Hören hängen mit deinem Tun zusammen. Und nicht etwa in der Weise, daß dein Hören dein Tun veranlaßt, sondern dein Tun und dein Hören *sind* eins. Daher heißt es: Du bist mit dem, was du erreichen möchtest, schon längst eins.

Alles Verdienen, Kaufen, Erwerben kann als Flucht gesehen werden, als Fliehen vor dem, was selbstverständlich da ist. Erlösung zum Beispiel ist eine Sache des Glaubens; wer sie »verdienen« will, flieht in Wahrheit vor ihr. Das Fliehen

---

* Die Hand als Kaf ist die Hand, welche zum Griff, zum Tun bereit ist. Die Hand als Jod ist das Prinzip, woraus das Tun hervorkommt. Im Zeichen Peh, Mund also, zeigt sich vor allem die Kaf, darin verborgen sieht man aber auch die Jod. Über diese Zeichen vgl. F. Weinreb, Buchstaben des Lebens, Weiler im Allgäu 1990, und Wunder der Zeichen – Wunder der Sprache, Bern 1979.

des Menschen ist Ausdruck einer Zielgerichtetheit: Er will in die Vielheit, er glaubt, Tarschisch erreichen zu können. Jonah erreicht Tarschisch nie. Das Ziel, dem der Mensch nachjagt, erreicht er nie; das ist ein Gesetz, könnte man sagen.

Die Flucht führt aufs Meer, aufs Wasser, in die Zeit. Erst läßt sich das Schiff auf dem Meer eine Zeitlang steuern, dann aber kommt der Sturm, und es droht unterzugehen. »Schiff« und »Ich«, hatten wir gesehen, entsprechen einander. Mit seinem Ich glaubt der Mensch, nach Tarschisch zu kommen. Jonah begibt sich »ins Innere des Schiffes« und bezahlt – wie die Überlieferung berichtet – den Fahrpreis auch für alle, die mitreisen. Das Ich glaubt, »mit allem« dorthin gelangen zu können.

Die Überlieferung erzählt, das Schiff sei schon auf hoher See, als Jonah in Japho anlangt. Er kommt also – merkwürdige Parallele zu vielen Zugträumen – zu spät. Er sieht das Schiff am Horizont – wird erzählt –, ist sehr traurig und sehnt sich danach, daß es zurückkehre. Und tatsächlich – das Schiff kommt zurück und nimmt ihn mit. Unsere Sehnsucht kann viel hier erreichen. Wonach man sich sehnt, das wird Realität.

Jonah besteigt das Schiff, begibt sich ins Innere und schläft ein. Im Neuen Testament finden wir eine Parallele: Jesus besteigt mit seinen Jüngern ein Schiff und legt sich schlafen. Das Entscheidende also schläft. Das Schiff gerät in Sturm. Notwendig kommt ein Sturm im Leben, wenn du dir, fliehend, ein Ziel setzt. Natürlich bist du dann darüber sehr betrübt, denn du willst doch nach Tarschisch! Du hast aber vergessen, daß deine Bestimmung Ninive ist. Der Sturm legt sich erst, als Jonah ins Wasser geworfen, also nicht mehr gefahren wird.

Wenn du im Traum einen Zug brauchst oder ein Schiff oder ein Flugzeug, dann bedeutet es, daß du auf der Flucht bist; du kannst nicht selbst gehen, nicht allein leben, du mußt gefahren werden. Dir fehlt der Glaube, daß du selbst hinkommen kannst. Du setzt dich hinein – passiv – und glaubst, so geht es schon. Du kannst deinen Weg – wie es im alten Wissen ausgedrückt wird – nicht selbständig gehen, den Weg, der dich zum Ursprung, nach Ninive, führt.

Jonah kommt ans Meer – du stehst vor der Zeit. Nur in der Zeit gibt es das Gefahrenwerden. Du stehst unter dem Gesetz der Zeit, daher mußt du die Fahrkarte bezahlen. Der Schaffner kommt, der übergeordnet ist. Man ist nun untergeordnet, allerlei Elementen ausgesetzt. Du bist nicht mehr du selbst. Abhängig bist du von den Matrosen, dem Kapitän. In viele Abhängigkeiten bringt dich deine Flucht: Der Zeit bist du unterworfen, den Mechanismen; das Flugzeug kann abstürzen, der Zug entgleisen, das Schiff untergehen...

Weil wir ständig Ziele vor Augen haben, haben wir Angst, daß etwas geschehen könnte, daß es nicht gehen wird. Unser Tun sollte aus einem anderen Selbstverständnis leben. Es sollte aus der Gewißheit kommen, daß unser Ich immer schon am Ziel ist. Das Sein ist schon da, im Werden wirst du mit ihm eins; durch das Werden erlebst du beides: Einssein *und* Einswerden. Die Schwierigkeiten kommen, weil du nicht sein lassen kannst.

Wenn du vor der Zeit stehst, dem Wasser, dann glaubst du, eine gewisse Geschwindigkeit nötig zu haben. Du gibst die Initiative ab, sie liegt nicht mehr bei dir. Reiseträume sind Fluchtträume, die dir zeigen, daß du als Mensch eigentlich tot bist. Entsprechend kennen wir das Totenschiff bei den Ägyptern: Der Tote wird ins Schiff gelegt und in die andere Welt gefahren; er kann nicht mehr selbst steuern.

Beim Gefahrenwerden sind wir einer Technik unterworfen. In sehr vielen modernen Träumen spielt die Technik eine große Rolle. Was bedeutet Technik überhaupt, im Traum wie im Leben? Man könnte sagen, die Technik, die uns von allen Seiten im wachen Leben umgibt, wurde auch einmal geträumt. Die Erfindungen wurden geträumt, plötzlich waren sie da. Edison hat wach geträumt, es kam ihm im

Schlaf. Der Mensch spürt: »Ich kann viel mehr, aber ich brauche die Hilfe von etwas Materiellem, das mich hinführt.«

Wenn gesagt wird, daß der Mensch sich kein Bild machen solle, so ist damit möglicherweise vielleicht auch gemeint, daß er keine Zeichnungen von Engeln anfertigen solle. »Bild« aber bedeutet in erster Linie: Erstarrtes. Lasse nichts erstarren, weder, was im Himmel und auf der Erde, noch das, was in den Wassern unter der Erde ist. All das lebt, ist auf dem Wege. Läßt du es erstarren, tötest du es.

Ständig ist Veränderung. Zu Napoleons Zeiten noch zog man die Paradeuniform an und starb als Held; heute setzt man sich ans Steuer seines Autos und rast in den Tod. Die Begriffe »schlechter« oder »besser« haben hier keinen Sinn. Es zeigt nur: Der Mensch hat sich geändert.

Das Bild läßt erstarren. Wir benutzen heute für unser Tun etwas, das wie ein Bild ist und das auch unser Weltbild prägt. Wir benutzen technische Systeme, die wir konstruiert haben, und lassen uns von ihnen führen. Wir dienen den Göttern, die wir selbst gemacht haben, anstatt sie uns dienen zu lassen. Jede Theorie bedeutet Erstarrung und wird mit Recht ein Gegensatz zum Leben genannt, denn Leben *ist* Veränderung. Dein Lebendigsein bewirkt, daß alles von selbst bei dir geschieht, das Bildermachen aber verhindert es.

Es gab Zeiten, da begab man sich, wenn man eine Reise machen wollte, in einen Zustand, der sofort dorthin führte, wohin man wollte. Das ist uns heute unerklärlich. Wer reisen will, benutzt ein Flugzeug, den Zug oder das Auto. Es muß aber Zeiten gegeben haben, in denen man anders reiste. Geschichten erzählen davon, sehr alte, aber auch aus einer gar nicht so fernen Vergangenheit. Die chassidische Tradition berichtet es zum Beispiel vom Baalschemtow, der in der ersten Hälfte des 18. Jahrhunderts in Podolien, in der Ukraine wirkte; er habe sich hinbegeben können, wohin immer er wollte, ohne sein Haus verlassen zu müssen.

Technisches zu tun, um irgendwohin gelangen zu können, ist offenbar gar nicht notwendig – glaubt man den Geschichten. Merkwürdigerweise hat uns die Technik schon ganz in die Nähe dieser Geschichten geführt. Wir erleben jetzt, daß man zum Beispiel unendlich weit sehen kann. Du stellst den Fernsehapparat ein und siehst die Landung auf dem Mond oder eine Demonstration in Tokio oder den Bürgermeister von New York. Wir *sehen,* was wir *wollen;* wir *hören,* was wir *wollen.* Und mit dem Flugzeug ist es uns möglich, in etwa dreizehn Stunden auch tatsächlich in Tokio *zu sein,* wenn wir *wollen.* Vielleicht erleben wir noch ein Raketenzeitalter, in dem man in zehn Minuten in Tokio ist, wenn man es will.

In der Technik hat sich manches erfüllt, was der Mensch träumte. Erfüllt hat es sich aber im Sinne erstarrter Bilder, im Sinne von Instrumenten, von denen wir abhängig sind. Wenn erzählt wird, daß der Baalschemtow in Podolien in einen Wagen steigt und nach Italien fährt und dort auch gleich ankommt, in der Stadt, in der er jemand besuchen möchte – dann kann der Wagen zum Beispiel nicht abstürzen; es gibt aber auch niemand, der den Wagen sehen kann. Wenn ein indischer Weiser einen Weisen in China besuchen möchte – erzählen andere Quellen –, dann ist er auch gleich tatsächlich dort. Wir lächeln über solche Geschichten, weil wir nur an Beweise in Raum und Zeit glauben. Über Jahrtausende aber blieben die »unwissenschaftlichen« Geschichten erhalten und werden auch heute noch gedruckt, während fast alles andere in Vergessenheit geriet.

Seit unser Zeitalter mit immer größerer Beschleunigung die Abhängigkeit vom Materiellen entwickelte, ist es, wie Jonah, auf der Flucht. Wir glauben nur an das Beweisbare, und wir glauben, daß wir es beherrschen. Tatsächlich aber und in Wirklichkeit sind wir unterworfen. Die Technik erscheint, wenn der Mensch vor sich selbst flieht. Er könnte den Weg selbst gehen, dort, wo er ist, und wäre gleich in Ninive; nach Tarschisch aber muß er lange, lange Zeit gefahren werden – und kommt doch niemals an.

Das Leben, wie es sich in Raum und Zeit hier äußert, ist

eigentlich Ausdruck dessen, wonach man sich sehnt. Die Sehnsucht gehört einer anderen Welt an, drückt sich aber in den Geschehnissen *hier* aus. Sehnt der Mensch sich danach, diese Welt zu übersehen und zu beherrschen, dann erfüllt sich seine Sehnsucht *nach der Art, wie* er sich sehnt und *wie er glaubt,* das erreichen zu können. In seiner Sehnsucht kann er sich tatsächlich von der Erde erheben, kann fliegen. Diese Sehnsucht gehört zum Menschen, der doch auch im Bild der vier Wesen dargestellt wird; eines davon – neben Stier, Mensch und Löwe – ist der Adler. Von ihm wird erzählt, sein Flug sei der höchste, ja, er erreiche im Flug den Himmel; die Jungen trage er auf seinen Flügeln, daher seien sie vollkommen geschützt, denn kein anderer Vogel könne sich über den Adler erheben.

Der Mensch will sich gern von der Erde lösen, über die Welt erheben; diese Sehnsucht erfüllt er sich hier nach der Art des Weges, den er einschlägt. Ist er auf dem Weg nach Ninive, dann ist der Adler in ihm, und er kann den Himmel in der Weise des Glaubens erreichen. Er muß nicht beweisen und berechnen, braucht keine philosophischen Systeme. Er glaubt wie ein Kind. Das Kind im Menschen hindert nicht Erfahrungen mit der zeiträumlichen Welt, es kann ständig glauben, tatsächlich in Verbindung mit dem Himmel sein.

Ist der Mensch aber auf der Flucht, dann kann er nicht fliegen, sondern muß geflogen werden. Er muß ein Flugzeug besteigen, um irgendwo hinzukommen. So dient er den Bildern, die er gemacht hat. Er kann gar nicht anders, er glaubt nur noch an diese Möglichkeiten. – Ich hoffe, es ist deutlich geworden, daß alle Errungenschaften der Technik der Sehnsucht des Menschen entstammen. Daß wir heute in jeder Hinsicht von Technik umgeben sind, ist ein Zeichen dafür, daß wir auf andere Art gar nicht mehr aufzusteigen vermögen; wir kennen nur noch den Weg der Technik, wir sind ihm unterworfen und müssen dafür zahlen. Es ist ein Geschäft geworden. Wir haben kaum noch eine Wellenlänge für das andere.

Vor dem Weg nach Ninive haben wir Angst. Ihn zu gehen – denken wir – wird man lächerlich finden und unwissenschaftlich. Auf der Flucht nach Tarschisch kann man alles beweisen, denn man hat bezahlt. Nur so, glaubt man, kann man es erreichen. Entsprechend groß sind die Stürme, die Unlust. Sich selbst hat man den Weg versperrt, er bleibt im Menschen aber immer da.

Wir klagen über Umweltverschmutzung. Die Welt erträgt die Technik nicht mehr. Die Nervosität nimmt zu. Als die ersten Eisenbahnen verkehrten, hieß es, der Mensch könne die Geschwindigkeit nicht ertragen. Heute kommt uns das reichlich primitiv vor, weil wir wissen, daß man sehr viel höhere Geschwindigkeiten erträgt. – Ertragen wir sie wirklich? Vielleicht glauben wir es nur, weil wir körperliche Schäden nicht feststellen können. Vielleicht ist diese Art der Beschleunigung gar nicht menschlich. Vielleicht entspricht unserem Menschsein gerade die andere Art, von der die Legende des Baalschemtow erzählt. Dahinter aber vermuten wir – so zwanghaft ist das Denken Gefangener – eine *besondere* Technik. Magie, ein Ritual, eine geheimnisvolle Übung. Es ist aber genau das Gegenteil, es ist *ein Tun umsonst*. Das widerspricht unserer Natur, denn der Weg der Technik ist uns zur Natur geworden. Es wird dir eben das, was du deiner Sehnsucht entsprechend immer wieder tust, zur Natur.

Gewöhne dich ans Tun umsonst. Eine Routine ist immer nötig. Der Bogenschütze im Zen muß lernen, den Bogen zu halten, den Pfeil einzulegen, zu spannen usw. Er fängt mit Schießen an, immer wieder schießt er, bis er spürt, daß er mit dem Ziel selbstverständlich eins ist. Dann trifft er, ohne zu zielen. Dann ist er absichtslos, dann tut er umsonst.

Der Mensch auf der Flucht kommt nicht ans Ziel. Das technische Zeitalter zeigt: So können wir nicht weiterleben; wenn das Planen so weitergeht, wird das Leben zum Orwellschen Alptraum. Damit ist nicht gesagt, daß Planung falsch sei; man darf aber das Planen nicht zum Götzen machen. Selbstverständlich sollst du lernen, selbstverständlich Routine erlangen, selbstverständlich leisten – wissend: Der Weg *geht sich*. Es gibt hier – ich betone es immer wieder – kein Entweder-Oder, sondern: Indem du hier tust, tut es sich dort. Es ist eins. In diesem Sinn gilt das Sprichwort: »Hilf dir selbst, dann hilft dir Gott.« Und bedenken Sie auch, der Bogenschütze trifft nicht symbolisch, sondern muß den Pfeil tatsächlich abschießen.

Wie kommt es, daß er trifft? Aus seiner Lebensführung. Die läßt ihn absichtslos werden. Schon seine Erziehung und Ausbildung ist so, daß ihm die Ruhe selbstverständlich wird. Entspannt, gelassen sein – dann triffst du, ohne zu zielen.

Wer sich fortwährend damit beschäftigt, wie er Gutes tun könne, der läuft Gefahr, das Gute für ein Ergebnis seiner Anstrengung zu halten. So ist es aber nicht. Der gute Mensch ist wie der Bogenschütze, der absichtslos trifft.

Ich möchte jetzt zu einem neuen Thema kommen: Die Begegnungen mit menschlichen oder tierischen Lebewesen im Traum. Bislang haben wir über Situationen und Dinge im Traum gesprochen. Lebewesen begegnen uns aber auf ganz andere Weise.

Wie begegnen wir Menschen im Leben? Warum begegnen wir genau dieser oder jener Person? »Zufall«, sagen wir oft. Aber wir könnten erkennen, daß auch die Begegnungen im Leben eigentlich Traumbegegnungen sind. Wir haben dafür aber fast alles Gefühl verloren, weil wir uns ständig mit unserem Verstand hineinmischen und *erklären* wollen, warum wir gerade dem oder jenem begegnet sind. Eine kausale Erklärung kann aber nur »stimmen«, wenn man das weitaus meiste ausklammert, unberücksichtigt läßt. Berücksichtigte man alle Variablen, verlöre sich jede Begegnung im Unerklärlichen.

Bei genauem Hinschauen zeigt sich, daß jede menschliche Begegnung von zwei Dimensionen bestimmt ist: unserer kausalen, in der es uns einleuchtet, und einer ganz anderen, die wir nur spüren, ahnen. Das Kausale ist nicht etwa falsch, es ist aber nur ein Durchschnitt, eine Art Querschnitt, während die Wirklichkeit das Ganze ist, viel mehr Dimensionen umfaßt.

Solche Traumbegegnungen werden im alten Wissen als eine sehr wichtige Angelegenheit betrachtet. Sie melden dir, daß deine Begegnungen im Leben noch ungeklärt sind, sie haben nicht das Selbstverständliche – wir könnten sagen: des Traums. Dein Tag entspricht nicht deiner Nacht. Es ist eine Trennung, ein Bruch da. Und darauf weist dich der Traum, an den du dich erinnerst, hin.

Es kann zum Beispiel vorkommen, daß dir deine Eltern – Vater oder Mutter oder auch beide – im Traum begegnen; es ist in diesem Zusammenhang nicht wesentlich, ob sie noch leben oder schon lange tot sind. Nach der Überlieferung teilt dir eine solche Begegnung mit: Du hast einen Ursprung, dein Leben hat gelebt, bevor es dir als *dein* Leben bewußt wurde. Die Eltern im Traum – der ja aus der Welt des Seins stammt – sind dein früheres Leben.

Von Isaak wird gesagt, er gleiche seinem Vater Abraham, wie ein Wassertropfen dem anderen gleicht. Denn der Sohn ist die Zukunft des Vaters, der Vater existiert weiter im Sohn. Aus der Sicht der Gefangenschaft in Zeit und Raum sagen wir: Das Vergangene ist weg, die Eltern haben in einer Phase gelebt, die nicht mehr da ist. Das Zeiträumliche zwingt uns, an ein Ende zu glauben. Alle, die früher oder ganz früher lebten, sind in Zeit und Raum verschwunden. Also legt man ihr »Leben« zwischen zwei Daten fest und erhält damit eine historische Ordnung, die das zeiträumliche Empfinden einigermaßen zufriedenstellt.

Die Traumbegegnung mit den Eltern zeigt dir, daß du in deinem Leben schon längst in der Welt warst. In Zeit und Raum sind es deine Eltern, in Wirklichkeit bist du es selbst. Im Werden bist du biologisch mit ihnen verbunden, und im Sein bist du eins mit ihnen. Das Sterben wird in der Bibel als ein »Eingesammeltwerden« ausgedrückt: eingesammelt zu den Eltern, den Vätern, deiner Gemeinschaft, deinem Volk.

Entsprechend wird die Begegnung mit den Eltern im Traum gedeutet. Dein Leben endet nicht, es lebt weiter. Nicht in einseitig zeiträumlicher Weise, sondern in der Wirklichkeit, die das Zeiträumliche *und* das andere umfaßt. Ein Kind im Traum bedeutet dein Weiterleben, Leben heißt: Weiterleben.

Dein Weg geht immer weiter. Jeder böse Traum ist eine schreckliche Episode in deinem Leben hier. Du glaubst, es sei nur ein Traum? Das Leben *ist* ein Traum. Wenn du in der anderen Welt erwachst, sagst du: »Ach, es war nur ein Traum.« Der Übergang ist wie eine Weiche, du kommst auf ein neues Gleis, das andere endet mit dem Traum.

Du mußt nicht darauf beharren, das Leben sei so eingerichtet, daß du gequält wirst. Du hast eben auch den bösen Traum, damit du beim Erwachen spürst: »Wie herrlich, die Wirklichkeit ist anders.«

Der Traum ist immer das Leben, woraus du erwachst, um dich zu freuen, daß es nur ein Traum war. Dein Leben ist der Traum, der weggeht. Daher: Sage immer nur Gutes, wie Elia, der Vorläufer des Messias.

Der Sinn aller Spiele – Verstecken, Blindekuh oder Rätselspiele – wird damit erklärt: Schau, es wird *doch* gefunden, in allem gibt es die *andere* Seite.

Wenn du aus dem Schlaf erwachst und denkst: »Ach, jetzt fängt der langweilige Tag wieder an, und ich hatte gerade so schön geträumt«, dann wird gesagt: Also ist dein Tag wie ein böser Traum. Das aber sollte dein Tag nicht sein, er sollte dir vielmehr dieses Wache geben, das dich erkennen läßt: »Mein Leben ist ein Traum, und ich werde erwachen.«

Die Toten, heißt es, schlafen im Staub. Sie sehen an der anderen Seite gerade den Sinn dieses Traumes: daß er war, damit man die Gegenseite erfahre. Du sollst den Toten begraben, damit er an der anderen Seite erwachen kann. Mit dem »Toten« meint man alles, das war, die Vergangenheit.

Was du nicht begräbst – mit dem bist du wie mit einer Leiche zusammen, nie wird die lebendig werden. Mach dir also keine Vorwürfe, habe keine Schuldgefühle, begrabe *gleich* – lebe *gleich*.

Lots Frau wird in der Bibel als eindringliches Beispiel gegeben. Sie schaut zurück und erstarrt. Sie will sich von der Vergangenheit nicht lösen, obwohl doch Sodom schlecht zu ihnen war. – *Immer* geht der Weg weiter, *immer* kommt dein Leben und setzt sich fort, wie es die Traumbilder der Eltern und Kinder zeigen.

Was bedeutet es, wenn du von hochgestellten Personen träumst, Königen, Fürsten? Dann verstehst du, sagt man, daß es in deinem Leben eine Hierarchie zum Himmel gibt, von der dein Weg geführt wird. Es ist eine Art Regierung, die dich lenkt, die mit dir spricht. Nur in diesem Gespräch geht der Weg weiter.

Im Traum können dir aber auch – gute und böse – Riesen, Feen und Dämonen begegnen. Man deutet: Du weißt zwar, daß es vieles Gute und vieles Böse und Gewalttätige um dich herum und in der Welt – also auch in dir – gibt, aber du glaubst nicht recht daran, daher meldet es sich. Wie sich immer genau das im Traum zeigt, wovon du nicht ganz überzeugt bist, obwohl es *ist*. Du kennst es zwar, hältst es aber nicht für wahr. Aufgrund dieses Bruches, dieses Nicht-heil-Seins, dieses Krankseins geschieht es, daß dir der Traum zu Bewußtsein kommt.

So meldet sich das Gute, aber auch das Böse. Gerade die Zaddikim, die »Bewährten«, träumen, heißt es, oft von bösen Dämonen. Die andere Seite, das Böse, ist bei ihnen besonders stark, entsprechend ihrer »bewährten« guten, und möchte sie ergreifen. Die Dämonen melden sich, wenn du nicht richtig glaubst, daß du ihnen entkommen kannst. Sie zeigen sich im Traum, damit du weißt, daß du keine Angst mehr vor ihnen zu haben brauchst. Dem Zaddik wird gesagt: Träumst du von Dämonen, dann ist dein Glaube nicht vollkommen, etwas Zweifel gibt es noch.

Träume, in denen dir menschliche Lebewesen begegnen, kommen dir fast immer dort, wo du Zeit und Raum überwindest. In den Träumen dagegen, die dich der Technik begegnen lassen, erfährst du ein der Zeit und dem Raum Unterworfensein. Die Tatsache, daß dir menschliche Wesen im Traum begegnen, zeigt dir, daß du *eigentlich* Macht hast über sie und die Begegnungen, daß du Zeit und Raum eigentlich enthoben bist.

Ich habe schon darauf hingewiesen, daß in der Deutung des alten Wissens das Träumen von einem Toten und seinem Begräbnis als »gut« für den, von dem du geträumt hast, und als »gut« für den Träumer bezeichnet wird. Den Tod im Traum sehen bedeutet: Dein Leben geht weiter. Im kausal Bedingten denkt man: »Schlimm.« In der Welt des Seins heißt es: »Langes Leben.« Das vom Tod bestimmte Gehen von Phase zu Phase wird dir in der Mitteilung des Traumes als Bleiben gezeigt.

Träumst du, daß du krank bist, bedeutet es: Heilung. Du träumst die Krankheit von der Welt des Seins her, damit im Werden Heilung geschehen kann. Sie sehen auch hier wieder, daß sich der ganze Bereich des Traumlebens in paradoxen Strukturen manifestiert. Es gibt daher nichts Schlimmeres, als mit Maßstäben der kausalen Welt »deuten« zu wollen oder gar prognostische Schlüsse herzuleiten.

Ein weites Gebiet bilden die Träume mit Tieren. Prinzipiell entspricht ein Tier im Traum unserer leiblichen Existenz. In der Existenz äußert sich die Erscheinung des Menschen mit allem, was nicht äußerlich wahrgenommen werden kann. Tiere also sind nicht etwas vom Menschen Getrenntes, sondern zwischen Tier und Mensch besteht eine Wesensbeziehung. Jeder Beziehung liegt eine Einheit zugrunde. Das Wort zeigt es: Eines »zieht es« zum anderen.

Ein Tier im Traum also handelt von dir selbst, von dem in dir, das die Beziehung mit dem Tier hat, von deinem Erscheinen *hier*. Die Erscheinung, das Tier, ist eine Schöpfung

Gottes und früher geschaffen als der Mensch. Sie hat mit dir zu tun, sie ist Teil deines Menschseins. Ein Tier im Traum wird im alten Wissen als Wesensteil von dir gedeutet.

Wie die Pflanzen und die ganze übrige Natur gehören auch die Tiere – und nicht nur die Haustiere – zum Menschen. Die Verbindung ist viel stärker, als man glaubt. Willst du sie nicht wahrhaben, dann meldet sich das Tier bei dir. Warum steht es mit dir so, daß du von allem nur den Nutzen siehst, aber keine Beziehung mehr hast, keine Beziehung zum Sein und Dasein der Lebewesen?

Es gibt ein entscheidendes Wort in der Thora: »Höre, Israel, der Herr unser Gott, der Herr ist einer.« Und im weiteren Text heißt es dann, daß man Gott aus ganzem Herzen, ganzer Seele und mit all seinem Vermögen lieben solle. Was aber bedeutet »Gott lieben«? Wie kann man es denn, wenn man Gott nicht sieht? Wenn man nicht weiß, wer er ist? Höchstens fürchten kann man ihn dann, sich zurückziehen und verstecken – aber lieben?

Liebe hat mit dem Begriff der Beziehung zu tun. Beziehung in dem Sinn, daß das eine mit dem anderen eine Einheit bildet *und* jedes bleibt, was es ist. Daher wird gesagt, »der Herr unser Gott, der Herr ist einer«, die prinzipielle Einheit Gottes wird damit ausgedrückt. *Alles* gehört ihm. Entsprechend besteht Beziehung von allem zu ihm. Der Weg der Liebe zu Gott kann daher niemals beziehungslos zu den Geschöpfen zustande kommen. Wenn du zu den Geschöpfen, deinen Nächsten, keine Beziehung hast, kannst du Gott auch nicht lieben.

Die Beziehung, wie sie im Lieben Gottes besteht, geht hin und zurück. Die eine Seite gibt – streicht sich gleichsam aus, um sich *ganz* zu schenken –, und die andere Seite gibt, indem sie das gleiche tut.

16

Tiere im Traum · Beziehung und Unzucht ·
Der Funke · Das Namengeben · Die Welt
des 6ten, 7ten und 8ten Tages · Erst Spaltung
ermöglicht Beziehung · Katze und Hund ·
Der Reichtum auf dem Weg

Schon im Anfang der Schöpfung, heißt es in der Überlieferung, ist der Mensch »im Bilde Gottes« da. Der Mensch ist
aber auch das Ziel der ganzen Schöpfung; daher baut Gott
mit dem Menschen den Weg, die Welt des Werdens. Schon
im Anfang also hat Gott den Menschen sozusagen vor Augen. In den alten Mitteilungen heißt es, der Mensch liege im
Anfang der Schöpfung noch am Boden und bleibe dort
liegen, bis Gott das »Lasset uns einen Menschen machen«
sagt; dann erst richte sich der Mensch auf.

Der Mensch, der noch liegt – es bedeutet: Er lebt in einer
Phase der Welt, die die direkte Verbindung zum Himmel
noch nicht hat. Es ist die Welt der Steine und Mineralien, der
Gewässer und der Tiere. All das, sagt man, habe nur *eine*
Dimension. Der Weg auf Erden ist ein horizontaler, die
Richtung zum Himmel fehlt. Die Pflanzen stehen mit dem
Kopf in der Erde. Bei ihnen zeigt sich der Weg des Lebens
vom Himmel zur Erde.

Am 6ten Tag der Schöpfung werden die Landtiere erschaffen, es ist Gottes 7te Schöpfungstat. Mit der 8ten
Schöpfungstat am Ende des 6ten Tages kommt der Mensch.
Es wird gesagt, der Mensch lebe in der Dreiheit des 6ten,
7ten und 8ten Tages; vollkommen da, ans Ziel gelangt, sei
der Mensch am 8ten Tag, der mit dem Erleben des Messias
identisch ist. Dadurch erst kommt die vertikale Verbindung
Himmel–Erde zustande. – Die Erschaffung des Menschen
wird im wesentlichen im Bild des Liegens und Sichaufrich-

tens ausgedrückt und nicht als ein Kneten aus Lehm dargestellt.

Träume von Tieren sind Träume von Menschen des 6ten
und 7ten Tages. Die Tiere sind nicht außerhalb des Menschen, sondern gehören zu ihm wie Steine und Mineralien,
Gewässer und Pflanzen. Der Mensch erfüllt die *ganze* Welt,
nichts bleibt außerhalb. Daher heißt es auch, daß man niemals etwas in der Welt zum Objekt (wörtlich: »Entgegen-
stehendes«, »Außerhalbstehendes«) machen dürfe, um es
dann als solches zu betrachten, zu untersuchen und zu
studieren. Das nämlich hieße, daß du eine Trennung machst
zwischen dir und der Sache; damit aber zerstörst du die
Einheit der Welt. Erwartet wird vom Menschen, daß er zu
allem, was ihm begegnet oder womit er sich beschäftigt,
wenigstens eine emotionale *Beziehung* hat. Das Wort »ziehen« drückt gerade die Verbindung, die zur Einheit strebt,
aus, denn im Ziehen klingt das Gezogenwerden mit.

Ist das Verhältnis zu Dingen oder Menschen dagegen von
irgendeiner Art des Nutzens bestimmt, das heißt, entzieht
man es seinem eigenen Sinn, so spricht die Überlieferung
von »Unzucht«. In der Beziehungslosigkeit zu Dingen oder
Menschen, die entsteht, wenn man die Menschen und Dinge
nur nach der Nützlichkeit beurteilt, verfehlt der Mensch
den Sinn der Schöpfung; er denkt dann nur: »Ich kann es
brauchen«, und benutzt es. Beim Bau von Häusern oder
Straßen zum Beispiel spielt die Beziehung auch eine wichtige Rolle. Sie läßt sich nicht planen oder einkalkulieren,
aber in manchen Häusern oder Straßen teilt sie sich dem
Empfinden sofort mit. Man spürt dann, daß hier etwas lebt,
während man andere Bauten als tot empfindet. Es mag an
der Dominanz von Nützlichkeitsdenken und Kostenbe-
wußtsein liegen. Viele sogenannte Trabantenstädte wirken
trotz aller spiegelnden Fassaden wie Trümmerfelder, leblos
und unwohnlich.

Man könnte bei allem, womit man umgeht, die Beziehung
spüren. Ein Buch zum Beispiel besteht nicht nur aus dem

Inhalt des Geschriebenen; es hat doch einen Einband, eine Farbe, eine bestimmte Größe, dickes oder dünnes Papier, ein Schriftbild; du spürst sein Volumen, fühlst es beim Umblättern, nimmst es gern in die Hand – du hast zum Buch eine Beziehung. Damit hast du auch eine Beziehung zu vielen unbekannten Menschen und deren Beziehungen zu Materialien und Worten, mit denen sie umgingen – eine Beziehungskette, die bis zum Ursprung führt. Womit immer du Umgang hast, bedenke, es verdankt sein Dasein auch Gottes Schöpfung. Einem unwichtigen Gerät oder Gebrauchsgegenstand liegt das *gleiche* »Opfer« Gottes zugrunde wie der ganzen Schöpfung.

In allem, heißt es, in jedem Ding und jeder Sache ist der »Funke« Gottes, der »nizzuz«. Man kennt im Hebräischen auch den Ausdruck »schechina«, Gottes »Einwohnen«; im Erschaffen hat Gott jedes Ding belebt mit seinem Leben. Wer es nur nach seiner Nützlichkeit beurteilt, trennt es damit von Gottes Leben ab. Beim Essen und Trinken zum Beispiel sich – wie es heute teilweise Mode geworden ist – immer nach Kalorien und Kohlehydraten zu richten, zeigt einen Mangel an Beziehung; der nützliche Aspekt der Nahrung wird überbetont. In der Beziehung aber, im Staunen und der Freude, könntest du das ganze Wunder der Schöpfung auch in der Begegnung mit der Nahrung erfahren.

So fortwährend voll Freude über das Wunder, das dir in *allen* Dingen begegnet, würde die Frage nach dem Wozu deines Lebens sich immer tiefer und allumfassender stellen. Wenn sich schon im Äußeren, in dem, was du wahrnehmen kannst, das Wunder ausdrückt – um wieviel mehr dort, wo die Sinne nicht hinreichen. Den Funken in allem, die Aura, die jedes Ding ausstrahlt, kannst du nur in der Wärme der Beziehung erleben. Im kühlen, objektiven, distanzierten Verhältnis zu den Dingen dagegen ist alles leblos, schnell verbraucht und dient nur der flüchtigen Spannung einer Lust. Die Beziehung menschlicher Wärme aber kann den ganzen Menschen entflammen, so daß er mit der Sache »brennt«, wie gesagt wird.

Ein solches Verhältnis zu den Dingen wird einem echten Künstler nachgesagt. Kunst kommt doch durch die Inspiration aus einer anderen Welt zustande. So sollte alles, was du im Leben wirkst und tust, Kunst sein.

Im Schöpfungsbericht, wie ihn das zweite Kapitel der Genesis überliefert, sagt Gott bei der Erschaffung des Menschen: »Es ist nicht gut, daß der Mensch allein sei« und fährt fort: »Ich werde eine Hilfe ihm gegenüber geben.« Hebräisch »eser kenegdo«, was wörtlich mit »Hilfe ihm gegenüber« übersetzt werden kann, hat den Zahlenwert 360. Mit dieser Zahl aber wird auch seit alters die Gradeinteilung des vollständigen Kreises angegeben. Einheit also entsteht erst, wenn man sich gegenüber das andere spürt und das Verlangen entbrennt, mit dem anderen eins zu werden.

Die Bibel erzählt, daß Gott dem Menschen, der noch allein ist, die ganze Schöpfung vorführt. Er beginnt mit der Tierwelt, die dem Menschen am nächsten steht. Da gibt der Mensch jedem Tier seinen Namen, bleibt aber, wie es heißt, auch weiterhin allein. Das Namengeben bedeutet: Du siehst die Sache, verstehst sie und distanzierst dich wieder. Mit dem Namen also kommt die Distanz. Sagt man dem Patienten, wie die Krankheit heißt, ist er manchmal schon beruhigt. Vor lateinischen Namen gar hat er besonders großen Respekt. Manche Ärzte benutzen die Namen der Krankheiten wie Zauberformeln – nur: Heilung bewirken sie damit nicht.

Gott kannst du keinen Namen geben. Er hat, wie es heißt, »70 Namen«; das meint: alle überhaupt denkbaren. Daß der Name Gottes, das Tetragrammaton, unaussprechlich ist, hat nichts mit Geheimnistuerei oder Mystifikation zu tun. Gott ist in keiner begrenzenden Formel festlegbar, die ein Name im Sinne des *Das-ist-Es* angibt. In der Überlieferung heißt es dort, wo der Mensch den Tieren Namen gibt, er »treibe Unzucht mit den Tieren«. »Unzucht« geschieht immer dann, wenn man den Sinn einer Sache und ihre Beziehung zum Menschen nicht sucht, eigentlich nicht erkennen mag. Dieses Verfehlen tritt vor allem im Zweck- und Nutzendenken zutage.

Es geschieht heute häufig, daß sich Leute »exotischen« Religionen zuwenden; die gäben ihnen mehr Frieden, sagen sie, mehr Entspannung. Sie werden also einer Religion vorgezogen, die von der Existenz des Leids spricht. Das Nutzenprinzip wünscht Fortschritt auch auf diesem Gebiet. Andere unterschieben den Geboten der Bibel hygienische Zwecke. Wieder andere betrachten sich als moralisch höherstehend, wenn sie die Gebote halten. Immer ist dabei ein Zweck im Spiel. Wenn du aber die Gebote hältst, ohne zu verstehen warum, dann hast du eine Beziehung, dann vielleicht liebst du Gott. Du tust es Gott zulieb, und nicht, weil du kluge Begründungen dafür hast.

Der Zustand des Trennens bringt die Erklärungen und Begründungen hervor. Der Mensch verhält sich dann der Welt gegenüber so, daß er sie als Objekt betrachtet. Im Traum aber – heißt es – bist du mit allem, wovon du träumst, eins. Träumst du zum Beispiel von Felsen, dann zeigen dir diese Felsen etwas von dir selbst. In der Welt des Seins erkennst du die Einheit in der Harmonie der Vielheit. Wenn im Traum der Bibel von einem Opfertier die Rede ist, das du in den Tempel bringen sollst, dann ist die Entsprechung des Tiers *deine eigene Existenz*, und auch der Tempel ist ein Bereich *in dir selbst.*

Du könntest die Einheit mit allem auch in der Welt des Werdens spüren. Doch wir trennen, und wir tragen diese Trennung oft auch in den Traum, der uns gerade zeigen könnte, daß alles aus uns selbst hervorkommt, was uns gegenständlich erscheint. Wie unser Körper Mineralisches, Pflanzliches und Tierisches enthält, so ist die Welt der Steine, Pflanzen und Tiere eine Entsprechung unserer körperlichen Existenz.

Den 6ten Tag der Schöpfung kennzeichnet die Vollkommenheit; der Vollkommenheit gegenüber aber steht der Fall. Fall und Erlösung bedingen einander. Du kannst nur fallen, weil du zuvor oben warst. Aus dem einen Äußersten, wohin der Fall dich hinabstürzt, bringt der Erlöser dich ins andere Äußerste. Im 6ten Tag tritt die Dualität ganz klar hervor; die Extreme berühren sich. Das geschieht auch am Freitag des Neuen Testaments, an dem sich Katastrophe und Erlösung zu gleicher Zeit abspielen. Die Katastrophe ist der Anfang des *Weges,* der am 7ten Tag beginnt.

Die 6te Schöpfungstat ist ebenfalls durch ein Extrem gekennzeichnet: Die Vögel werden geschaffen, die hinauffliegen in die Wasser oben, und die Fische, die die Wasser unten bevölkern. Für das »korban«, das »Sich-Gott-Nähern«, dem Ursprung näherkommen – üblicherweise sehr mißverständlich mit »Opfer« wiedergegeben –, ist ein Vogel sehr wichtig. Er wird auch nicht in Stücke geteilt wie die anderen Opfertiere, sondern bleibt ganz. Ein Fisch dagegen wird nicht geopfert. Er wird aus dem Wasser gefischt, und wenn man ihn öffnet, enthält er, wie so viele Geschichten erzählen, unerwartete Schätze. Deshalb werden die Fische aus dem Wasser gefischt; das ist die Bestimmung der Fische. Das eine Äußerste bedarf des anderen Äußersten.

Der 6te Tag ist also keine Katastrophe in dem Sinn, daß man sagen müßte, es sei da etwas völlig falsch gelaufen. Sofern man kausal erklären darf, könnte man im Fall am 6ten Tag die Möglichkeit sehen, daß Barmherzigkeit wirken kann. Das Böse wird gegeben, damit Gnade sein kann. Die Weite des Lebens wird gleichsam ausgespannt: Du erwartest keine Barmherzigkeit, hoffst auf sie aber doch im stillen, fürchtest auch, daß sie dir nicht zuteil wird – aber dann kommt sie als Überraschung.

Daher heißt es: Unerfüllt ist alles, damit Erfüllung kommen kann; sie wächst und wächst und kommt immer näher. Es ist schön, wenn es lange dauert. Wie gut, daß ein Kind heranwächst, alle Phasen mitmacht; man ärgert sich, man freut sich, es geht auf und ab. Oder das Wachsen einer

Beziehung: Liebe auf den ersten Blick, beim zweiten Enttäuschung, danach innigere Liebe, dann wieder ein Mißverständnis und immer so weiter. Wie langweilig wäre es, käme mit einem Mal alles und bliebe auch immer. Das Wachsen gerade schenkt die Freude. Daß es Zeit braucht, daß es dauert, ist ein großes Glück.

Die Dauer – das ist der Weg für den Menschen. Er weiß, daß der Weg ihn zu etwas hinführt, wovon er spürt: Am Ende kommt es wie eine Explosion – das Einssein. Am 6ten Tag geschieht Entzweiung, damit der Weg – der 7te Tag – gegangen werden kann. Mit dem 7ten beginnt man zu zählen; man zählt die 7 mal 7, und wenn 49 Tage gezählt sind, ist am Abend Pfingsten, der 50. Tag.

Die 7 »zählt«, die 7 kennzeichnet den Weg. Auf dem Weg stellt sich die Frage: »Wie weit bin ich?« Man schaut, wie's mit dem Weg steht, erlebt dabei die Spannung des Weges. Für den Gehetzten aber ist der Weg nicht mehr frei. Durch den ständigen Blick auf die Uhr erlebt er Zeit als Zwang. Er macht Termine, er glaubt, er müsse die Zeit »nutzen«, den Weg *machen*. Die Erde aber, heißt es, der Weg, die Zeit kommen dir entgegen. Ich habe davon im Zusammenhang mit Jakobs Traum erzählt (4. Kapitel). Die Zeit ist da, alles ist schon da; der Mensch mit der Uhr aber glaubt, *er* müsse es bestimmen, entscheiden. Im Traum wie im Leben möchte man manchmal am liebsten die Uhren zertrümmern, weil man den Zwang, der alles einordnet, nicht mehr erträgt.

Im 7ten also führt der Weg. Auch die Tiere, die mit der 7ten Schöpfungstat erschaffen werden, gehören zum Weg. Sind die 49 erfüllt, die 7 mal 7 vorbei, dann, im 8ten, steht der Mensch auf. Dann auch endet das Gesetz. Das Zählen allein bedeutet schon Gesetz. Es geschieht in der Bibel mit der 7. Die Woche zum Beispiel ist eine 7heit; die 7 bedeutet im Hebräischen: eine Woche.

Am 50. Tag aber, zu Pfingsten, herrscht das Gesetz nicht mehr, denn dann ist *alles* da. Hebräisch »kol«, »alles«, in Zahlenschreibweise 20-30, hat den Wert 50. Ob es jetzt ist oder früher war oder erst sein wird – im fünfzigsten ist alles in einem da, ist alles erfüllt und lebt bei dir und in dir. Du brauchst nicht danach zu suchen, das Suchen wäre noch Gesetz.

An Pfingsten offenbart sich das Wort. Der Geist, der das Wort macht und bringt, ist da. Im »ruach«, im »Geist«, »Wind«, »Wehen«, steigt Gott hinunter und bringt das Wort in die Welt. Dann ist Freiheit, *atmet* man *frei*. Alles geschieht von selbst wie der Atem, der Kreislauf des Blutes.

Auf dem Weg wird das Ziel erfahren; das Träumen vom Tier hat mit dem Weg zu tun. Das erste Tier, das in der Konfrontation mit dem Menschen erscheint, ist eine »chaja«, ein »wildes Tier«, eine »Schlange«; »chaja« heißt aber auch »Leben«. Die Schlange wird »listiger als alle anderen Tiere« genannt. Im Hebräischen aber ist »listig« und »nackt« das gleiche Wort. Nacktheit kann Unschuld sein: Wie du es zeigst, bist du auch; Nacktheit kann aber auch List sein: Du zeigst es, verbirgst dabei aber etwas. Wenn das Tier seine Nacktheit zeigt, bedeutet es, es zeigt *eine Phase* des Weges und stellt diese Phase als absolut dar. Nackt im Sinne der Unschuld kann nur der Mensch sein, denn er ist Anfang, Weg und Ende; der aufrecht stehende Mensch zeigt das Ganze.

Von Tieren träumen bedeutet die 7te Phase, von Menschen träumen heißt, Begegnungen in der 8ten Phase erleben. Es fragt sich aber: Müssen Menschen, die uns im Leben begegnen, im Leben also Menschen darstellen und damit die 8te Phase, müssen sie auch im Traum als Menschen erscheinen? Im Traum zum Beispiel könntest du von einer Katze träumen, die diesem oder jenem Menschen, den du kennst, entspricht. Man redet doch auch von der »Katzennatur« eines Menschen. Unwillkürlich stellt sich in der Sprache die Verbindung zwischen Mensch und Tier her. So etwa, wenn man von einem »Hundeleben« spricht, einen hinterlistigen Menschen »eine Schlange« nennt oder von jemandem sagt, er habe eine »Pferdenatur«.

Von Menschen träumen – bekannten oder fremden – heißt: Du begegnest dem Menschlichen in dir. Jeder Mensch trägt es in sich, von keinem kann man sagen, er sei nicht im Bilde Gottes. Sein menschliches Antlitz bezeugt, daß er das Liegen und Sichaufrichten, das Auferstehen, mit vollzogen hat. Aus dem Grab, in dem man *liegt,* wird man erweckt. In alten Kulturen hat man die Toten mit angezogenen Knien, in der Form eines Embryos im Mutterleib, begraben, weil man wußte: Er wird in die andere Welt hineingeboren. Das Liegen jedenfalls ist etwas wie im Grab, und das Aufstehen – die andere Dimension bekommen – bedeutet: Er ist Mensch geworden. Der Mensch verbindet die Extreme: Während der Nacht liegt er und steht während des Tages.

Ich sagte, daß der Mensch »Unzucht« trieb, als er die Tiere beim Namen nannte und sich damit von ihnen distanzierte. Dieses Namengeben bedeutet, daß der Mensch die Schöpfung nicht erkennt, nämlich die Schöpfung als *Beziehung.* Deshalb spaltet Gott den Menschen selbst in zwei, indem er ihm eine Seite – hebräisch »zela« bedeutet »Seite« und nicht »Rippe«, wie meist falsch übersetzt wird – nimmt. Die linke Seite wird ihm gegenübergestellt, damit er spürt, daß es tatsächlich eine Beziehung gibt. Der Frau gibt der Mensch auch keinen Namen, sondern sagt: »Sie ist wie ich«; er ist »isch«, sie »ischa«. Erst beim Fall, beim Nehmen vom Baum der Erkenntnis, nennt er sie »chawah«, ein Wort, das mit »chaja«, »wildes Tier«, »Leben«, eng verwandt ist.

Der Weg der Beziehung, sagt man, geht nun tatsächlich über die Beziehung zum Partner, Mann zu Frau, Frau zu Mann. Aufgrund der Beziehung kommt der neue Mensch; nun kennt er den anderen, das Menschliche in der Beziehung. Und durch den Menschen kommt es zur Beziehung zur Schöpfung, denn wer den Menschen liebt, liebt auch alles andere.

Es gibt Leute, die lieben ihren Hund, ihre Katze oder ihr Pferd und sagen: »Ich brauche keinen Menschen.« Die haben den Menschen ausgeschaltet und *benutzen* die Tiere.

Zur Beziehung aber kommt man nur über die Spaltung in sich selber. Mann und Frau existieren auch im Menschen selbst als Männliches und Weibliches. Das Männliche im Menschen ist das Verborgene, das Weibliche das Erscheinende. Fortwährend vollzieht sich im Menschen die Suche nach der Verbindung zwischen dem Geheimen und dem Offenbaren. Das Geheime, heißt es im alten Wissen, kannst du nicht offenbaren, damit würdest du es töten; das Offenbare kannst du nicht geheim machen, damit verleugnest du die Welt. Das Offenbare ist für uns und unsere Kinder, das Verborgene aber ist für Gott (5. Mose 29,28).

Der Mensch sucht die Beziehung. Es ist die Suche nach der Gegenseite, weil man spürt, daß nur mit dem anderen Einheit zustande kommt. Das Erzählen bedarf zum Beispiel auch der Gegenseite, damit sich's überhaupt erzählen kann. So seid ihr, Zuhörer und Leser, für mich das Weibliche, während ich erzähle; ihr, die Gegenseite, macht es möglich, daß ich überhaupt erzählen kann. Müßte ich es mir selbst erzählen, würde ich Fehler machen, stocken und käme bald nicht weiter. Die Gegenseite ist es, die »Hilfe gegenüber«, die den Kreis vollständig macht. Daher ist es so wichtig, ja zentral, Beziehungen zu erkennen und Beziehungen zu haben – mit der ganzen Welt.

In der Welt des Werdens erscheinen die Tiere außerhalb von uns, ihre Bestimmung ist aber die Beziehung zu uns. Was bedeuten nun Hund und Katze im Traum, in der Welt des Seins?

Es gibt eine sehr alte Geschichte, die beim jüdischen Osterfest, an Pesach also, gesungen oder erzählt wird. In etwas abgewandelter Form kennt man sie auch in anderen Kulturen. Sie beginnt: »Mein Vater kaufte mir ein Lämmchen um zwei Sus.« – Sus ist eine Münzeinheit; daß es »zwei« sind, weist auf die grundlegende Zweiheit hin, die uns immer und überall umgibt. Es ist die Zwei, Beth, mit der auch die Thora, die Welt, beginnt. – »Da kommt die Katze und beißt das Lämmchen«, fährt die Geschichte fort. »Böse

Katze«, sagen wir und geben gleich ein Urteil. Wie wir uns auch aufregen, wenn eine Katze einen Vogel fängt. Wenn wir aber Tausende von Tieren täglich auf »hygienische« Art im Schlachthof töten, regt uns das gar nicht auf; wir essen hoffentlich mit Genuß den Sonntagsbraten.

Die Katze hat eben ihre Art zu töten. Es liegt in der Natur, daß eins das andere verschlingt. Wir atmen reine Luft ein, »verschmutzte« geben wir ab. Wir nehmen Nahrung auf; zum Teil wird sie Teil unseres Körpers, zum Teil wird sie ausgeschieden. Sie hat dann einen ziemlich unangenehmen Geruch. Überall sehen wir es in der Welt: Eines nimmt das andere auf. Es ist ein ständiges Kommen und Gehen. – Die Katze steht in dieser alten Geschichte am Anfang des Weges. Sie »beißt« wie die Schlange, »chaja«; die Katze gehört auch zu den »chajot«, zu den »wilden Tieren«.

Und die Geschichte geht weiter: »Das sieht der Hund und beißt die Katze.« – Wir haben schon davon gesprochen, daß der Hund dem kausalen Denken entspricht. Er »bestraft« die Katze, weil er glaubt, er müsse Ordnung und Gerechtigkeit in die Welt bringen. Nun beginnt die Kausalitätsreihe, jeder will jeden strafen: »Das sieht der Stock und schlägt den Hund. Das sieht das Feuer und verbrennt den Stock. Das sieht das Wasser und löscht das Feuer. Das sieht der Ochse und säuft das Wasser. Das sieht der Mensch und schlachtet den Ochsen. Das sieht der Todesengel und tötet den Menschen. Das sieht Gott und nimmt den Todesengel hinweg.«

Unsere Geschichte zeigt die Katze als Anfang und Ursache des Weges. Seit jeher spielt doch auch die Katze eine wichtige Rolle in de Magie. Sie hält sich mit Vorliebe in Ruinen auf. Sie sucht, könnte man sagen, den Ursprung; sie sucht das »Lamm«. Und sie sucht es gar nicht in böser Absicht, denn der *Weg* soll doch sein, die Trennung kam doch, damit der Weg gegangen werden kann. Gerade durch die Entfernung vom Ursprung entsteht die Spannung des

Weges. Wie langweilig wäre es, im Paradies zu bleiben, damit auch kein Glück zu erfahren, weil man's sozusagen schon hätte.

Die Katze erträgt das Lamm nicht, deshalb kann der Weg beginnen. Das »Beißen« ist ihre Bestimmung. Das Lamm wird für zwei Sus gekauft, für eine Zweiteilung also. Mit der Zwei entsteht die eine Seite und die andere Seite der Welt, Himmel und Erde, der Baum des Lebens und der Baum der Erkenntnis, Gut und Böse, männlich und weiblich. Beim Beißen der Katze fühlen wir: »Warum tut sie das? Es hätte doch so bleiben können!« Wir verstehen nicht, daß der Weg einen Sinn hat.

Katze bedeutet in der Entsprechung: unerklärlicher Ursprung. Deshalb auch ihre enge Beziehung zur Magie. Beim Zaubern ist immer die Frage: Woher kommt das, was ist es, warum geschieht es? Das Rätselhafte verkörpert sich in der Katze. In der Weltliteratur finden Sie dafür viele Beispiele; mir fällt gerade »The Black Cat« von E. A. Poe ein.

Die Katze hat ihr Eigenleben, das für uns unverständlich ist. Sie entspricht *im* Menschen der Suche nach dem Ursprung und dem gleichzeitigen Nichtwissen, wie man hingelangt. Daher auch die starke Neigung, magisch hinzugelangen. Magie ist der Anfang des Weges: Wenn du handelst, geschieht weiteres, ohne daß du den kausalen Zusammenhang erfährst; du siehst: »Es« tut.

Der Hund ist der Feind der Katze. Bis heute, könnte man sagen, rächt sich der Hund, denn er will Gerechtigkeit. Er ist dagegen, daß der Weg anfing. Er ist der Hüter der Kausalität. Als Jagdhund soll er für uns das Tier fangen, das fortläuft. Der Mensch sucht – wie Esau – das Tier zu fangen, um den »Segen des Vaters« zu erlangen. Er möchte die Vierheit in der Welt fangen, und dazu braucht er den Hund.

Im Bild der Jagd kann man zum Beispiel auch die Wissenschaft sehen. Das Wissenschaftliche hat in diesem

Aspekt etwas »Zynisches« (von griechisch »kynos«, Hund). Das ist nicht in unserem Sinn abwertend gemeint; im alten Wissen wird dem Hund seine Rolle im Leben gegeben. Man unterscheidet lediglich das Unerklärliche*, das mit der Katze, und den Erklärungszusammenhang, der mit dem Hund zu tun hat.

Der Hund hält sich an den Menschen, wie die Kausalität sich an uns heftet; sie läßt uns nicht los, sie dient uns. Mit ihr können wir sehr vieles erjagen, erreichen. Der Hund ist treu, er jagt für *uns.* Die Katze jagt die Maus, den Vogel für *sich.* Der Hund apportiert, bringt den Stock, den man fortschleudert, zum Herrn zurück. Bei der Katze kann man lange warten, sie kümmert sich gar nicht darum. – Katze und Hund stehen sich gegenüber wie rechte und linke Seite: die rechte Seite mit dem Verborgenen, Ursprünglichen, und die linke mit dem Erscheinenden, der Vielheit und ihren Erklärungsmöglichkeiten.

Träumst du von einer Katze – oder einem Tier, das an die gleiche Stelle in der Systematik der Bibel gestellt wird –, so will es dir mitteilen, daß etwas in dir ist, das den Weg zu gehen beginnt. Die Katze und die Schlange – ich habe schon darauf hingewiesen – stehen sich sehr nahe. Die Bibel erzählt von der Schlange, die beißt, die späteren Geschichten der Überlieferung von der Katze, die im Haus des Menschen lebt.

Nach der alten Traumdeutung ist es »gut«, wenn du träumst, daß dich eine Schlange beißt. Es bedeutet: Du wirst reich werden, du wirst den Weg gehen. Die Schlange macht

---

* Im sprichwörtlichen »Alles für die Katz!« blieb altes Wissen erhalten. Daß wir diese Wendung heute nur im negativen Sinn gebrauchen, weist auf die Vorrangstellung hin, die der kausale Bereich und das Nutzenprinzip innehaben. Wenn man sonst nur Enttäuschung und Resignation fühlte, die sich im »Alles für die Katz!« entlädt, könnte man jetzt vielleicht auch Erleichterung, ja, Freude empfinden. Was wir »für die Katz« tun, könnte gelten. (Anmerkung Christian Schneider.)

dich reich auf dem Weg, reich nach der Art des Weges, bis am Ende der Todesengel steht. Der Reichtum aber kann dich nicht hinüberbringen. Er bringt dich nur bis zum Ochsen, zum Stier. Das ist die Welt, alles, worauf du stehst, wie du auf den Sohlen vom Fell des Stiers stehst. Den Stier schlachtest du, richtest die Welt und dich selbst zugrunde, denn der Todesengel kommt nun. Dahin bringt dich der Reichtum. Das Nadelöhr läßt den Reichen nicht durch. Du bleibst diesseits.

Diesen Reichtum verspricht die Schlange, und alle sind wir gern bereit, ihn zu empfangen: Reichtum an Wissen, an Schönheit, an materiellen Gütern. Es ist der Reichtum von der Seite des Weges. – Die Schlange dient auch dem Zauberer. Das Wort für »zaubern« im Hebräischen, »nachesch«, könnte man als Verb mit »schlangen« übersetzen; »nachasch« heißt »Schlange«. Als Verb steht es zum Beispiel in 1. Mose 44,5, wo von dem Becher die Rede ist – der später bei Benjamin gefunden wird –, mit dem Joseph »zaubert«.

Was zaubert im Menschen und reich macht, beißt dieses Lämmchen, das vom Vater gegeben wurde. Was gegeben wird, bleibt; *immer* lebst du mit dem Lamm, wie auch die Katze oder Schlange in der Geschichte *immer* beißt. Das Lamm ist da, *und* der Weg wird gegangen.

Ein Hund im Traum weist dich auf die Gefangenschaft in der Kausalität hin. Die Hunde, heißt es in den alten Mitteilungen, verhindern, daß Israel aus Ägypten auszieht. Kausal ist der Auszug unmöglich. Daher wird gesagt: Beim Auszug aus Ägypten bellt kein Hund, und kein Hund fletscht die Zähne. Wenn der Hund, die Fixierung aufs kausal Bedingte, nicht mehr hindert, beginnt der Glaube; du siehst, spürst, empfindest dann das andere. Dann wird die Kausalität zum Spielfeld, verliert allen Zwang.

Wie erscheint dir der Hund im Traum? Wenn er sich führen läßt oder wegläuft, jedenfalls als dir sich unterordnend gebärdet, dann, heißt es, ist es »gut«. Wenn er dir aber den Weg verstellt, dich angreift, dir Angst einjagt, dann –

sagt eine Mitteilung in der alten Traumdeutung – sprich diesen Vers aus der Bibel: »Kein Hund fletscht die Zähne euch gegenüber« (2. Mose 11,7).

Der »Hund« hindert dich in deinem Leben daran, daß du dich von der Kausalität befreist. Es geschieht doch oft, daß man gegen sich selbst argumentiert oder durch die Argumente anderer gerade an dem Punkt angegriffen wird, der seinem Wesen nach einer kausalen Erklärungsmöglichkeit unzugänglich ist. So »treu«, könnte man sagen, ist der »Hund« dem Menschen. Er läßt ihn nicht in Ruhe, er läßt ihn nicht ausziehen. – Man soll den Hund ruhig mitnehmen, die Kausalität soll nicht im Wege stehen.

Es gibt doch auch den Ausdruck, etwas »vor die Hunde werfen«. Das, was vom Menschen nicht genossen werden kann, gibt man den Hunden. Es bedeutet: Das Akausale ist für den Menschen, das andere für den Hund im Menschen bestimmt; damit ist der ganze kausal bedingte Bereich gemeint. Wenn ich zum Beispiel eine kluge wissenschaftliche Abhandlung gelesen habe, dann kann ich sagen – ohne daß ich es herabsetzend meine: Das habe ich den Hunden vorgeworfen. Lese ich dagegen etwas, das mich gewaltig berührt, dann kann ich es »Speise des Menschen« nennen.

Das Kausale sollen wir dem Tier in uns geben, das auf dem Weg ist, horizontal. Die Speise des Menschen dagegen ist eine besondere; sie kann nur »korban« sein, also das, was zu Gott geht, aufsteigend. Das entspricht der 8ten Phase, der 8ten Schöpfungstat, dem Menschen, der aufrecht steht, vertikal, Himmel und Erde verbindet. Der Auferstandene ist selbst »korban«.

Das Kausale, das für den Hund ist, sollen wir nicht als minderwertig sehen. Es ist Teil unseres Seins. Das alte Wissen betrachtet es als ein Spiel, das gut ist. Aber es heißt auch: Spiele nicht zuviel mit den »Hunden« oder »Katzen«, du könntest dich daran gewöhnen, so zu sein wie sie. Du könntest dem Kausalen oder der Magie verfallen. Bedenke: Zwar ist in dir etwas, das den Weg gehen läßt, aber »nachesch«, »zaubern«, kannst du nicht; dir kommen die Dinge auf andere Art.

Das »Zaubern« ist die Natur des Tiers, es kann nicht anders, und der Mensch als Tier glaubt, er müsse so tun. Daher die Furcht vor Zauberei in der Bibel und in den alten Mitteilungen. Zauberei ist Heidentum, und Heidentum ist es, wenn man sich in der Vielheit der Umhüllung, im Runden des uns Umgebenden verliert. Dem ist man dann verhaftet und glaubt nicht mehr, daß es kommt ohne unser Zutun.

Vielleicht kennen Sie die Geschichte von den beiden chassidischen Rebbes, diesen Zaddikim, die zur Zeit Napoleons in Rußland lebten. Martin Buber hat sie in der Form einer Chronik unter dem Titel »Zwischen Zeit und Ewigkeit. Gog und Magog« nacherzählt. Der eine Zaddik sieht in Napoleon den Eintritt der Zeit des Endes. Er glaubt, es sei die letzte Wehe, und man müsse sie beschleunigen, dann könne die Erlösung kommen. Er kennt die Kraft und will sie jetzt anwenden, damit »das Kind« geboren werden kann. Der andere Zaddik aber stört ihn. Er sagt: Es soll kommen, wie es kommt. Wenn die Zeit reif ist, geschieht es. Nicht einmal mit dem Gebet soll man eingreifen. Dieser Zaddik unternimmt eine Art Antimagie gegen die Magie des anderen; er bläst dessen Kerzen aus, läßt nicht zu, was der andere tut.

Magie also – das lehrt diese bekannte Geschichte – soll auch dort nicht sein, wo du glaubst, sie sei zum Guten. Magische Bestrebungen kommen noch von der Phase des Tiers, des Horizontalen; wenn du aufgerichtet, auferstanden bist, weißt du, daß alles gut ist, wie es ist. – »Aber man muß doch eingreifen«, werden Sie vielleicht einwenden, »wenn man sieht, wie es bei einem Menschen stockt, und helfen, damit *es* geht.« Ich glaube, eine eindeutige Antwort auf die Frage, ob man eingreifen oder es sein lassen soll, gibt es nicht; einerseits ist das Eingreifen einer Art Magie, weil du einen Zweck verfolgst, andererseits – um ein extremes

Beispiel zu wählen: Gibst du dem Kranken kein Penicillin, wird er sterben!

Sie spüren schon: Die Katze lebt in uns, damit der Weg weitergehen kann, der Hund begleitet uns, damit wir aus dem kausalen Bereich Nutzen ziehen. Es gehört auch zur Freude des Weges, mit Hund und Katze zu spielen. Manches im Leben zwingst du auf magische Art, ein Weg fängt an, du wirst dadurch vielleicht »reich«, ein anderer vielleicht dadurch glücklich; vieles im Leben basiert auch auf kausal bedingter Wissenschaft, die Erfolge der Naturwissenschaften eröffnen ganz gewaltige Lebensmöglichkeiten und damit auch neue Möglichkeiten, Freude zu schenken.

Träume von Katze und Hund zeigen dir: Du hast das unerklärlich Magische, und du hast das Kausale in dir; der Mensch aber, das bedenke, steht aufrecht, ist auferstanden. Der Messias hat nichts mit Hund und Katze zu tun; er hat mit dem Menschen zu tun. Er ist das Lamm, das »gebissen« wird, damit der Weg anfängt. Judas »küßt« Jesus; »küssen« und »beißen« aber sind im Hebräischen einander nahe Worte. Durch Judas beginnt der Weg. Bei der Ankündigung seines Todes sagt Jesus, daß er drei Tage wegsein und am dritten Tag auferstehen werde. In der deutschen Sprache kann man »wegsein« auch als »Weg sein« lesen.

Gewiß, Judas hat »das Falsche«, wie die Katze, die das Lamm beißt, wie die Schlange, die verführt; aber bedenken wir auch: Damit beginnt die Freude des Wegs. Daher nennen die alten Deutungen aus dem hebräischen und aramäischen Bereich den Traum von der Schlange »gut«, denn es bedeutet: Du wirst den Weg gehen, du wirst die Freude erleben, daß alles zustande kommt.

17

Die sieben Sephirot · Die Sephira des Herzens · Das Geheimnis · Das Dämonische · Die Wende · Die Geschichte von König Salomos Ring

Ich will jetzt, nachdem wir von den Tieren im Traum gesprochen haben, vom Menschen im Traum reden. Die Fragen sind dabei immer: Was für ein Mensch begegnet dir, und was tut er? Greift er dich an? Erlebst du ihn als Freund? Erfährst du durch ihn eine Enttäuschung? Die Begegnung mit irgendeinem Menschen im Traum bedeutet auch: Du begegnest eigentlich dir selbst in einem Gefühl, das auf dich zukommt oder das du einem anderen geben kannst.

Die Deutungen, die in den alten Quellen von solchen Traumbegegnungen gegeben werden, setzen viele Vorkenntnisse voraus. Vor allem darf man nicht in den Fehler verfallen, den Menschen nur als das zu sehen, was man von ihm in seiner Erscheinungsweise hier kennt. In dieser, wie man es nennen könnte, linearen Erfahrung ist alles kausal und logisch, sollte alles eigentlich stimmen. Wenn es nicht stimmt, sind wir verwirrt. So verwirren uns zum Beispiel die Geschichten der Mythologie, deren Begebenheiten vom Standpunkt der Vernunft aus als Lügenmärchen erscheinen.

Dennoch bilden sie zweifellos das Fundament aller Kulturen; die ältesten Überlieferungen aller Erdteile sind Mythen. Die »aufgeklärte« Wissenschaft sieht in ihnen Erfindungen angstvoller Primitiver, die in dunkler Unwissenheit lebten. Der Tatsache, daß wir im Traum und in der Phantasie fortwährend *Mythologie leben,* weicht man aus, indem man diesen Bereich den Krankheiten zuordnet und der Tiefenpsychologie als Experimentierfeld überläßt.

Ich habe im Laufe dieser Erörterungen schon mehrfach die Lehre von den Sphären erwähnt, die in verschiedenen

Kulturen überliefert ist. Im jüdisch-christlichen Bereich ist sie unter dem Begriff der Sephirot bekannt. Nach dieser Lehre existiert der Mensch nicht nur in der Sphäre, in der er mit seiner Erscheinung lebt, sondern zugleich auch in vielen anderen Sphären. Man spricht von 7 und meint damit nicht – wie Sie schon wissen – die 7 als Recheneinheit, sondern das grundlegende Sichdarstellen der Wirklichkeit in 7heit. Ich erinnere nur an die 7 Tage der Woche sowie auch an die 4 mal 7 plus ein Weniges des Mondumlaufs; letzteres zeigt überdies den Zusammenhang der 7 mit der ebenso grundlegenden 4heit.

Der Mensch entsteht, wie Sie wissen, in der 6ten Sphäre, am Ende des 6ten Tages; er lebt im 7ten Tag, in der 7ten Sphäre, und er erwartet etwas, das wir als das 8te ausdrücken können.

Diese Verhältnisse spielen im Traum eine wichtige Rolle. Aus welcher Sphäre, so wird gefragt, begegnet dir ein Mensch im Traum? Sphäre, hebräisch »sephira«, bedeutet eigentlich »Zahl« (»sapher«, »zählen, erzählen«) und damit, wie jede Zahl, auch ein »Verhältnis«. Das bloße Nennen einer Zahl gibt schon ein Verhältnis: 7 ist mehr als 5 oder 6 und weniger als 8 oder 10. Sphäre bedeutet also: Man steht unter einem bestimmten Verhältnis. Gesagt wird auch, man habe zu jemandem ein Verhältnis, ein gutes oder schlechtes, oder man lebe in guten oder schlechten Verhältnissen. Man vergleicht also, und der Vergleich fällt so aus, daß man von gut oder nicht gut spricht.

Die Sephirot (Mehrzahl von Sephira) bedeuten Verhältnisse im Sinne von: Wie fühlst du dich? Die erste Sephira heißt im Hebräischen »chessed«, was mit Liebe, Güte, Gnade übersetzt werden kann. Wichtig ist im Augenblick nicht die Zahl, sondern das Verhältnis, welches Chessed ausdrückt: Wie fühlst du dich dem gegenüber? Jeder Mensch, der dir im Traum in einem liebevollen Verhältnis begegnet, hat mit der ersten Sephira zu tun.

Die Geschichte der ersten Sephira ist entscheidend, mit

ihr fängt überhaupt alles an. Es ist der Anfang, in dem aus dem scheinbaren Nichts etwas entsteht. Wenn dir ein Mensch im Traum begegnet und du magst ihn oder er mag dich oder du sehnst dich nach ihm und im Traum erscheint er dir plötzlich – dann, sagt man, geschieht eine Kreation aus dem Nichts. Es ist die Überraschung, daß das möglich ist, die Überraschung, daß man überhaupt Liebe erfahren kann; daß es das ganz andere gibt, das nicht Berechnung, Kausalität, Schlußfolgerung ist. Ein solches gutes Verhältnis – im Sinne des »Trotzdem«: Wie du auch bist, was du auch tust, er liebt dich trotzdem – kennzeichnet die erste Sephira.

Als wir im letzten Kapitel von der Katze sprachen, die in dieser alten Geschichte den Anfang macht, sahen wir das Rätselhafte gerade darin, daß sie ohne Anlaß beißt. Man könnte sagen, sie beißt, damit der Weg anfängt; aber gleich auch wieder fragen: Warum muß er denn überhaupt anfangen? Mit der Katze ist, wie wir sahen, der magische Einfluß da, daß von einer ganz anderen Welt her plötzlich hier etwas Neues gemacht werden kann. Zur Katze als Lebewesen sollten wir eine *Beziehung* haben und sie nicht nur nach ihrer Nützlich- oder Niedlichkeit schätzen.

Chessed, das Gefühl der Liebe, ist etwas, das plötzlich aus einer anderen Welt hervorkommt und sich vor dir zeigt. Daher verlangt der Mensch so sehr nach Liebe, sehnt sich nach der Kreation aus dem Nichts, ersehnt das Unerwartete.

An zweiter Stelle, dort also, wo im alten Lied vom Lämmchen der Hund kommt, folgt in den Sephirot die »Kraft«, »gewura«. Kraft ist ein Anlaß, um Kraft zu zeigen. Es ist das Gesetzmäßige, das auch unsere körperliche Erscheinung bestimmt. Gewura will sagen: Du hast in deinem Leben nicht nur die Seite, wo du Liebe erwartest, sondern auch die Gegenseite, wo du das Gesetz kennst, welches nicht überrascht. Du spürst, daß ohne dieses Gesetz die Welt nicht bestehen könnte. Es ist auch das Gesetz des Tausches: Etwas geht hin, und etwas kommt zurück. Wenn dir im Traum zum Beispiel ein Mensch so begegnet, daß er von dir etwas fordert und daß du, wenn du es gibst, eine Belohnung dafür erhältst, dann erfährst du das Verhältnis Gewura, die zweite Sephira.

So begegnet dir etwa ein Examinator oder Richter im Traum. Du bekommst die Beurteilung, die du verdienst, es ist ein Geschäft. Du erwartest gar nichts anderes. Immer hast du Angst vor dieser Welt, die eine Leistung fordert; deine Sehnsucht aber gilt einer Hilfe, die als Überraschung kommt. Manchmal befriedigt dich die Leistung. Gleich aber meldet sich auch wieder die Sorge: »Werde ich weiter leisten können, wenn ich alt bin? Die Konkurrenz, wird sie mich nicht verdrängen?«

Wird in einer Phase des Lebens das Gesetzmäßige stark betont, dann kann es geschehen, daß einem selbst der Himmel in Form eines streng prüfenden Richters begegnet. Und um Gnade zu finden, beichtest du auch Dinge, die du gar nicht getan hast. Wie Leute vor Gericht alles Mögliche erzählen in der Hoffnung, die prüfende Strenge milder zu stimmen; sie beschuldigen sich selbst in der Panik der Angst.

Eine Welt, die den Menschen auf das Gesetzmäßige hin ausbildet, anerzieht damit auch die Angst vor dem Richter, ja, vor dem Leben überhaupt. Das Gesetzmäßige ist immer von einem Gefühl begleitet, das sich in einer Angst, nicht durchzukommen, in einer Sorge zu versagen äußert. Fortwährend hegst du den Argwohn, der andere suche bei dir nach einer schwachen Stelle. – Gewura ist die Kraft, die erhält, aber auch die Kraft, die dir Niederlagen bereiten kann.

Die dritte Begegnungsmöglichkeit innerhalb der Sephirot heißt »tiferet«, »Schönheit«, »Harmonie«. Sie ist die zentrale Sephira und wird daher auch die »Sephira des Herzens« genannt. Alle Wege, alle Möglichkeiten kommen aus ihr hervor. In ihrem Verhältnis spürt der Mensch, daß es schon in Ordnung ist, daß er nicht zu leisten braucht. Aber gerade Tiferet hat auch eine merkwürdige Gegenseite: das Disharmonische, Chaotische, teuflisch Destruktive.

Die Liebe zwischen Menschen kann sehr harmonisch sein; es zeigt sich aber auch Perverses und Destruktives, als wollte ein Partner gerade das hervorkehren, wodurch dem anderen aus Ekel die Liebe vergeht. Das ist das Doppelte bei Tiferet, der dritten Sephira, die, wie alles Dritte, den Zwillingscharakter hat. Der destruktive Zwilling stört uns in der Harmonie.

Die Schöpfungsgeschichte erzählt vom Garten Eden, dem Traumbild der Harmonie, in den der Mensch gesetzt wird, damit er ihn »bearbeite und schütze«. Damit ist das Schützen vor dem Chaos gemeint, vor der Lust, es zu verderben. Die Gegenseite der Harmonie hat, wie man sagt, auch ein Herz. Dem guten Herz entspricht das kranke; krank in dem Sinn, daß das Zentrum des Menschen böse Gedanken, böse Wünsche oder Angst vor dem Bösen aussendet.

Herzkrankheiten werden im alten Wissen nicht nur anatomisch gesehen; vielmehr sagt man dort: Wie du von deinem Zentrum her die Welt erlebst, so lebt dein Herz. Die vielen Herzinfarkte heute – können sie vielleicht nicht auch daher kommen, weil man sich im Leben gern dem Chaotischen, dem Perversen hingibt? Das Herz, hebräisch »leb«, 30-2, erträgt es nicht; das Zentrum der 32 Wege, von denen man spricht und die das Menschenmögliche ausdrücken, ist angetastet. Nach dem Kampf mit dem Engel von der linken Seite ist Jakobs Hüftgelenk verrenkt, er kann nicht mehr richtig im Gleichgewicht gehen, die Balance ist gestört. Der Traum von der Harmonie bringt die Furcht mit sich: Wie wird der Kampf ausgehen? Bleibt der Garten geschützt?

Im Garten herrscht die Freude am Schönen, das dich umgibt; aber auch die Angriffsmöglichkeit lauert dort, die Schlange. Auf die Frage, vor wem der Mensch den Garten schützen solle, wird geantwortet: Vor dem Angriff der wilden Tiere. Und »chaja«, »(wildes) Tier«, ist auch das Wort für »Leben«. Das Leben in der Erscheinung, die »nefesch chaja«, enthält beides: Harmonie und das Zerreißen.

Der Mensch lebt fortwährend in allen 7 Sephirot, seine Sichtbarkeit ist aber nur in der 7ten da; die 6 anderen leben in seinen verborgenen Momenten. Eine von den Sephirot inspirierte Psychologie würde fragen: Was zum Beispiel ist im Menschen der Moment Gewura? Lebt er die 7heit als eine Einheit, oder ist da ein Bruch? – Wenn ich jetzt also von der vierten Sephira spreche, dann verstehen Sie, daß es sich dabei um eine Facette im Menschen handelt, die zu ihm gehört und die er oft träumt; ihr Name ist »nezach«, das bedeutet »Sieg«.

In dieser Sphäre lebt und träumt der Mensch im Verhältnis des Sieghaften. Er besteht, hat keine Angst, ist siegesbewußt und stolz. Die Gegenseite, die Niederlage, träumt man auch, aber das geschieht im Verhältnis Gewura, dort, wo die Kraft und das Gesetz herrschen. Nezach bedeutet, daß du nicht einmal das Gefühl der Möglichkeit einer Niederlage haben kannst. Wer Nezach träumt, träumt und lebt in einer Gewißheit.

Das Gefühl, daß du Erfolg haben und durchkommen wirst, läßt dich dann auch tatsächlich zum Beispiel eine Prüfung bestehen. Ein solches Gefühl spielt zwischen Menschen eine große Rolle. Der andere spürt an deiner Angst vor ihm, daß du dich ihm unterwirfst; ohne daß er überlegt, stellt sich bei ihm das Unterdrücken, das Quälen ein. Die Angst des anderen ruft es bei ihm hervor, fordert es heraus.

Nezach steht wie Chessed auf der rechten Seite (siehe Seite 280). Die Kraft der Überraschung, die Chessed bringt, bildet auch Nezach; es besteht eine Verbindung zwischen beiden. Nezach, könnte man sagen, lebt noch wie ein Kind bei Chessed; die Gewißheit kommt aus der gleichen Wurzel. Wo immer der Sieg auch herkommen mag – die Gewißheit, daß er kommt, ist zweifellos.

Bei jedem Menschen gibt es Dinge, die er ganz selbstverständlich zustande bringt. Das kommt von Nezach. Der Mensch, der unter diesem Verhältnis steht, könnte sogar die Überzeugung haben, daß er auch endgültig siegen wird. Nezach als Siegenkönnen gehört zum Sein des Menschen.

An der linken Seite, unter Gewura, folgt als fünfte Sephira »hod«, dieser Begriff bedeutet Formwerdung, »etwas bilden«, in einer Form erscheinen, und zu gleicher Zeit »Lob«, also die Freude daran, daß etwas gebildet werden kann. Das bezieht sich auf alles Formen im Leben überhaupt. Ob einer Kinder erzieht oder ein Geschäft betreibt oder Dinge produziert – überall ist die Freude beteiligt, daß Form zustande kommt. Wenn du zum Beispiel etwas überlegst, eine Hypothese aufstellst und bei weiterem Forschen Zusammenhänge findest, die dir zeigen, daß deine Annahme stimmt – auch das gehört zur Formwerdung, und die Freude an der Form spielt mit.

Der »Sieg« steht rechts, die Freude an der Formwerdung links; die vierte und fünfte Sephira gehören wie Brüder zusammen. An der rechten Seite, bei Nezach, steht Mose, der »aus der Zeit Herausgeholte« – das eben ist der Sieg –, und an der linken Seite steht Aaron, der Mensch des »korban«, des »Sichnäherns« dem, wovon man spürt, es ist das eigentliche Zuhause. Mose und Aaron sind Brüder und gehören zusammen.

Als sechste Sephira folgt nun »jesod«, »Fundament«, »Grundlage«. Es ist vom Wort »sod«, »Geheimnis«, gebildet. Jesod ist also dasjenige, was auf dem Geheimnis basiert, und zwar so, daß du das Geheimnis bei dir und anderen bewahren kannst. Nur dann gibt es dieses Fundament.

Die heutige Zeit weiß vom Geheimnis kaum mehr etwas. Eine eigentümliche Neigung zum »Beichten« und Bekennen kennzeichnet zum Beispiel auch die Literatur. Alles wird herausgesagt und analysiert – nur so glaubt man, verstehen zu können. Aber gerade dadurch versteht man nichts

Bina	Kether Da-at	Chochma	Jenseits der Schöpfung

2 Gewura		1 Chessed	Schöpfung
	3 Tiferet		
5 Hod		4 Nezach	
	6 Jesod		
	7 Malchut		

(8) Kether Malchut	Jenseits der Zeit. Der Ur-Anfang Kether wird mit dem Ende, Malchut, verbunden.

mehr, gerät in Verwirrung, weil das Heraussagen und Analysieren kein Ende nimmt.

Grundlegend aber für jedes wirkliche Verstehen ist das Geheimnis. Dann ist »Ich kenne dich« gleichbedeutend mit »Ich bewahre das Geheimnis«. Auch beim Sprechen bleibt das Geheimnis gewahrt. Man kann nicht »erklären«, was Erlösung ist. Versucht man es dennoch, dann entzieht sich das Geheimnis der Erlösung, und zurück bleibt Starres, Totes, Gerede. Die Wurzel ist unterirdisch, die Organe sind verborgen, das Gehirn wird von der Schädeldecke geschützt. Wenn du es herausholst, um es zu analysieren, tötest du es. Sein Schutz ist seine Verborgenheit.

Geheimnis meint nicht Geheimnistuerei, Aversion gegen alles Rationale. Geheimnis bedeutet: sich freuen, daß etwas da ist, das nicht berechnet und erklärt werden kann. Diesem Unerklärlichen möchte man gern gegenüberstehen. Das Verstehen des anderen, die wirkliche Verbindung mit ihm, geschieht dort, wo sein Verborgenes mein Geheimnis berührt. Dort ist Kommunikation. Alles wirklich Grundlegende bedarf keiner Erklärung. Man »versteht« es auf andere Art, hat teil an ihm, soweit man sein eigenes Geheimnis schützt und bewahrt.

Im Verhältnis Jesod spielt auch das Geschehen des 6ten im Sinne des 6ten Tages der Schöpfung. Es ist der Tag, an dem der Mensch zustande kommt. Wir wissen aber auch, daß ihn am selben Tag die Schlange angreift und beißt. Der 6te Tag ist auch der Freitag der Kreuzigung. Was bedeutet das?

Der Mensch ist nicht immer, ja vielleicht niemals richtig imstande, das Geheimnis als Geheimnis zu bewahren. Er möchte gern analysieren. Das ist seine dämonische Natur. Dämonie ist nach dem alten Wissen die raffinierte Gescheitheit, die aufs äußerste gesteigerte Intelligenz. Teufel bedeutet: »Ich werde dir alles berechnen, ich kann dir alles erklären.« Es ist das Teuflische, das den 6ten Tag komplett machen will: Das Geschaffene will nun selbst weiter schöpfen.

Das »Komplette« der 6 ist die Begegnung der 6 mit der 6: die 36. Und die »erfüllte« 36 ergibt sich nach der Rechenweise des alten Wissens durch die Addition von 36 + 35 + 34 + usw. bis + 1; heraus kommt die Zahl 666. In ihr drückt sich, wie man sagt, die alles beherrschende »Bestie« aus. Alles ist bis ins letzte durchanalysiert – »computerisiert«, würden wir heute sagen. Dann gibt es nur noch tödliche Langeweile des Sich-nach-der-Norm-Verhaltens. Der Mensch ist ausgeschaltet.

Die Schlange, die beißt, bringt das Weiter-und-weiter-Gehen mit der Intelligenz; das ist der Verrat, das Verleugnet- und Verlassenwerden, die Kreuzigung. Dann beherrschen den Menschen Gedanken wie: »Was *nutzt* es mir? – Es ist gefährlich, sich zu ihm zu bekennen. – Ich kenne ihn gar nicht, habe ihn nie gesehen, nie etwas gewußt!« In vielen Varianten rollt dieses Drama im Menschen ab. Er möchte nur seinen Vorteil haben; »der andere«, redet er sich ein, »ist doch nur auf seinen Vorteil bedacht«.

Das Dämonische ergreift vom Menschen Besitz, das Destruktive, der Hang zum Chaos. In der Systematik der Sephirot (siehe Seite 280) erscheint die sechste Sephira unter der dritten; wie wir bei Tiferet den Zwillingscharakter, das Destruktive gegenüber der Harmonie, gesehen haben, so finden wir den Zwilling, auch bei Jesod. Das Dämonische ist pervers, richtet sich gegen den Weg, der nach Hause führt. Im Dämonischen drängt es immer weiter, man glaubt, man komme schon durch. Etwas Unverständliches, Flackerndes beherrscht dann den Menschen. Es ist der Nährboden für Fanatismus und Sektierertum. Man möchte ewas perfekt *hier* erreichen, sei es im politischen, wissenschaftlichen oder religiösen Bereich.

Die siebte Sephira, »malchut«, »Reich«, ist die Wirklichkeit, in der wir leben. Was ist Wirklichkeit? Was bedeutet die konkrete Welt? Wir erleben sie wie das Fließen des Wassers: als Fließen der Zeit. Das alte Hieroglyphenzeichen für die 7 – im Hebräischen das Zeichen Sajin – zeigt das

Schiff mit dem Ruder*. Das Schiff fährt auf der Zeit, unser Ich wird von der Zeit getragen. Das Individuum – wörtlich: das Nichtzuteilende – fährt auf der Zeit. Es ist auch das »Totenschiff«, das den Menschen hinüberbringt.

Was wir unser Leben hier, unsere Wirklichkeit, das Konkrete nennen – von der anderen Seite aus ist es eine Schattenwelt, eine Unterwelt. Alles Schöne und Erfreuende ist etwas, das »passiert«; es begegnet und geht wieder weg. Es ruft Trauer oder Angst hervor; Trauer, weil alles vorbeigeht, Angst, weil wir nicht wissen, was kommt. Aus dieser Sicht ist unser Leben wie eine Flucht vor uns selbst. Gleichzeitig aber haben wir – wie Jonah seinen »Auftrag« hat – eine Sehnsucht zu erfahren, wer wir sind und wozu wir da sind.

Im Verhältnis des 7ten bedrängen uns im Traum wie im Leben die Fragen: »Wer bin ich? Was geschieht mit mir? Was ist meine Zeit?« Die Zeit, die Wirklichkeit hier – ist sie vielleicht doch entscheidend wichtig? – In vielen Mythen, Märchen und Legenden wird vom Fisch erzählt, der den Ring verschluckt. Wenn er dann aus dem Element geholt und geöffnet wird, zeigt sich als Überraschung der Schatz. Was in der Zeit »verschluckt« wird, offenbart sich am Ende als erlösend.

Das 7te enthält, wie wir wissen, das Erlebnis des Weges, die Sehnsucht des Weges, der uns ans Ziel bringt, ohne daß wir »zielen« müssen. Als wir vom Bogenschießen im Zen sprachen, haben wir gesehen, daß das Zielen eigentlich ein Zwang ist. Wir hoffen doch auf ein Leben ohne Zwang. Wenn das Erreichenmüssen gilt, wird alles ein Geschäft: Leistung gegen Leistung. Warum trifft der Zenmeister im Dunklen? Weil er eins ist mit dem Ziel. Du bist es auch, nur

---

* Das Z unseres Alphabets basiert auf dieser Hieroglyphe; es zeigt gleichsam ein von Rudern bewegtes Schiff. Vgl. dazu Friedrich Weinreb, Buchstaben des Lebens, Weiler im Allgäu 1990; Wunder der Zeichen – Wunder der Sprache, Bern 1978.

glaubst du nicht daran. Du glaubst, du müßtest zielen, wenn du aber zielst, kommst du in Zwang, und unter Zwang geht's daneben.

Liegt ein Brett auf dem Boden des Zimmers, geht man absichtslos von einem Ende des Brettes zum anderen. Liegt das gleiche Brett über einem tiefen Abgrund, dann ist man beim Gehen erfüllt von der Absicht, nicht hinunterzufallen. Man zielt, es wird einem schwindlig, man gerät ins Wanken. – Du könntest deinen Lebensweg absichtslos und voller Freude über die Begegnungen gehen, brauchtest keine Angst zu haben.

Die 7te Phase im Menschen kennzeichnet eine merkwürdige Dualität. Es ist dieselbe Gegenbewegung, die wir schon beim astrologischen Zeichen für Fische gesehen hatten: *zwei* Fische, einer nach rechts und einer nach links schwimmend. Das Zeichen Sajin, die 7, zeigt eine Trennung: Das Jod hat die Verbindung, die beim Waw, der 6, noch bestand, verloren. Im 7ten herrscht das Nichtbewußte, das Bewußte ist im 6ten und bringt dort auch die Gefahr, weil wir bewußt nach Vollkommenheit streben können. Im 7ten sollen wir es *sein* lassen. Sobald du etwas zwingen willst, gehst du und das andere zugrunde. Laß es sein, dann fährt das Schiff schon.

Die siebte Sephira bringt uns die Traumbegegnung mit David, der ständig im Kampf steht. Wenn wir das Geschehen um David als Traumbild erfahren, also mit allen Facetten, mit allen Möglichkeiten unseres Lebens, dann beginnt es zu leuchten und zu leben; sehen wir es nur in seiner Konkretheit hier, ist es bald langweilig, ungereimt, voller Widersprüche.

Im 7ten lebt der Mensch in allen 7 Sphären zugleich, vom Ursprung bis zum Weg und einschließlich des Weges. Das ist seine Wirklichkeit. Läßt er diese Wirklichkeit nicht *sein,* dann meldet sich der Zwang im Traum als Angst vor der Zeit oder Druck der Zeit oder Problematik in der Begegnung.

Indem man zwingt, sucht man den Erfolg. In den alten Geschichten taucht immer wieder das Motiv des Glücklichen, Erfolgreichen auf, der gemieden wird, weil er ständig nur Erfolg hat. So etwas erträgt man nicht, man fühlt dabei etwas Dämonisches. Im Erfolgsstreben spiegelt sich eine falsche Vorstellung von der Welt, es ist nicht menschlich. Das Geschehen der Erlösung ist keine Erfolgsgeschichte.

Wir kennen die Sephirot in ihrer 7heit. Wir wissen aber auch vom 8ten. Gibt es im Traum auch eine Begegnung mit dem 8ten? Im jüdischen Brauch wird am Ende des 7ten Tages, wenn nun das 8te kommen sollte – es kommt aber wieder das erste, denn die Woche ist eine 7heit –, am Ende des 7ten Tages also wird gesagt: »Gelobt der, der dem Propheten Elia im Traum begegnet.« Vom Typus der Elia-Träume habe ich schon gesprochen.

Elia ist der Vorläufer, der Verkünder des Erlösers. Er bringt die überraschende Wende, wie aussichtslos die Lage auch scheinen mag. Diese Wende kommt gegen das Gesetz der Kausalität, ja, sogar gegen unsere Erwartung, gegen unsere Hoffnung. Die Hoffnung hat noch eine Art Maß im Menschlichen. Die überraschende Wende aber ist viel mehr, als du je erhoffen könntest. Wenn sie eintritt im Traum, kann man gleichsam nur noch sagen: »Es ist zum Lachen!« Und diese Wendung ist, wie Sie schon wissen, die Übersetzung des Namens Jizchak (Isaak).

Jizchak steht im Zeichen des 8ten. Er verkörpert das, wovon du glaubst, es könne nie möglich sein. Deshalb gibt es für die Erlösung keinen Maßstab, also auch nicht das Maß der Erwartung oder Hoffnung. Erlösung geschieht im Unermeßlichen. Es gibt im Leben die Kraft eines Momentes, eines Verhältnisses, die derart überraschend wirkt, daß sie nur eine Art Kurzschlußlachen hervorbringt. Dann, heißt es, bist du Elia im Traum begegnet.

Eine achte Sephira gibt es nicht. Über Malchut, dem 7ten, dem Reich oder auch dem Königreich, steht, an der Seite des Nichts, »kether malchut«. »Kether« heißt Krone; die 8te

Situation ist also die Verbindung des Nichts, des Jenseitigen, des Nichtwirklichen mit unserer Zeit und Wirklichkeit. Das 7te heißt Königreich, weil es schon sicher ist, daß die Krone kommt. Wir aber leben fortwährend im Glauben, diese Verbindung mit irgendwelchen Leistungen und Bemühungen erreichen zu müssen.

Aus der Sicht des Himmels – heißt es – zählt dein Leisten nicht. Gott antwortet doch Hiob und sagt, daß all das, was er mit seinen Freunden geredet hat, nicht zählt, daß also mit dem Maßstab des Irdischen die Verbindung zum Himmel nie zu erreichen ist.

Weder kannst du es erzählen noch zählen noch berechnen – es ist das ganz andere. Daraus aber lebt der Mensch gerade, aus der Kraft des 8ten, des Gesalbten. Weil das 8te in ihm ist, kann er dieses unzumutbare Leben ertragen; die 7heit *mit* dem 8ten gibt ihm die Kraft. Was wir die überraschende Wende nannten, ist gleichsam im Menschen eingebaut; es ist sein Weg, und er hört dann die Wahrheit unvermeidlich. Wir kennen die Worte: »Ich bin der Weg, die Wahrheit und das Leben.«

Das 8te ist im Traum eine wichtige Angelegenheit; der Mensch träumt überhaupt aus dieser Acht. Der Traum eben kennt das nach Erwartung und Hoffnung unmögliche Durchbrechen. Oft sagt man dann bedauernd: »Schade, es war nur ein Traum!« Andere Träume wiederum bringen genau das Gegenteil erlösender Überraschung. Alles sieht gut aus, plötzlich aber verwandelt es sich in Spuk, und du fällst in einen Abgrund, gehst unter: eine Überraschung von der Gegenseite.

Was ist die Gegenseite? Wie gewinnt sie Herrschaft? Eine alte Geschichte erzählt davon. König Salomo, so heißt es, besaß einen Ring, in den der Name Gottes eingraviert war; daher kam unter seiner Herrschaft das Wunder des Tempelbaus zustande. Der Teufel, den er gebunden hatte, steht ihm gegenüber und sagt: »Du hast ein Reich, du hast den Tempel, alles gehorcht dir, selbst ich muß es. Gib mir doch einmal – nur für eine Sekunde – deinen Ring. Was soll schon geschehen, ich bin doch gebunden.« Salomo streift den Ring ab und gibt ihn für einen Augenblick aus der Hand. Der Teufel nimmt ihn und wirft ihn sofort weit weg; und der Ring versinkt, wie im Midrasch erzählt wird, im Meer. Der Teufel aber setzt sich auf den Thron des Königs, des Sohnes Davids, und alle dienen ihm.

Salomo erlebt nun einen Alptraum. Keiner erkennt ihn mehr. Alle halten den, der auf dem Thron sitzt, für den König von Israel. Man identifiziert den Thron, die Position mit dem Menschen. Israel dient dem Teufel, der nun regiert. Bald läßt Salomo davon ab, die Menschen überzeugen zu wollen, daß *er* der König ist. Er irrt durch die Welt und schreibt, wie die Überlieferung berichtet, das Buch Prediger, das von der »Eitelkeit der Eitelkeiten« erzählt. »Glaubt mir«, sagt er dort, »ich war König zu Jerusalem, alles ist eitel, nichts taugt, die ganze Welt ist nichts wert.«

In den Irrfahrten seines Alptraums muß Salomo immer wieder erfahren, daß man ihn nicht erkennt. Endlich verdingt er sich beim König eines fernen Landes als Koch. Und Koch bedeutet doch: Er bereitet den Menschen die Speisen, die Begegnungen zu. Die Tochter des Königs aber erkennt ihn, liebt ihn und möchte ihn zum Mann. »Ein Koch!?« sagt der Vater, »schlag dir das aus dem Kopf, sonst lasse ich ihn töten.« Da fliehen Salomo und die Königstochter gemeinsam und irren weiter durch die Welt. Da geschieht es einmal, daß Salomo einen Fisch zubereiten soll. Als er ihn aufschneidet, findet er im Innern des Fisches seinen Ring wieder. Und im gleichen Moment sitzt Salomo wieder auf dem Thron in Jerusalem, der Teufel aber ist wieder gebunden in der Ecke.

Das also ist die Geschichte der Gegenseite: das Durchbrechen des Teufels. Im Alptraum begegnest du dieser Gegenseite. Es will sagen: Der Teufel möchte dich gern besitzen, kann es aber nicht; daher belästigt er dich im Traum. Solche Alpträume haben also nichts mit irgendeiner »Schuld« des

Menschen zu tun. Sie zeigen dir aber die Kraft der Gegenseite, der du fortwährend konfrontiert bist. Sie erinnern dich gleichsam an die Geschichte Salomos, die sich in den anderen Sphären immerwährend abspielt.

Gerade die Zaddikim, heißt es, die »Bewährten«, haben böse Träume, damit die Welt von diesem schlimmen Geschehen erlöst ist. Niemals soll man, wenn man böse Träume hat, nach einer Ursache oder Schuld in sich suchen. Das einzige, was man sich als Schuld anrechnen könnte, wäre ein Unterlassen der Fragen: Wozu lebe ich? Wozu lerne ich? Wozu übe ich meinen Beruf aus? Wozu das alles?

Das Herausbrechen des Satans, des Hinderers, das auch in den Offenbarungen des Johannes erzählt wird, bedeutet: Es kommt noch eine Konfrontation. Man sagt, wenn du glaubst, irgendein Moment des Lebens sei nicht wichtig, dann gibst du, wie Salomo, den Ring ab. *Alles* ist wichtig. Schon das Erwägen, etwas könne weniger wichtig sein als das andere, bringt die Gefahr, daß dir genommen wird, worin du im Bilde Gottes bist. Hebräisch »taba-at«, »Ring«, kommt vom Wort »teba«, »Natur«. Legst du diese göttliche Natur auch nur für einen Augenblick ab, wird sie dir schon genommen.

Seiner Natur nach ist der Mensch göttlich. Du sollst deiner Natur nach leben, *ganz* bleiben, nichts abtrennen. Auch Freud und die Psychologie nach ihm haben doch herausgefunden, daß das Kleinste, das Unscheinbarste lebenswichtig ist und zum Beispiel die Quelle folgenreicher Fehlentwicklungen sein kann.

Das Tun des Menschen kommt nicht aus sinnloser Willkür. Es tut sich in einer Art Handschrift. Der Gang deines Lebens zeigt deine Struktur: So bist du. Gibst du im Tun oder Denken für den Bruchteil eines Moments deine Natur auf, kann es sein, daß du lang umherirren mußt. Du kommst zurück, aber es kann endlos lang dauern. Und im Irren sagst auch du dann »Eitelkeit der Eitelkeiten«, erlebst dieses sehr merkwürdige Buch Prediger.

Man könnte sagen, ein Depressiver hat es geschrieben, einer, der keine Lust zu leben mehr hatte. Als wollte er die Leute ärgern, indem er alles Nichtige zusammentrug. Dieser Depressive lebt auch in uns, ist eine Facette von uns. Er gehört zum Ganzen, wir können ihn nicht loswerden.

Wir werden nun von den Menschen sprechen müssen, die in ihrer unterschiedlichen Art der Begegnung im Traum den Sephirot entsprechen. So werden wir erfahren, was das Erscheinen des jeweiligen Menschen im Traum bedeutet. Auch den Tieren und den Dingen im Traum begegnen wir wieder, dann aber aus der Sicht des Menschen.

18

Der unerwartete Durchbruch · Isaak und die
»akeda« · Der Streit um die Brunnen ·
Das Weinen Leas · Die Zwillinge im Kampf ·
Der Begriff der Rache · Mose und Aaron ·
Joseph und David

Menschen, denen wir im Traum begegnen, drücken, wie wir
gesehen haben, bestimmte Typen aus; wir erleben sie in
bestimmten Verhältnissen, den Sephirot. Nach diesen Bildern kann ein Traum dann auch gedeutet werden.

Chessed, die erste Sephira, also das, was man mit Liebe,
Güte, Gnade übersetzt, ist eigentlich ein Anfang, der aus
dem Nichts kommt. Etwas ganz Neues – wie mit der
Schöpfung – beginnt aus dem Nichts. Von diesem Erscheinenden gibt es keinerlei kausale Verbindung zu etwas –
wenn auch nur gedachtem – Vorhergehenden; es geht eben
nichts vorher, vorher ist das Nichts.

Die schenkende Liebe des Anfangs ist ein unerwarteter
Durchbruch. Und der Mensch lebt auch im Bild dieses
Durchbruchs, enthält auch diesen Typus, weiß ihn in seiner
Umgebung. Er erwartet, daß jemand ihn grundlos liebt, ihn
liebt, ohne daß er einen Anlaß dazu gibt. Eine solche Zuwendung ohne Ursache nennen wir auch Gnade.

Der Mensch also kennt in seiner Unterwelt oder weiß in
seiner Phantasie jemanden, von dem Chessed ausgehen
könnte. Im Bild dieser Sephira steht die Person Abrahams
(siehe auch die Übersicht auf der folgenden Seite). Abraham
ist der Typus in uns, von dem erzählt wird, daß er die
Verbindung zu Gott findet ohne Lehrer, ohne Anleitung,
ohne Vermittlung, ohne Ursache. Das ist unsere Beziehung
zu Abraham; wenn wir ihn historisch herausfinden und
einordnen wollen, werden wir ihm nie begegnen.

2
Gewura – Kraft,
Gesetz
Isaak

1
Chessed – Liebe, Güte,
Gnade
Abraham

3
Tiferet – Schönheit, Harmonie
Jakob/Esau

5
Hod – Lob, Form-
werdung
Aaron

4
Nezach – Sieg
Mose

6
Jesod – Fundament
Joseph

7
Malchut – Reich
David

Nach einem alten Sprichwort erkennt man Abraham erst, wenn man 50 Jahre alt ist. Das bedeutet: In der 7 mal 7 herrscht noch gleichsam die Logik des Weges; im 8ten aber ist das Durchbrechen, geschieht's unvermittelt. Für das Ereignis Chessed steht daher die 50.

Von Abraham wird gesagt, er finde Gott als »Gott des Himmels und der Erde«, erfahre ihn als Offenbarung, nicht in der Art einer Lehre oder durch einen Lehrer. Darin erweist sich Chessed: Du erfährst es als Einbruch, nicht durch Belehrung oder Studium oder Kenntnisse.

Chessed bringt aber auch die Erfahrung der Gegenseite mit sich, denjenigen, der sagt: »Ich akzeptiere das nicht, das so unvermittelt aus einer anderen Welt einbricht. Ich kann nur akzeptieren, was mir erklärbar ist, was im Kausalen gilt.« Das ist Nimrod in uns, der Jäger, Abrahams Gegenspieler. Der braucht immer etwas sich gegenüber, das davonläuft, damit er die Freude des Fangens haben kann.

Das Bild der Jagd gilt für viele Bereiche des Lebens. In der Wissenschaft zum Beispiel jagt man einer Theorie, in der Religion einer theologischen Anschauung, in der Wirtschaft einem System, in der Kunst ästhetischen Begriffen nach. Nimrod macht sich Bilder. Bilder sind erstarrte Ansichten, Hartgewordenes, das nicht mehr fließen läßt. Deshalb ist Nimrod auch der große Diener der Götzen, wie es heißt.

Nimrod erträgt den Abraham nicht. Auch das könnte man im Traum erfahren, dieses eifersüchtige Verfolgen der Chessed, das Vernichtenwollen. Als Verfolgter wie als Verfolger kannst du das Verhältnis Chessed erleben.

Sie wissen doch, wie es zum Beispiel in der Wissenschaft zugeht. Wird da eine Theorie mit Quellennachweisen und vielen Fußnoten aufgestellt, so ist das normal und in Ordnung. Wenn nun aber einer kommt und sagt: »So und so ist das, das spüre ich, mich kümmern Nachweise nicht«, dann zieht er damit den Angriff förmlich auf sich: »Wie kannst du das beweisen? Wie viele Leute hast du hinter dir, die dir

Recht geben?« Der Angriff kommt aus derselben Sphäre, Abraham und Nimrod gehören zusammen.

Mit Abraham als Entsprechung der ersten Sephira ist zugleich auch der ganze Personenkreis gemeint, mit dem er in seiner Zeit zu tun hatte. Eine Fülle von Menschentypen bevölkert die erste Sephira; entsprechend vielfältig können die Begegnungen im Traum sein. Denken Sie etwa an Haran, Abrahams Bruder und Lots Vater. Der Midrasch erzählt, daß Nimrod den Abraham in einen Kalkofen werfen läßt, weil er sich seiner Welt der Beweise nicht fügen will. Das Feuer aber kann Abraham nichts anhaben, er bleibt unversehrt. Das sieht sein Bruder Haran und denkt: »Großartig! Ich bekenne mich zum selben wie mein Bruder!« Auch er wird in den Ofen geworfen und – verbrennt. Warum? Man antwortet: Weil er wußte, daß er leben bliebe; weil er es um des Erfolges willen tat. Abraham wußte nichts, vertraute nur, deshalb blieb er am Leben.

Wer an Gott glaubt, weil er sich damit zu denen gehörig weiß, die gerettet werden, geht unter. Abraham steht in vollkommener Einsamkeit, weiß nichts, kennt keine Sicherheit für sein Handeln. Eine alte Geschichte überliefert eine Art Zwiegespräch, das Abraham mit seiner verstorbenen Frau Sara führt, als er sie in der »machpela«, der Höhle in Hebron, begräbt: »Was habe ich dir eigentlich geben können? Gott versprach mir, daß ich dieses Land besitzen solle, und jetzt muß ich wie ein Fremder den Begräbnisplatz kaufen. Und meinen Sohn mußte ich zum Berg Moria bringen, und deshalb bist du gestorben. Soviel wurde versprochen, und nichts stimmt. 400 Schekel Silber muß ich obendrein noch bezahlen, damit ich dich überhaupt begraben kann.«

Darin zeigt sich die Einsamkeit Abrahams: Nichts stimmt, nichts klappt. Erst wird der Sohn versprochen, und wenn er dann da ist, wird er zurückgefordert. Welch ein Widerspruch! Aber der Mensch im Verhältnis Chessed resigniert nicht, denn er überliefert sich nicht der ermüdenden

Jagd des Alles-verstehen-Wollens. Er bezeugt mit seinem Leben die Existenz der anderen Dimension. »Kinder Abrahams« bedeutet Kinder dessen, dem nichts bewiesen wird, der keine Rechthaberei kennt, der selber verzweifelt, dennoch immer glaubt und vertraut und alles so annimmt, wie es kommt. Ein Traum, in dem eine Person – sei es der Vater, ein Freund oder Bekannter – in welcher Situation auch immer uns diesem Gefühl begegnen läßt, erhält seine Deutung von der ersten Sephira, der Welt Abrahams.

An zweiter Stelle, auf der linken Seite, folgt Gewura. Wir übersetzen diesen Namen mit den Worten »Kraft«, »Gesetz«. Gemeint ist nicht das Gesetz, das Zwang und Knechtschaft erzeugt, sondern das erhaltende Gesetz, das dem Menschen das Gefühl der Gerechtigkeit gibt, die Empfindung, daß es stimmt. Der Anfang schenkender Liebe erhält durch die Kraft der Gerechtigkeit Bestand. An dieser Stelle steht die Person und die Welt Isaaks. Isaak ist doch die Frucht von Chessed, kommt gegen jede Erwartung zustande. Aus der Sephira Abrahams stammend, entspricht er der Seite von Gesetz und Gerechtigkeit. Die Welt funktioniert jetzt, wie sie funktionieren soll. Man hat nun das Gefühl, daß man mit der Welt rechnen kann. Beharrlichkeit und Kontinuität stellen sich ein.

Mit der Gerechtigkeit ist es merkwürdig bestellt. Aus Isaak nämlich kommen Zwillinge, Jakob und Esau, die im Widerspruch zueinander stehen. Isaak liebt den Esau. Warum gerade Esau? Die Antwort ist: aus Gerechtigkeit.

Denn Esau hat es nicht leicht in der Welt. Er leidet unter der Welt. Äußerlich geht es ihm ganz gut. Er wohnt in Seir, Könige und Fürsten entstammen seinem Geschlecht, er ist reich und wird nicht angegriffen. Aber er leidet entsetzlich; man sagt: weil er ein Jäger ist. Fortwährend muß er das Tier jagen, kann es aber nicht fangen. Er jagt, heißt es, etwas, das gar nicht fangbar ist. Erst wenn Jakob den Segen erhält, wird gesagt, bietet das Tier sich ihm förmlich zum Fang an. Da aber, könnte man sagen, ist es schon zu spät.

Esau leidet unter dieser Welt, weil er von der Seite des Rationalen, des Eindeutigen ist. Und dieses Leiden und sein wirkliches Weinen machen, daß Isaak um der Gerechtigkeit willen gerade ihn liebt. Es geschieht aus demselben Gefühl heraus, das Eltern für ein Kind hegen, das krank, unansehnlich oder verkrüppelt ist. Gerade das erweckt die Beziehung, Liebe zu schenken. Man spürt eine Verbindung, denn das Kind drückt aus, was wir auch spüren: Eigentlich ist doch alles ungerecht. So ruft es, was auch ich zeigen möchte, daß es mir geschieht, unmittelbar hervor: Mitleid.

Von der Seite Isaaks her, erzählt die Überlieferung, kommt dir die Begegnung mit dem Menschen, der dir ein guter Lehrer ist, der dir zeigt, daß es in Ordnung ist, daß es auch stimmt in der Welt. Mit Isaak geschieht, wie Sie wissen, etwas ganz Besonderes. Sein Leben wird mit dem Begriff der »akeda« identifiziert, der »Bindung«. Beim »korban«, dem also, was man dann sehr unzulänglich im Deutschen mit »Opfer« wiedergibt, werden die 4 Gliedmaßen des »Tiers« zu *einem* gebunden. Bleibt die 4heit, die Kausalität, ungebunden, dann kommt es zu einer Vielheit ohne Grenzen, zu nie endender Spezialisierung.

Die Fülle in der Welt, die Zukunft, die Gott dir schenkt, bekommt erst Sinn, wenn die 4 zur 1 gebunden wird, wenn die 4 mit der 1 zusammenkommt. Wie ein Tod der 4 sieht die »akeda« aus, während die 4 doch erst durch die 1 wirkliches Leben erhält. Daher wird dann erzählt, daß in dem Moment, in dem Isaak auf dem Berg Moria geopfert werden soll, die Stimme Gottes ertönt: »Tue das nicht!«, und hinter ihm erscheint der Widder, das Lamm.

Im Urtext heißt es »hinter ihm verfangen im Gestrüpp«; das Lamm also, das hinter Isaak steht, bedeutet: Es war schon immer da, schau zurück zum Ursprung, seit Anbeginn ist es da. Und wenn es gefunden wird, *lebt* Isaak.

Eine Überlieferung sagt: Er stirbt. 37 Jahre war Isaak bei der Opferung und ist dann für drei Jahre im Garten Eden. Mit 40 also, nach dieser 3heit, kommt er zurück. Er schaute in den Himmel, heißt es dort, und konnte danach die Proportionen auf Erden nicht mehr recht erkennen. Andere Mitteilungen sagen, er war tatsächlich im Himmel und kehrte dann auf andere Art zurück.

Zum Rationalen gehört immer die »akeda«; ohne sie führt das Kausale in den Wahn, auch in den Wahnsinn, führt zur idée fixe. Hie und da sucht man etwas festzuhalten, läßt etwas erstarren; man geht in der Vielheit unter.

Es gibt nun aber auch die Seite, die Isaak um die »Bindung« beneidet. Davon erzählt die Bibel in der Geschichte des Streites, den Isaak mit Abimelech, dem König der Philister, um die Brunnen hat. Was ist ein Brunnen, eine Quelle? Ein Zeichen für die Herkunft aus dem Verborgenen. Wenn das Wasser dann als Bach oder Strom fließt, kann man es zu allerlei benützen. Wo aber kommt es her? Aus der Erde, sagen wir. Es gibt Adern in der Erde, wie im Menschen Blutgefäße. In den Adern der Erde sind Metalle, Öl und eben auch das Wasser.

In unserer zeiträumlichen Welt ist ein Brunnen die Entsprechung für das, was dir hier Leben gibt. Du brauchst Wasser zum Leben, du brauchst Zeit. Es heißt, daß diese Brunnen, von denen in Gen. 26 erzählt wird, schon Abraham gegraben hatte. Denn Abraham in der Sephira der Chessed kannte die Quellen; er wußte, daß sie von der anderen Seite, vom Jenseits kommen. Diese Quellen nun hatten die Philister zugeschüttet (Gen. 26,15); sie wollten die jenseitigen Quellen nicht wahrhaben, wollten alles selber machen, konnten es einfach nicht ertragen, daß etwas aus dem Unbekannten herkommt.

Als nun die Knechte Isaaks die Brunnen wieder aufgraben, kommen Abimelechs Knechte und sagen – wie erklärt wird –, das seien *ihre* Quellen, *sie* hätten sie entdeckt. Abimelech und seine »Knechte« – die nämlich, die *tun*, was er *möchte* – verkörpern die Welt der Kausalität. Sie läßt nur gelten, was erklärt werden kann, sie kann auch nur soweit bestehen, wie das Erklären reicht. Die Überlieferung erzählt, daß bei Abimelech, als er Sara beiwohnen will (Gen. 20), »der Kreislauf« plötzlich nicht mehr funktioniert. Abimelechs »Krankheit« ist, daß in dem Moment, wo er sich dem anderen, dem Jenseitigen zuwendet – Sara ist doch die Frau aus dem Jenseitigen –, all das, was sonst funktioniert, nicht mehr funktioniert; er glaubt, Gesetz sei ewas, das *immer* hier gelte. Gesetz aber besteht hier nur, weil seine Entsprechung die Freiheit in der Chessed jenseits ist; sonst wäre Gesetz sinnlos. Die Quellen, die Brunnen kommen mit Isaak.

Die Traumbegegnung mit Abimelech und seiner Welt bedeutet, daß dir jemand einredet, auch die Quellen kämen aus dem kausal Bedingten, und sie damit zuzuschütten sucht. In unserer Zeit könnte es ein Wissenschaftler sein, der nur das rational Erklärbare anerkennt und lehrt; »Seele« anerkennt er nur insofern, als er auch dort Gesetzmäßigkeiten finden kann. Das Unerwartete ist sehr störend, er akzeptiert es eventuell als sogenannten »Restfaktor«. Man arbeitet gern mit dem Gesetzmäßigen und geht gern von der Annahme aus, daß man überall – ginge man nur weit genug – Gesetzmäßiges fände.

All das will sagen: Du erträgst bei dir selbst nicht die Dimension der Überraschung, die Liebe ohne Grund, ohne Absicht. Etwas im Menschen will das nicht zulassen. Lieber möchte man der Norm entsprechend handeln, man fürchtet sonst Schwierigkeiten. Oft fühlt der Mensch sich wohl, wenn er ist wie alle anderen, trägt zugleich aber auch das Elend der anderen, das Esau-Elend, mit dem Isaak dann Mitleid hat.

Begegnet dir also ein Lehrer im Traum, dann frage dich: Welcher war es? Der dir schöne Geschichten erzählt und dich damit überrascht? Oder ein Strenger, Prüfender? Welchen Typus repräsentiert er? Kennt er die »akeda«?

Der Streit um die Brunnen endet damit, daß Abimelech sie als Besitz Isaaks anerkennt. Der Grund ist die »akeda«. Die Quellen kann man im Rationalen erst finden, wenn die

Bindung der 4 geschieht, wenn man spürt, daß der Sinn des Lebens nicht im In-der-Zeit-Weitergehen, im linearen Weitergehen besteht. Das ist auch die Bedeutung des Kreuzes: Die 4 mit dem einen; die Einheit bindet die 4, wird selbst gebunden durch die 4.

Sie erinnern sich, daß wir anläßlich der Begegnungen mit Tieren im Traum auch von der Kausalität gesprochen haben, aber in ganz anderer Weise. Der Hund, sagten wir, entspricht der Kausalität, insofern er dir treu ist. Denn das Kausale ist gern bei dir. Greift der Hund dich an oder beißt er dich, dann deutet man: Die Kausalität stört oder verletzt dich, du erträgst die Logik nicht. Das kann, je nach der Lebensweise des Träumers, gut oder schlecht sein; es ist jedenfalls ein Angriff von der Kausalität her.

In der Traumbegegnung mit dem Tier also fragt man: Was tut es, wie verhält es sich zu dir? Begegnet dir dagegen ein Mensch im Traum, fragt man nach dem Typus: Ist es Isaak und seine Welt? Oder die Welt des Abimelech?

Ist es Isaaks Schicksal, daß er diese beiden Söhne hat? Seine Frucht ist ein Widerspruch. Und eigentlich lenkt es der Himmel, daß er den »falschen«, nämlich Jakob, segnet. Nach Gerechtigkeit hätte er – und das hat er gewissermaßen auch – den Esau segnen müssen. Isaaks Liebe für Esau ist richtig nach Gerechtigkeit, die Maßstäbe des Himmels aber sind anders.

Die Traumsituationen mit Menschen ordnet man zuerst den Sephirot zu, dann läßt sich deuten. Und die Deutung ist wie ein Spiegel, der dir dein Leben zeigt. Der Traum spiegelt dein Leben mit deinem Wachleben; Traum und Wachsein zusammen zeigen dir, was dein Leben ist.

Als dritte Sephira kennen wir Tiferet, die Harmonie. Im Menschen zeigt sie sich als Zwillingspaar Jakob/Esau. Es ist keine Harmonie, die in Ruhe besteht. Nach den alten Mitteilungen hätte es eine Harmonie in Ruhe sein können, denn eigentlich sollten nicht Jakob und Esau, sondern Jakob und David geboren werden. Weil aber am dritten Schöpfungstag die Trennung der Bäume – der des Lebens und der der Erkenntnis von Gut und Böse – erfolgt und mit dieser Trennung die Schlange in die Welt kommt, wird nicht David, sondern Esau geboren. Deshalb – so die Überlieferung – hat Lea auch kein so angenehmes Aussehen. Die Schwestern Rahel und Lea waren nämlich für die Brüder Jakob und David bestimmt; Lea weiß das, und als sie nun Esau bekommen soll statt des Königssohnes David, ist sie sehr enttäuscht und weint. Daher, wird gesagt, habe sie dieses Aussehen bekommen. Wie man im Haus nicht gern eine weinende Frau hat, so hat man im Leben nicht gern das Weibliche, die Umhüllung, diese Welt um sich herum, die fortwährend Depressives, Pech, Katastrophen und Negatives zeigt. Das nennt man das Weinen Leas, die den David hätte bekommen sollen. Die Welt wäre dann schon erlöst worden. So aber kommt es, daß Laban dem Jakob seine ältere Tochter Lea unterschiebt. Damit hat Jakob zwei Frauen, also auch die von der Esau-Seite. Der Kampf geht weiter und setzt sich dann in den Stämmen fort.

Warum aber, könnte man fragen, ist die Erlösung mit David nicht schon in der dritten Sephira? Damit du den *langen* Weg hast. Durch das Böse gerätst du in tiefe Verbannung, damit du von den Tiefen her den Weg gehen kannst. Das Unerfüllte ist, damit Erfüllung kommen kann. Es kommen die Krankheiten, damit du Heilung erleben kannst. Die Freude besteht im Werden, im Heranwachsen.

Im Verhältnis Tiferet begegnet dir im Traum keine eindeutige Person, sondern das Zwillinghafte. Im Menschen selbst lebt Esau, der Jäger, der glaubt, er müsse es fangen, und daher immer Tod sieht und viel Leid erfährt; und es lebt im Menschen Jakob, der zu Hause ist, die Sicherheit des Geborgenen kennt. Beide kämpfen im Menschen miteinander. Glaubt der Mensch, jetzt habe er's verstanden und durchschaut, jetzt *sei* es, dann kommt doch wieder die Zeit, wo er meint, er müsse es noch beweisen, sehen, was die Welt dazu sagt. Dieser Zwillingscharakter, der die beiden Bäume kennzeichnet. Uns erscheinen sie im Gegensatz, obwohl sie doch durch *eine* Wurzel verbunden sind: der Baum des Lebens, der Sein und Werden in einem enthält, und der Baum der Erkenntnis, der nur das Werden hat. Der Mensch aber trennt die Wurzel, er macht eine Unterscheidung, er sagt: »Entweder-Oder«, und das bringt den Esau hervor. Das Bedürfnis nach kausaler Erklärung wird dann tatsächlich sehr stark; es soll doch stimmen.

Die Vorstellung, daß es hier stimmen müsse, bedeutet: Esau siegt und unterjocht den Jakob. Jakob aber siegt über Esau, wenn du akzeptierst, was *ist,* dich freust an allem, was dir begegnet, und dafür dankst, weil du weißt, daß es im Grunde stimmt. Denn die Vielheit ist es doch auch, die die Welt bestimmt; im Zusammen der verschiedenartigen Organe lebt der Mensch. So verhält es sich auch mit dem Schicksal. Nur der Ungeduldige, der Jäger im Menschen, besteht darauf, daß in jeder Phase das Ganze stimmend erscheinen *müsse.*

Abraham, der »Vater des Glaubens« genannt wird, hat, wie die vielen Geschichten des Midrasch erzählen, ein sehr wechselvolles Schicksal. Verfolgt wird er schon vor seiner Geburt sozusagen. Nimrod will sein Geborenwerden verhindern. Als kleines Kind dann wird er versteckt gehalten; er muß später fliehen und in einer Höhle leben. Aus irdischer Sicht stimmte es in seinem Leben gar nicht. Aber gerade er ist der Fürst des Glaubens, weil er gelten läßt, was kommt, weil er nicht Beweise sucht, um glauben zu können, sondern vertraut, was immer auch geschieht. Abraham ist die Überzeugung im Menschen, daß es gut ist.

Im Zwillingspaar Jakob/Esau verkörpert sich der Typus des Kampfes im Menschen. Eine Traumbegegnung wird nach der dritten Sephira gedeutet, wenn es sich um einen Menschen handelt, der dir diesen Kampf bringt; es kann sein, daß er dich von der Seite Esaus angreift oder dir die Freude bringt, daß Jakob ja auch immer da ist.

An der Stelle der vierten Sephira Nezach, Sieg, steht

Mose. Wie Abraham ist er auf der rechten Seite, von der das ganz Unerwartete, die Überraschung kommt. Rechts finden wir auch Chochma, die zweite der drei »oberen« Sephirot vor der Schöpfung*. Dieser Name, üblicherweise, aber unzulänglich, mit »Weisheit« übersetzt, könnte als »Wille Gottes zur Schöpfung« umschrieben werden. Chochma steht auf der Seite der Überraschung und ist als Inbegriff des Unerwarteten überhaupt zu deuten. Die drei oberen, den 7 Sephirot vorangehend, sind:

	1	
	Kether	
3	»Krone«	2
Bina		Chochma
»Mutter«		»Wille zur Schöpfung«

Chochma ist jene Potenz, wodurch in der Welt Liebe, Leben und Dasein überhaupt möglich ist. Sie entspricht dem rücksichtslosen und bedingungslosen Geschenk – was immer auch geschehen mag. Es ist die Freude, daß das Sein sein kann. Von Chochma her erhält also diese rechte Seite mit Abraham und Mose ihre Prägung.

Die vierte Sephira entspricht auch dem 4ten Schöpfungstag. Am 4ten Tag, heißt es, singen die Leviten im Tempel den Psalm 94, der mit den Worten beginnt: »Gott der Rache«. Was bedeutet Rache? Das hebräische Wort dafür, »nekama« von »kum«, meint »aufstehen«, also hier »wiederaufrichten«. Rache ist demnach die Gerechtigkeit, das Gefallene wiederaufzurichten.

Unser Sprachgebrauch verbindet mit Rache eine Art Ungeduld. Man möchte nicht warten, sondern sich gleich rächen, wenn auch meist nicht mit einer Tat, so doch in

---

* Eine Übersicht über die Sephirot, die 22 Buchstaben und die 32 Wege, die in ihrem Zusammenhang die Grundstruktur der Welt und des Menschen andeutet, findet sich in F. Weinreb, Leben im Diesseits und Jenseits, Bern 1994, S. 54.

Gedanken. In der Ursprache aber bedeutet Rache ein Aufrichten dessen, was gefallen ist. Daher entspricht es dem
4ten, denn im Dritten sieht es aus, als ob *alles* fällt.

Am dritten Schöpfungstag sagt Gott: »Es komme der
Baum, der Frucht ist *und* Frucht macht«; die Welt aber tut
es nicht, sondern trennt den Baum, der Frucht macht, ab,
macht nur das Werden. Entsprechend sagt auch Gott: »Es
komme Jakob und David«; die Welt aber tut es nicht, Jakob
und Esau kommen. Im Dritten also ist die Trennung. Deshalb ist es auch der Ort der Schlange, die am 6ten Tag dann
angreift und den Menschen ins tiefste Exil hinunterzieht,
damit der Weg des Aufstiegs sein kann.

Schon beim 4ten aber, heißt es, zeigt sich das, was einmal
groß werden wird. In Mose drückt sich schon aus, daß
Joschua kommt, der ins Gelobte Land hinüberbringen
wird. Der Sieg also ist im 4ten schon da. Nezach zeigt, daß
das Geheimnis des Bösen kommt, damit das Hinabziehende
wiederaufgerichtet werden kann. Die »Rache« ist da, weil es
im Dritten gefallen ist, weil die Welt nicht tut, was Gott will.

Was bedeutet das Böse? – eine Frage, der wir immer
wieder begegnen. Bei Jesaja lesen wir, daß Gott von sich
sagt, er habe »das Licht gebildet und die Finsternis erschaffen, den Frieden gemacht und das Böse erschaffen« (45,7).
Und damit ist doch auch ausgedrückt: Fürchte dich also
nicht, es ist gefallen, damit du aufsteigen kannst. Denn für
die Freude des Aufsteigens ist die Welt überhaupt da.

Mose kommt unerwartet. Man sagt, daß von dem, was im
Dritten verlorenging, nicht mehr erwartet wurde, es könne
je aufkommen. In der Heilkunde des alten Wissens wird
mitgeteilt, daß beim Übergang vom Dienstag auf Mittwoch,
vom dritten auf den 4ten Tag, Gefahr für das Kind besteht.
Und Sie verstehen nun schon, hoffe ich, daß hier nicht in
erster Linie gemeint ist, man solle die Kinder in dieser Nacht
ordentlich zudecken...

Mose steht im Menschen für das, wovon man eigentlich
nicht glaubt, daß es je aufkommen kann. Man sucht – wie

bei Abraham – seine Geburt zu verhindern. Das Kind im Menschen will man nicht zulassen. Mose aber kommt dennoch. Derjenige, der das Gesetz zum Töten der Kinder erläßt, hat die Ehre, Mose in seinem eigenen Palast aufzuziehen. Das ist eine Art Humor in der Geschichte, auch im Menschen. Er hat Angst davor, tut aber gerade, weil er Angst hat, das, wovor ihm graut.

Mose ist der Mensch, der uns eigentlich sehr lästig fällt, denn er zieht uns hinaus. Sein Name heißt auch »aus dem Wasser gezogen«, aus der Zeit. Er ist ein Zeichen dafür, daß wir auch Zeit und Raum überschauen können als Ganzes, nicht der Vielheit endgültig verhaftet sind. Mose sagt dir: »Bleib nicht im Gefängnis, komm heraus! Du leidest in ›mizrajim‹, weil du im Entweder-Oder keinen Frieden finden kannst.«

»Wie soll ich es verstehen, daß alles vorbestimmt ist und ich dennoch tun muß?« – »Indem du es tust«, wird geantwortet, »ist es vorbestimmt.« – »Das verstehe ich nicht.« – »Sollst du es denn verstehen? Vielleicht sollst du es leben, erleben, daß du es wirklich erkennst.« – Mose sagt: »Hier, in Ägypten, kann ich das nicht erklären. Ihr müßt mit mir aus dieser Welt hinausziehen. Dann erst, von einer anderen Dimension her, kommt es euch ganz überraschend. Ihr werdet Wunder sehen.«

Der Auszug aus Ägypten ist ein Bild *jeder* Befreiung. Bis heute besteht der Brauch im Judentum zu sagen: Wir tun das zur Erinnerung an den Auszug aus Ägypten. Das ist keineswegs »historisch« gemeint. Der Auszug ist ein immerwährendes Erlebnis im Menschen selbst. Mose ist einer von Levi, einer, der den Weg geleitet. Wenn du glaubst, alles schön klar und geordnet zu haben, kommt einer und sagt: »Es stimmt eigentlich gar nicht.« In dieser Weise geschieht dir auch eine Traumbegegnung von der Seite des Mose: Du erfährst das Ruhelose. »Wo es war, war es sehr gemütlich; wohin ich gehe, ist eine Wüste, nur ein Weg ist da. Wohin eigentlich führt man mich? Ein Weg mit vielen Umwegen, vielen Begegnungen. Vielleicht stimmt es gar nicht, und doch muß ich gehen. Es bewegt mich, ich kann nicht anders, es läßt mich nicht in Ruhe.«

Das ist Mose im Menschen. Und wenn man im Traum einem solchen Menschentyp begegnet, dann geschieht die Begegnung von der vierten Sephira her, vom Verhältnis des Sieges aus.

Es kann sich aber, wie wir immer sehen, auch die Gegenseite melden, dasjenige, was Mose gegenübersteht. Und das ist nicht nur der Pharao, der ihn bekämpft, sondern vor allem dann Israel. Es will ihn oft steinigen und töten, verkehrt gar nicht sehr freundschaftlich mit ihm. Es hat zwar Respekt, aber eher gezwungenermaßen. Fortwährend heißt es: »Du hast es versprochen, aber es ist nicht eingetreten!« Mose: »Aber die Wunder, die ihr gesehen habt, könnten sie größer sein?« – »Schon recht, aber wo ist Brot, wo ist Wasser?« Immer die Wut, die Anklagen, der Spott.

Zum Typ des Erlösers gehört dieses Gegenüber. Das Neue Testament zeigt es auch. Die Spötter: »Ja, der erzählt viel! Aber es stimmt nichts. Nur Schwierigkeiten hat er uns gebracht. Wäre er doch dort geblieben, wo er war. Es wäre besser für uns gewesen, wir wären ihm nie begegnet.« Damit verleugnet man ihn.

Im Hinblick auf die Traumbegegnung wird gefragt: Wie und wo stehst du ihm gegenüber? Bist du bei den Angreifern? Ärgerst du dich über ihn? Verursachst du ihm Ärger? Es heißt, der Verfolger hat noch niemals den Erlöser gebracht, der Verfolgte bringt ihn. Bist du mit den Verfolgern oder mit dem Verfolgten?

An fünfter Stelle, an der linken Seite, folgt in den Sephirot Hod, »Lob«, Formwerdung. Dort steht Aaron, der Bruder von Mose. Sahen wir die rechte Seite von dem Unerwarteten, der Überraschung bestimmt, so zeigt die linke das Kausale, Gesetzmäßige, die Form. Was überraschend durchbricht, bildet nun auch Form. Die Inspiration ist bei Mose, er ist der Prophet, der es bringt, und Aaron ist derjenige, der spricht, der es ausdrückt. Von der linken Seite her geschieht die Artikulation dessen, was in der rechten Seite geschaut wird. Die linke Seite ist es auch, die das »korban« führt, das Sich-Gott-Nähern.

Hod an der linken ist die Konsequenz von Nezach an der rechten Seite, wie doch auch auf der vorangehenden Ebene Abraham mit Isaak eine Einheit bildet. Die Überlieferung erzählt, daß Abraham dem Isaak wie ein Wassertropfen dem anderen geglichen habe. Da bittet Abraham Gott darum, er möge ihn alt machen, damit man ihn nicht mit seinem Sohn verwechsele. Seitdem, erzählt der Midrasch, gibt es das Älteraussehen; zuvor haben alle Menschen bei ihrem Tod gleich ausgesehen wie bei ihrer Geburt. Der Alte bedeutet dann Vater, der Junge, der Kleine, Sohn. Bei Daniel und in der Kabbala spricht man vom »heiligen Alten«.

Die Brüder Mose und Aaron werden in der Überlieferung als Einheit betrachtet. Nezach und Hod sind wie das Paar der Brust, von beiden Seiten wird das Kind genährt. Nun wird auch Rechts und Links zu einer Einheit, denn ab jetzt gibt es in den Sephirot kein Rechts und Links mehr; das 6te und 7te stehen zentral.

Hod läßt dich erkennen, was Einheit ist. Du kannst den Weg nur gehen, wenn du spürst, daß die lineare Dimension des Zeiträumlichen mit der vertikalen Dimension der Überraschung, des Akausalen, des Wunders eine Einheit bildet. Die Person, die dir im Traum im Verhältnis Hod begegnet, zeigt dir die Verbindung zur Vertikale, zum anderen.

Im 6ten, der Sephira Jesod, wird, wie wir besprochen haben, das Geheime als Fundament gezeigt. Wenn du es erklären kannst, ist es kein Fundament mehr. Es muß Geheimnis sein, um Fundament bleiben zu können. An dieser Stelle steht Joseph, der geliebte Sohn Jakobs.

Joseph wird auch ein Vater genannt. Das Reich spaltet sich, und man spricht dann von Joseph und Juda; und der Messias von der einen Seite wird in der Überlieferung Sohn des Joseph genannt. David ist die Person der 7ten Sephira;

so heißt der Messias von der anderen Seite Sohn Davids. Es ist aber, wie immer betont wird, nur *ein* Messias. Derart eng also zeigt sich das 6te und das 7te verbunden.

Auch der 6te und der 7te Schöpfungstag sind in der Bibel auf ganz besondere Art verbunden. Die letzten Buchstaben, die vom 6ten Tag sprechen, sind die Zeichen Jod, 10, und He, 5; die zwei ersten Buchstaben des 7ten Tages sind Waw, 6, und He, 5. Diese vier Zeichen aber bilden den Namen des Herrn. Die Verbundenheit zwischem 6tem und 7tem ist ebenso untrennbar wie der Name Gottes.

Welcher Mensch steht uns als Joseph gegenüber? Der nicht verstanden, der verkauft wird. Geliebt ist er vom Vater, man weiß nicht warum. Auserwählt ist er grundlos, und wir ärgern uns darüber. – Wie verhält es sich mit David, der Person der 7ten Sephira Malchut, Reich? Auch er hat viele Gegner, führt ein Leben voller Spannungen. Aber er ist auch derjenige, der siegt, der bleibt.

Ich hoffe, es ist Ihnen klargeworden, daß die Personen der sieben Sephirot mit ihren Welten und Gegenwelten ein reiches Leben im Menschen selbst führen. Man könnte geradezu vom Abraham- oder David-Komplex im Menschen sprechen. Der Mensch reagiert auf sie in seinem Handeln; deshalb heißen die sieben Sephirot auch nach Personen. Die Traumdeutung des alten Wissens fragt immer nach dem Menschen. Sie will wissen, wie er lebt, was er erfährt, was er ist. Sie gibt Antwort auf die Fragen: Wem stehe ich gegenüber? Wer bin ich? Und das ist doch die große Sehnsucht jedes Menschen: sich als Mensch im Bilde Gottes zu erkennen.

19

Das Kind · Vom Lernen und Spielen · Der Alte
als der »Herr der Grenze« · Kranke besuchen ·
Das neue Licht · Heilung als Übergang ·
Die immerwährende Hochzeit

Ich möchte nun etwas näher auf Traummöglichkeiten eingehen, die in den alten Mitteilungen häufiger genannt oder
gedeutet werden. Ich will mit dem Thema »Kind« beginnen.
Man träumt, daß man wieder oder noch Kind ist, daß man
von Kindern umgeben ist oder in irgendeiner Form mit
Kindern zu tun hat.

Wir haben schon gesehen, daß das Kind im Menschen von
großer Bedeutung ist, ja, im Zusammenhang mit dem Geschehen der Erlösung oft entscheidend. Kind ist der Mensch
dort, wo er sein Leben noch nicht auf weltliche Erfahrungen
und gewachsene weltliche Klugheit baut und von dorther
seine Schlüsse zieht. Im Kindsein steht der Mensch der Welt
noch so gegenüber, wie er aus dem Himmel kommt: von der
Welt noch nicht umgeformt. Im Neuen Testament kommt
dieses »Kind« auch vor. Jesus zeigt eine gewisse Vorliebe für
das Kind. Die *Kinder* sollten zu ihm kommen.

Auch im Midrasch kennt man das Kind als einen im
Menschen immer gegenwärtigen Zustand. Wir wissen, daß
durch das Leben dieses Kind von Schichten weltlicher Erfahrung und Schlauheit umhüllt wird. Wenn auch im Leben
das Kind im Menschen vergessen scheint – im Nichtbewußten ist es da und lebt. Man meint auch dieses Kind im
Menschen, wenn von den »Armen im Geist« gesprochen
wird. Der Mensch hat diese Schicht in sich, in der er noch
nicht durch Taktieren und harte Erfahrungen »gescheit«
geworden ist. Er steht da in einer fast unberührten kindli-
chen Unschuld. Als »Kind« lebt er an der Nahtstelle zur

anderen Welt, zur himmlischen, von wo er doch schließlich kommt. Er ist im Prinzip – aber auch in seiner konkreten Erscheinung im Verhalten – etwas ungeschickt in der Welt. Man nennt ihn naiv, weil er eher bereit ist zu glauben und Konstruktionen ihm ungewohnt sind.

Wenn der Mensch mehr mit diesem umhüllten Kind in seinem Nichtbewußten in Beziehung steht, dann kommen ihm andere Erfahrungen, Einfälle und Einsicht. Sie stehen den Erfolgen aus seinem konstruierenden Denken gegenüber. Der Mensch glaubt oft an seine Berechnungen, an sein Denken; er möchte weltlich »gescheit« sein. Er verliert dadurch seine Beziehungen zum eigentlichen Leben, das ein Leben im Diesseits *und* Jenseits ist. Er kommt nicht durch zur anderen Seite des Lebens. Sein Reichtum an »Welt« hindert ihn. Der »Reiche«, wie das Bild im Neuen Testament gegeben wird, kommt nicht durch das »Nadelöhr«, welches für das »Kamel« kein Hindernis ist. Das »Kamel« entspricht dem Menschen auf seinem Weg durch das Leben, der von Gott geführt wird, das heißt, nicht durch diesseitige, vom Sinn des Lebens getrennte Angelegenheiten.

Der »Reiche« mag schon auch bedeuten, daß man viel Geld besitzt. Gemeint ist aber immer auch ein Reichtum an nur weltlicher Geschicktheit, eine gewisse unangenehme Schlauheit und Härte, eine einseitig dem Diesseits angepaßte »Normalität«. Diese Art »Reichtum« gibt weltliche Schwere. Der Mensch geht nicht leicht durch das Leben, die Schwere drückt ihn, lenkt ihn vom Weg ab, wird ihm zum Hindernis. Er kommt überhaupt nicht durch.

Das Kind dagegen kann gar nichts, beherrscht nichts. Es zeigt, wie der Mensch ursprünglich geschaffen wurde und wie er in seiner Natur sein könnte. Er könnte sozusagen auch bei zunehmendem Reichtum wie ein Kind funktionieren. Gerade das erhofft man vom Menschen, und in dieser Art wird auch vom Kind im Traum gesprochen.

Wenn du von einem Kind träumst, gibt es zwei Möglichkeiten der Deutung: Einerseits kannst du darin erfahren, daß das Kind tatsächlich bei dir lebt und funktioniert – das ist sehr gut –, andererseits könnte es sein, daß das Kind in deinem Traum sich meldet, weil es im wachen Leben nicht zugelassen wird. Es erscheint dann wie ein Verschollenes oder aus deinem Leben Ausgeschlossenes und will dir sagen: »Paß auf! Ich bin doch da, laß mich zu!« Die Deutung setzt, wie bei allen Träumen, auch hier die Kenntnis dessen voraus, der träumt. Was ist er für ein Mensch? Wie lebt er? Hat er das Naive, Spontane, Unvermittelte, lebt er im staunenden Glauben an den Durchbruch, dann könnte man ihm deuten: Das Kind, das sich im Traum zeigt, bestätigt es; es lebt, ist wirklich da. Oder ist er wie ein trockener Wissenschaftler, der nur Beweisen glaubt, von anderen Dingen aber nichts wissen will? Dann warnt das Kind im Traum: »Paß auf, du hast mich weggeschickt; ich bin aber da, und du kannst ohne mich nicht existieren. Wenn du es versuchst, kann es dir in deiner Lebenszeit einmal sehr schwer werden, weil du nicht verstehst, wozu du da bist. Du verstehst nicht wirklich zu fragen, es gibt keine Antwort für dich, alles ist für dich nur da, um es zu berechnen.«

Du träumst zum Beispiel, daß deine Kinder sehr schlecht lernen und daß du dich deswegen sehr ärgern mußt; oder du träumst, du seist in der Schule und lernst mit Kindern, es will aber gar nicht vorangehen. Das hat natürlich gar nichts mit der Sorge um das schulische Vorankommen der eigenen Kinder zu tun; im Traum vielmehr bist du so eng mit allem verbunden, daß sich *alles* auf dich bezieht: Du träumst immer von dir! Wenn du dich also im Traum ärgerst, daß dein Kind schwer zu erziehen ist oder nichts begreift; dann bedeutet es: Du selbst kannst nichts lernen; der Ärger ist sozusagen ein guter, denn mit dem Unterrichten und Erziehen will man das Kind eigentlich »verderben«. Es soll doch damit von dem Wissen der Welt beeinflußt werden. Das Kind aber wehrt sich im Grund – zu Recht! – dagegen. Die meisten Kinder haben einen Abscheu vor dem Lernen, sie gehen nicht gern in die Schule. Vielleicht gehen sie gern, weil man dort Spaß mit seinen Kameraden hat, spielen und sich herumbalgen kann, aber in der Regel nicht des Unterrichts wegen. Dieser Widerwille gegen das Unterrichtetwerden, der sich dann auch im Traum meldet, wird in den alten Mitteilungen sehr positiv eingeschätzt.

Das Kind in dir – so die Deutung – widersetzt sich, es möchte diesen Weg nicht gehen, möchte ursprünglich bleiben. Im Leben tust du es vielleicht, studierst viel und bist stolz auf deine Erfahrungen, aber im Traum zeigt's sich, daß du es eigentlich nicht magst. Du ärgerst dich, daß du fortwährend hier wahrnehmen, einordnen und gescheiter werden mußt. Das empfindest du als eine Störung deines Menschseins. Die Überlieferung sagt, daß die Kinder sich widersetzen, wenn man sie Dinge dieser Welt lehrt, und daß das gut ist.

Ganz anders aber verhält es sich mit dem Lernen der Thora. Da gibt es nicht die Verhaftung an Zeit und Raum, die beim Erfassen der Dinge der Welt unumgänglich ist, da kommt das Wissen nicht aus einer Beweisführung, sondern aus dem Menschen selbst hervor. Lehrt man die Bibel dagegen im Sinn untersuchender Exegese oder historischer Beweisbarkeit und das Kind widersetzt sich dem, dann heißt es: wohl diesem Kind, wohl diesem Menschen!

Dein Kind meldet sich im Traum wie im Leben, wenn es durch beweisführendes Studieren versklavt zu werden droht. Es meldet sich der Ärger am Kind, der doch gut ist, weil das Kind dann gleichsam zu dir sagt: »Schau, wie schlimm ich es bei dir habe!« Dann ist es gut, heißt es, denn die »neschamah«, die göttliche Seele, *lebt* in dir. Sie ist nicht abhängig von dem, was du in Zeit und Raum erfahren und lernen mußt.

Eine ganz andere Situation ist es, wenn du im Traum als Kind spielst, sei es mit Bauklötzen, der Eisenbahn, im Sand, oder an irgendwelchen anderen Kinderspielen teilnimmst. Das alte Wissen sieht darin die Einsicht des Kindes in die Welt. Für ein Kind ist das Spiel sehr wichtig, es möchte nicht

310

gestört werden. Es weiß aber, daß im Hintergrund die Geborgenheit des Hauses da ist, seine Eltern, die für es sorgen. Das Kind sorgt sich nicht. Es erlebt seine Welt im Spiel.

Der Mensch also könnte in der heiteren Gelassenheit leben, daß für ihn schon gesorgt wird. Wozu die Aufregung über Steuern oder Studium? – du spielst doch hier! Das Leben in der Welt ist eigentlich ein Spiel in der Geborgenheit. Sobald der Mensch aber glaubt, es hänge von ihm ab, wird er verbissen und gespannt. Er denkt dann: »Mache ich es nicht richtig, geht alles schief!«; diese Spannung kennt das Kind nicht. Wenn es gespannt ist, dann ist es eine freudige oder eine böse Spannung, aber niemals die verbissene, von Sorge gequälte, die man am Erwachsenen kennt.

Das spielende Kind im Traum wird nach der uns schon bekannten paradoxen Struktur gedeutet. Es kann das Leben des Träumers bestätigen, welches zum Glück so ist, daß er das Spiel in der Welt einsieht und die Geborgenheit kennt; es kann das spielende Kind aber den Träumer auch darauf aufmerksam machen: »Du kannst nicht mehr spielen, die Welt ist dir so wichtig und entscheidend, daß du an ihr zugrunde gehst. Dort drinnen aber, wovon du nichts mehr weißt und ahnst, spiele ich und spiele gern.«

Bei den Propheten ist die Rede von dem Kind Ephraim mit dem »Spielzeug« im Zusammenhang mit der Erlösung des Menschen (Jeremia 31). Ephraim ist doch der Vater der einen Seite des Messianischen, und von Ephraim heißt es, er spiele wie ein Kind.

Im Midrasch wird erzählt, daß Gott aus dem Himmel zur Welt hinunterschaut und sich daran freut, wenn seine Kinder spielen. An anderer Stelle wird die Frage aufgeworfen, warum es Menschen gibt, die düster und ernst sind und so tun, als ob Gott nicht zuschaut; anstatt sich spielend zu freuen, bilden sie sich ein, sie selbst seien Gott und müßten sich um alles sorgen und alles in Ordnung bringen. Worum der Mensch sich sorgen könnte, wäre die Frage nach dem Sinn des Lebens. Das wäre die Sorge, »Thora zu lernen«.

Der Welt kann man im Traum nicht helfen, wie man im Leben den Lauf der Gestirne nicht ändern kann.

Gern – heißt es – sieht Gott die Menschen spielen, denn spielend bezeugen sie ihre Geborgenheit in der Welt. *Messen* wir dagegen den Weltraum und reden ganz gescheit von Millionen von Lichtjahren, verlieren wir uns in kalter Unendlichkeit. Aber im Raum der Welt, in dem wir die Wärme der *Beziehung* spüren, ist alles ganz nah. Da ist, könnten wir sagen, der Himmel auf Erden.

Je entfernter der Raum, desto entsetzlicher für den Menschen. Wenn er das Gefühl hat, Zeit geht in Milliarden Jahre, glaubt er sich verloren: Er – ein unwichtiges Rädchen, ein Nichts! Das geschieht, wenn der Mensch *mißt;* es ist ein Entfernen, ein Objektivieren des Raums.

Die Überlieferung sagt: Wenn du dein Haus baust, deine Hütte, deine »sukka«, dann sei die Dimensionierung so, daß du Geborgenheit darin findest. Das muß überschaubar sein. Wenn Gott sein Haus baut – wird gesagt –, dann gibt er euch die Maße: so viele Ellen lang und so viele breit, *er* läßt den Raum sich nicht in Unendlichkeit verlieren.

Nach den Erkenntnissen der Naturwissenschaft und der auf ihr basierenden modernen Philosophie ist der Raum – vereinfachend ausgedrückt – von der Vorstellung des Menschen abhängig. Das Raumgefühl bildet sich danach, was man lehrt: Überzeugt man den Menschen davon, der Raum verliere sich in Unendlichkeiten, so nimmt er diese Gefühlsauffassung an; lehrt man ihn die Nähe und Geborgenheit des Raums, dann glaubt er, daß ihm alles nah ist. Es ist wie eine Bestätigung der grundlegenden Zweiheit allen Lebens: Die eine Seite läßt uns verlorengehen, die andere Seite verbindet uns mit allen Möglichkeiten des Lebens.

Kindsein heißt: im Unbewußten die Geborgenheit wissen. Das Kind im Menschen ist entscheidend. Immer, wenn man wittert, daß der Messias kommen könnte, werden die Kinder getötet. Das geschieht beim Kindermord unter Herodes, Pharao will auf diese Art Moses aus der Welt schaffen, und von Nimrod erzählt die Überlieferung, daß er Abraham verhindern will. Man tötet das Kind, weil man weiß, daß die Erlösung *nur* durch das Kind kommen kann.

Daher wird Jesus auch meist als Kind gezeigt; Maria mit dem Kind ist die weitaus häufigste Jesus-Darstellung. Der erwachsene Erlöser wird fast nur am Kreuz abgebildet oder wieder auf dem Schoß Marias (Pietà). Es bedeutet, das Kind, das man zu töten versucht, ist immerwährend als Kind da, die Mutter trägt es, es gehört zu ihr.

Die Erlösung, die Befreiung aus dem Zwang geschieht dem Menschen nur, wenn das Kind noch in ihm lebt. Das Kind glaubt, ist voller Hingabe. Es muß nicht heucheln, um sich zu behaupten, sondern alles tut sich bei ihm nach dem Muster des Spiels. Das Erwachsenwerden des Kindes äußert sich in zunehmender Heuchelei. Es merkt mehr und mehr: »Wenn ich so und so tue, bekomme ich das, was ich will.« Anfangs ist es vielleicht noch ein Spiel, aber doch auch schon Ernst, denn es fühlt, daß die Menschen sehr hart sind, daß sie es nicht verstehen, sondern immer gerade das Nicht-kindliche von ihm fordern.

Vielleicht erinnern Sie sich, was man beim Eintritt in die Schule zu sagen pflegt: »Jetzt beginnt der Ernst des Lebens.« Das heißt: Kein Spaß mehr, sondern Noten; das kindliche Leben ist zu Ende, man muß sich jetzt an ein anderes Leben gewöhnen. Es zeigt, daß man das Kindsein nur als Phase ansieht, die von einer anderen Phase abgelöst wird.

In früheren Jahrhunderten war das anders. Man kleidete Kinder damals zum Beispiel wie Erwachsene. Man spürte noch: Das ist ein kleiner, das ein großer Mensch – entscheidend aber ist der Mensch, der bleibt gleich. Man hatte keine Theorien über Kinder. Heute wird das Kind als eine Art Sonderfall behandelt, hat seine eigene Kleidung, seine Literatur und seine eigenen Psychologen. Die *Phase* wird betont; die gehe dann vorbei, meint man, und dann erst käme der Ernst. In früherer Zeit, könnte man sagen, fühlte man den gleichen Ernst am Anfang wie am Ende, das Kind blieb. In anderen Epochen war es noch krasser als heute. Da wurde das Kind verniedlicht, man kleidete und behandelte es wie eine Puppe.

Wenn der Ernst kommt, wird das Kind »getötet«; es kann nicht weitergehen, wie es war, der Faden wird abgetrennt. In der Schule zeigt man ihm, was es lernen muß: Denken im Sinne von kausal bedingtem Folgern und Beweisen. Märchen, die früher erzählt und erlebt wurden, gelten plötzlich als nicht mehr wahr. So wird dem Kind im Menschen das Leben, das Erleben genommen.

Nur das Kind hat die Verbindung zur Welt, wie sie eigentlich ist. Es *erlebt* die sieben Zwerge als die sieben Tage der Welt und die böse Hexe als den Einbruch der Schlange und des Teuflischen unvermittelt, ohne Theorie. Die Theorie ist immer etwas Abgeleitetes, kommt erst *nach* dem Erleben. So nimmt man dem Kind das Erleben und gibt ihm die Theorie.

Das Kind freut sich, wenn es hört, daß Engel den Abraham besuchen oder daß Gott das Meer spaltet, um Israel hindurchziehen zu lassen. Wenn man nun aber den Begriff der Wahrheit vom Wunder trennt, die Engel zu Wüstennomaden und die Teilung des Meers als zwar absonderliches, aber im Bereich des Möglichen liegendes Naturphänomen erklärt, nimmt man das Erleben und das Vertrauen ins Leben und gibt einseitige, trockene, rechthaberische Theorie dafür. Das nennt man dann »Entmythologisieren« und ist auch noch stolz darauf. Das Erleben wird als primitiv belächelt; erst wenn es bewiesen ist, hat das Leben eine Berechtigung!

In der Theologie gibt es den Begriff der »Leben-Jesu-Forschung«; man will *beweisen,* daß er gelebt hat! – Ist nur das wirklich, was hier in Zeit und Raum bewiesen werden kann? Gibt es nicht die Phantasie, der Zeit und Raum nur ein Spielfeld ist? Und ist die Phantasie nicht eine ganz gewaltige Wirklichkeit?

Man redet heute viel von Science-fiction. Science, Wissenschaft, muß es sein, aber fiction, Phantasie, wünscht man sich auch. Man läßt also Dinge geschehen, die nach dem heutigen Stand der Technik eigentlich gar nicht geschehen können. Aber die Phantasie ist berechenbar; man extrapoliert das Technische. Wunder kommen nicht vor, nur technische Klugheit. Alles geht dann auch ziemlich gruselig, technisch zu. Den Spaß hat man gerade daran, daß nicht Wunder geschehen, sondern daß gewisse Techniker sehr raffiniert und schlau sind. Nicht mehr um gute oder böse Menschen im moralischen Sinn geht es, sondern um technisch intelligentere oder technisch unerfahrenere.

Am Verhalten der Welt zum Kind können wir sehen, wie es mit dem Kind im Menschen steht. Vielleicht erleben wir heute auch eine Art Kindermord, weil die Erlösung so sehnlich erwartet wird.

Wie es das Erscheinen des Kindes im Traum gibt, so gibt es auch die Begegnung mit dem Alten im Traum. Man träumt, man ist sehr alt oder mit alten Menschen zusammen. Der Alte lebt im Menschen selbst wie auch das Kind. Die Zeit ist im Traum keine Fessel. Im Hebräischen heißt der Alte »saken«, 7-100-50; es ist gleichzeitig das Wort für »Bart« und für »Weiser«. Unser Zeitalter verbindet den Alten eher mit Begriffen wie Altersheim. Da lebt der Alte dann, wenn er denen, die leisten wollen und müssen, lästig wird. Ab und zu besucht man ihn und schaut nach seinem Befinden.

Im alten Wissen ist der Alte derjenige, der Einsicht hat und daher weise ist. Nicht die Weisheit der Bücher ist gemeint, sondern jene Weisheit, die dem Alten kommt, weil er eingesehen hat, daß er tatsächlich wie das Kind leben kann; glaubend und dennoch Erfahrungen sammelnd. Beide Seiten, das Sein und das Werden, weiß er in sich; und im Alter lebt er nicht im Schrecken, daß er bald fort muß aus der Welt, sondern er erkennt, daß er an der Grenze steht, wo die neue Welt anfängt.

Die Überlieferung deutet den Namen Joseph als »Herr der Grenze«. Hebräisch »sof« ist »Ende«, »suf« heißt «Schilf«. Schilf aber wächst an der Grenze zwischen Land und Meer. Wo die eine Welt, das Land, aufhört, ist das Schilf, das Ried; das Schilf aber kündigt gleichzeitig auch die neue Welt, das Wasser, an. »Sof« als »Ende«, »Schluß«, meint nicht das Definitive, sondern einen Schluß, der sagt: Jetzt kommt das Neue. Daher ist der Name Joseph so wichtig als Vater von der Seite Ephraim, als Vater Jesu auch im Neuen Testament. Er ist Vater – aber nicht im Sinne des Kausalen, denn die Erlösung, heißt es, geschieht immer vom Akausalen her.

Eng verwandt mit »sof« ist »safa«, ein Wort, das »Ufer«, aber auch »Sprache« bedeutet. Der Sprache eignet ebenfalls dieser Grenzcharakter. An der einen Seite hat sie das Rationale, die grammatikalische Systematik, an der anderen Seite ist sie das Wunder, das von Gott kommt. Die Sprache steht an der Grenze.

Beim Alten ist es ebenso: Er steht an einer Grenze und kann dir deshalb von beiden Welten erzählen, von dieser hier und von jener dort. Träumst du vom alten Menschen, vom Vater, Großvater oder anderen Alten, dann träumst du von dir selbst, wo du als Alter lebst. Wie aber lebt der Alte in dir? Hast du Angst vor dem Alter? Erscheint der Alte dir als geifernder Greis, der von der Welt aufgebracht wurde, weil man glaubt, man müsse nur immerzu leisten, der am Ende aber einfach nicht mehr kann?

Wie verhältst du dich dem Alten gegenüber? Schaffst du ihn in ein Altersheim und bezahlst dafür? Oder kann der Alte sich behaupten, behält seine eigene Wohnung, läßt sich nicht einsperren? Möchtest du ihn gern loswerden, ihn von dir wegbringen, weil du nur die Welt um dich haben möchtest, die *funktioniert*? Für das Funktionieren hat die Welt ja auch ein Alter festgelegt: bis 65, Frauen weniger; dann wird man pensioniert und darf unbrauchbar sein.

In den Mythen und in der Bilderwelt der Bibel ist es genau

umgekehrt: Je älter die Könige, Weisen und Patriarchen werden, desto geschickter, gewaltiger und angesehener werden sie. Heute aber will man im allgemeinen das Alter gern verdrängen. Es gibt eine weitverbreitete Angst vor dem Altwerden, man will gern zeigen, daß man jung ist. In den Klageliedern von Jeremia heißt es, daß der Tempel verwüstet wird, weil keine Ehrfurcht mehr vor dem Alter besteht; man tötet den Alten.

Selbst möchte man nicht gern als Alter gesehen werden, weil die Welt den Alten nicht respektiert. Die Angst vor dem Alter kommt, weil man seine Zukunft nicht in einer anderen Welt sehen will; wie man ja auch Angst vor dem Kind hat, das aus einer anderen Welt kommt. Der Alte zeigt die Grenze: eine andere Welt kommt näher und näher. Es bleibt nicht die Welt Josephs; der Name drückt doch schon aus, daß etwas Neues danach noch kommt. Gemeint ist nicht, daß »noch mehr kommen«, sondern daß etwas Neues kommt, etwas, das ganz anders ist. Die Grenze ist da, und jenseits der Grenze ist die neue Welt; das ist es, was man von Joseph immer erhofft.

Wir wissen schon, daß die Zahl 17 im Hebräischen das Ende einer Welt anzeigt. Ende aber bedeutet hier Übergang in eine neue Welt. Im Schöpfungsbericht wird jeder Tag mit der Zahl 17 beschlossen, dem Zahlenwert des Wortes »tow«, »gut«. Gott sieht, daß es »gut« ist. Das will sagen: Der Tag ist zu Ende, aber das Ende ist kein Untergang, sondern ein neuer Tag, eine neue Welt ist nun möglich. Dein Leben geht zu Ende, aber das Ende ist der Übergang ins neue Leben.

Wenn du das Leben hier, die Gegenwart, abtrennst vom neuen Leben, das Ende nicht als Übergang, sondern als endgültigen Untergang siehst, dann kommt dir Angst (von »Enge«) und Panik. Ständig mußt du dann etwas verdrängen. Und all die Ungerechtigkeit, die dann *bleibt*?! Hart und stolz geht die Welt weiter. Das ist nicht zu ertragen. Erschöpfung kommt über den Menschen, und er wird ein

Alter, der nicht mehr kann. Eine Gesellschaft, die sich der Leistung verschreibt, erschöpft den Menschen, macht ihn todmüde.

Nach der Überlieferung erfolgt der Angriff Amaleks auf Israel in der Wüste, wenn Israel müde und erschöpft ist (2. Mose 17). Amalek, heißt es, hat nur eine Angriffsmöglichkeit, wenn du müde bist. Und »müde« bedeutet: Du hast keine Freude mehr, du möchtest wegdämmern, du bist verbraucht. Der sich aber des Tages freut, ist am Abend voller Ruhe und Übersicht. Er ist so wach, daß man ihn zu Rate zieht. In Schwierigkeiten wendet man sich an ihn, weil er an der Grenze steht und deshalb von *dieser* und von der anderen Seite erzählen kann. Erfahrung wird im alten Wissen nur dem zugesprochen, der an der Grenze Diesseits und Jenseits verbindet; das Gescheite, Taktierende, Raffinierte – was meist unsere Vorstellung von »Erfahrenheit« prägt – hat damit überhaupt nichts zu tun.

Wie du dein eigenes Altertum erlebst, davon hängt es ab, wie der Alte oder die Alten dir im Traum erscheinen. Es geht nicht um das Alter an Jahren, sondern darum, ob du dir in allen Phasen deines Lebens bewußt bist, daß du als Alter an der Grenze stehst, übergehst in eine andere Wirklichkeit. Die Weisheit des Alten ist, sich in beiden Seiten lebend zu erkennen. Nimmst du diese Welt so ernst, als gäbe es *nur* sie, dann bist du erschöpft und ein verbrauchter Alter, vor dem dir graust. Macht dir die Welt und was dir zukommt Freude, weil du weißt, daß du hier nicht isoliert bist und abgeschnitten von der anderen Welt, dann erlebst du die heitere Gelassenheit des Alten, der nicht müde wird, sondern weitergehen kann.

Das Erscheinen des Alten im Traum wie im Leben stellt dir die Frage: Kennst du dein Altertum? Wie hast du es in dein Leben eingefügt? Im Midrasch heißt es: Das Idealbild der »Völker« ist der junge Athlet, das Israels aber der Alte. Es bedeutet, Israel *im* Menschen ist die Grenze, an der die eine *und* die andere Welt sich treffen; Israel fürchtet sich nicht vor der anderen Welt, es hat Einsicht in sie, es weiß, daß sie da ist.

Die »Völker« aber – und gemeint sind wiederum die Völker *im* Menschen – zeigen den Athleten, den jungen Starken. Sie verherrlichen *diese* Seite des Lebens. Der Athlet ist ein Held im Sinn diesseitiger Leistung. Die Helden Davids aber – wird erzählt – sind alle 70 Jahre, auch Salomos Helden sind Alte.

Im Traum wird dir klar, wie dein Altertum in dir lebt; du erfährst es in der Art, wie du dem Alten begegnest. Hast du Angst vor ihm? Beleidigst du den Alten? Ist er dir lästig? Macht er dir Vorwürfe? Oder ist er dein Lehrer? Erzählt er dir, und du hörst ihm gern zu? – Ich hoffe, auch das Bild des Alten im Traum ist Ihnen jetzt etwas klargeworden und Sie verstehen nun, was es für unser Leben bedeutet, *wie* wir uns als Alter gegenüberstehen.

Ich möchte nun mit einem neuen Thema beginnen: dem Bild der Krankheit im Traum. Man träumt, man sei krank oder andere seien krank oder man besucht Kranke im Spital; es gibt allerlei Möglichkeiten, von eigener oder fremder Krankheit zu träumen. Viele Leute halten solche Träume für ein schlechtes Vorzeichen. Sie fürchten sich, denn sie glauben, sie würden dann selbst krank. – Die Deutung im alten Wissen aber ist eine ganz andere: »tow lo« heißt es da knapp, und das bedeutet »gut ist ihm«.

Bei der Krankheit zeigt sich etwas Merkwürdiges: eine Abhängigkeit. Als Kranker ist man abhängig wie ein Kind. Der Nachdruck liegt nicht auf der Aktivität wie beim Gesunden. Die Krankheit zeigt dir: Es wird für dich gesorgt, andere beschäftigen sich mit dir.

Das hebräische Wort für krank, »chole«, kommt vom Stamm »chol«, ein Wort, das soviel wie »allgemein«, »gewöhnlich« bedeutet. Man nennt die 6 Tage der Woche »chol« gegenüber dem 7ten Tag, dem Sabbat, der »kadosch«, »heilig«, heißt. Im »chol« der Woche, wird gesagt, mußt du tun, aktiv sein; aber bedenke, das Tun in der Woche hat einen Sinn, es sei immer darauf gerichtet, daß du es für den 7ten Tag tust, für die andere Seite. Man arbeitet und verdient Geld, damit man den Sabbat schön hat, das Zentrum von allem. In alten und neuen jiddischen Erzählungen ist es ein häufiges Thema, daß sich gerade die Armen nur darum sorgen, genug Geld zu haben, um einen festlichen Sabbat feiern zu können.

Von der Ruhe des 7ten Tages heißt es: Es gibt keine Krankheiten, es gibt keine Angst, es gibt keinen Tod – diese Ruhe ist frei von alledem. Der Kranke aber ist abhängig, er weiß, daß das, was ihm geschieht, ein Sichrichten dorthin ist, wo das Heile, das Ganze, das Heilige ist. So zeigt der Kranke den Menschen, wie er wirklich ist: in der Welt des Weges der 6 Tage, aber auch in der Gewißheit, am 7ten Tag zu gesunden. Daher sagt die Überlieferung, daß während der Wüstenwanderung, im 7ten Tag, die Krankheiten von Ägypten zu Ende sind; die Krankheiten aus dem Reich der 6 gibt es dann nicht mehr. Gehe nur – heißt es – den Weg des 7ten Tages hier, dann wird keine Krankheit dich befallen.

Aber wir wissen auch: Bis ans Ende der Tage, ans Ende der Zeit, wird es Krankheiten geben, Kriege und Ärgernis. *Immer* also lebst du *auch* im »chol« der Woche, in der Zeit des Weges *zum* 7ten Tag, wissend dennoch: »Ins Heilsein gehe ich.« Daher hat der Kranke im Traum eine gute Bedeutung.

Wie stehst du dem Kranken gegenüber? Ist er dir lästig? Glaubst du nur an Medikamente, schnell wirkende Spritzen? Verdrängst du die Krankheit, möchtest sie schnell wieder vergessen? Dann verstehst du nicht, wozu die Welt da ist, dann könnte es sein, daß du auch alles Mögliche tust, um die Wirklichkeit zu verdrängen; du fliehst vielleicht aus der Wirklichkeit in einen Rausch, im Glauben, das andere käme dir dann.

Siehst du den Kranken im Traum von Ärzten umgeben und spielen Medikamente eine Hauptrolle, dann zeigt es:

Kein Vertrauen. Im alten Wissen ist immer nur vom *Besuch* beim Kranken die Rede. Man soll, wie es auch die alten hebräischen Gebete überliefern, den Kranken besuchen. Wenn du ihn besuchst, wird gesagt, habt ihr ein Gespräch miteinander, und dieses Gespräch heilt.

Denken Sie nun nicht an ein »tiefsinniges« Gespräch! Vor allem soll man nicht über die Ursache der Krankheit reden. Das ständige Herausfindenwollen des Grundes vertieft die Krankheit nur. Man sagt, es sei völlig unwichtig, was man mit dem Kranken spreche, wichtig allein sei die Verbindung zu ihm. Zeige ihm, daß du ihn achtest. Beim Kranken, heißt es, ist die »schechina«, Gottes Anwesenheit in der Welt. Sie stehe, wird gesagt, am Fußende des Bettes; daher rührt der Brauch, sich nicht ans Fußende, sondern mehr zum Kopfende des Kranken zu setzen, um die »schechina« nicht zu verdrängen. Die »schechina« ist auch beim Gefangenen, denn in der Welt ist Gottes Anwesenheit in Gefangenschaft. Besuche bei Kranken oder Gefangenen werden sehr wichtig genommen.

Selbstverständlich soll hier nicht einer Heilungsmöglichkeit durch ärztliche Kunst widersprochen werden. Die Wissenschaft der Medizin ist mit ihren Behandlungsmethoden eine gewaltige Hilfe für den Menschen. Allerdings zeigt sich im Wissenschaftlichen – und heute vielleicht besonders stark – eine Art Besessenheit des Heilens. Man glaubt, man müsse immer gleich eingreifen. Das ist wie ein Zwang, der aus einer Art Anmaßung hervorkommt. Wird der Arzt nicht sofort irgendwie aktiv, indem er Medikamente oder Spritzen verabreicht, mißtraut man ihm schon. Manchmal hat man den Eindruck, die Leute glauben nur, daß es echt sei, wenn operiert wird, wenn Blut fließt.

Deinem Verhalten dem Kranken gegenüber wird große Bedeutung beigemessen. Komme nie zu ihm, heißt es, als ein hochmütiger Gesunder. Freue dich vielmehr am Gespräch und lerne von ihm, wenn er dir erzählt, was er erlebt. Denn du bist auch auf dem Weg, du stehst nicht über ihm;

ihr seid gleich, ja, du kannst von ihm mehr lernen als er von dir.

Der Kranke wiederum freut sich, daß du da bist, denn er bedarf der anderen Seite. Das hebräische Wort für gesund ist doch, wie wir uns erinnern, dasselbe Wort wie für schöpferisch. Das Kreative, der Gesunde, steht beim »chol« als Neues da, als Schöpfung; deshalb ist es gut, wenn der Gesunde zu Besuch kommt, aber er sei demütig, denn der Kranke ist im Gespräch, die »schechina« steht bei ihm.

Wie begegnest du dem Kranken im Traum? Meidest du ihn? Machst du einen Bogen ums Krankenhaus? Erschrickst du, wenn du einen Krankenwagen siehst? Ein Meiden des Kranken und ein Von-sich-Fernhalten des Krankseins bedeutet: Du meidest dich selbst dort, wo du ein Kranker bist. Denn *jeder* Mensch hier ist auch »chol«, »entweiht«, »gewöhnlich«, »der Norm entsprechend«.

Ich habe schon davon erzählt, daß nach der Überlieferung Jakob Gott um Krankheit bittet (Seite 160 f.). Vor Isaak und Jakob gibt es, wie gesagt wird, keine Krankheit: Man ist im Leben plötzlich da und ebenso plötzlich aus dem Leben; man »niest« – wie es heißt –, und der Lebensatem der »neschamah« schwindet. Daher auch heute noch der Brauch, »Gesundheit!« zu sagen, wenn jemand niest.

Wenn Jakob nun Gott um Krankheit bittet, so meint das: Er möchte so leben, daß er während seines Lebens hier an das andere denken kann, daß das andere gleichsam in sein Leben hier schon hineinspielt. Leben ist damit Weg und Übergang zum Tod und nicht mehr der unvermittelte Wechsel von Alles zu Nichts. Dieser Übergang, dieses fortwährende Sehen des Todes vor dir macht, daß du fortwährend krank bist, fortwährend angegriffen wirst. Als solcher möchte Jakob betrachtet werden, das meint er mit seiner Bitte um Krankheit.

Für den Menschen bedeutet es, daß er eigentlich immer auch krank ist. Will er das nicht wahrhaben, leugnet er die Wirklichkeit, wie er sie auch leugnet, wenn er nicht wahrhaben will, daß er immer auch ein Kind oder ein Alter ist. Die Wirklichkeit leugnen heißt dem Leben das Fundament entziehen.

Es gibt nun aber Leute, die träumen, daß sie sich sehr gut fühlen, wenn sie leiden und krank sind. Im wachen Leben entspricht dem ein Verdrängen des Leidens. Auch das ist eine Leugnung der Wirklichkeit, denn das Leid *ist* im Menschen und in der Welt wie die Freude. Wenn du eine Art Wohlgefühl im Kranksein hast – wozu bist du dann krank? Kranksein bedeutet doch gerade: Etwas *fehlt* dir, das tut weh, darunter leidest du, denn du bist auf dem Weg.

Der Traum von der Heilung eines Kranken wird als Erlebnis des Übergangs von der Woche in den Sabbat gedeutet: Du träumst dann das Geschehen am Freitag. Eigentlich solltest du sterben, statt dessen kommst du in eine andere Welt. Es ist auch das Geschehen am Freitag der Schöpfungsgeschichte: Du verlierst das Paradies und damit das Leben; es kommt aber die Welt des Sabbat, der Ruhe, des Zuhauseseins.

Der 7te Tag, der Sabbat, beginnt mit zwei brennenden Kerzen und zwei Broten. Es ist die Zweiheit, die jetzt ganz klar da ist, weil du weißt, daß die Zweiheit dir Verwicklungen bringt, damit du den Weg der Einswerdung gehen kannst, damit es zur Einheit kommt. Es beginnt mit dem Weiblichen, geht dann zum Männlichen, und die beiden kommen zusammen: Es wird Einheit. Der Weg, der jetzt kommt, bringt eine neue Welt, bringt auch die Freude darüber, daß das Licht bleibt. Ich habe Ihnen doch von der Panik Adams erzählt, der glaubt, er gehe unter, als es nach der Vertreibung aus dem Paradies zum ersten Mal dunkel wird (Seite 97 ff.).

Das Licht des 6ten Tages aber geht nicht unter, es bleibt hell, auch während des ganzen 7ten Tages. Erst am Ende des 7ten Tages geht es unter. Dann zeigt Gott dem Adam mit den Steinen das neue Licht (Seite 99 f.). Es ist der »ewen schetijah«, der »Grundstein der Welt«. Mit dem neuen

Licht, heißt es, kannst du unterscheiden zwischen »kodesch« und »chol«, zwischen heilig und unheilig. Das ist es auch, wovon man am Ausgang des Sabbats spricht; man macht jetzt, am Anfang des 8ten Tages, die Unterscheidung zwischen dem einen und dem anderen. Vorher *konnte* man das gar nicht sozusagen. Vorher wurde gesagt: Vom Baum der Erkenntnis kannst du gar nicht nehmen, das heißt, zwischen Gut und Böse *kannst* du nicht unterscheiden. Jetzt aber, am 8ten Tag, ist diese Möglichkeit da.

Der Übergang vom 6ten zum 7ten ist das Geheiltwerden. Ich habe schon darauf hingewiesen, daß sich dieses Heilmachen auch in der Verbindung der letzten beiden Buchstaben des 6ten mit den ersten beiden Buchstaben des 6ten mit den ersten beiden des 7ten Schöpfungstages ausdrückt, von Jod-Het mit Waw-He zum Namen Gottes. Heilung bedeutet dieser Übergang.

Im Traum kann sich das Bild der Heilung als eine Art Bestätigung deines Lebens zeigen, aber sich auch als Warnung, als Drohung melden. Man sagt: Wenn du dich gut fühlst beim Erwachen, dann lebt das Heile auch bei dir; wenn du aber verstört bist und dich unwohl fühlst, will es dich auf etwas hinweisen, das du verdrängst.

»Schlecht ist ihm« lautet die Deutung im alten Wissen, wenn einer davon träumt, daß er sich sehr um seine Gesundheit sorgt. Heute hat man oft den Eindruck, daß aus der Gesundheit ein Götze gemacht wird; man glaubt an die Gesundheit als an eine Art höchstes Gut und vergißt dabei, daß im Leben Gesundheit und Krankheit abwechseln. Leben heißt eben auch, *beides* gelassen anzunehmen. Man soll sich nicht einreden lassen, daß Gesundheit das Ergebnis einer Leistung und Krankheit eine Art Schuld sei. Sorge dich nicht um Gesundheit, lebe aus der Gewißheit, daß für dich gesorgt ist. Nichts gegen Vitamine, eine gute Ernährung und Hygiene; die ständige Sorge aber darum, die viele Menschen gefangenhält, ist eigentlich eine schlimmere Krankheit als die, vor der man sich schützen will.

Ich möchte jetzt zu einem anderen Traumthema überwechseln. Du träumst zum Beispiel von einer Hochzeit oder einer Verlobung, sei es, daß du selbst heiratest, sei es, daß du bei einer Verbindung anderer zugegen bist. In der Welt der Einheit bedeutet es, daß du dich nach der Verbindung mit der Gegenseite sehnst oder daß du die Gegenseite vielleicht schon gefunden hast. Jeder Mensch hat, wie wir wissen, das Männliche und das Weibliche in sich; es ist so gleich und doch ungleich wie etwa die rechte und linke Hand: Es ist von Grund auf verschieden.

Das Männliche, hebräisch »schar«, ist das Verborgene, die Erinnerung, das Geheime; das Weibliche, hebräisch »nekeba«, die Umhüllung, die Höhle. Im Weiblichen ist die Erscheinung, das Sich-Zeigende; du spürst dabei aber, daß etwas Verborgenes mitkommt. Es muß eine Verbindung bestehen. Wie aber kann sich das Verborgene im Geheimen mit dem Erscheinenden verbinden?

Die Suche nach dieser Verbindung bewegt den Menschen auf allen Ebenen. Man glaubt, das Funktionieren dieser Verbindung zum Beispiel durch besondere Kenntnisse und Kombinationen enträtseln zu können. Dem haben sich alle möglichen Arten esoterischer Richtungen verschrieben, zum Beispiel auch eine oft dahin tendierende Astrologie. Derartige »Ehen« nennt das alte Wissen »kuschuf«, »Zauberei«, »Magie«; sie drücken »Unzucht« aus, denn gesucht wird dabei eben nicht die Ehe, sondern ein Nutzen, ein Vorteil. Die sehr beschränkte Freude, die daraus kommen mag, wird als das Ganze angesehen: Das ist ein Betrug am Ganzen, könnte man sagen.

Wirkliche Verbindung aber kann nur entstehen, wenn das Männliche im Weiblichen und das Weibliche im Männlichen *das ganz andere* sucht und findet, das ganz Fremde, eben nicht das eigene Bekannte. Daher sagt die Bibel, daß der Mann nicht die Schwester oder nahe Verwandtschaft zur Frau nehmen solle. Diese »Suche in der Nähe« ist falsch. Suche das ganz weit von dir Entfernte, heißt es, das bist du.

Denn versprengt bist du worden, weit weg, und dort, im Fernen, suchst du wieder zusammenzukommen mit dem andern, suchst dich. Im Traum von der Hochzeit erlebst du, daß du dem andern in dieser Suche schon ganz nahe bist, oder erfährst vielleicht sogar das Zusammenkommen.

Es will nicht sagen, daß dieses Finden einmal und für immer geschieht. Du findest es vielleicht in einer Phase deines Lebens und glaubst, es sei für immer. Dann aber kommt eine neue Phase, und wieder sehnst du dich nach neuer Verbindung. Man »heiratet« in diesem Sinne nicht nur einmal, sondern jeden Tag, ja, eigentlich jeden Moment. Immer ist das andere dir gegenüber und bittet dich: Hier ist Erscheinung, die muß erlöst werden, die »Frau« soll nicht »sitzenbleiben«. Sie soll keine »alte Jungfer« werden, sondern den Mann bekommen.

Laß das Erscheinende im Leben nicht unverbunden, laß es nicht alt werden, sondern erlöse es, führe es zur Hochzeit. So gilt es auch als sehr gute Tat, ein Paar zusammenzuführen, es möglich zu machen, daß die Braut einen Mann bekommt. Das Geheime soll kommen und das Erscheinende erlösen. Das Erscheinende bittet seinem Wesen nach um Erlösung: Was tue ich hier? Was bedeute ich? Alles Erscheinende stellt unablässig diese Fragen. Warum ist Überfluß in der Welt und warum Mangel? Was geschieht mit der Saat, die nicht aufgeht? – Jeden Augenblick also »heirate«, freue dich, bei der Hochzeit dabeisein zu dürfen.

Die Hochzeit *hier* zwischen Mann und Frau ist im äußersten, Schwersten, Verdichtetsten – ein Ausdruck dessen, was als immerwährende Verbindung oder Sehnsucht nach Verbindung in uns lebt. Wie doch auch Lamm und Löwe in der Welt hier zeigen, daß Lamm und Löwe *sind,* also im Sein vorkommen sozusagen. Lamm und Löwe *erscheinen* in der Welt und bitten auch, könnte man sagen, dich um Erlösung. Sieht man den Löwen nur als nützlich für den Safaritourismus an und im Lamm lediglich einen Wolle- und Fleischlieferanten, dann verhindert man die »Hochzeit«, das Leben verödet. Schon beim Anblick dieser Tiere aber empfinden wir unwillkürlich viel mehr als das, was unsere engen Nutzeninteressen festlegen.

Träumst du von einer Hochzeit, so erlebst du die Verbindung von Verborgenem und Offenbarem; die Deutung ist paradox: Es kann sein, daß dir die Verbindung nahe ist, daß sie in deinem Leben wirkt und so erscheint; es kann aber auch sein, daß sie dir erscheint und melden will: Warum hast du die Verbindung nicht, läßt die »Frau« allein?

Von diesem Ausgangspunkt her können Sie nun, hoffe ich, die unendlich vielen Traummöglichkeiten der Verbindung von Mann und Frau oder deren Verhinderung vielleicht besser verstehen. Was es zum Beispiel bedeutet, wenn eine Frau im Traum verfolgt oder vielleicht sogar vergewaltigt wird? Allein – und das heißt auch: allein gelassen – kann sich die Frau nicht verteidigen; sie kann es nur, wenn das Verborgene mit ihr verbunden ist. Sind wir uns bewußt, daß unser Untersuchen, Sezieren und Analysieren des Erscheinenden auch eine Art Preisgeben der Frau bedeuten könnte?

Von Virchow, einem der »Helden« der modernen Medizin, ist der Ausspruch überliefert, er habe »beim Sezieren nie eine Seele gefunden«. – Gewiß konnte er sie nicht finden. Sezieren bedeutet: die Frau allein lassen. Sind Mann und Frau aber verbunden, wie sollte man da überhaupt auf die Idee kommen, die Seele zu suchen? In der Verbindung ist das Verborgene, die Seele, doch da. Vielleicht träumte Virchow, als er diesen Ausspruch tat, von der wahren Ehe – nur wußte niemand diesen Traum zu deuten.

20

Die Mutter · Das Geheimnis der Erde · Gottes »schechina« · Mater dolorosa · Der Vater · Der Lehrer · Abrahams Urvaterschaft · Abimelech und die Philister · Absalom, der »Vater des Friedens«

Wir reden vom Erscheinen des Menschen im Traum. Ich hatte schon angedeutet, daß wir auch von den Eltern reden wollen, von der Mutter und vom Vater. Ich möchte mit der Mutter beginnen. Es muß nicht die eigene Mutter sein, die im Traum auftritt, es kann eine andere Frau sein, die aber in ihrem Wesen als Mutter erscheint.

Was bedeutet die Mutter im Traum, also in jener Wirklichkeit, die das Sein und das Werden in einem enthält? Dort ist es nicht die Mutter in ihrer sozialen Funktion, wie wir sie hier in vielen Varianten erleben können. Hier ist es so, daß sie dir – je nachdem – Fürsorge und Liebe schenkt, also eine gute Mutter ist, manchmal aber auch lästig in ihren Forderungen oder in ihrer Anhänglichkeit; entsprechend dankbare oder anhängliche Gefühle bringst du ihr dann entgegen, bist aber auch lieblos vielleicht oder möchtest dich ihrem Einflußbereich entziehen. Davon aber möchte ich in diesem Zusammenhang nicht reden.

Was ist das Bild der Mutter im wesentlichen? In der hebräischen Sprache heißt Mutter »ima«; dieses Wort wird gleich geschrieben wie »ama«, Elle. Die Elle aber ist das Maß, mit dem in der Bibel alles gemessen wird. Sie zeigt – wie man sagt – das Maß des Menschen, welches immer mit dreieinhalb Ellen angegeben wird. Seine Elle reicht von der Fingerspitze bis zum Ellenbogen, und im Durchschnitt also mißt jeder Mensch diese seine Elle dreieinhalbmal. Der Raum des Menschen sind aber 4 Ellen. Die halbe Elle über die Dreieinhalb ist das Verborgene in der Erscheinung des Menschen.

Von der Dreieinhalb habe ich schon gesprochen (Seite 102). Das ist ein ganz wichtiger Maßstab, der sich nicht nur im Raum, sondern auch in der Welt der Zeit zeigt. Die ganze biblische Zeit wird in den dreieinhalb Weltzeiten gesehen. Die Elle also mißt den Menschen im Raum; gleichzeitig geben ihm die dreieinhalb auch sein Zeitmaß. Und die Elle mißt Hand und Arm, jene Körperteile, die mit dem Handeln und Behandeln verbunden sind. Die Hand drückt doch in Daumen und Fingern das Verhältnis der 1 zur 4 aus, dem wir schon sehr oft als grundlegendem Verhältnis begegnet sind; entsprechend verhält sich die Elle zum Ganzen des Körpers wie die 1 zur Dreieinhalb.

Ein weiterer, im Wort »ama« verborgener Hinweis auf die Bedeutsamkeit der Elle ist der sogenannte Athbasch-Wert* dieses Wortes, der 500 beträgt. Auch dieser Zahl sind wir schon mehrfach begegnet und haben ihre Bedeutung ausführlich im ersten Kapitel besprochen. Es ist ein Maß, das *hier* gar nicht existiert. Wir können hier nur bis zur 400 messen, 500 ist das Jenseits der Welt. Das aber gerade ist im hebräischen Wort für Mutter mit enthalten; nicht gedankliche Spekulation, sondern die Sprache selbst offenbart es.

Im Bild der Mutter zeigt sich unsere irdische Herkunft. Das ist nun nicht im Sinne einer linearen Kontinuität zu verstehen, in der wir dann von Großmutter, Urgroßmutter usw. sprechen würden. Auch ist mit »irdisch« viel mehr ausgedrückt, als was wir nur im gleichsam handgreiflichen Sinn darunter verstehen könnten. Das Irdische ist nicht nur die äußerste Schale; denn diese wird doch gerade von vielem Inneren gehalten, stabilisiert sozusagen. Die Erde, das Irdische, trägt ein Geheimnis. Die Erde als Ganzes ist lebendig, das Äußerste, was wir sehen – Lehm, Erde, Steine –, für

---

* Zu Wesen und Praxis des Athbasch-Prinzips vgl. Friedrich Weinreb, Zahl, Zeichen, Wort, Hamburg 1978, Seite 31 ff.

unsere Augen nicht. So suchen wir die Geheimnisse der Erde mit chemischen und physikalischen Methoden zu ergründen, weil wir sie sonst vielleicht gar nicht ertragen könnten.

Im Hebräischen heißt Erde im Sinne der materiellen Erscheinung, als das Tastbare, »aphar«. »Phar« ist der Wortstamm für »Frucht«, »Fruchtbarkeit«, »Stier«. Schon im Namen also zeigt der Staub der Erde etwas, das auch Frucht hervorbringt. Erde ist nicht nur der feste Grund und Boden, auf dem wir uns bewegen und auf den wir bauen. Erde ist für uns das Fundament überhaupt, die Möglichkeit, hiersein zu können.

Immer auch trägt die Erde die Möglichkeit zu neuem Leben in sich. Die Toten werden in die Erde gelegt, weil ein selbstverständliches Wissen besteht, daß aus der Erde Neues hervorgeht. Wenn wir Saat in den Boden legen, wissen wir, daß Frucht hervorkommt; *wie* aber das Keimen und die weiteren Verwandlungen vor sich gehen, welche die endgültige Frucht bestimmen, bleibt ein Geheimnis, ist eine Überraschung. Noch viele andere Geheimnisse und Überraschungen birgt sie für uns, daher sprechen wir von der Erde als Mutter: Mutter Erde.

Der Name Mutter trägt, wie wir gesehen haben, mit der 500 das Geheimnis des Ewigen, des Unabhängigseins von Zeit und Raum; gleichzeitig aber auch das In-Zeit-und-Raum-enthalten-Sein. Die 500 enthält die 400; der 400 tritt etwas gegenüber, denn eine höhere Zahl als 400 gibt es nicht im alten Wissen, *kann* es gar nicht geben, weil die 400 das äußerste in Zeit und Raum Vorstellbare ausdrückt. Zur 400 tritt die 100; entsprechend gibt es keinen eigenen Namen für 500 im Hebräischen, sondern man sagt und schreibt »hundert vierhundert« oder »vierhundert hundert«, also Taw Kof.

Das Bild der Mutter enthält die Herkunft aus dem Zeiträumlichen; im Zeiträumlichen allein aber ist kein Ursprung zu finden. Nimmt man eine Art Urkern und eine Art Urknall an, dann bleibt die Frage nach dem, der es hat knallen lassen, um so dringlicher gestellt. In der 400 ist eine Antwort nicht zu finden, soweit wir auch gehen – und wir können tatsächlich unendlich weit gehen: Es biegt sich immer zum Kreis. Die Frage nach dem Anfang aber bleibt unausweichlich, unser Verstand zwingt uns einfach, sie zu stellen. Selbst darin äußert sich ein unausweichlicher Weg zur *anderen* Seite, in der es nicht schließt, in der Beweise nicht gelten.

Die andere Seite ist das Göttliche, die göttliche Mutter. Im Judentum spricht man von der »schechina«, dem »Wohnen«; es ist nach Schreibweise und Aussprache ein weibliches Wort. »Schechina« bedeutet das Wohnen Gottes hier. Davon kann man sich keinerlei Vorstellung machen, denn dieses Wohnen ist etwas Jenseitiges; jede Vorstellung aber bleibt im Bereich der 400.

Das Weibliche also ist göttlich. Bei Gott ist männlich und weiblich eins. So auch hat Gott den Menschen gemacht: männlich und weiblich in einem. Wo Gott sich sozusagen spaltet und dadurch die Welt entstehen läßt, ist die Welt gleichsam das Weibliche. Als Vater der Welt ist er dann das Männliche. Die Welt als Weibliches ist von ihm, daher ist die »schechina«, die in diese Welt zieht, die Welt im Aspekt der 100 gegenüber der 400, im Aspekt der Einheit – des Ganzen –, der 1 gegenüber der Vielheit – dem Zersplitterten –, der 4. Die Mutter ist beides.

Von der Mutter nur von der Seite der 400 her zu sprechen, wird Verrat genannt, ist ein Angriff auf die Mutter und bedeutet ein Vergewaltigenwollen. Im Weiblichen kommt das göttliche Geheimnis mit. Das gehört zum Wissen vieler Kulturen. Denken Sie zum Beispiel nur an die Marienverehrung im Katholizismus. Ob dieses Mysterium der Mutter nun verstanden wird oder nicht, ist gar nicht wichtig. Mit Maria ist etwas ganz Besonderes in der Welt. Ihr Name, hebräisch Mirjam, enthält den Stamm »mar«, »bitter«. Sie trägt das Leiden.

Warum leidet Maria? Weil sie weiß, daß ihr Kind mißverstanden werden wird. Die Frucht wird »gezeitigt«, der Zeit ausgesetzt; jedes Kind erfährt die Attacken der Welt. Lernen soll es, hart werden, um den Kampf ums Dasein bestehen zu können. Die Mutter weiß es, das ist bitter. Und das Los des Kindes – das weiß sie auch – hat irgendwie mit ihrem eigenen Schicksal zu tun. Gott hat das Weibliche hierhergeschickt, ins Exil, wie man sagt; die »schechina« ist hier im Exil.

In der Verbannung aber – hebräisch »galut« – wird die »schechina« nicht erkannt. Man versucht, sie zu messen und zu zählen und in Zeit und Raum zu plazieren. Wo ist, fragt man dann zum Beispiel, Marias Grab? Wo ist der Ort, von dem aus sie in den Himmel aufgestiegen sein soll? Man fühlt sich nicht befriedigt, wenn man es nicht hier in die 400 bringen kann. Wir dulden nicht, was sich unseren Sinnen entzieht. Wir dulden es nicht, weil es uns daran erinnert, daß wir nicht nur aus dem bestehen, was von uns erscheint, sondern auch aus dem, wonach wir uns sehnen oder wovor wir Angst haben.

Ein Traum von der Mutter macht dir klar: Du hast zwei Seiten in deiner Herkunft, der 400 stehen immer die 100 gegenüber. Dieses Gegenüberstehen ist ein Widerspruch. Wie das Geheimnis dem Erscheinenden paradox gegenüber ist. Wir möchten gern sehen, riechen, tasten; du kannst es aber nicht sehen, tasten, riechen, wird gesagt. Dennoch sind dir Augen, Hände und Nase gegeben, damit du sehen, tasten und riechen kannst. Und es heißt, indem du tastest, fühle, daß gleichzeitig ein Unbetastbares ist. Vergißt du das über dem Betasten, beleidigst du den Menschen und die Welt. Auch die Erde. Mit Mikroskop, Teleskop oder chemischen Verfahrensweisen etwa kannst du sie vergewaltigen, wenn du nicht das Wunder der anderen Seite achtest, das mit ihr da ist.

Viele Traditionen sprechen von der Mutter, die das Kind von der anderen Dimension empfängt. Die Frucht wird dabei eben nicht als biologisches Ereignis gesehen. Es heißt:

Einen Kampf gibt es, eine Konfrontation des Männlichen mit dem Weiblichen – Gott aber gibt das Kind. Die Konfrontation aber, das Aufeinanderprallende, muß sein. Es ist jenes Aufeinanderprallen, wodurch dem Menschen auch das Licht wiedergeschenkt wird. Man erzählt doch, daß das Urlicht des Anfangs am Himmel bleibt bis zur Nacht des 7ten Tages; am Ende des 7ten Tages schwindet es, und der Mensch glaubt, die Welt gehe nun unter. Da zeigt ihm Gott die Steine. Beim Aufeinanderschlagen kommt der Funke, das Licht. Wenn Mann und Frau zusammen sind, entsteht dieser Funke, heißt es, und das neue Licht kommt. Bis heute gibt es daher im Judentum den Brauch, daß am Ende des 7ten Tages eine aus drei Teilen geflochtene Kerze entzündet wird.

Das Kind kommt, weil im Zusammensein von Mann und Frau noch die andere Dimension mit hineinspricht. So kommt überhaupt in der Welt eigentlich nichts durch *dein Tun* zustande; du glaubst zwar immer, die Frucht sei die Folge deines Wirkens, sie ist aber in Wirklichkeit der anderen Dimension zu verdanken. Das ist es auch, was dir jeder Traum von der Mutter mitteilt. Alles, was dir hier kommt, hat mit dieser Mutter zu tun. Es ist nicht das Ergebnis einer Berechnung, einer Planung oder wissenschaftlichen Forschung, sondern ein Wunder, das dir die andere Seite schenkt. Alles neue Leben oder Entdecken und Erfinden ist dieses Geschenk; die Erde hier trägt nur Frucht, weil vom anderen etwas kommt.

Man wendet sich an den Himmel und bittet um Regen. Nur wenn der Himmel spricht, der Regen kommt, kann hier etwas hervorkommen. Wenn der Himmel trocken, »kupfern« ist, kann keine Frucht kommen. – Wir möchten gerade heute gern alles von hier aus erklären. Nehmen Sie als einfaches Beispiel nur die abendliche Wetterprognose im Fernsehen. Da werden sehr eindrucksvoll meteorologische Berechnungen von Hoch- und Tiefdruck, Temperaturen und Windströmungen präsentiert, und im allgemeinen trifft auch ein, was vorhergesagt wird. Woher aber kommt zum Beispiel das Hoch? Warum gibt es überhaupt Hochdruck? Weil vorher ein Tief dort war. Aber warum gibt es Tiefs? So könnte man ins Endlose weiterfragen, bis man zu Eis und Feuer und Wüste kommt. Im Unendlichen der 400 ist der Ursprung nicht zu finden.

Entsprechend geht es mit dem Wasser, der Zeit. In Ägypten, heißt es, benutzt man den Fluß und glaubt, die Frucht kommt, weil man bewässert. Aber woher der Fluß? Aus der Erde. Woher die Erde? – Alle Fragen führen ins Geheimnis der Befruchtung, die von der anderen Welt her geschieht.

Was bedeutet das Erscheinen der Mutter im Traum? Es kann bedeuten, du achtest das Geheimnis, dein Leben vertraut der Befruchtung aus der Welt der 500. Es kann aber auch sein, daß dir die Mutter sagt: »Du kennst mich nicht, du hast mich verstoßen. Wie lebst du? Glaubst du, auch ich bin nur ein Gegenstand rationalen Erklärens?« Das Wesen der Frau, das Wesen alles Erscheinenden ist das Jenseitige. Daher, heißt es, soll die Frau das Geheimnis hüten; es ist das einzige, das ihr Wert gibt.

Heute ist unter anderem auch die Partnersuche per Horoskop und Computer in Mode gekommen. Betrachtet man die Frau als eine Funktion innerhalb der 400, dann ist das konsequent und »vernünftig«. Man erwartet von ihr, daß sie bestimmte Pflichten in einer Interessengemeinschaft zu zweit erfüllt. Wenn sie das nicht kann oder will, wird die Scheidung eingereicht. Die Frau hat kein Geheimnis mehr, sie wird der Berechnung unterworfen und teilt das Schicksal alles Berechenbaren.

Geheimnis meint: Das, was du sehen und wahrnehmen kannst, enthält gleichzeitig etwas, das du weder sehen noch erschließen kannst. Und gerade die Mutter, könnte man sagen, offenbart dieses Geheimnis. Im Bild erscheint sie immer mit einem Kind – sei es auf dem Schoß, im Arm, an der Brust oder im Leib. Mit der Mutter ist das Doppelte da. Sie hat das andere in sich, sie trägt das Versprechen der Frucht und bringt damit die Erlösung.

Wir haben schon davon gesprochen, daß beim Nahen jeder Erlösung der »Kindermörder« da ist, der die Befreiung verhindert, die Frucht nicht zulassen will. Das gilt auf jeder Ebene. Nicht nur tötet man das Kind in sich – man hat überhaupt das Bedürfnis, Kinder zu verhindern. Heute wird das Empfängnisverhütung oder Schwangerschaftsunterbrechung genannt und mit gewohnter wissenschaftlicher Akribie ausführlich begründet, welche Befreiung der Frau, der Lust, des Mannes die Entwicklung jener berühmten Pille der Menschheit beschert habe. Ein Beispiel dafür, wie ein massenhaftes Verhindern des Lebens – also auch ein massenhaftes Töten – zum fast selbstverständlichen Bestandteil der Lebensweise wird. Kann man sich für das Bedürfnis, das Kind endgültig loswerden zu wollen, eine radikalere Lösung überhaupt noch vorstellen? Im Nicht-ertragen-Können des Kindes scheint eine Art Höhepunkt erreicht. Entsprechend angeschwollen sind die Motivationen. Von der Überlegung in der Familie, daß ein drittes Kind etwa schon das Recht auf die sogenannte Chancengleichheit beeinträchtige, bis zu großen bevölkerungspolitischen Strategien wird zwingend im Kreis herum argumentiert. – Auch hier, im äußersten, zeigt sich, man will, man muß es loswerden – so oder so –, das Kind, man kann es einfach nicht tragen, nicht ertragen.

Hier mußt du sein und tun, heißt es im alten Wissen, die beiden Steine aufeinanderschlagen, daß die Funken sprühen – das Licht, die Frucht aber wird vom Jenseits geschenkt. Deshalb wird auch Maria, die das Kind bekommt, eine Jungfrau genannt. Die Erde, die Welt, ist Jungfrau, denn sie hat *nicht hier* ihren Mann; ihr Mann ist in einer anderen Dimension. Gott ist ihr Mann, der die Welt erschafft; damit ist die Welt dann seine weibliche Seite, die sich wieder nach dem Mann sehnt. Von diesem Geheimnis erzählt das Hohe Lied: Wie Mann und Frau sich nacheinander sehnen, so sehnt sich der Himmel nach der Erde und sehnt sich die Erde nach dem Himmel.

Die Mutter im Traum teilt dir mit: Das Kind, die Erlösung ist da. Der Mensch ist im Bilde Gottes, daher hat auch das, was er hervorbringt, seine Frucht, eine Verbindung zur Erlösung. Ob er nun ein Kaufmann oder ein Dichter, ein Arbeiter oder ein Künstler, ein Handwerker oder ein Wissenschaftler ist – in allem Tun ist jene Verbindung enthalten und möglich. In allem Tun aber gibt es auch das Harte, Trennende, den Verrat; dann spürt der Mensch das Falsche, den Judas. Woher kommt die starke Abneigung gegen den Verrat und den Verräter? Ein starker Widerstand ist *im* Menschen gegen das Sich-selbst-Verraten; daher sucht der Mensch den Verräter gern außerhalb, macht den anderen zum Sündenbock. Die Aggression gegen den anderen wächst, je weniger man vor sich selbst bestehen kann, wenn man *seinen* Verrat sähe. Deshalb sucht man rasch einen Grund, den anderen einen Verräter nennen zu können.

Verrat bedeutet: *Hier* wollen wir den Erfolg sehen, hier soll das Reich sein, wir wollen, daß es *hier* stimmt. Entsprechend wollen wir die andere Dimension ins Kontinuierliche zwingen, ins Lineare. Wir dulden den Einfall der Vertikale nicht. Unter diesem Verrat leidet die Mutter.

Kam deshalb das Wunder der Frucht, daß du es durch rationales Erklären wieder zerstörst? Verstehe doch, daß jede Frucht hier ein Wunder ist, weil die andere Dimension mitspielt. Deine Herkunft, die Herkunft deiner Taten, die Herkunft deiner Gedanhken ist nicht nur aus der Biologie, dem Milieu, deinem Studium zu erklären, sondern immer schwingt etwas anderes mit, das andere läßt es dir zukommen.

Die Mutter trägt auch das Leid. Sie heißt dann Mater dolorosa, Mutter der Schmerzen. Sie weiß, daß ihr die Frucht, das Kind, genommen wird, um es hier auf die Zeit auszubreiten. Indem man es dazu erzieht, alles erklären zu müssen, richtet man es zugrunde. Wie Mütter es oft empfinden, daß mit dem Eintritt in die Schule das Kinderleben eigentlich zu Ende ist. Das Kind ist von zu Hause fort, die Schularbeiten beginnen, und der nicht mehr endende Mechanismus von Lernen und Leisten und Erfolg und Versagen setzt ein, der den Menschen weiterpreßt, stößt, drückt und schlägt. Er muß kämpfen und bekommt bittere Züge. Jede Mutter fühlt das, trägt das.

Auch die Welt als Erde trägt es. Das Geheimnis der Erde: Sie leidet, weil man sie verkennt. Indem man nur ihren Nutzen sieht, erkennt man nicht, was sie ist. Die Beziehung zur Erde als Mutter fehlt heute in besonders erschreckendem Maße. Man benutzt sie hemmungslos. Man bohrt nach Öl, um sich unabhängig zu machen. Man rodet Urwälder und bewässert Wüsten, um aus dem Land Nutzen zu ziehen. Niemand kennt mehr das Geheimnis der Wüsten, das Geheimnis der Urwälder, das große und gewaltige Geheimnis der »nutzlosen« Erde.

Die Erde – heißt es in der Überlieferung – weint und stöhnt unter dem Pflug, und sie klagt bei der Ernte, wenn man die Ähren abtrennt: »Meine Kinder, wohin gehen sie?« Sie hat doch die Frucht hervorgebracht, die dann oft nicht mehr geachtet, sondern nur »zum Konsum« bestimmt ist. Und wie man der Frau – oft aus reinen Konsumüberlegungen – die Pille gibt, um eine Frucht zu verhindern, so überschwemmt man die Erde mit Chemie, damit sie mehr und schneller Frucht fürs Konsumkarussell abwirft.

Welche Einsamkeit des Menschen heute, der die Mutter verloren hat! Wie Ödipus nimmt er sie dem Vater, vergewaltigt und »tötet« sie. Er greift die Mutter an, weil er nicht versteht, wer sie ist und wer sein Vater ist.

Ich komme jetzt zur Figur des Vaters im Traum. Der Vater zeigt dem Menschen klar seine akausale Herkunft und damit seine Zugehörigkeit zu einer anderen Welt. Im allgemeinen steht man dem Vater deshalb auch distanzierter gegenüber als der Mutter. Die Beziehung zum Vater ist eigentümlich: Man weiß wohl, daß er hier leiblicher Vater ist; gleichzeitig steht etwas hinter ihm, das er sozusagen mit seiner Vatererscheinung verdeckt, nämlich die andere Herkunft. In seiner Erscheinung zeigt sich der Vater im Weiblichen und verbirgt dabei den anderen Vater.

Diese Ambivalenz kennzeichnet auch Joseph, die Vaterfigur des Neuen Testaments. Ist er nun der Vater, oder ist er es nicht? Er steht da als Mann Marias, weist aber auf den anderen Vater hin. Die Herkunft vom leiblichen Vater enthält in sich schon den Hinweis auf eine Herkunft von ganz anderer Seite.

Die Überlieferung erzählt, daß Abraham bei der Geburt des Isaak – welcher doch im Alten Testament die Position des lang erhofften Sohnes einnimmt, von dem man eigentlich nicht mehr glaubte, daß er noch kommen könnte –, daß Abraham durch die Ähnlichkeit erst beweisen konnte, daß es *sein* Sohn sei; man sagte nämlich, Isaak käme vielleicht von Abimelech. Im 20. Kapitel der Genesis wird erzählt, daß Abimelech die Sara zu sich nahm. Daher hieß es, Isaak müsse aus dieser Verbindung stammen, denn von Abraham und Sara könne er – aus biologischen Gründen gleichsam – doch wohl nicht sein.

Merkwürdigerweise lautet die Übersetzung des Namens Abimelech: »Mein Vater ist König«, als wollte er selbst sagen: »Ich bin eigentlich nicht, ich stehe hier nur für den Vater, den ihr nicht sehen könnt, um den es sich aber eigentlich handelt.«

Im Menschen gibt es ein Sich-klar-darüber-Sein, daß der Vater auch eine männliche – verborgene – Seite hat; darauf weist der Vater, wie er hier erscheint, hin: auf die Herkunft vom Vater im Himmel. Insofern fungiert der Vater wie ein Stellvertreter eines verborgenen Vaters. Deshalb war – und ist es noch – in der jüdischen Tradition oft Brauch, nicht den leiblichen Vater als Lehrer zu haben; man geht zu einem anderen, vor allem dann, wenn der eigene Vater ein großer Gelehrter ist. Der Lehrer nämlich vermittelt das Göttliche;

Lehrer ist er nur, weil er die Verbindung zur anderen Welt hat. Ein Lehrer schöpft aus der anderen, der »väterlichen« Dimension und gibt von dorther weiter. Deshalb schickt der Vater seinen Sohn zu einem Lehrer weg, damit er selbst nicht zu mächtig werde und etwa eine Vermischung einträte. Beim anderen wird er die Erscheinung nicht so leicht mit dem Wesen verwechseln können und daher Gott näher sein.

So wird auch oft der Lehrer an wichtigerer Stelle genannt als der Vater; man sieht ihn als den wirklichen Vater. Er sei es auch, mit dem man im Garten Eden zusammensitze, wenn man dort weiter Thora lernt. Die Freude der Erkenntnis setzt sich mit dem Lehrer immer weiter fort. Der Lehrer ist es, der sie weitergibt.

Vater und Mutter gehören zusammen. Eine Trennung der beiden im Menschen bedeutet Gefahr. »Ab«, Vater, schreibt sich 1-2, zusammen also der Wert 3; »äm«, Mutter, 1-40, zusammen 41. Die Summe der beiden Werte ist 44. In dieser Zahl drückt sich das Nurzeitliche aus*; das aber ist eigentlich der Tod, denn was hier *nur* Zeit zeigt, bringt Untergang. Werden nun »ab« und »äm« durch das Zeichen für »und« – Waw – miteinander verbunden, dann ergibt sich einschließlich des Zahlenwertes der Waw, 6, als Summe die Zahl 50; sie steht – ebenso wie die 500 – für das Jenseitige. In der Gemeinschaft von Vater und Mutter ist das Jenseitige anwesend.

Die Trennung bringt Gefahr. Wenn Vater und Mutter im Konflikt sind, verlieren die Kinder den Halt, kennen ihr

---

* Die Zahl 44 entspricht der diesseitigen Seite des Menschen; mit der 1 hinzugefügt ist es dann 1-40-4: »Adam«, der *ganze* Mensch. »Dam« allein, 4-40, heißt »Blut«; es wird von der Erde bedeckt, soll im Geheimnis aufgenommen werden. Deshalb äußert sich in der 44 das noch Unvollendete. – Von der 50 spricht man als von der *neuen* 1, die nach der 7 mal 7 (= 49) kommt. Es ist die neue Welt, der 8te Tag, der Durchbruch des Neuen als Verbindung von »Vater« »und« »Mutter«.

Fundament nicht mehr, wissen nicht, woher sie kommen. Es gibt im Menschen Zeiten der Verbundenheit und Zeiten der Trennung des Elternpaares; ein Maß aber für die Zeitspanne, in der sie verbunden oder getrennt sind, gibt es nicht. Es kann sein, daß eine Stunde der Verbundenheit mehr wiegt als Jahre der Trennung; es kann aber auch sein, daß ein Augenblick der Trennung eine lange Zeit der Verbundenheit zunichte macht.

Beides lebt im Menschen, der als Mensch eine Einheit bildet. Er hat das Männliche in seinem Verborgenen, in seiner Erinnerung, in seinem Akausalen, wo die Phantasie lebt und kreieren kann, und das Weibliche in seiner Erscheinung hier, die das Leben trägt, und wo er weiß, daß er Frucht empfangen kann, sie vom Himmel erwartet.

Die hebräische Sprache zeigt etwas Merkwürdiges: Das männliche Du, mit dem man sich an Gott wendet, wird – eine Ausnahme – weiblich geschrieben: »ata«; während das weibliche Du, »at«, eher männlich klingt. Man sagt, daß dort, wo zu dir Du gesagt wird, eigentlich dein Weibliches angesprochen ist, die Seite deiner Erscheinung. Du erscheinst als Sulamith, nach der sich der König sehnt, wie es im Hohen Lied erzählt wird. Der König, der Himmel möchte sie haben, sie aber entzieht sich – will aber doch gefunden werden. Sie weiß nicht, daß sie zu ihm gehört, sucht und erlebt viele Abenteuer, bis sie endlich versteht, daß sie das Glück des Findens nur deshalb vollkommen erleben konnte, weil das Leid der Trennung war.

Wie kannst du zum Vater kommen? Auf dem Weg des bedingungslosen Glaubens, der Hingabe. Als Frau, passiv, erwartest du ihn, wünschst, daß er kommt. Lebst du so, daß du es ihm überlassen kannst? Was siehst du anderes hier in Zeit und Raum als kleine Bruchstücke – und daraus willst du für Ewigkeiten schlußfolgern? Es ist, wie wenn einer aus einer verstimmten Lage ·heraus urteilt. Wie soll die Sicht dieses winzigen Momentes das Ganze erfassen können?

Gelassenheit heißt: den Vater kennen. Und dazu kannst

du nur kommen, indem du die Mutter erfährst, die Welt hier. Wenn du Beziehungen in der Welt und zur Welt hast und weißt, was Verbindung – Liebe – bedeutet. Und wenn du verstehst, daß die Frucht in der Welt von einer anderen Dimension her kommt, als es uns die Vorstellung vom kausalen Erfolg einreden will.

Es gibt eine Reihe von Namen in der Bibel, die mit dem Wort »Vater« gebildet sind. Der Name Abraham zum Beispiel wird als »Vater der Menge (der Vielheit, des ›Getöses‹) der Völker« übersetzt. Ein »Sohn Abrahams« ist also nicht nur – wie meist verstanden – ein Jude; Abraham ist der Vater *aller* Menschen. Der Begriff »hamon« bedeutet »ohne Ende«, »unzählbar«. Abraham ist der Vater all dessen, was hier sich im Zusammenhang darstellt. Ein Volk sind nicht nur Menschen, die durch Sprache, Sitten und Landschaft zusammenhängen; ein Baum zum Beispiel mit Blättern, Tieren und Parasiten ist auch ein »Volk«, wie jedes Gebilde, das in einem Miteinander lebt und daher ein Ganzes bildet. Im Hebräischen steht dafür »goj«; dieses Wort für Volk wird genau gleich geschrieben – nämlich Gimmel-War-Jod – wie »gwi«, das »Körper« im Sinne eines zusammenhängenden Organismus bedeutet.

Ein anderes Wort für Volk im Hebräischen, »am«, 70-40, wird genauso geschrieben wie das Wörtchen »mit«, welches alles zusammenbringt. Von diesem Zusammenhängenden ist Abraham der Vater. Eine Vaterschaft, die immer währt und nicht so ist, daß man sie etwa historisch beweisen müßte. Abraham ist der Urvater, mit ihm ist Anfang. Anfang: Hier entdeckst du, daß es ein »mit«, eine Verbindung in dir gibt; und indem du sie entdeckst, wirst du erst zum Menschen. Ein solcher Anfang kommt mit Abraham, dem Vater.

Dessen Vater, Terach, war – wie es heißt – ein Götzendiener, der von dieser Verbindung gar nichts wußte. Durch die Linie des Kausalen, des Biologischen also ist dieser Anfang nicht zu verfolgen. Eine *andere* Befruchtung kam:

die Gnade. Was bedeutet Gnade? Eine große Überraschung. Sie wird nicht um Verdienste willen gegeben, sondern bricht unvermittelt ein. »Himmel« bedeutet die Freude, fortwährend Überraschungen zu bereiten. Und die größte aller Überraschungen ist die Erlösung, von der du nicht glaubst, daß sie überhaupt möglich sein könnte. Sie kommt gegen alle Berechnungen, sie kommt – das ist gewiß – ganz anders, als du sie dir vorstellst. Es ist aber gut, wird gesagt, daß du Vorstellungen hast, sie halten dich wach; aber alle Vorstellungen – wie lächerlich und spielzeughaft klein werden sie, wenn der Durchbruch geschieht!

Dieser Durchbruch ist Abraham, der Anfang, der Vater. Ihm widerfährt es. Kein Wort davon, daß er irgendwelche Verdienste gehabt hätte, die begründeten, daß gerade er gewählt wurde. Oder Jephta zum Beispiel, von dem im Buch Richter erzählt wird. Er ist – wie Sie im 10. Kapitel lesen können – der Sohn einer Dirne, ein grober Kerl, würden wir sagen, ein Schläger und Draufgänger. Sie schicken ihn weg, wollen so einen nicht bei sich dulden. Gerade der aber wird der Retter Israels. Man stellt sich einen »Retter« eben immer ganz anders vor.

Oder denken Sie nur an die erste Königswahl in Israel: Saul, der Erwählte, versteckt sich, hält es für unmöglich, daß er es sein kann. Und muß nicht Jischai (Jesse), als Samuel kommt, um einen seiner Söhne zum König zu salben, den David von der Schafweide holen lassen, weil er mit jedem anderen Sohn, nicht aber mit dem jüngsten gerechnet hatte? – Merkwürdig: Immer wird es der, den man nicht will oder mit dem man nie gerechnet hätte.

Ein weiterer Name, der mit dem Wort Vater zusammenhängt und den ich schon genannt habe, ist Abimelech, »mein Vater ist König«. Er ist der König der Philister, eines nicht gerade sympathischen Volkes. Die Philister treten in der Bibel meist als Störenfriede auf. Nach biblischer Geographie wohnen sie im Westen des Landes, am Ende des Weges. Die Kriege mit den Philistern werden die Kriege des

Endes genannt, der Endzeit. In diesen Kriegen geht Saul, der König von der Josephsseite, unter, und David von der Judaseite siegt über die Philister und wird König des ganzen Reichs. Endzeit meint nicht irgendeine ferne Zukunft, sondern das Ende *jeder* Gegenwart, jedes Momentes. Da geschieht es, daß der eine König leidet und untergeht – man versteht nicht warum – und der andere König siegt. Bescheidenheit wird beiden Königen nachgesagt, David aber hatte eine ganz andere Art der Bescheidenheit als Saul. Bei der Herausforderung Goliaths, des Riesen der Philister, vertraut er auf seine 5 Steine, vertraut auf die 1 und die 4. Darauf vertraut er und eben nicht auf die Waffen, die man angeblich haben muß, um dieser riesenhaften Macht des Materiellen entgegentreten zu können.

Abimelech weiß, wie sein Name es zeigt, eigentlich immer, daß er im Geschehen der Zeit »nichts dafür kann«. Er ist da und tut – auch wenn er das Falsche tut – ohne Wissen. Er nimmt zum Beispiel Sara zu sich, weil er vollkommen unwissend ist. »Was habe ich denn nur Böses getan?« sagt er später zu Abraham, »du selbst hast gesagt, sie sei deine Schwester, wie soll ich wissen, daß sie deine Frau ist?« Frau aber bedeutet: Einheit mit dem Mann. Und der Philister ist das, was am Ende der Zeit die Erscheinung, das Weibliche, angreift. Er will sie vergewaltigen und glaubt, er kann es tun, weil er nicht einsieht, daß sie gebunden ist. Er weiß nicht, daß die Welt eigentlich Gott gehört, er glaubt, er kann sie nehmen, experimentell untersuchen, Reaktionen von Tieren zum Beispiel erst hervorrufen und dann beobachten oder messen, wie sich die Erde bei diesem oder jenem Dünger verhält. Unwissend, wie er ist, glaubt er mit der Frau tun zu können, was ihm gerade einfällt.

Wenn du das tust, erlebst du – wird gesagt – eine merkwürdige Reaktion der Welt. Abimelech, heißt es, wird unfruchtbar, er und sein ganzes Haus und seine ganze Welt. Es gibt überhaupt keine Frucht mehr, alles verharrt in Langeweile. Nichts Neues bricht mehr durch, alles erschöpft sich in Wiederholung. Man könnte sagen, aus lauter Fleiß und Leistungsbedürfnis kommt die Langeweile, und daran geht die Welt zugrunde.

Abimelech sieht, daß nichts mehr passiert. Alle Röhren des Körpers, heißt es, sind verstopft; keine Verdauung, kein Blutkreislauf, schlimme Atemnot. Der Weg stockt, es »passiert« nichts, d. h., es geht nichts weiter und vorüber. Abimelech erschrickt und fragt sich, was das bedeutet. Da kommt Gott um Mitternacht, wird gesagt, gerade mit der Wende im Menschen, und sagt: »Du hast geglaubt, du kannst die Frau, die Welt, einfach nehmen, die doch mir gehört.« Da, am Ende der Zeit, sieht der Mensch ein, daß er die Welt, indem er sie gebrauchte und benutzte, nicht verstanden hat.

Er hat sogar geglaubt, Isaak, die Frucht also, käme von ihm, und auch alle Welt hat es geglaubt, wie die Überlieferung berichtet. Nur von Abimelech könne es kommen, der ist es doch, der die Welt benutzt, der sie kennt, der gescheit und gewaltig ist in den Augen der Welt! Und Abimelech muß sogar bezahlen vor aller Augen zum Zeichen dafür, daß er die Frau nicht besessen hat.

»Nicht ich«, sagt sein Name, »mein Vater ist König.« Wer ist sein Vater? Vielleicht sogar Abraham, sagt ein Weiser; vielleicht der Vater im Himmel, sagt ein anderer. Immerwährend besteht der Name, bis zum Ende. Und am Ende wird die Welt selbst sagen: »Nicht ich, sondern mein Vater.«

Als der Vorgang sich bei Isaak wiederholt – auch Isaak gibt seine Frau im Land der Philister als seine Schwester aus –, ereignet es sich, daß Abimelech, der wieder glaubt, er könne sie haben, aus dem Fenster schaut.* Da sieht er, daß

---

* Fenster bedeutet: Eine andere Welt kann hineinblicken. »Ich schaue aus dem Fenster«, meint auch, »ich lasse das Draußen herein.« Die Beziehung zum Fenster entspricht der Beziehung zur anderen Welt; daher besteht in der hebräischen Sprache eine enge Verwandtschaft zwischen den Begriffen Fenster, »chalon«, und Traum, »chalom«.

Jizchak, wie Isaak eigentlich heißt, mit seiner Frau »zachek«
– so der Urtext. Gewöhnlich wird dieses Wort mit »spielen«
oder »kosen« übersetzt; eigentlich aber kommt es von »lachen«, welches ja auch Hauptbestandteil des Namens Jizchak ist. Er »lacht« also mit ihr, und man sagt, es sei jenes
Lachen, worin sich zeige, daß Mann und Frau sich erkennen.

Das ist auch das Lächeln, das sich zeigt, wenn dein Gesicht ganz gelassen, ganz selbstverständlich ist. So wurdest
du geschaffen, das ist dein wahrer Zustand. Meist aber sind
es Grimassen, die dein Gesicht überziehen. Denken Sie nur
an das unerträgliche Keep smiling, das Entspannung sugge-
rieren soll.

Abimelech also sieht, daß Jizchak seinen Namen mit
seiner Frau verwirklicht. Da versteht er, daß die Welt, die er
nehmen wollte, eine Welt ist, die einem anderen gehört, und
daß er Teil des anderen ist. Jetzt erkennt er seinen Vater,
jetzt sagt er: Mein Vater ist König.

Die Philister werden, wie wir wissen, erst von der anderen Dimension besiegt; die Joseph-Seite ist dazu nicht imstande, Saul, könnte man sagen, ist sowohl zu bescheiden als
auch zu groß. Erst David von der Juda-Seite, vom Jenseitigen her, siegt. Sauls Sohn Jonathan aber, dessen Name »der
Herr schenkt« bedeutet, verbindet sich mit David: Joseph/
Benjamin und Juda werden wieder eins, die neue Welt
kommt, wenn der neue Mond da ist. – Der Name Abimelech will uns sagen: Am Ende siegt er, die Welt erkennt am
Ende den König.

Einen dritten Namen will ich noch nennen, der mit »Vater« zusammenhängt: Absalom. Das hebräische »Schalom«
heißt »Friede«, »das Ganze«. Absalom ist also dem Namen
nach »Vater des Friedens«. Merkwürdig, was hat ausgerechnet er mit dem Frieden zu tun? Bleibt er nicht am Ende mit
seinem Haar am Baumast hängen und stirbt? Will er nicht
König werden an seines Vaters Statt und zettelt daher eine
Revolution an? Er erträgt seinen Vater doch gar nicht, sein

Name aber verkündet Friede beim Vater. Und die Bibel berichtet in 2. Samuel 19, daß David untröstlich ist über den Tod seines Sohnes Absalom; er trauert um ihn in einer Weise, die für seine Umgebung fast zu einer Herausforderung wird.

Wer ist Absalom? Wo ist sein Ort im Menschen? Dort lebt er, wo im Menschen Ungeduld aufkommt, wo der Mensch die Zeit beschleunigen will. Es dauert ihm zu lange: »Jetzt muß es sein, mein Vater wartet zu lange, der spürt es nicht, der hat Geduld, der hat eine andere Zeitrechnung.« Deshalb hängt Absalom dann auch am Haar. Das Haar, hebräisch »saar«, erscheint beim Menschen, wie im alten Wissen erzählt wird, weil das Tor, die Pforte zum anderen, hebräisch »char«, geschlossen wird; die beiden Worte werden mit dem gleichen Zeit Schin geschrieben, welches aber unterschiedlich ausgesprochen wird.

Das Haar erscheint, wenn das Tor geschlossen wird. Man soll, heißt es, sehr vorsichtig mit dem Haar umgehen. Wenn du mit ihm stolzierst, bedeutet es, du bist auch noch stolz darauf, daß das Tor geschlossen ist; du bist stolz auf deine Selbständigkeit im Bestimmen und Berechnen. Das aber, diese Ungeduld, wird dir, wie die Absalom-Geschichte zeigt, den Tod bringen. Du wirst am Ast jenes Baumes, der dir doch Leben bringen könnte, hängenbleiben und sterben.

Seinen »geliebten Sohn« nennt ihn David und weint. Es ist eigentlich das einzige Mal, wo David wirklich trauert, denn beim Tod seines anderen Sohnes trauert er eigentlich nicht. Bei Absalom aber klagt er, weil er – wie gesagt wird – weiß, daß es die Ungeduld im Menschen ist, die ihn an seiner Zeitrechnung haftenbleiben und damit als Mensch sterben läßt. Die Zeit tötet ihn; es richtet ihn zugrunde, womit er stolziert.

David trauert, weil er weiß, daß die Ungeduld gut war, heilig war. Absaloms Grab wird nicht als das eines abtrünnigen, revoltierenden Sohnes gesehen, sondern als das

346

Grab »des Sohnes Davids in seiner Ungeduld«. Diese Seite, bedeutet es, gehört auch zum Sohn Davids.

Ich hoffe, Sie haben an diesen Beispielen gesehen, daß sich der Vater im Menschen in vielen Arten zeigen kann, also auch in Ungeduld oder Strenge. Als Abimelech kannst du ihn erkennen, der auf den anderen, königlichen Vater hinweist, oder als Abraham, als Anfang allen Zusammenhangs, oder als Absalom. Die Figur des Vaters enthält sehr vieles, dem wir auch von anderen Zusammenhängen her ständig begegnen. Ich hoffe, daß Sie das nun auch ohne besondere Hinweise mitzuerleben imstande sind.

21

Frau und Mann · Ada und Zilla · Die Spaltung des Weiblichen · Tubal Kains Ende · Die Hörner im Gestrüpp · Die Verzweiflung · Naama und die Besessenheit · Die heilsame Unruhe · Spezialistentum

Nachdem wir im letzten Kapitel von der Mutter und vom Vater im Traum gesprochen haben, möchte ich nun ganz allgemein von der Frau und vom Mann erzählen, die in vielen Situationen im Traum erscheinen können. Was ist die Frau im Leben des Menschen und in der Welt? Wir haben schon gesehen: Die Frau ist im Menschen das, was *erscheint.* Gerade das Sichzeigende aber trägt eine andere Seite, ein Geheimnis; und das eben zieht den Menschen an allen Erscheinungen sehr stark an. In jedem Ding, das erscheint, spürt er nicht nur die Sache selbst, sondern mehr, darüber Hinausgehendes. In der Philosophie könnte man es das Metaphysische, in der Religion vielleicht das Mysterium nennen. Entscheidend ist, daß den Menschen in allem Erscheinenden etwas berührt, das über Maß, Proportion, Gewicht und Zahl hinausgeht.

In der Überlieferung finden wir das Bild der Frau reich ausgearbeitet. Ausgangspunkte sind die Geschichten der Bibel. Mit Überlieferung meine ich, daß etwas *im* Menschen da ist, das erzählt. Das Erzählen der Überlieferung fließt aus jener Wirklichkeit des Menschen, welche hier nicht erscheinen kann; diese nun erzählt es dem Menschen, der dadurch weiß, daß es ihm so ist. Von der Welt aber – das spürt er – bekommt er keine Anwort; die Welt schätzt ihn nicht nach dem, was eigentlich in ihm lebt, und das stört ihn.

Was den Menschen immer im Grunde stört, ist, daß er nicht erkannt wird; daß man sich nicht mit ihm auseinandersetzt, daß mit ihm nicht gekämpft wird. Seinen Nächsten lieben bedeutet auch: ihm im Kampf gegenüberstehen; nicht voll Haß – das würde ja ein Ausschließen bedeuten –, sondern in einer Aussprache, in einer Auseinandersetzung. Jede Begegnung fordert dich dazu heraus, daß du dich mit dem Begegnenden auseinandersetzt, ihn eben nicht so hinnimmst, wie er erscheint; darin erschöpft er sich gerade nicht, er ist viel mehr.

Das Weibliche – so teilt uns das alte Wissen mit – kann hier in drei Möglichkeiten erscheinen. Von der ersten, die wir unter dem Bild der Mutter kennen, haben wir schon gesprochen. Die beiden anderen werden im biblischen Bild der zwei Frauen des Lamech gegeben. Lamech ist der 7te im Geschlechte Kains, von ihm und seinen Frauen und Kindern wird in Genesis 4,18–24, berichtet. Es gibt noch einen zweiten Lamech sozusagen, der merkwürdigerweise auch als 7tes Geschlecht, dann aber in der Reihe von Seth an gezählt wird; Seth ist doch ein weiterer Sohn Adams, der für den erschlagenen Abel kommt.

Wenden wir uns nun dem Lamech aus dem Geschlecht Kains zu. Die Bibel erzählt, daß er zwei Frauen hat: Ada und Zilla. Von Ada bekommt Lamech zwei Söhne: den Jabal, der Vater wird von allen, die in Zelten wohnen und Herden haben, und den Jubal, den Vater derer, die Musik machen. Auch Zilla hat zwei Kinder: den Tubal Kain, der Metall bearbeitet, Pflug und Waffe herstellt – alles also, was hart eingreift in die Erde oder in den Menschen –, und Naama, die einzige Frau in der biblischen Erzählung bis zur Sintflut, die mit ihrem Geschlechtsnachweis genannt wird.

Ada und Zilla werden zwar auch mit Namen genannt, aber es wird nicht gesagt, wo sie herkommen. Die Überlieferung teilt dazu mit: Die Frau im Menschen erscheint von Anfang an zweiseitig; eigentlich ist das Weibliche ein Ganzes, es *erscheint* aber geteilt. Ada verkörpert jene Sicht der Frau, die nur das Kinderkriegen und den Haushalt betont. Lamech, heißt es, kümmert sich nicht um ihr Aussehen.

Zilla dagegen muß schön aussehen und soll keine Kinder bekommen, damit ihre Schönheit nicht beeinträchtigt wird; sie ist die Verkörperung des Weiblichen, das Anziehungskraft auf den Mann ausübt und seiner Lust dient.

Das Weibliche also, wird mitgeteilt, kann man spalten. Es erscheint als Paradox, und man kann es – fast möchte man sagen: nach seiner Spezialisierung beurteilen. Die eine Seite spezialisiert sich auf Kinder, Küche und Haushalt, die andere auf Schönheitspflege und die Förderung und Erhaltung aller Reize, die die Frau für den Mann anziehend macht. Diese Teilung entspricht dem Willen des Mannes, so möchte es der Mann haben.

Nun kommt aus der so geteilten Frau – darauf wird im alten Wissen hingewiesen – etwas hervor, das ebenfalls im Widerspruch steht. Die Kinder von Ada, Jabal und Jubal, sind, um es vereinfacht auszudrücken, auf Friedliches spezialisiert: der eine mit Zelten und Vieh, der andere als Musiker, der das Melodische pflegt. Beide also zeigen etwas Positives. – Zilla bekommt auch Kinder, aber – wird gesagt – es sind eigentlich nicht Kinder im Sinne unserer Vorstellung; er *wollte* ja auch gar keine Kinder mit ihr haben. So kam, wie die Kommentare erklären, eine Frucht, die im Menschen selbst als Trieb wirkt, sich Geräte und Instrumente zu machen; heute würden wir sagen: Technik zu erzeugen; Metallgeräte, zu deren Herstellung man große Hitze oder besondere Kraft braucht, Geräte, mit denen man töten, schlagen, schießen kann. Aber auch Geräte, die einen reicher machen in materieller Hinsicht. Macht, Gewalt und Kraft – das ist Tubal Kain.

Naama ist keine Tochter menschlicher Art und wird die Mutter aller weiblichen Dämonen genannt. Der Dämon ist eine Besessenheit im Menschen; dadurch wird der Mensch von *anderen* Kräften besetzt und zu Zwecken benutzt, die diese Besetzer nur durch den Menschen erleben können. Naama sieht man als identisch mit Lilith, der großen Dämonin, die schon am Ursprung steht.

Wir sehen: Wenn die Frau, das Weibliche, getrennt wird, dann kommt auch eine Trennung in der Frucht. Schon in dem, was uns als Weibliches gegenübersteht, steht uns dieser Widerspruch, die Trennung, mit gegenüber.

Die Überlieferung erzählt, daß Tubal Kain auf schreckliche Weise endet. In der Bibel ist es nur dunkel angedeutet: Kain habe Schlimmes getan und sei siebenmal gestraft, aber er, Lamech, habe etwas getan, wofür er siebenundsiebzigmal gestraft werde (Genesis 4,23 und 24). Was ist Lamechs Verbrechen? Das alte Wissen erzählt davon ausführlich. Kain hatte doch Abel aus Eifersucht erschlagen. In uns selbst besteht diese Eifersucht des Erscheinenden (Kain) auf das Verborgene (Abel); immer hassen wir das Verborgene, weil wir es nicht berechnen, nicht beherrschen können.

Das Verborgene lenkt uns. Wir spüren, daß es Kräfte des anderen hat und dennoch zu uns gehört, Teil von uns selbst ist. Aber dort, wo man es nicht erklären kann, mag man es nicht haben. Von diesem Widerwillen her rührt die Sucht im Menschen, alles erklären zu wollen. Gerade auch das Zentrum, in dem der Mensch im Geheimnis lebt, möchte er offenlegen und sehen, *warum* er lebt und *warum* er haßt und *warum* er dies oder jenes tut. Das aber kann nicht erklärt werden, weil es lebt und nur zu erleben ist; nur durch das Leben kommt eine Antwort.

Beginnst du es zu beschreiben und in Schemata einzuteilen – soviel Emotion von da, eine Neurose von dort und dieser Komplex –, dann hast du es »erklärt«: Das Verborgene hast du dann getötet. Aus Haß auf das Verborgene hast du ans Licht bringen wollen, was im Dunkeln lebt. Klarheit und Licht sind dir aber nur auf dem Fundament der Finsternis geschenkt. Eine Erklärung ist sinnlos, wenn die Grundlage fehlt.

Der Mensch erträgt es nicht, daß etwas Verborgenes da ist, er tötet es. Das ist die Eifersucht seiner erscheinenden Seite, seiner Vernunftseite. Es ist das Töten Abels, das immerwährend geschieht. Hewel, wie der Name Abel im Hebräischen eigentlich lautet, bedeutet wörtlich »es wiegt nichts«, »es ist nichts«; *hier* erscheint es nicht, ist damit gemeint, hier zählt es nicht, man kann es nicht messen hier, es entzieht sich allen Verhältnissen hier. Sobald der Mensch das umbringt, kommt die gleiche Unruhe über ihn, die auch Kain nach dem Mord erfaßt. Er weiß, er hat eine Schuld, weiß nicht, *wo* sie ist. Und wie immer, wenn der Mensch voller Schuld ist, sucht er nach einem Sündenbock außerhalb seiner. Wer hat Schuld, daß alles schiefgeht? – diese Frage versetzt ihn in Unruhe.

Nach dem Mord fragt ihn Gott: Wo ist deine verborgene Seite? Hast du kein Geheimnis mehr? Ist alles in der Retorte oder in der Statistik? Ist alles zu fassen? Wenn aber alles zu erklären ist, entsteht auch der Wahn, alles könne weggenommen werden. Am Ende des Erklärens erfolgt dann der Schrei: Gott ist tot! Jemand muß es doch schreien, um sagen zu können: »Ich habe sogar *erklärt,* daß er tot ist.«

Gottes Frage an Kain ist die Frage, die wir uns selbst stellen sollten: Was habe ich mit mir getan? Alles habe ich erklärt, und wo bin ich jetzt? Du gerätst in die Enge – im wahren Sinn des Wortes – und hast dann Angst. Kain hat schreckliche Angst; er sagt: »Ich habe Angst, ich werde sterben.« Er verbirgt sich aus Angst vor dem Tod. Heute würden wir sagen: Er verdrängt den Tod; wie es dann auch üblich geworden ist in einer Welt, die nur das Erklärbare anerkennt. Das Geheimnis des Todes wird verleugnet, man »erklärt« den Tod als Fortsein, Verschwundensein.

Der Tod ist ein Geheimnis wie der Krieg. Kriege kommen und gehen wie Krankheiten. Aber man möchte den Krieg gern erklären: Wer hat Schuld? Es ist auch hier die Suche nach einem Sündenbock. Vielleicht hat gar der Himmel Schuld, er könnte in seiner Allmacht doch verhindern, daß Kriege entstehen. Nach dem Ersten Weltkrieg hat man damit begonnen, den Krieg vor Gericht zu bringen; ein Schuldiger wurde weltöffentlich gesucht. An so etwas hat man früher nicht gedacht. Nach Napoleon hieß es zum Beispiel in Holland: Alles ist vergessen und verziehen, wir wollen jetzt gemeinsam den Frieden erleben. Ein großer holländischer Admiral etwa war Admiral unter Napoleon und diente dann wieder seinem Land als Admiral. Man war damals offenbar noch nicht so davon besessen, Sündenböcke zu suchen und öffentlich anzuprangern.

Heute ist man zum Teil sogar überzeugt, man könnte den Krieg überhaupt ausrotten. Bekäme man nur das Völkerrecht gut genug politisch in den Griff! Man versammelt sich zu feierlichen Sitzungen und faßt Protokolle ab. Was aber geschieht? Irgendein Volk pfeift auf alle Protokolle und sagt: Wir müssen für unser Überleben kämpfen; ihre Gegner nehmen das gern zum Anlaß, die Protokolle auch nur für einen Fetzen Papier anzusehen. Mit Bomben, Granaten und Giftgasen setzt man sich dann auseinander, macht Krieg. Wir sehen, man kann sich ein Geheimnis – auf welche Art auch immer – nicht vom Halse schaffen.

Nachdem Kain das Geheimnis getötet hat, wird er »unstet und flüchtig«, wie man das hebräische »na wenad« übersetzt. Er hat keine Ruhe mehr. Heute würde man sagen: Er gerät in einen Rausch; fährt mit dem Auto herum, kommt nach Hause, um Fernsehen zu schauen, geht wieder weg, um Bekannte zu treffen – nirgends hält er es eigentlich aus. Es treibt ihn. Er wird ein Getriebener. Sein Beruf macht ihm keinen Spaß, er ärgert sich über seine Nachbarn, es gefällt ihm nicht, wie die Jugend sich kleidet – kurz: Alles ärgert ihn, alles stimmt nicht, immer weiß er es besser, wie es eigentlich sein sollte.

Diese Unruhe befällt den Menschen, wenn er das Verborgene verdrängt, wenn das Geheimnis keine Chance im Menschen hat. Der herumirrende Kain lebt im Menschen und in der Welt. Kains letzter Enkel ist Tubal Kain, Lamechs Sohn von Zilla, die eigentlich gar keine Kinder bekommen sollte. Die Überlieferung erzählt, daß Lamech mit Tubal Kain auf die Jagd geht. Lamech selber sieht nur noch schwach, und Tubal Kain soll für ihn das Wild finden. Wie alle aus Kains

Geschlecht sind sie Jäger. Und Jäger sein bedeutet: dasjenige in der Erscheinung fangen wollen, das immer entflieht; das Tier endgültig erlegen zu wollen.

Nie ist der Jäger zufrieden, wenn er ein Tier erlegt hat, wenn er – wie wir sagen könnten – eine Wirkung erreicht hat. Er will das nächste Tier, neue Wirkung. Es treibt ihn weiter. Immer braucht er eine neue Zigarette, ein weiteres Glas. Er sagt: »Ich schwöre dir, wenn ich *das* erreicht habe, dann ist es das letzte Mal, daß ich...« Er kann aber nicht lassen, seine Unruhe sucht eine Lösung, und er glaubt, die Lösung zu finden, indem er es materiell hier fängt.

Das Materielle aber läuft immer wieder davon, auf vier oder tausend Füßen, es läßt sich nicht fangen. Nie ist man mit einer Befriedigung zufrieden, sie ruft nur die Sucht nach neuer Befriedigung hervor. Wenn du die Freude hast, verlangst du schon nach der nächsten. Alle Gegner des Verborgenen sind Jäger wie Nimrod, wie Esau.

Lamech nun, so erzählt eine Geschichte, ist auf dem Feld und sieht plötzlich aus dem Gestrüpp die Hörner eines Tieres auftauchen. »Endlich, da, das Tier!« glaubt er, »das Tier, das ich doch immer fangen möchte!« – Horn, hebräisch »keren«, 100-200-50, enthält in seinem Wert die schon mehrfach erwähnte Dreieinhalb. Gott, wird gesagt, bläst in das Horn hinein, und die Welt *ist,* er bläst gleichsam die Dreieinhalb. Der Name dieses Hornes ist »schofar«, 300-80-200, mit dem Wert 580. Diese Zahl kennzeichnet die vollkommene Zeit, die Erfüllung der Zeit.*

Das Horn ist vom Widder, vom männlichen Lamm; es ist das letzte, das äußerste vom Lamm. Wenn Gott hineinbläst, ist beim Blasen wiederum das Lamm am nächsten. Mit dem Lamm also entsteht die Welt. Daher heißt es: Das Lamm steht *vor* allen Zeichen. Das erste Zeichen, das erscheinen kann, Alef, »Haupt eines Stiers«, ist schon – könnte man

---

* Vgl. dazu Friedrich Weinreb, Der göttliche Bauplan der Welt, Zürich 1965, S. 201 f.

sagen – eine Frucht, denn »phar«, »Stier«, ist vom gleichen Stamm wie »Frucht«. Und das Alef – ein Konsonant, der eigentlich kein Konsonant ist – hat keinen Laut. Das Lamm ist die Grundlage dieses ersten schweigenden Zeichens. Gott bringt das Lamm zustande, indem er ins »schofar« bläst, ins »keren«.

Bei den Propheten heißt es, daß Gott am Ende der Zeit ins große »schofar« bläst, am 8ten Tag. Dann wird die Welt *ganz* sichtbar, *mit allem* erscheint sie dann, die Erlösung ist da. Dieses Horn, dieses »keren«, sucht der Jäger. Er glaubt, es *hier* erreichen zu können. Er weiß nicht, daß es vom Verborgenen her geschieht. »Wer denn soll blasen«, denkt er, »wenn nicht ich? Ich muß es doch hier erreichen, das Tier fangen, um ins Horn blasen zu können!«

Daher trägt er Waffen, setzt viel ein, das Tier zu fangen. und plötzlich also sieht er das Horn im Gestrüpp. – Auch Abraham sieht, wie es heißt, den Widder, der sich mit seinen Hörnern im Gestrüpp verfangen hat, als er auf dem Berg Moria gerade im Begriff ist, seinen Sohn zu opfern. Das Gestrüpp – das also, was hier wächst und erscheint – hält ihn fest. Dem Abraham aber kommt das Lamm überraschend zu, denn ihm ist es »korban«, ein Sich-Gott-Nähern. Lamech ist dagegen nur aufs Fangen aus, gleich will er schießen.

Nun sind aber Lamechs Augen schon schwach, und er sagt zu seinem Sohn Tubal Kain, der ihn begleitet: »Siehst du dort das Horn? Darauf schieße!« Und Tubal Kain zielt genau und schießt. Sie eilen hin, um das Tier zu nehmen – und was sehen sie? Den toten Urvater Kain, ihn hat Tubal Kain erschossen!

Dem Kain nämlich wuchs dieses Horn*. Es wuchs ihm als

---

* Ein historisches Mißverständnis führte dazu, daß Michelangelo seiner berühmten Darstellung des Mose Hörner aufgesetzt hat. Man hat das hebräische »koran«, welches »Schein«, »Glanz«, »Strahlen« bedeutet, als »keren«, »Horn« gelesen. Vielleicht wollte man besonders gescheit übersetzen, und Michelangelo gab dem Mose deshalb

Zeichen dafür, daß er es eigentlich *hier* erwartet, denn alles will er erklären und berechnen. Es ist das Mal, das Kainszeichen, wovon die Bibel erzählt. Kain trägt gleichsam die irdische Erlösung; er wird aber nicht erlöst, sondern geht daran zugrunde. Als Lamech den getöteten Kain erblickt, klagt er – wie erzählt wird: »Nun hat mein Sohn meinen irdischen Ursprung, mein Fundament, getötet, und ich habe ihn dazu aufgefordert!« In seiner Ratlosigkeit und Verzweiflung tötet Lamech den Tubal Kain. Nicht nur seinen Ursprung, sondern auch seine Zukunft, Anfang und Ende seines Lebens hat er selbst zugrunde gerichtet.

Jedesmal ist das das Erlebnis des Menschen, wenn er das Geheimnis bei sich tötet, wenn er Berechnungen anstellt. Dann hat er das Gefühl, daß er siebenundsiebzigmal gestraft wird – also das Gefühl, für immer verloren zu sein. Aber er lebt weiter, braucht nicht zu verzweifeln, der neue Atemzug schenkt ihm einen neuen Anfang. Die Zeit ist dem Menschen gegeben, damit er sich »korrigieren« kann – nicht mit der Vernunft, sondern gefühlsmäßig, mit seiner ganzen Lebensweise.

Tubal Kain verursacht den Tod des Letzten und des Ersten, der Grundlage und der Frucht – beides wird dann genommen. Er kam von der Seite, wo die Materie nur im Sinne des Gebrauchs genossen wird; ihr Geheimnis wird nicht erkannt, und das bewirkt die Spaltung. Man glaubt, sie besitzen zu können, zum einen nach der Art des Genusses, zum anderen in der Weise des Nutzens. Die Erscheinung aber, die Welt, ist ein Ganzes. Hat man also diese zwei

in aller Unschuld Hörner, wo doch vom »Strahlen« des Angesichts die Rede ist. Es entbehrt nicht einer gewissen Pikanterie, daß ein christlicher Renaissancekünstler in Rom den Mose damit gewissermaßen zum Heiden machte.

Natürlich hat »koran« (scheinen, strahlen) mit »keren« zu tun. Was beim Menschen die unsichtbare Strahlung ist, die Aura, ist beim Tier »hart geworden«, materiell sichtbar: das Horn. Auch durch das Strahlen geht ein Ton, aber anders als durchs sichtbare Horn.

Frauen, diese zwei Arten der Sicht auf die Welt, so bedeutet es Heuchelei nach der einen und Gemeinheit nach der anderen Seite.

Wie ist die Frau, wird gefragt, die dir im Traum erscheint, und in welchem Zusammenhang siehst du sie? Ist es eine Frau nach Art der Mütter? Die Mütter, wird gesagt, waren so schön und prachtvoll, daß man sie vor der Welt schützen mußte. Immer will sie die Welt gleich angreifen, weil sie so anziehend sind. Von Sara wird es erzählt, von Rebekka und auch von Rahel. Von ihnen aber kommt die Frucht; jene Frucht nämlich, die dir die Welt gibt, wenn sie schön ist als Ganzes. Dann bringt dein Leben in der Welt dir Freude. Sie geht aus deinem Zusammensein mit der Welt hervor; die Welt gefällt dir, und du liebst sie, wie sie dich auch liebt.

Die Spaltung in der Beziehung zur Frau, zur Welt, bewirkt auch, daß nichts Bleibendes hervortritt. Das ganze Kaingeschlecht geht in der Sintflut unter. Sintflut bedeutet: Die Zeit überspült dich, du ertrinkst in der Zeit. Der Kain-Mensch hat keinen Bestand. Mit »Untergang« wird das Sinnloswerden des Lebens ausgedrückt.

Der Mensch verliert den Sinn seines Lebens; er ärgert sich mal hier, er freut sich mal dort, er langweilt sich, sucht das Extravagante oder verliert sich in Exzessen. Ihn verlangt es nach dem Besonderen, weil er hofft, daß nur noch das ihm etwas geben werde. Rekorde gewinnen dann magische Anziehungskraft. An die Stelle des Sinns tritt das »Mehr« und das »Weiter«. So treibt der Mensch in den Wahnsinn. Der Gelangweilte sieht in allem menschlichen Tun nur noch Theaterspiel; er kann es gar nicht glauben, daß andere glücklich sind, daß es anderen besser gehen könnte als ihm. Für ihn ist das unvorstellbar, da hat er keinen Zweifel.

Das aber ist die wahre Verzweiflung: nie einen Zweifel zu haben; wie andererseits die Verzweiflung auch eine Art äußerster Exzeß im Zweifeln ist. Der Mensch darf zweifeln, der Verzweifelte aber geht unter im Zweifel. Er »glaubt«, daß es auf seine zahllosen Fragen nicht eine einzige Antwort gibt. Er hält Antworten nur für ein Spiel. Er glaubt nicht mehr. – Einem Verzweifelten kann man nichts erklären, denn Erklären heißt, eine Vernunftantwort geben. Die aber ist ihrem Wesen nach immer unvollständig, einseitig und muß versagen.

»Lebe doch«, könnte man einem Verzweifelten vielleicht mitteilen, »wage zu leben, das Leben wird dir zeigen, was du suchst! Überlasse es, laß dein Leben frei! Dann entdeckst du, daß dein Leben das Geheimnis in sich trägt, und die Freude, die Ruhe kommen dann.« Das Nachdenken über alles und das Erklärenwollen verfehlen die Antwort. Antwort entspringt aus dem befreienden »Ich will jetzt leben«. Alles ist doch längst vorbereitet, und nur deine Auseinandersetzung mit allem in der Welt ist imstande, dir auf deine Frage, was es ist, Antwort zu geben.

Wer nun ist Naama, Lamechs Tochter aus der Verbindung mit Zilla? Naama bedeutet »die Angenehme«. Aus dieser Seite kommend ist das Leben in der Erscheinung »angenehm«: Man fragt nicht, was es sonst noch bedeutet, sondern urteilt nur nach dem Äußeren und dem Moment. Wie ja auch Naamas Mutter nur danach beurteilt wird. Ich erwähnte schon, daß die Überlieferung sie als identisch mit Lilith, der Mutter der Dämonie, sieht. Naama hat wie Tubal Kain das Unmenschliche. In der Erscheinung des Menschen ist Naama die Tochterseite, während sich die Sohnseite in Tubal Kain darstellt. Naama bedeutet das Erscheinen in einer Besessenheit, du bist nicht mehr du selbst. Ein Zwang bestimmt dich, das oder jenes zu tun.

Ein solcher Zustand kann sich aber auch in jedem Augenblick wieder ändern. Es will sagen: Jedesmal, wenn deine Lebensweise so ist, daß du die Frau »spaltest«, kommt dir Besessenheit, befällt dich Zwang; aber jedesmal kannst du dich durch deine Lebensweise im nächsten Augenblick wieder davon lösen, wie es die Bilder vom Einatmen und Ausatmen, vom Öffnen und Schließen der Augen, vom Pulsieren des Herzens zeigen.

Denn die Welt existiert für dich nur, weil *zwei* Seiten wirken, eine verborgene und eine sichtbare. Das ist – könnte man sagen – die Konstitution deines Lebens und der Welt. Man nennt es auch das Geheimnis Gottes, der aus sich hervor die Welt weggibt, um das Glück zu ermöglichen, daß die Welt sich sehnen kann, zu dir zu kommen, und du dich nach der Einswerdung mit der Welt sehnen kannst. Im Einswerden besteht das Glück; das Einssein hat nur Frieden. Die Erfahrung ist herrlich, daß aus dem Leersein Erfüllung kommt, daß du voller und voller wirst, bis du vollkommen bist, bis das Kommen voll geworden ist.

Alles, was dir kommt, hat einen Sinn. Weil es damals so war, kann es jetzt neu werden; also hat das Damalige – wenn es auch Schlimmes war – guten Sinn gehabt. Käme dir etwas Sinnloses, würde es bedeuten, daß die Einheit nicht existiert. Einheit meint: Alles hat seinen Ort. Was an einem Ort ist, hat einen Sinn – dann ist in der Harmonie des Ganzen die Vollkommenheit da. Jedes also soll auch seinen Ort einnehmen: das Ohr den Ort des Ohrs, das Auge den Ort des Auges usw., denn nur an seinem Ort ist es auch in Ordnung. Bringe, heißt es deshalb, alles an seinen Ort zurück; dort soll es sein.

Wenn von Naama die Rede ist, soll man nicht denken: »Ach, die Armen, die besessen sind« und die Dämonie damit zu einem Spezialfall machen, um den sich die Psychiatrie zu kümmern habe. – Wir alle sehnen uns doch nach Erlösung, und was ist Erlösung anderes – im Neuen Testament wird es oft wiederholt – als Heilung von Besessenheit? Die »gute Nachricht« ist: Du kannst aus deinem Zwang erlöst werden, obwohl die Zwänge unendlich scheinen.

Das Schöne wie das Lästige gehört zum Leben. Es ist ein Auf und Ab. Es ist auch eine Besessenheit zu sagen: »Ich bin nun einmal depressiv« – als ob das ein Schicksal wäre – oder: »Ich bin immer optimistisch«. Im Auf und Ab des Tages lebst du, im Auf und Ab der Familie. Da gibt es mal Krach, da ist es aber auch sehr friedlich und schön.

Naama kommt oft zum Menschen und will ihn besitzen. Es kann für einen Augenblick, für eine Stunde, für ein Jahr, für ein ganzes Leben sein. Man weiß es nicht. Wir wissen aber, daß Gott in *jedem* Moment die Welt neu erschafft, daß die Momente der Zeit uns geschenkt sind zur Erneuerung. Jeden Moment kannst du von vorn anfangen. In jedem Moment kannst du mit etwas Schluß machen. Die Dauer, die Zeit, ist dir geschenkt, damit du wach sein kannst – Buddha bedeutet doch auch der »Wache« – und in jedem Moment die Welt neu aufblühen siehst.

Achte darauf, heißt es, wie die Frau dir im Traumbild erscheint. Siehst du sie in der Art einer Hausfrau, könnte man sagen: Ada; siehst du sie als Filmstar, könnte man sagen: Zilla. In jedem Fall bedeutet es: Deine Sicht der Welt ist gespalten. Als wir von der Frau im Wesensbegriff der Mutter sprachen, gab es diese Spaltung nicht. Eine Mutter ist im ganzen schön und anziehend und hat die Frucht. Im Leben kann man schon eine grausame oder lästige Mutter haben; das kann sehr unangenehm sein, aber gerade dann wird von dir die Auseinandersetzung gefordert. Mit deinem Leben stelle dann gleichsam die Frage, warum und wozu dir das begegnet, dann wirst du auch in deinem Leben Antwort erhalten. Es kann auch sein, daß dein Vater ein ganz exzentrischer Vernunftmensch ist, der nur auf Leistungen schaut, oder deine Kinder sind überhaupt nicht spontan, sondern sehr berechnend und eigenwillig. Habe mit allen, die dir nahe sind – mit deinen Nächsten –, die Auseinandersetzung. Dein Nächster bist du doch selbst; du projizierst dich im Nächsten, bist es aber selbst, denn es ist eine Einheit.

Wie du die Welt, die Frau, erlebst, ist *gestaltend* im Traum. Siehst du doppelt, dann ist es ein Zeichen dafür, daß ein Auge schwächer ist als das andere. Das Doppeltsehen will dir sagen: Einseitigkeit ist bei dir entstanden, du siehst zwei Gesichter. Die Spaltung Ada/Zilla entspricht zwei verschiedenen Augen. Das Wirkliche aber siehst du nur in der Einheit des ganzen Bildes.

Ich möchte jetzt zur Besprechung des Männlichen übergehen. Wir sahen schon, daß der Mensch als Kain *und* Abel ein ganzer ist. Beide Seiten hat er in sich. Die verborgene Seite, Abel, und die erscheinende Seite, Kain; Vernunft hat er und dasjenige, das ihn so gern unvernünftig werden läßt: Phantasie, den Glauben ans Märchen. Wenn ein Kind phantasiert, dann sagt man gleich: Es lügt. Warum? Ist Wahrheit etwas, das den Schemen der Vernunft entsprechen soll? Im Phantasieren kann – das hat auch Freud sehr gut erkannt – genausoviel Wahrheit stecken wie in vernünftigen Überlegungen. Inspiration *und* Rationalität – beide Seiten wirken im Menschen.

Wenn der Mann im Menschen die verborgene Seite ausschaltet – Abel tötet –, dann kommt das Kaingeschlecht hervor. Unruhe befällt den Menschen, er wird ein Getriebener. Es gibt auch die heilsame Unruhe; man sagt doch, der Priester bringe sie, der selbst unruhig ist. Diese Unruhe bewahrt dich vor der Erstarrung, bringt dir immer neue Bewegung. »Bleib nicht stehen«, sagt der Priester, »es ist schön hier, aber jetzt gehen wir weiter. Du glaubst, wir seien schon am Ziel? Du ahnst ja gar nicht, welche Wunder dir noch begegnen werden.« Der Priester in dir bringt dich mit seiner Unruhe dazu, den Weg bis ins Allerheiligste zu gehen, jenseits des Vorhanges. Diese Unruhe kennt das Ziel, das dich erreichen will.

Kains Unruhe aber ist ziellos, ist die Unruhe der Verzweiflung. Sein Geschlecht bringt lauter »Spezialisten« hervor: Ein Städtebauer wird der eine, wandernder Viehhirt im Zelt der andere, ein dritter ist für das Musikmachen zuständig, der vierte Schmied und ein Bearbeiter von Eisen und Kupfer; die Tochter endlich verkörpert die Besessenheit – sei es von einem Beruf, einer Karriere, einer Wissenschaft. Es wird daher vom Menschen in seinem Männlichen erwartet, daß er es vermeidet, ein »Spezialist« zu werden. Natürlich soll er einen Beruf ausüben; aber als Mensch soll er sich für alles interessieren, in einer Totalität leben.

Lebe nicht nach der Devise: »Das ist nicht mein Gebiet; ich kümmere mich nur um die Dinge, von denen ich etwas verstehe.« Damit zertrennst du die Beziehung, die dich gerade als Mensch auszeichnet. Überlasse die Politik nicht den Politikern, sondern sei selbst einer. Schaffe dir Begegnungen nicht vom Hals, indem du die Leute auf Spezialisten verweist. Der Mensch soll – heißt es im alten Wissen – sowohl im Verkehr mit anderen wie bei sich selbst immer die Sehnsucht nach dem Blick über alles haben und jede Einseitigkeit meiden. Von Jochana, dem Schuster, erzählt die Überlieferung, er habe mit jedem Stich, mit dem er Sohle und Oberleder zusammennähte, Himmel und Erde verbunden. Er hatte einen Beruf, blieb aber ein Ganzer.

Das »Mische dich nicht in Sachen, wovon du nichts verstehst!« gilt als »guter Rat«. Ja, würde ich sagen, mische dich nicht hinein, indem du dich ärgerst oder Irritation bringst, aber mische dich sehr wohl hinein, indem du dich interessierst. Nimm die Beziehung zu allem auf, lasse nichts außerhalb und damit abgetrennt. Um eine *Beziehung* zu Kernphysik etwa zu bekommen, darfst du dich gerade nicht auf sie spezialisieren; und so geht's mit allen anderen Gebieten auch. Interessiere dich für die Inhalte und wohin sie führen.

Wie hast du den Mann im Traum gesehen? Wenn er einen Beruf repräsentierte, dann bedeutet es, du neigst zur Spezialisierung, der Mann in dir ist gespalten. Im Leben kann man auf viele Arten gespalten sein. Einer sagt zum Beispiel: Ich bin nur Bibelforscher. Das ist sogar eine ganz grausame Spezialisierung, würde ich sagen. Ein anderer möchte nur Naturforscher oder nur Wirtschaftsfachmann oder nur Sozialpsychologe sein. Heute spricht man ja auch besonders gern jemandem die Kompetenz für andere Gebiete ab – dies vor allem auch sich selbst. Aus lauter Verzweiflung gibt man sein Menschsein auf.

Von einem Weisen wird gesagt, er kenne alle 70 Wissenschaften, alle 70 Sprachen. In unserer Zeit der Rekordsucht denkt man dann gleich an Sprachgenies – übrigens oft sehr beschränkte Leute. Die 70 Sprachen aber – damit ist gemeint: Er versteht die Arten, wie alles sich äußert; versteht jeden Menschen, wie immer er sich gibt. Du sollst, heißt es, die Bereitschaft haben, jeden verstehen zu wollen, wie immer er auch zu dir spricht.

In früheren Zeiten hat man Menschen, die ein sehr einseitiges Gewerbe betrieben, oft direkt verabscheut. Den Scharfrichter zum Beispiel, der aufs Enthaupten, und den Henker, der aufs Hängen spezialisiert war. Man sah darin das Böse. Im Richter nicht, obwohl der doch das Urteil gesprochen hat. Im Gegenteil, der Richter wurde sogar sehr geachtet; von ihm erwartete man, daß er ein ganzer Mensch sei. Ihm galt der Respekt, nicht dem einseitigen Spezialisten. Heute ist es eher umgekehrt.

Ein Fürst, ein großer Herr hatte keinen Beruf, er saß in seiner Burg und überblickte alles. Damit soll nun nicht etwa angedeutet werden, daß ich das für eine gute soziale Struktur halte. Ich will aber andeuten, daß der Mensch seine Gesellschaft träumt. Tief im Menschen ist der Traum der Achtung vor dem Ganzen, dem Totalen. Und es gab Zeiten, wo das Leben und der Traum noch nahe verbunden waren. Wenn wir heute die Geschichten von den Königen früher und ganz früher Zeiten hören, glauben wir, es sei ein Märchen, ein Traum.

Heute gehört es zum guten Ton, daß ein König studiert, ein guter Sportler oder ein guter Manager ist oder sich als Wissenschaftler auszeichnet. Das ist eigentlich nicht mehr königlich. Das Bild des Königs zeigt doch das im Menschen, das über allem steht. Die Könige der alten Zeit wurden auch nie nach ihrer Leistung beurteilt. Man sah sie gleichsam wie im Traum.

Ein Herr im Traum ist eben nur einer, der alles hat. Wenn ein Mann im Traum als einer erscheint, der bestimmte Aufgaben zu erledigen hat, dann ist er nicht Herr. Wie auch einer, der ein schwarzes Gewand trägt und predigt, noch lange nicht Priester ist – im Traum wie im Leben. Priester ist er nur, wenn er dir Antworten auf *alle* Fragen gibt, die du je stellen könntest; als solcher Ruhepol könnte er dir auch im Traum erscheinen.

So wird gesagt: Siehst du einen Herrn, einen König, einen Priester im Traum, dann ist es gut. Du hast die Sehnsucht zur Totalität. Sind es Menschen, die dir in Berufen erscheinen, dann bist du selbst irgendwie degradiert, du hast eine Kain-Neigung. Das ist natürlich nie eine Festlegung für immer; in dem Moment bist du vielleicht so, im nächsten schon kannst du anders sein.

22

Der Mensch und das Tier · Blasen und Musik · Abrahams Aufsteigeopfer · Das tägliche Opfer des Lammes · Schlaf und Tod wie Traum und Prophetie · Der Todesengel · Träume der Freude · Jedes Ende ein neuer Anfang · Übung und Freiheit

Hund und Katze – haben wir gesehen – stehen in Entsprechung zur Logik und zur Mystik; hörnertragende Tiere aber beziehen sich auf den Menschen, wie er hier in seinem körperlichen Dasein erscheint. Wir »strahlen aus«, könnte man sagen, und es wird in uns hineingestrahlt. Die Verbindung geht vom erstarrten Materiellen über das Licht ins Unsichtbare; das Licht ist die Brücke. Tiere mit Hörnern werden in der Bibel »rein« genannt. Es bedeutet, daß der Mensch einen Weg im Sinne des »korban« hat, daß das Tier, die Existenz, vom Menschen zu Gott geführt wird.

Wenn hörnertragende Tiere im Traum erscheinen, ist es wichtig zu wissen, ob Menschen dabei waren. Was tun die Menschen? Passen sie auf die Tiere auf, treiben sie sie zusammen, führen sie die Tiere irgendwohin? Sind Mensch und hörnertragendes Tier zusammen, dann erlebst du im Traum das Sein zusammen mit dem körperlichen Dasein. Wie Sie wissen, ist das Sein Stamm des Wortes für den Herrn. Gott wird das Sein in allen drei Zeitmöglichkeiten genannt: Gegenwart, Vergangenheit und Zukunft.

Es kommt im Traum auch vor, daß das Tier sich wehrt, es mag nicht, will woandershin. Deine Existenz ist nicht so, wie du sie dir wünschst, eine Diskrepanz besteht. Etwas – vielleicht das Milieu, vielleicht die Umstände, vielleicht die Erbmasse – läßt nicht zu, daß das zustande kommt, wonach du dich sehnst. Erscheint das Tier im Traum ohne einen Menschen, so meldet es deine Existenz im Sinne eines Weges: Es möchte irgendwohin. Läuft es dir nach, so ist es ein Zeichen für das Näherkommen: Unser Dasein sucht Führung. Hast du mit dem Tier Auseinandersetzungen, mußt es zerren und schlagen, weil es störrisch ist oder dich angreift, dann ist etwas gespalten: Konflikte zwischen deinem Sein und der Weise deines Daseins.

Ein Traum vom Horn wird immer im Sinne des Schofar gedeutet. Du bläst in etwas hinein, und eine Melodie kommt heraus, oder du sehnst dich danach, daß Töne kommen. Es kann irgendein Blasinstrument sein, eine Pfeife, eine Trompete, eine Klarinette. Kommen Töne, dann, sagt man, ist das Göttliche in dir: Dein Leben hat eine Melodie. Aber schon das Blasen wird in der Deutung wichtig genommen, denn es zeigt deine Sehnsucht nach Harmonie, nach Tönen im Rhythmus.

Blasen: Gott atmet seinen Atem in den Menschen; so kommt das Leben. Wird in ein Horn geblasen, sagt man: Kraft, Leben, kommt dir. Bläst du selbst und machst Musik: Dein Leben ist ein Lied; zum Lied kann man tanzen. Der Tanz im Traum ist Ausdruck deiner harmonischen Beziehung im Leben.

Die alten Traumdeutungen raten weder zu noch ab; sie melden einfach, was im Leben *ist*. Der davon erzählt und der die Deutung hört – beide können dann im Laufe der nächsten Tage, Wochen, Monate oder Jahre erfahren, wie es bei ihnen lebt und sich äußert. Nie sind die alten Deutungen festlegend in der Art rezeptmäßiger Anwendung. Es werden sogar meist mehrere, voneinander abweichende Deutungen gegeben. Zudem hängt jede Deutung von der Lebensweise des Betreffenden ab.

Der Mensch, heißt es in der Geschichte vom Lämmchen, schlachtet den Ochsen. Ich möchte zur Deutung hier das biblische Bild von Isaak, der geopfert werden soll, heranziehen. Gott verlangt von Abraham, daß er seinen Sohn als

»olah«, als »Aufsteigeopfer« darbringen soll – eine Bewegung, die vertikal in die Höhe geht. Isaak, der versprochene Sohn, der unglaublicherweise doch kommt – man staunt darüber und ist glücklich –, ausgerechnet mit Isaak soll das geschehen.

Sind wir nicht auch oft staunend dem Leben gegenüber und hören dann die Stimme der Erfahrung als Stimmung in uns: »Am Ende ist der Tod«? Der Sohn aber soll doch ewig leben! Warum also der Tod? Dennoch geht der Mensch den Weg, und der Sohn fragt den Vater: »Ich sehe alles zum Aufsteigen bereit; das Feuer ist da, das Holz, das Messer – wo ist das Tier?« Und Abraham antwortet: »Gott wird es schon zeigen.« Im selben Moment, in dem der Sohn bereit ist zu sterben, und das Messer des Vaters – das hebräische Wort für Messer bedeutet hier »Erfüller« – ansetzt, ertönt die Stimme des Engels: »Tu das nicht!«, und er sieht hinter sich den Widder, das Lamm, das dann zum Opfer dient.

Es heißt in der Deutung: Unsere leibliche Existenz hat die Wirkung, daß jeden Tag am Morgen und am Abend dieses Opfer des Lammes stattfindet. Morgens in der Dämmerung und abends in der Dämmerung. Die Nachtexistenz wird am Morgen weggenommen, der Mensch aber bleibt.

Wenn im Traum ein Tier getötet wird, bedeutet es, die Existenz, die zum Menschen gehört, kommt und geht. Die Phasen wechseln ab auf dem Weg, du kommst immer weiter. Klar und klarer könnte dir dabei werden, daß du eigentlich ewig lebst.

Im christlichen Bild: Wenn du dem Sohn begegnet bist, lebst du ewig. – Beim Schlafengehen abends nimmst du im allgemeinen an, daß du nicht für immer fortgehst; zwar bist du dann in der Ewigkeit der Traumwelt, am Morgen aber kommst du zurück. Manche Leute können nicht einschlafen oder wagen es nicht, leiden unter Schlaflosigkeit. Andere mögen am Morgen nicht gern aufstehen; sie ertragen nicht, daß der Tag wiederkommt, möchten am liebsten unter der Decke bleiben. Solche Probleme zeigen, daß etwas mit dem

Morgen- und Abendopfer nicht stimmt. Vielleicht wehrt man sich unbewußt dagegen, daß alles Daseiende wechselt, sich ändert; du magst nicht weiter, nicht tiefer sehen, sondern möchtest es feststehend haben.

Wie keiner absichtlich nicht einschlafen will, so möchte auch niemand bewußt böse sein oder toben oder verletzen. Er leidet gerade darunter, will gern nett sein; aber je mehr er es möchte, desto weniger geht es, immer neue Störungen kommen dazwischen. Beim Sprechen über Träume könnte man ihn fragen: »Kommen Tiere vor, die sich wehren, den Weg zu gehen?« Das wäre ein Zeichen, daß er sich selbst noch als Tier empfindet; die Einsicht, daß der Mensch das Tier lenkt, steht noch aus. Das Ich hat Angst, es könnte verschwinden; das Ich ist noch an das Tier gebunden.

Das Lamm teilt mit: Der *Körper* verschwindet, geht unter für die Welt. »Gestorben«, heißt es dann, »der Arme!« Oder: »Schade, er ist so ganz anders geworden. Früher konnte man noch mit ihm reden, jetzt ist er völlig verändert, es geht nicht mehr.« Der Moment also kommt, wo es weggeht, wo es stirbt. Von Christus heißt es, er gehe voran in den Tod, auferstehe aber auch. Und Paulus wiederholt es oft: »Gestorben seid ihr, begraben, *und* auferstanden.« Wir sind nicht mehr ans Gesetz gebunden, an das Tier. Die Freiheit kommt dem Menschen in der Erfahrung des »korban«, des Opfers. – Vielleicht könnte man sich auch daran gewöhnen, das Opfer im Christlichen nicht mehr im Zwang des Historischen, des Horizontalen zu sehen. Freiheit kann nur sein, wenn das vertikale Geschehen im Opfer wirkt, das Aufsteigen, das Näherkommen.

Aus der Starre des Gesetzes, des Harten, des Gebundenen, des festen Körpers löst du dich. Es fließt weg, es steigt auf wie Rauch, Atem, ist gar nichts mehr am Ende. Sucht es nicht im Grab, das Grab ist leer.

Alles Erscheinende steht im Zeichen des Lammes. Durch sein Konkretsein hier gibt es die Möglichkeit, im anderen Extrem zu sein. Bis ins letzte, äußerste, stehst du Gott gegenüber; du lebst in der Welt der Steine, der Pflanzen, der Tiere und spürst gleichzeitig, daß all das nur des Näherkommens wegen, der großen Freude des Sich-Gott-Näherns wegen da ist und lebt. Ein Näherkommen nicht in der Linie der Zeit, sondern senkrecht auf die Zeitrichtung. Die Aufsteigerichtung – nicht bedingt von Ursache und Wirkung, von früher und später – lebt vom Nichtkausalen, lebt von der Beziehung, die wir Liebe nennen.

Wir leben im Kausalen, können aber in jeder Phase die Vertikale empfinden. Sie begegnet uns immer wieder im Zeichen des Opfers vom Lamm. Nicht *einmal* nur ist es geschehen – was wäre dann mit den Jahrtausenden? –, *immer* geschieht es; nicht in der Sichtbarkeit, da wäre es gebunden an einen Ort, sondern überall dort, wo man sich nach Liebe sehnt und Liebe schenken möchte. Immer ist es anwesend, dieses andere, denn es ist dem Weg des Kausalen nicht unterworfen.

Das Enden eines Tieres im Traum: Die Existenz des Menschen endet in Phasen. Schlaf und Tod, heißt es, sind im Prinzip identisch: 60 mal der Schlaf ist der Tod. Schon die Zahl, die hier genannt wird, macht klar, daß der Schlaf nicht zum Horizontalen, zum Kausalen gehört. Du schläfst ein, kannst nichts dazu tun. Der Schlaf ist im Leben eine Ausschaltung; danach wirst du wieder wach.

»60 mal« bedeutet: die 6 Tage der Schöpfung in der Ebene der Gegenwart, der Zehner. Die Einerebene ist die Vergangenheit in den Tiefen deiner Erinnerung, die Hunderterebene ist das Künftige. Hier im Diesseits, will das »60 mal« sagen, ist Schlaf und Tod die gleiche Erfahrung; du gehst nicht fort, dein Ich bleibt.

Schlaf und Tod entsprechen Traum und Prophetie. Die Prophetie kommt dir, wie der Traum dir kommt. Durch Konzentration oder Studium oder sonstige Anstrengungen sind prophetische Visionen nicht zu erlangen. Im Hebräischen trägt das Wort für Prophetie den Begriff des Kommens in sich. Hier im Leben schon erlebst du das Jenseitige.

Beim »korban«, sagt man, singen die Leviten und spielen auf Harfen und Trompeten. Musik begleitet das Opfer. Musik, die wir im Alltagstraum erleben, könnte damit zusammenhängen. Auch alles, was in der Weise des Strahlenden erscheint, denn »Strahlen« und »Horn« ist im Hebräischen der gleiche Begriff. Es gibt also eine ganze Reihe von Modifikationen; es muß nicht unbedingt eine Kuh, ein Widder oder eine Ziege zu identifizieren sein. Allerdings, sagt man, sollten es Tiere sein, von denen man selbstverständlich annimmt, daß sie uns zur Speise dienen könnten.

Das Töten der Tiere zum Essen des Fleisches wird vom Menschen, der das Leben und die Welt nur in den engen Grenzen von Leben und Tod kennt, oft sentimentalisiert. Es sei grausam, sagt man dann, das Tier dafür umzubringen. In den Traumdeutungen aber heißt es: Das Tier sehnt sich danach. Das Tier, das auf dem Berg Moria bereitsteht – wie unser Körper bereitsteht – möchte gern geopfert werden. Das ist auch der Grund, warum der Körper älter und schwächer wird. Das Erlebnis des Körpers ist diese Sehnsucht, »korban« zu sein, dorthin zu kommen. Der Körper spürt, daß er aus dem Gesetz in die Freiheit kommt. – Immer wieder auch liest man in Berichten von Leuten, die klinisch tot waren, aber wieder ins Leben zurückkehrten: »Ich sah meinen ganzen Körper, alle Funktionen, nur die Schwere war nicht da, der Druck fehlte, es war leicht.«

Die Tiere, sagt man, kommen herbei und bieten sich zum Opfer an. Das Tier wartet auf den Menschen, der Körper sehnt sich nach der Erlösung durch den Menschen. Wenn der Mensch es schlachtet, bedeutet es, daß es ihm nun eine Freude ist. Deine körperliche Existenz wird dir zum Zeichen deiner Persönlichkeit, deines Ichs, das bleibt. Du bist nicht mehr Tier, sondern erfährst dich selbst.

Träume vom Menschen, also das Erscheinen von Menschen im Traum, werden in der Deutung im allgemeinen dem Sein zugeordnet und nicht der Existenz des Menschen. Der Mensch im Traum entspricht der Prophetie, die auf das ewige Leben, auf das Kommen des Reiches Gottes hinweist. In *allen* Traumbildern sollten wir das Ewige suchen, denn sie kommen uns doch aus der Vertikale. Die Sicht der Horizontale, an die wir hier gewöhnt sind, ist, könnte man sagen, eine prinzipielle Fehlerquelle. Oft sehen wir das Leben nur als ein Leben in den Grenzen der Zeit: »Gelebt hat er von dann bis dann«, vorher nichts und nachher nichts, die Vertikale wird ausgeschaltet.

Nun sind aber der Schlaf mit dem Tod und der Traum mit der Prophetie verbunden; alle Träume also sind prophetische Bilder. Mißverstehen Sie bitte Prophetie nicht im Sinne einer nützlichen Vorhersage. Prophetie ist eine Mitteilung aus dem Sein. Auch der Traum kommt aus dem Sein, daher manifestiert er sich im menschlichen Verhalten. Was der Mensch denkt und tut, ist eine Manifestation in der Horizontale dessen, was aus der Vertikale zur Befruchtung der Horizontale gegeben wird.

Die Vertikale ist das Männliche; das Horizontale, die Zeitlinie von Ort zu Ort, wird das Weibliche genannt. Vom Vertikalen wird das Weibliche befruchtet; die Befruchtung aber ist nicht so, daß das Weibliche sich um die Heranzüchtung des Kindes kümmern müßte. Es kommt von selbst, oder es kommt nicht. Die Züchtungsversuche, das ständige Untersuchen und genaue Schauen, wie es sein wird, verhindern das Kind, es kommt gar nicht zustande.

Das Traumleben *geschieht* schon während des Tages. Wenn es aber nicht im Geschehen aufgeht, wenn du dich an etwas erinnerst, dann, sagt man, bedeutet es: Der Prophet spricht, und die Worte des Propheten sind aufgeschrieben. Man erzählt in der Überlieferung: Unendlich vieles haben die Propheten gesprochen, aber nur die wenigen Kapitel in der Bibel sind erhalten; es sind die Träume, die in der Erinnerung bewahrt blieben. Lies deshalb, heißt es, einen Traum, der in deiner Erinnerung bewahrt blieb, wie ein prophetisches Buch. Niemals kannst du es in der Absicht lesen, Nutzen für dich davon zu haben.

Wenn du vom Menschen träumst, vor allem wenn du von dir selbst träumst, dann sagen die Deutungen: Du gehst den Weg des Lebens mit dem Tier, das ist dein Körper. Du bringst das Tier dar. Es kommt der Moment, wo dein Körper vom Kreislauf befreit wird und das Blut an die vier Ecken des Altars gebracht wird. Dann wird das Tier zerstückelt, wie die Bibel sagt; eine andere Ordnung erhält es als die, die es zum Leben in Zeit und Raum benötigte. Dann geht es auf in Rauch, und Gott atmet es ein.

Das geschieht immer dann, heißt es, wo du als Mensch da bist. Das Tier von gestern ist geopfert, der Tag heute ist eine neue Schöpfung. Das Tier hängt vom Menschen ab. Durch deine »nefesch«, durch deine »neschamah« ist dein Körper da.

Träume vom Menschen sind persönliche Träume: Es geht um dich. Die Deutung fragt: Warst du auf einem Weg? Kamst du zu spät? Hattest du ein Ziel? Wolltest du etwas einhalten? Warst du gelassen oder erregt? – Wenn du zu spät kamst, dann war es sehr wichtig, daß du zu spät kamst: Es geht um dich. Ein Gespräch könnte vielleicht die *ganze* Situation klären. Das Erzählen schon wird als eine Erklärung verstanden. Entscheidend ist dabei nicht, ob der Zuhörer alles versteht. Wenn es dem, der erzählt, im Moment auch selbst nicht klar wird – im Nichtbewußten, sagt man, schafft das Erzählen doch Klarheit.

Das vorletzte Bild unserer Geschichte erzählt vom Todesengel, der den Menschen wegnimmt. Du träumst dann, heißt es, tatsächlich vom Sterben eines Menschen. Und die Deutung ist, wie Sie schon wissen: langes Leben! Wenn du aber den Menschen, von dessen Tod du träumst, mit dem Tier identisch siehst, dann bleibst du im Sentimentalen, sagst gleichsam: »Das arme Tier!« und verstehst nicht, wonach das Tier sich eigentlich sehnt.

Der Mensch bleibt leben. Der Tod ist überwunden. Das Opfer *ist* der körperliche Tod. Das Opfer im Alten Testament erscheint dann im Neuen Testament; wer Christus versteht oder sich sehnt, ihn zu verstehen, kann sagen: »Ja, da ist es dann im Menschen.«

Das Kapitel vom »malach ha-mawet«, vom Todesengel, handelt vom langen, vom ewigen Leben. Das Leben des Menschen ist unabhängig von der Frage, ob er hier stirbt oder nicht. Sterben ist ein Geschehen im Gesetz, und das Gesetz bestimmt das Dasein. Langes Leben bedeutet, daß der Mensch vom Sterben befreit, unsterblich geworden ist. Eure Tage auf Erden, heißt es in 5. Mose 11,21, werden sein wie himmlische Tage auf Erden. Schon hier lebt ihr wie im Himmel; weder der Tod noch die Angst vor dem Tod bedingen euer Leben. Eure Aufregungen kommen nur, weil ihr im Gesetz gefangen seid. Jetzt kommt euch die Gelassenheit.

Das Traumbild eines Toten in horizontaler Sicht bedeutet: Prophetisch, vertikal, siehst du, daß diese Person im ewigen Leben steht. Deshalb sagen die alten Deutungen, daß ein Traum vom Todesengel dir Gutes bringt.

Die horizontale Sehweise möchte aus der Traumdeutung Nutzen ziehen, sie kann nicht anders. Alles aber, was zum Nutzen getan wird, bezeichnet die Überlieferung mit dem Begriff der Unzucht. Nicht mehr das Ziehende aus der Vertikale ist dann bestimmend, sondern ein Heranzüchten in der Horizontalen. Du tust es nur, weil du Lust dabei empfindest und darin einen Vorteil siehst.

Das Benutzen eines Traums ist Unzucht, denn der Nutzen ist dabei einseitig: Er gilt nur hier. Darauf weist der Ausspruch aus dem Neuen Testament: »Wenn du auch allen Vorteil der Welt hättest, deine Seele aber Schaden nähme…« Wie aber ist es möglich, hier zu leben und nicht auf Nutzen auszugehen? Im Gespräch des Lebens, im Auf und Ab. Manchmal handelst du im Zwang der Verhältnisse und der Umstände, manchmal bist du bereit, es nicht zu tun. Es wäre auch ein Zwang, wenn du dir ständig einredetest: »Ich darf niemals Nutzen daraus ziehen!«; das wäre nur ein neuer Zwang zu den ohnehin schon bestehenden Zwängen.

Sind wir frei, dann läßt uns diese Freiheit auch die Freiheit, daß mal etwas schiefgeht. Wir müssen uns deshalb nicht gleich in Selbstvorwürfe und Reue flüchten. Es ging nun mal schief, und wenn du in der gleichen Lage wieder wärst, würdest du nicht anders handeln. Das Gefühl des Menschen läßt sich nur mit den unermeßlichen Maßstäben des Jenseits »messen«; diesseitige Maße – wie subtil auch immer sie sein mögen – taugen nicht, führen nur in feinmaschigere Zwänge.

Langes Leben: Jeder Mensch lebt schon jetzt auch im Himmel, in der Ewigkeit. Das Reich aber ist gespalten. Es besteht die Zweiheit der beiden Bäume, die *eine* Wurzel ist durchtrennt. Im Traum vom Todesengel meldet sich die Verbindung. Wenn du das träumst, sagt man, bereite eine Freudenmahlzeit.

Mahlzeit ist Begegnung. Beim Abendmahl begegnest du Brot und Wein, begegnest in den Dingen dem, was sie eigentlich sind: Leib und Blut. Dabei erkennst du, daß sie nicht nur so sind, wie sie hier erscheinen – nützlich –, sondern du erkennst sie in ihrer Beziehung zum Ewigen.

Sagst du: »Nun ja, ich bin sterblich«? Nach Gesetz nimmst du an, daß es so geschieht; aber nach Freiheit weißt du: »Ich erwache, bin mit allen zusammen, nichts ist verlorengegangen.«

Am Ende, heißt es, nimmt Gott den Todesengel weg. Wie sieht man das im Traum? In solchen Träumen, sagt man, ist dem Tod tatsächlich der Stachel genommen, der Tod spielt keine Rolle mehr. Es sind die Träume der Freude. Das hebräische Wort für Freude schreibt sich mit den gleichen Buchstaben wie das für Salbung, Gesalbter.

Im Judentum gibt es den Brauch, daß man die Thora mit der Genesis zu lesen beginnt und dann jede Woche ein Stück liest. Nach einem Jahr ist der ganze Zyklus der 5 Bücher Mose beendet. Der Tag, an dem das letzte Stück gelesen wird, heißt »simchat Thora«, Freude der Thora. Man beendet nämlich, indem man gleich wieder beginnt: Nach dem

Lesen des letzten Stückchens fängt man gleich wieder mit dem Anfang der Genesis an. Und wie im Kern – den 5 Büchern Mose – so verfährt man auch mit den Hüllen um den Kern: Man beginnt auch wieder mit dem ersten Kapitel des Buches Josua. Spiralig geht es weiter; die Spirale der Thora ist vollendet, die nächste Spirale beginnt. Es gibt keinen Schluß in der Form des Zirkels, dem dann ein nächster Kreis folgte; dem Ende vielmehr folgt ein neuer Anfang, es ist aber verbunden.

Ein Ende zur Freude und ein Anfang zur Freude. Es gibt im jüdischen Brauchtum einen Bräutigam des Endes der Thora und einen Bräutigam des Anfangs; man verehelicht sich damit.

In allen Täumen, in denen du Freude erlebst, ist der Tod weggenommen. Der Gesalbte ist das Erlebnis der Freude. Nie kannst du, heißt es, von Erlösung sprechen und dabei düster dreinschauen. Dann ist es nicht wahr, dann lebst du in einem Zwang. Jeder ist irgendwo auf dem Weg. Niemals kannst du wissen, wo der andere gerade ist. Schau auch nicht so genau, wo er sich befindet, sagt man, sondern sieh ihn freudig auf dem Weg.

Nach dem Auszug aus Ägypten kommt man an das Meer des Endes. Durch die Zeit gehst du in die andere Welt. Jeder, heißt es, hat seinen eigenen Weg, seinen eigenen Gang durch die Kristalle der Zeit. Jeder aber sieht auch den anderen und freut sich darüber, daß auch der andere seinen Weg geht. Es ist ein Hinübergehen im Gefühl großer Freude.

Die erste Mitteilung im Traumbuch von Joseph ist die vom Wegnehmen des Todesengels durch Gott. Du träumst, heißt es, von einer großen Freude; setz dich mit den Leuten, die du liebhast, an den Tisch, und zünde eine Kerze an. Nichts kann es geben, was euch in dieser Freude stört.

Bist du den Tag über aufgeräumt, gelassen und gehst du ein auf alles, was auf dich zukommt, dann weißt du aus deinem Verhalten, daß du von der Freude geträumt hast. – Als ich so etwa 16 oder 17 Jahre alt war, traf ich mich mit anderen jungen Leuten in einem Raum – Synagoge wäre zuviel gesagt –, und wir beschäftigten uns da mit der Überlieferung. Es gab einen Diener dort, einen armen, sehr einfachen Mann, der kaum das Nötigste zum Leben hatte. Der räumte auf und kehrte mit dem Besen und sang immerzu, obwohl er gar nicht sehr musikalisch war, und lachte auch immer und war sehr fröhlich. Als wir ihn fragten, was ihn denn so freue, sagte er: »Es ist doch schön dazusein, und ihr lernt hier.« Die äußeren Umstände dieses Mannes hätte man eher tragisch nennen können. In seinem Verhalten aber zeigte sich das Ewige.

Bist du gedrückt und sorgenvoll den Tag über, hast du im Traum wohl auch keine Freude erlebt, sie wäre sonst gewiß ins Verhalten durchgekommen. Ein freudiges Verhalten aber löst und erlöst vieles. Es ist unmöglich, dem Erlöser anders als in Freude zu begegnen.

Am Fest, wenn das Ende der Thora gelesen wird, feiert man – nach der Überlieferung – ein Fest im Tempel. Da wird das Wasser ausgegossen. Es ist ein Fest im Zeichen »dli«, Wassermann, im Zeichen des Ausgießens der Zeit. Die Weisen, heißt es, sind an diesem Tag ganz ausgelassen vor Freude, begießen sich mit Wasser, schlagen Purzelbäume und werfen sich Fackeln zu – eine Art Karneval. So wird es als Traumbild gegeben, das die große Freude in der Vertikale ausdrückt: in der Sicht der Horizontale haben sie wohl keine Purzelbäume geschlagen, sondern saßen vielleicht ganz brav da und hatten eine innere Freude.

Immer ist das vertikale Bild der Überlieferung ganz anders, als es hier im Horizontalen aussieht, in der konkreten Geschichte. Zur Zeit des Propheten Elia, heißt es zum Beispiel, habe es 600 000 Propheten in Israel gegeben. Die Deutung: eine gewaltige Art des Träumens, des Visionierens ist da, vielleicht nur in *einem* Menschen.

Unsere Geschichte begann mit dem Lämmchen, das dir der Vater kaufte. Würde ich sie jetzt beenden, indem ich sagte: »Der Todesengel ist nun weggenommen und damit

Schluß!«, dann wäre es im Kausalen sehr unbefriedigend. Gewiß, das Ende ist schon gut, aber das arme Lamm, das von der Katze getötet wurde, und die Katze, die vom Hund gebissen wurde und doch gar nichts dafürkonnte, und der arme Hund – man hört ihn förmlich jaulen . . . da bliebe also vieles Bedrückende und Quälende und Ungelöste zurück. »Was soll dann die Erlösung am Ende?«, könnte man fragen.

Das Ende aber verbinde sich mit dem Anfang, sagt man, damit auf diese Weise der ganze Weg des Kausalen in die Erlösung mit einbezogen werde. Niemals beendet man im jüdischen Brauch etwas, ohne einen neuen Anfang zu machen. Ist man mit einem Traktat des Talmud zu Ende, dann ruft man die Leute zusammen, macht eine kleine Feier mit Schnaps und Kuchen, liest die letzten paar Verse des Traktats und beginnt gleich mit den ersten Versen des neuen Abschnitts. Niemals, heißt es, bleibe man im Gefühl des Endes stehen, ein neuer Anfang muß sein!

Was ist das Lamm, das der Vater mir schenkt? Die Freude. Es ist die Freude, daß mir das Leben hier geschenkt wird. Ein körperliches Wohlbefinden im Traum bedeutet: Das Lamm ist dir geschenkt. Es geht für dich den Weg zum Opfer. Der Körper durchläuft für dich die Reihe der Kausalität, er nimmt das Opfer auf sich. Am Ende, heißt es, ist dieser Körper wieder da, der Körper in *allen* Phasen des Lebens: von der Konzeption bis zum letzten Atemzug. Das *ganze* Leben ist da. Nichts ist verlorengegangen. Neu ist es da, denn der Tod wurde weggenommen. Die Katze, der Hund, der Stock – alle sind da, aber sie können nicht mehr töten. Alle deine Enttäuschungen, deine bösen Erfahrungen im Leben sind jetzt im Guten wiederhergestellt. Du erfährst das Geheimnis, warum alles so sein mußte, wie es war. Du freust dich, denn du siehst jetzt ein und spürst: Alles war so gut als möglich, nichts war falsch im Leben.

Du sieht den Feind, der dich bedrängt hat, und spürst: Wie gut, daß er das tat! Ich wäre sonst nie zu dem oder jenem gekommen. Deine Freude erstreckt sich jetzt über *alle* Momente.

Daher ist es Brauch zu sagen: »Und als Gott den Todesengel weggenommen hatte, ist das Lamm wieder da.« Nun verstehst du deinen Körper, jetzt ist er vollkommen da. In deinem Verhalten zeigt es sich jetzt, daß du in Übereinstimmung mit deinem Körper lebst. Gewiß, es gibt ein Auf und Ab, mal geht es besser, mal schlechter, mal tut was weh, mal gibt's eine Störung; aber solange diese Schwingungen da sind, ist auch Leben da, die gerade Linie bedeutet Tod.

Deine Organe sollen dir nicht bewußt sein; du empfindest sie dann als schwer, sie ziehen dich hinab, hindern dich am Aufsteigen. Du bist ein Mensch; Leber und Lunge hat das Tier. Daher ist die Anatomie der Überlieferung die des gehörnten Tiers. – Träumst du von deinen Organen, so bedeutet es: Sie ziehen dich hinab.

Das Lamm ist am Ende heil. Du fühlst dich wohl. Auf dem Weg hast du das Gespräch mit Gott, spürst deine Organe. Aber du bist auch zu Hause. Wenn du in dieser Freude lebst, kann dir nichts geschehen. Einer, der sich freut im Leben, heißt es in der alten Traumdeutung, ist kaum krank.

Nimm das Leben nicht so schwer; du verhinderst damit nur das »korban«, das Aufsteigen. Nimm die Starre nicht so ernst, laß das Gesetz sein. Im Neuen Testament kennt man die Befreiung vom Gesetz als das Damaskuserlebnis des Saulus, der zum Paulus wird. Anania heilt ihn; dieser Name bedeutet: Wolke des Herrn. Vor lauter Gesetzesstarre wurde er schwer und blind. Die Wolke aber macht ihn wieder sehend, die Wolke als Gegenteil des Starren, alle Formen kann sie annehmen.

Traumdeutungen dürfen nie starr sein, immer sollte man sein Leben in ihnen spüren können. Ich habe versucht, Ihnen etwas von der großen Freiheit des Traumlebens mitzuteilen. Träume sind, da sie aus der Vertikale kommen, so reicht an vielfältigem Leben, daß sie niemals von Gesetzen eingefangen werden können. Das Gesetz kennt nur die Eindeutigkeit des Horizontalen, und in diesem Bereich ist keine Lösung möglich.

Träume deuten ist wie Krankheiten heilen. Bei jeder Deutung lege man daher den Nachdruck auf die guten Aspekte, die ein Traum in seiner Mannigfaltigkeit enthält. Die Deutung lasse die reiche, lebendige Welt *aller* Möglichkeiten bestehen und schränke sie nicht durch Festlegung ein.

Die alten Deutungen widersprechen sich oft völlig. Welche ist die richtige? »Diese und diese und jene – alle sind Worte des lebendigen Gottes.« Das Tödliche ist einseitig, kommt vom Gesetz, aus der Horizontalen. Im Widerstand des Paulus gegen das Gesetz äußert sich auch eine neue Epoche im Menschenleben: Etwas bricht durch.

Thora bedeutet »Unterweisung«; nur die Theologen nennen sie »Gesetz«, weil sie die richtige Übersetzungen nicht kennen wollen. Man könnte sagen: Die Thora gibt die Unterweisung für dich; Freiheit bedeutet: Das Durchbrechen in die Welt zu den anderen.

Auch die Starre der Gruppe oder Organisation wird damit durchbrochen. Es kann die Erlösung doch nicht nur für die geben, welche die Unterweisung erhalten haben; das wäre eine sehr beschränkte Freiheit. Der Durchbruch geschieht im Menschen, der die ganze Menschheit enthält.

Die Deutungen sind gern nach allen Seiten frei. Dennoch brauchen wir eine Übung, indem wir erzählen und hören, was alles möglich ist. Erst durch diese Übung können wir frei leben. Musik machen kannst du erst, wenn du geübt hast. Manchmal ist die Übung drückend. Dann aber kommt einmal die große Freiheit.

Was ich vom Traumleben erzählt habe, war eine Übung, damit Sie es gewohnt werden, damit umzugehen. Es könnte Sie zur Freiheit *Ihrer* Melodie führen, denn jeder spielt seine Melodie im Leben. Ohne Übung geht es nicht.

Meine Art der Übung ist eine von vielen. Mein Leben ist es, meine Geschichte, die ich erzähle. Sage niemand: Das ist das einzige! Ich stehe nicht in Konkurrenz, sondern in Brüderlichkeit mit allen anderen. Jeder hat seine Art – zusammen ist es eine schöne Harmonie. Gewiß, eine Farbe kann sehr schön sein; am liebsten aber ist mir der ganze Regenbogen mit allen Farben, mit allen Möglichkeiten.

Nachwort

Die Nacht geht zu Ende, die Zeit des Träumens ist vorbei. Der Mensch erhebt sich, er ist aufgestanden.

Unser waches Leben wird das Leben in der Nachthälfte des Weltentages genannt. Beim Erzählen der Schöpfungstage spricht das Wort jedesmal: »Es ward Abend und ward Morgen...« Darin offenbart sich das tief im Menschen verborgene Wissen, daß erst die Nacht ist und dann der Tag kommt. Das Kind ist im Mutterleib verborgen, umhüllt; von dorther gelangt es in die Welt. Wir erwarten, daß Mißverständnisse und Unwissenheit vorübergehen, wie die Nacht vorübergeht, damit Tag sein kann. Es ist das Prinzip der Hoffnung: Einmal wird es besser werden. Die Nacht des Todes – man spricht doch auch vom Todesschlaf – ist nichts anderes als die Nacht, die dem Tag vorangeht. Dem Schlaf des Todes folgt das Aufstehen.

Unser Alltag ist ein Leben in der Nachtseite des Tages, und unsere Hoffnung ist die Hoffnung auf das Lichtwerden, auf die Tagseite des Lebens. Wie wach und klar wir uns auch fühlen – wir leben in dieser Wachheit dennoch von den Schleiern des Schlafes umhüllt, sehen dennoch nicht klar. Wir leben eigentlich überhaupt in einer Traumwelt. Ein Traumleben ist unser ganzes bewußtes Leben. Und die Traumbilder, die uns aus der Tiefe des Unbewußten kommen, bringen die Beziehung zum wachen Sehen an der Tagseite des Lebens.

Der Traum ist Anlaß zur Sehnsucht nach dem Leben der Tagseite, nach dem Leben des auferstandenen Menschen. Vielleicht nimmt man deshalb den Traum so ernst und läßt sich nicht mit dem Spruch »Träume sind Schäume« abfertigen. Die Bilder des Urtraumes sind tatsächlich Bilder aus dem Land der Auferstandenen. Es sind die aus dem Tod Geweckten, die dort ihre Wohnstätte haben. Der Traum ist der Faden, der die beiden Seiten des Lebens verbindet: die Seite des Diesseits mit der Seite des Jenseits, die Seite des Nichtbewußten mit dem Bewußten, die Nachtseite mit der Tagseite des Weltentages.

Sehnen wir uns nach dem Tod, um die Tagseite des Lebens zu erfahren? Kaum denkbar; es tönt auch unsinnig, weil damit unsere Welt hier ihren Sinn verlöre wie auch unser diesseitiges Leben. Die Bibel läßt Abend und Nacht vorangehen, weil vielleicht dort vieles Wesentliche geschieht. Die dunkle Nacht verbirgt den Sinn, läßt alles vage und ungewiß erscheinen. Vielleicht geht es in der Schöpfung nicht um klares Wissen, sondern um eine Beziehung des Menschen zum Unbekannten, eine Hingabe ohne die Sicherheit eines Erfolges, ein Hinnehmen ohne Erkenntnis eines Sinnes des Getragenen. Vielleicht ist der Sinn der Schöpfung das, was man so schwer verständlich als Liebe umschreibt; das Schenken, das Verzeihen, die Güte, die Überraschung, die gute Botschaft. Das kann nur im Dunkel des Nichtwissens geschehen. Die klare Erkenntnis von Gut und Böse ließ das Paradies verlorengehen. Sofort und gern greift der Mensch nach der Frucht des Baums der Erkenntnis. Deshalb vielleicht der Abend und die Nacht als Anfang. Das verlorene Paradies im Rücken.

Man kann ins Paradies zurückkehren, wenn man die Freude der absichtslosen Liebe schenkt: in der Hingabe und im Hinnehmen. Dazu die Nacht, dazu das Traumleben Sogar das Hinnehmen des Todes ist dann wie die Hinnahme des Ungewissen, des Ungewissen bis zum letzten Tropfen ausgekostet. Das Ende der Nacht bringt die tiefste Verzweiflung. Man glaubt kaum mehr an einen Sinn.

Ist der Mensch deshalb so stark diesem Leben verbunden? Er spürt *hier* seine Größe. Die Toten können Gott nicht loben. Sie wissen, sie sehen die andere Seite. Nur die Lebenden schlafen, leben in Traumwelten. Die Zeit fließt, sie läßt nichts sein. Und dann an Ewigkeit glauben, dann an ein Sein glauben – wie großartig!

Der Lohn des Lebens im Diesseits ist das Erwachen im Jenseits. Der Mensch erwacht aus dem Schlaf. Seine Träume erzählen ihm – ob er es nun weiß oder nicht – vom Leben, wo er absichtslos seine Traumerfahrungen hinnimmt, wo er absichtslos sich dem Traum hingibt.

Das – ganze Leben – hier ist es ein Traumleben, gerade hier, wo wir so gern Bewußtes spielen, Wissenschaft als Rausch- und Betäubungsmittel. Wir spüren, daß das Paradies uns fehlt, daß wir es irgendwo noch kennen und vermuten, doch es ist unauffindbar. Drama des Geliebten, der auf die Geliebte wartet. Ob sie ihn ganz um seinetwillen mag, wie er alles für sie opfern möchte? Er mag das Wissen nicht, er sehnt sich nach Hingabe. Sie allein enthält schon den Lohn. Freude der Hingabe, das eben ist Lohn.

Hier erfährt man wie im Schlaf das Wunder der Welt, das Wunder seines eigenen Lebens: den Sinn des Lebens. Erfahren wir so unser Traumleben, dann zeigt es uns den Weg vom Diesseits ins Jenseits, zeigt den Faden, der beide Seiten unseres Lebens verbindet. Deshalb haben wir unser Traumleben mit dem Mythos der Bibel verbunden, Zeitliches mit Ewigem. Weil es uns ernst mit unserem Leben ist.

Der Tag folgt auf die Nacht. Jedes Erwachen aus dem Schlaf der Träume enthält das Erwachen aus dem Tode, das Erlebnis der Auferstehung. Wer das beim Erwachen vom Schlaf spürt, unbewußt, als Überraschung jedesmal, wenn der Tag beginnt, voller Freude, voller Glück –, der hat den Geschmack der Auferstehung erlebt. Deshalb ist es gut, wenn wir unser Traumleben nicht als nützliches Traumdeutungsobjekt erfahren, sondern dieser Versuchung entgehen und es als Verbindung zwischen Zeit und Ewigkeit erleben, zwischen Offenbarung und Alltag. Wie der Tag auf die Nacht folgt, so das ewige Leben auf jeden Tag diesseitigen Daseins. Tagträume sind wie Nachtträume, beide schwimmen im Dunkel der Weltennacht, die uns als Geschenk

gegeben ist, damit wir die Größe unserer Liebe zeigen können. Ich glaube, wir sind groß, weil wir uns unbewußt sehr
nach dieser Liebe sehnen.

Keine naturwissenschaftlichen Erklärungen erbitten unsere Träume; sie möchten so gern sich in unendlicher Vielheit entfalten. Dies zuzulassen ist schon ein Zeichen der
Liebe. Eindeutigkeit ist hart und streng; Traumleben verbindet uns mit der Mannigfaltigkeit der Schöpfung, mit der
Unermeßlichkeit des Wortes. Traumleben ist ein Zeichen
der Auferstehung und des ewigen Lebens.

Zürich, Oktober 1980   *Friedrich Weinreb*

Zum Autor

Friedrich Weinreb, 1910 in Lemberg geboren, studierte Nationalökonomie und Statistik in Rotterdam und Wien. Seine Stellung als Dozent und Forschungsleiter am Niederländischen Ökonomischen Institut verlor er mit der Okkupation Hollands durch die Nazis. In einem beispiellosen Täuschungsmanöver gelang es ihm, eine große Anzahl von Juden zeitweise oder gänzlich dem Zugriff des deutschen Sicherheitsdienstes zu entziehen, bis er selbst mit seiner Familie untertauchen mußte. In den fünfziger und sechziger Jahren war er Dozent und Rektor an verschiedenen asiatischen Universitäten sowie Mitarbeiter internationaler Organisationen, darunter die Vereinten Nationen in Genf. Es entstanden zahlreiche wissenschaftliche Publikationen. Mitte der sechziger Jahre verschrieb sich Weinreb ausschließlich der Erforschung der jüdischen Überlieferung. Er lebte und arbeitete zuletzt in Zürich, wo er 1988 starb.

Editorische Notiz (des Verlages)

In den Jahren 1980 und 1981 erschien im Thauros Verlag, damals noch in München ansässig, in vier Bänden »Traumleben. Überlieferte Traumdeutung« von Friedrich Weinreb. Der Verleger, Christian Schneider, hatte selbst die Aufgabe übernommen, die ausgewählten Vortragsreihen Weinrebs – »Leben als Traum und Wachsein«, 1973/74 in Zürich, und »Traumdeutung«, 1978/79 in Basel gehalten – in eine schriftliche Form zu bringen. Friedrich Weinreb lebte damals noch, konnte die Entstehung dieser seiner Bücher begleiten und die Textfassung zum Druck freigeben.

Die vorliegende, für »Diederichs Gelbe Reihe« konzipierte Ausgabe faßt diese vier Bände in einem Band zusammen, wozu allerdings Kürzungen nötig waren. Band I der Thauros-Ausgabe wurde vollständig übernommen; von Band II wurden die Kapitel 10, 14 und 16 und von Band III die Kapitel 22 und 26 weggelassen; von Band IV wurde nur der Schluß, das heißt Kapitel 38 und das Nachwort, berücksichtigt. Zudem wurden die Druckfehler berichtigt, einige Schreibweisen korrigiert und die Literaturverweise aktualisiert. Ansonsten gibt diese Ausgabe die originale Textfassung authentisch wieder.

DIEDERICHS GELBE REIHE

Eugen Diederichs Verlag

Benjamin Walker

Gnosis

Vom Wissen göttlicher Geheimnisse
Aus dem Englischen von Clemens Wilhelm
DG 96, 282 Seiten

»Gnosis« bedeutet »Erkenntnis« – »die in der Schau Gottes erlebte Einsicht in die Welt des Übersinnlichen«. Die historischen Gnostiker sahen, vom Christentum als Häretiker beschimpft, neben dem guten Gott einen zweiten, bösen Gott, den Demiurgen, der die menschliche Welt als einen Kerker geschaffen hatte, dem es zu entfliehen galt in die Freiheit eines höheren Seins. Die gnostischen Wege dorthin waren ebenso vielfältig und widersprüchlich – von der strengen Askese bis zur sexuellen Extase – wie die gnostischen Theorien.

Benjamin Walker gibt einen fundierten, genau differenzierten Überblick über die Gnosis, entwirrt das Knäuel der Sekten und Gruppierungen und stellt ihre Riten, Anschauungen und die überlieferten Texte vor. Er vermittelt die Faszination für eine philosophisch-religiöse Bewegung, die bis heute das abendländische Denken begleitet – und irritiert – hat, die sich immer durch mystische Tiefe, Vielgestaltigkeit und die radikale Offenheit auszeichnete und die gegenwärtig eine Renaissance erlebt.

Emma Brunner-Traut

Die Kopten

Leben und Lehre der ägyptischen Christen
in Geschichte und Gegenwart
DG 39, 198 Seiten

Eine umfassende Darstellung der Glaubenswelt und Kultur der ägyptischen Urchristen bis in die heutige Zeit. Was Urchristentum bedeutet, als Lehre und gelebtes Leben, wird hier anhand der Originalquellen eindringlich vor Augen geführt, wobei zwei ›alternative‹ Haltungen des Christseins vor 1600 Jahren herausragen: das Eremitendasein in der Wüste und das Mönchsleben im Kloster. Thema ist auch die heutige Rolle der koptischen Kirche als Minderheit in einem islamischen Staat.

»Wem es gelingt, sich zweitausend Jahre zurückzuversetzen, wird ein Stück seiner Identität hinzugewinnen. Menschliche Möglichkeiten, christliche Existenzweisen wurden damals in ihrer Weise exemplarisch vorgelebt.«

Eugen Diederichs Verlag

Der Sohar

Das Heilige Buch der Kabbala
Nach dem Urtext ausgewählt, übertragen und herausgegeben
von Ernst Müller
DG 35, 320 Seiten

Wer sich mit jüdischer Mystik vertraut machen will, der findet in diesem
»Buch des Ganzen« (Sefer ha-Sohar) ihren Grund. Der Ende des 13. Jahrhunderts abgefaßte Sohar ist – neben der Bibel und dem Talmud – ein
kanonischer Text. Er brauchte Jahrhunderte, bis er aus der Verborgenheit
zu höchster Wertschätzung gelangte. »Wenn ich das Buch Sohar öffne, so
schaue ich die ganze Welt«, sagte Baal-schem, der Begründer des Chassidismus. Und von Rabbi Pinchas von Koretz ist überliefert: »Der Sohar hot
mich derhalten beim Jiddischkeit«.

Franz Carl Endres / Annemarie Schimmel
Das Mysterium der Zahl
Zahlensymbolik im Kulturvergleich
DG 52, 344 Seiten

Jede Hoch- und jede Alltagskultur und fast alle Religionen haben ihre
Zahlengeheimnisse – von den Maya und Azteken bis zu den Altägyptern,
Indern und Chinesen. Als besonders ergiebig zeigt sich der jüdisch-christ-
lich-islamische Kulturkreis. Was für das Christentum charakteristisch erscheint, ist zum Teil von den Astralkulten der Babylonier überkommen;
erstaunlich vieles ist pythagoräischem und kabbalistischem Denken ent-
lehnt.
Diese neue Symbolkunde baut sich in der Reihenfolge der Zahlen auf, eine
jede differenziert nach Kulturbereichen. Ein Entdeckungsbuch, spannend
und kurzweilig, zudem ein verläßlicher Führer auf verschlungenen Pfaden:
Zahlen-Enzyklopädie.

Eugen Diederichs Verlag

Peter Sloterdijk (Hg.)

Mystische Zeugnisse
aller Zeiten und Völker

gesammelt von Martin Buber
DG 100, 335 Seiten

Eine Anthologie von Zeugnissen und Bekenntnissen mystischer Ekstase
aus mehr als einem Jahrtausend und aus den verschiedensten Kulturen und
Religionen: von christlicher und jüdischer Mystik über Gnosis und Sufis-
mus bis zu indischer und chinesischer Mystik.

»Es ist erstaunlich, wie hinter den so überaus verschieden gewobenen und
gefärbten Schleiern der Zeiten, Völker und Anschauungen überall das eine,
stets gleiche, im Grunde bildlose und unsagbare und ekstatische Erlebnis
geheimnisvoll sichtbar wird. ... Am fernen Eingangstor menschlicher Geschichte und Weisheit steht schon dieselbe glühende Ahnung, deren Erfüllung nur die wenigen Gottessöhne und großen Heiligen erlebt haben, von
der ein sehnsüchtiger Strahl aber in allen diesen Ekstatikern lodert, die in
Augenblicken der Entrückung das schauten und erlebten, wovon wir
wieder in ihren Konfessionen den leisen Nachhall spüren.«

Hermann Hesse

Heinrich Seuse / Johannes Tauler

Mystische Schriften

Werkauswahl von Winfried Zeller
Herausgegeben von Bernd Jaspert
DG 74, 335 Seiten

Die bedeutendsten Werke der Dominikaner Heinrich Seuse und Johannes
Tauler, die mit ihrem Lehrer Meister Eckhart zusammen das Dreigestirn
»Deutsche Mystik« bilden, sind hier vereinigt.
Die Dimension der Innerlichkeit, die in Deutschland über Jakob Böhme,
und Novalis zu Rilke und Hesse führt, kann man hier in ihren Anfängen
spüren. Eine herausragende Dokumentation eines Höhepunkts in der Geschichte christlicher Mystik.

Eugen Diederichs Verlag